어시재 최성환 연구

어시재 최성환 연구

於是齋 崔瑆煥 研究

권오영 · 김선희 · 이우성 · 노대환 · 송양섭 저
재단법인 실시학사 편

실시학사
실학연구총서 13

학자원

實學研究叢書를 펴내며

실학(實學)이 우리나라 학계에 연구주제로 떠올라, 정식의 학술논문으로 학술지에 등재(登載)되기 시작한 것은 1952년 이후의 일이다. 천관우(千寬宇)의 「반계 류형원(磻溪 柳馨遠) 연구」가 『역사학보(歷史學報)』 2·3집에 발표된 것이 그 시발점이다. 지난 계몽기(啓蒙期)의 몇몇 선학(先學)들이 실학에 대한 관심을 표명해 왔으나 일반 신문 잡지에 논설조(論說調)로 내놓은 것이 고작이었던 것에 비하면, 천관우의 글은 당시 비록 한편에서 저널리스트식 필치로 써내려온 것이란 비판이 있었지만 일단 수미정연(首尾整然)한 체제를 갖춘 논문으로 주목할 만하였다. 그러나 당시 연구자의 수가 많지 않고 학계의 관심도 분산되어 있어서 개별 실학자에 대한 연구가 간헐적으로 있는 정도였고 그리 활발한 편은 아니었다. 그중에서 1961년에 한우근(韓沽劤)의 성호(星湖) 이익(李瀷)에 관한 연구가 『이조후기(李朝後期)의 사회(社會)와 사상(思想)』이란 책으로 나와, 그의 실증사학(實證史學)으로서의 견고한 학풍을 보여주었다.

그러다가 1970년에 이우성(李佑成)의 「실학연구서설(實學研究序說)」이 나와, 그동안 유동적이었던 실학의 명칭문제가 일단 타결된 듯이 보이고,

나아가 실학의 내용을 경세치용(經世致用)·이용후생(利用厚生)·실사구시(實事求是)의 세 파로 나누어 설명함으로써 그 학문의 성격을 용이하게 파악할 수 있게 하였다. 또한 경세치용파를 근기지방(近畿地方)의 농촌토착적 환경에서, 그리고 이용후생파를 서울의 도시적 상황 속에 형성된 것으로 이해하면서 「18세기 서울의 도시적 양상」을 묘사하여 이용후생파의 성립 배경을 밝히려고 하였다. 다시 나아가 다산(茶山) 정약용(丁若鏞)에 이르러 위의 양파(兩派)가 회합(匯合)되는 동시에 호한(浩汗)한 경전해석(經典解釋)으로 실사구시파(實事求是派)를 추동(推動)시킨 느낌이 있어, 다산학이 실학의 대성을 의미하는 것이라고 언급하였다. 이후 계속해서 실학의 후속 학자로 최한기(崔漢綺)와 최성환(崔瑆煥)을 연구하여 최한기가 『기학(氣學)』과 『인정(人政)』을 저술하는 한편 서양과학지식을 대폭 수용하고, 최성환은 중인(中人) 출신으로 국왕(國王)의 자문에 응한다는 취지에서 『고문비략(顧問備略)』을 저술하여 전반적 제도 개혁을 주장한 것을 높게 평가하였다. 특히 최성환의 바로 뒤에 중인층의 후배들이 개화운동의 배후 공작자로 활약하게 된 것을 말함으로써 실학사상(實學思想)과 개화사상(開化思想)의 연결 관계를 미루어 알게 하였다.

한편 '실학국제회의(實學國際會議)'를 구성하여 한·중·일 삼국의 학자들이 각자 자국의 실학을 중심으로, 2년마다 돌아가면서 국제회의를 개최하도록 함으로써 동아시아세계로 실학의 지평을 넓혔다. 그리고 '한국실학학회(韓國實學學會)'를 조직하여 국내 학자들을 수시로 발표시키고 1년에 두 차례 학보를 발행하여 우리나라 실학연구를 다소 진작되게 하기도 하였다.

실시학사(實是學舍)가 서울에서 근기(近畿) 쪽으로 옮긴 뒤에도 나는 젊은 학도들과 강독 및 연토(硏討)를 지속해오고 있지만 연로신쇠(年老身衰)한 처지에서 불원 철수 은퇴할 것을 생각하고 있었다. 뜻밖에 나의 친구

모하(慕何) 이헌조(李憲祖) 형이 거액의 사재를 출연하여 실시학사를 재단법인으로 만들고 그 기금으로 실학연구에 박차를 가해 줄 것을 권유해 왔다. 나는 사회와 학문에 대한 그의 열정에 감동하여 사양치 않고 그의 뜻에 따랐다. 즉시 연구계획을 세우고 국내학자들을 널리 동원하여 연구를 진행해 왔다.

그 결과 1차 연도에 성호·다산을, 2차 연도에 담헌(湛軒)·연암(燕巖)과 실학파 문학을, 그리고 3차 연도에 반계와 초정(楚亭)을, 4차 연도에 농암(聾巖)과 풍석(楓石) 상(上), 5차 연도에 풍석(楓石) 하(下)와 실학시대의 역사학을, 6차 연도에 혜강(惠岡)을 연구하였고, 그 공동연구결과는 모두 12권의 실학연구총서로 출간되었다.

이제 다시 7차 연도 공동연구의 성과로 「어시재 최성환 연구」가 실시학사 실학연구총서 제13권으로 나오게 되었다. 국내외 학계 여러분의 성원과 협조를 기대하여 마지않는다.

이 글을 마치려함에 있어, 거듭 모하(慕何) 형에게 고마움을 표하면서 앞으로 그 뜻을 살려 더욱 성과를 내게 될 것을 다짐한다.

2017년 4월

實是學舍에서 李 佑 成

| 이 책을 내면서 |

19세기 조선 사회는 1801년에 공노비 해방으로 신분제가 무너져 내리고 있었고 민중의 자각(自覺)이 서서히 일어나 1862년에는 전국적으로 민란이 발생했다. 이러한 조선 말기의 사회 현상은 당시 학계의 학풍과 사상에 크게 영향을 미쳤다. 그래서 이 시기에 살았던 조선의 대표적인 지식인들은 자기 나름대로 학문적·종교적 기획을 해나갔다. 천주교 순교자인 김대건의 종교활동을 비롯하여 최한기의 기학 제창과 최제우의 동학 창도는 그 대표적인 사례라고 할 수 있다. 당시에는 다양한 지식인들이 출현했는데, 무인(武人)인 최성환은 『고문비략』을 저술하여 사회개혁론을 제시하였고, 또 도교계통의 교화서적을 편찬 간행하여 민중을 교화시켜 당대의 위기를 극복하려고 했다. 이들 선각적 지식인들은 널리 민생을 구제하고 민중을 자각시키기 위해 종교와 학문을 통해 자신들의 목숨과 일생을 바쳤다.

재단법인 실시학사에서는 2010년부터 '조선후기 실학사의 재조명'이라는 대주제하에 해마다 저명한 실학자에 대해 연구를 해오고 있으며, 2015년부터는 최성환을 연구과제로 선정하여 연구를 수행하였다. 우리 학계에서 최성환에 대한 첫 관심과 연구는 1972년에 벽사 이우성 선생이 『고문비략』을 연구하여 처음 소개하면서 시작이 되었다. 이 선생은 『고문비략』에 제시된 개혁론뿐만 아니라, 최성환이 편찬한 시선집 등에 나타난 성령론(性靈論)에 주목하여 당시 중인층의 시문학의 특징을 드러내려고 했다. 아마 이 선생은 19세기의 조선 실학의 최후의 모습을 최성환을 통해 그려볼 수 있다고 생각하신 것 같다. 그 뒤 백현숙 씨가 1984년에 최성환의 생애와 저작물에 대해 정치한 연구를 하여 최성환의 신분은 중인 집안 출신의 무인이라는 사실을 새롭게 밝혀내었고, 그의 방대한 저술의 편찬 연도와 대강의 내용을 학계에 소개하였다. 그리고 2014년에는 김성재 씨에 의해 『고문비략』이 국역되고 재단법인 실시학사 실학번역총서로 출간되어 이번 공동연구과제를 수행하면서 크게 도움을 받았다.

최성환의 저서로는 『고문비략』을 제외하고는 현존하는 책이 거의 대부분 편서들이어서 이 연구를 시작하면서 어떻게 최성환의 사상을 잘 그려낼 수 있을까 두려움이 앞섰다. 그래서 이우성 선생을 모시고 연구주제를 기획하면서 『고문비략』을 중심으로 연구를 수행하되, 최성환의 가문과 저술 편력, 학풍과 사상세계에 대한 연구도 필요하다고 생각하여 모두 네 주제를 정하여 연구팀을 구성했다. 최성환의 시문학에 관한 주제도 함께 넣었으면 좋겠다고 생각했으나 저술 편력과 학풍에서 함께 다루어 보고자 했다.

공동연구자들은 2015년 6월 22일에 실시학사에서 첫 만남을 가졌다. 이 자리에서 각 연구자의 주제로 '어시재 최성환의 저술 편력과 학풍'(권오영), '19세기 중인층의 동향과 최성환의 사상세계'(김선희), '19세기 경세론의 전개와 최성환의 『고문비략』'(노대환), '『고문비략』에 나타난 최성환의 현실인식과 국가개혁론'(송양섭)을 정하였다. 이날 이우성 선생께 1972년에 발표하시고 1998년에 쓰신 「이조말엽 중인층의 실학사상과 그 개화사상으로의 지향－최성환 『고문비략』을 중심으로」 원고를 이번의 최성환 공동연구를 책으로 간행할 때 함께 전재하여 실었으면 좋겠다는 말씀을 드려 허락을 받았다.

최성환 공동연구 제1차 발표회는 2015년 11월 6일에 실시학사에서 가졌고 이때 세부 목차의 구성과 내용을 중심으로 발표를 하고 연구자간에 서로 의견을 나누었다. 그뒤 제2차 연구발표회는 2016년 4월 15일에 고려대학교 서관(문과대학)에서 가졌다. 최성환의 저술과 학풍의 성격, 중인 지식인의 지형도에 대해 깊이 있게 논의를 했다. 그리고 『고문비략』의 내용이 온건 중도 보수노선의 개혁론이라는 의견이 제시되었으나 행정구역의 개편이나 서원의 통폐합 등 전면적인 개혁을 제시한 부분도 있다는 점이 지적되었다.

그뒤 2016년 6월 24일에 성균관대학교 육백주년기념관에서 재단법인 실시학사 주최 제6회 학술발표회로 공동연구의 결과발표회를 가졌다. 학술회의는 함영대의 사회로 진행이 되었다. 이날 이우성 선생께서는 92세의 춘추에도 참석하시어 인사말씀을 하시고 격려를 해주셨다. 권오영·김선희·노대환·송양섭의 발표에 대해 김문식·백민정·이경구·송찬섭 교수가 각각 진지한 논평을 해주었다. 이우성 선생은 일찍이 최성환의 학문의 특징을 탈성리학이고 탈중세적이라고 했는데, 이 결과발표회에서 그러한 이해는 최성환이 편찬한 시선집에 이학(理學)의 시(詩)가 거의 실리어 있지 않는 것을 보고도 알 수 있다는 것이 확인되었다. 이 책에 실린 글들은 이러한 연구 역정을 거쳐 나온 결과이다.

한편 공동연구자들은 2017년 1월 23일에 한국학중앙연구원 장서각 소회의실에 모여 집담회를 가졌다. '최성환 연구의 성과와 전망'이라는 주제로 최성환의 가문, 생평, 신분, 교유관계, 저작물과 학풍, 사상사적 위상과 의미 등에 대해 담론을 했고, 아울러 각 연구자의 연구 내용을 중심으로 자유롭게 의견을 토로했다. 그날 한국학대학원의 김동근 박사후보생 등이 집담회 진행을 도와주었고, 집담회의 전체 내용은 녹취록을 풀어 이 책의 말미에 실었다.

이 책에는 최성환의 저술편력과 학풍, 교유와 지식장을 밝힌 권오영·김선희의 글과 『고문비략』을 깊이 있게 분석한 이우성·노대환·송양섭의 글로 구성되어 있다.

우선 권오영은 최성환이 19세기에 서울에서 활동하던 위항문인들과 교유하면서 서민의 정서를 이해하고 그에 부응하는 새로운 학풍을 대변하고 있다고 보았다. 최성환은 평생 방대한 시문학서와 경세서, 교화서, 지리서 등 많은 저술을 남겼고 그의 다양한 학문 분야의 저술 편찬 작업은 당시 개혁이 절박한 조선 사회의 모습을 반영하고 있다고 했다.

최성환은 19세기 조선 사회에 시문학에 있어 성령론을 주장하였고 이학의 시를 극력 배격하였다. 그는 시를 논함에 성령을 주로 했기 때문에 부인이나 승려 등 전 계층의 시를 선별하여 방대한 시선집을 편찬할 수 있었다. 이러한 그의 시문학의 견해는 격률(格率)을 중시하는 복고(復古)적 시풍을 극복하고 대신 성령을 중시하는 회신(懷新)의 성격을 지녔다고 평가했다. 또한 최성환은 『태상감응편』 등 선서류 서적을 많이 편찬하였는데, 이러한 선서류 등의 서적 편찬을 통해 세상을 깨우치고 구제하고자 하는 지식인으로서의 사명감을 다했다고 평가했다.

김선희는 최성환의 다양한 학술 활동은 조선 말기 지식장이 그전 시기와는 다른 방식으로 개방되고 확산되고 있음을 보여준다고 했다. 최성환의 저술과 출판 활동은 19세기 지식장이 작동하고 변동하는 양상을 보여준다고 하면서, 19세기 중엽에 학맥이나 사승관계에 연결되어 있지 않으며, 학문적 전문 분야를 공유하지 않는 지적 네트워크가 작동했다는 것은 조선 지식장의 하나의 변동이자 전환으로 평가될 수 있다고 했다.

또한 최성환은 말년에 종교적 지향을 통해서 개인의 윤리적 각성을 위한 토대를 마련하고자 했다고 보았다. 이러한 선서류의 간행 작업은 도교나 불교와 같은 특정 종교에 대한 개인적 신앙의 발로에 한정되지 않을 것이며, 도교와 불교 안에 잠재되어 있는 윤리적 지향들을 강화하고자 하는 일관된 목표의 실현을 위한 체계적 과정이라고 볼 수 있다고 했다. 그리고 그의 수양론은 대단히 윤리적 성격을 띠고 있지만, 성리학에서처럼 형이상학적 우주론에서 기원하는 사변적인 심성론의 결과로서의 윤리와 수양이 아니라 실용적이고 실질적인 주체의 도덕적 자각과 실천에 초점을 둔 것이고, 그가 추구한 제도의 합리적 개혁과 실용적 실천 역시 명분이나 이념보다는 개인의 자각과 실천에 초점을 두고 실리를 추구함으로써 사회적 안정과 부흥을 꾀하려는 시도에 가깝다고 보았다. 최성환이 구상한 세계의 구성원은 그런 의미에서 중세적 신민이 아니라 근대적 성격을 띤 합리적 시민에 가까운 존재로 볼 수 있을 것이라고 했다.

이우성은 조선 말기 사상사의 전환에 유의하여 실학사상이 개화사상으로 옮겨가고 있음을 최성환의 『고문비략』을 통해 밝혀보려고 하였다.

이우성은 최성환의 『고문비략』에 제시된 개혁론을 다음과 같이 명료하게 정리하여 제시했다. 첫째 전국의 지방행정제도를 개편하여 주군현(州郡縣)의 할거주의적인 독자적 행정을 횡적으로 연결시키는 동시에, 왕을 정점으로 하는 종적 체제를 만들어 중앙정부의 권력을 강화하려고 했다. 둘째 모든 세금을 금납제(金納制)로 통일하여 복잡한 현물조세정책(現物租稅政策)에서 오는 관리들의 부정과 수탈을 막고자 했고, 상평창의 창주인으로 하여금 현금으로 미곡을 매입케 하고자 했다. 셋째 왕족들의 착복에 그쳤던 어업·염업·선업 등 산택자원(山澤資源)에 대한 세금을 국가가 받아 재정을 강화하고자 했다. 넷째 공인(公人)을 동원하여 공전(公錢)을 소비함으로써 부정이 극에 달하고 있는 국가의 공역 등을 민간청부에 의해 해결할 수 있게 하자고 했다. 그리고 최성환은 민간청부를 공인(貢人)에게 시키기를 주장했는데, 공인은 창주인들과 함께 당시의 상업자본(商業資本)과 관련이 있는 사람들로 그의 주장의 배경에는 당시 상업자본가의 이익을 옹호하는 점이 있는 것으로도 보인다고 했다. 다섯째 양심적이고 유능한 관료를 확보하기 위해, 그리고 소외계층의 불만을 해소하기 위해 인재등용을 공평하게 해줄 것 등을 주장하고 있다고 하면서 당시의 세도정치에 아주 비판적이었다고 했다.

이우성은 최성환의 『고문비략』에서 제시된 행정·경제에 대한 구체적 논술은 탈성리학·탈중세적 경향을 보여주고 있다고 했다.

노대환은 최성환의 『고문비략』에 제시된 경세론의 내용과 성격을 탐구하였다. 그는 『고문비략』이 저술된 시점이 19세기 중반의 세도정치기로 이 시기의 역사적 실상이 아직 밝혀지지 못한 부분이 많으며 이는 사상사 연구에서도 마찬가지라고 했다. 18세기 후반에 북학으로 대표되는 경세운동이 있었고 19세기 후반에 개화운동이 전개된 것은 잘 알고 있지만 세도정치기에 어떤 사상적 흐름이 있었는지는 잘 밝혀져 있지 않았다는 것이다. 따라서 『고문비략』은 19세기 사상적 공백을 채우는 데 큰 도움을 줄 수 있는 자료라고 하면서, 이러한 관점에서 『고문비략』을 고찰하고, 이를 통해 『고문비략』의 사상사적 성격을 확인해보고자 하였다.

노대환은 『고문비략』에 보이는 개혁안에서 가장 특징적인 것은 고제(古制)를 지향했다는 점이라고 했다. 고제의 기본틀을 고수하면서 현실에 적용한다는 원칙을 내세웠기 때문에 최성환의 개혁안은 보수적인 측면도 내포하고 있다고 보았다. 그러나 그는 최성환의 인식에 여러 가지 한계가 있지만 세도정치기라는 상황을 고려한다면 『고문비략』에 담겨 있는 개혁 구상은 예리한 것이었다고 할 수 있고, 무엇보다 그는 당시의 현실을 잘 파악하고 있었으며 그렇기 때문에 실효성 있는 대안을 제시할 수 있었다고 평가했다.

송양섭은 최성환이 19세기 당시 국가운영의 난맥상과 사회모순을 심각하게 인식하고 이에 대한 체계적인 대책을 『고문비략』을 지어 개진했다고 하면서, 『고문비략』은 국가재정·관료제·군현제로부터 당시 첨예한 문제를 드러내고 있던 삼정(三政)에 이르기까지 방대한 분야를 다루고 있다고 했다. 최성환은 국가재정의 건전성을 높이는 한편 관료조직의 통폐합과 관원수의 감축을 추진했고 관료들에게는 적정수준의 녹봉을 보장해 주도록 했다는 것이다. 최성환이 심혈을 기울인 부문은 군현제 개편과 통갑제의 적용인데, 군현제 개편에서 그는 면적에 따라 읍격을 재조정하고 '부(府)'를 지역지배의 중간거점으로 삼아 여기에 군현들을 소속시켜 통섭하도록 하였다고 했다. 부의 책임자인 부사는 예하군현은 물론 역참·목장·진보까지 관할하였고, 감사는 부를 순시하도록 했다. 군현 이하 면리 조직은 통갑제를 통해 운영하는 방안을 제시했는데, 통갑은 행정은 물론 군사·사법·조세수취의 기능까지 부여되었다. 아울러 수령 예하의 이서들은 법정액수를 준수하고 녹봉을 지급하는 한편 이시직(吏胥職)을 사로(仕路)와 연계, 반(半)관임화하여 부정과 농간을 뿌리 뽑도록 하였다고 했다.

송양섭은 최성환이 삼정 문제에 대해서도 나름의 견해를 피력했는데, 우선 전정 부문에 대해서는 전결세의 화폐납을 통해 중간수탈의 소지를 줄이도록 하였다고 보았다. 그리고 군정부문은 통갑 조직을 군사 징발·지휘체계로 활용하고 당시 관행화된 동포·호포 등 공동납을 적극적으로 제도화하도록 하였다고 했다. 환곡에 대해서는 지역별로 관행화된 와환(臥還)과 환곡의 전답분급[罷還歸結]을 대안으로 제시하는 한편 군현단위로 사창을 설치하여 진휼기능을 수행하도록 하였고, 곡가안정을 위해서는 군현마다 상평창·연례창을 설치하도록 하였다고 했다. 이들 삼정에 대한 대책은 최성환 당대는 물론 흥선대원군 집권기를 거쳐 갑오개혁에 이르면서 상당부분 제도로 실현되었다는 점에서 이 시기 정책론·제도론의 큰 흐름과 궤를 같이하고 있다고 평가했다.

최성환은 임술민란과 흥선대원군의 개혁 이전에 『고문비략』을 저술하여 조선 사회의 개혁을 꿈꾸었다. 그는 도교를 중심으로 유불도 삼교를 회통하여 자기 당대의 위기를 극복하기 위해 새로운 대안을 제시하려고 노력했던 지식인이었다. 그가 19세기에 민중의 교화를 강조하고 경세론적 성격의 학풍에 의거하여 이미 삼정의 문제와 서원의 개혁 방안을 제시하는 등 조선 사회에 대한 전면적인 개혁론을 구상하여 저술로 남겼다는 사실은 매우 주목해야 할 점이다.

이 책에서 공동연구자들은 이 연구를 수행하면서 19세기 실학사상의 성격이나 최성환의 개혁론에 대해 일치된 결론을 이끌어내기는 어려웠다. 그렇지만 최성환의 탈성리학·탈중세적 사상경향은 이번 공동연구를 통해서도 어느 정도 밝혀졌다고 생각한다. 이에 더하여 그의 학풍은 도교를 중심으로 유불도 삼교를 회통하면서 민중교화적이며 경세론적 성격을 지녔다고 평가할 수 있겠다.

앞으로 최성환에 대한 좀 더 깊은 연구가 이루어지기를 기대하며, 이 책에 수록된 글을 통해 독자들이 무인 최성환의 조선 실학사상사에서의 위상과 의미를 다시 한번 생각해 보는 계기가 되기를 바란다.

2017년 4월 17일

집필진을 대표하여 권오영 씀

| 차 례 |

부록

於是齋

어시재 최성환의 저술 편력과 학풍

권오영 | 한국학중앙연구원 한국학대학원 교수

1. 머리말

2. 가문의 내력과 교유

3. 시문학서의 편찬과 성령론(性靈論)

4. 선서류(善書類)의 편찬과 학풍

5. 경세서의 저술과 학풍

6. 맺음말

1. 머리말

19세기 전반기 조선사회는 정치적으로는 안동김씨 세도정치의 시기였다. 당시 노론 일당 전제정치의 시기에 정치의 부패와 관료의 무능으로 인해 민중의 항거는 전국적으로 요원의 불길처럼 일어났다. 1811년 관서지역에서 홍경래의 주도하에 일어난 민중봉기를 시작으로 1862년의 임술민란과 1894년의 갑오농민운동은 민중의 자각과 저항의 실상을 말해 준다.

19세기 조선 사회는 정치지배이념으로서의 주자학은 이제 그 기능을 상실하고 재야 학자의 탐구 대상으로 전락하였다. 이러한 시기에 서울·경기지역에는 주자학에 대한 새로운 비판과 반성이 일어나 탈주자학의 실학이 정약용에 의해 유배지 강진에서 집대성되고 있었다. 그런가 하면 18세기부터 위항문학(委巷文學)이 대두하는가 하면, 서학(西學)이 보급되어 가면서 천주교에 대한 몇 차례의 박해가 일어나기도 했다. 당시 선각적 지식인들은 나름대로 조선이 처한 위기를 극복하기 위해서 혼신의 힘을 다하였으니, 서학에 대응하여 기학(氣學)과 동학(東學)이 탄생했고, 청조 학술의 영향을 받아 금석학과 고증학이 크게 발달하고 있었다.

19세기에 활동한 최성환(崔瑆煥, 1813~1891)은 시문학서, 경세서, 도가서, 교화서, 지리서 등 많은 저작을 남긴 학자이다. 최성환에 대해서는 이우성(李佑成) 선생이 1972년에 『고문비략(顧問備略)』을 연구하여 학계에 처음 소개하면서, 『고문비략』에 제시된 개혁론은 ① 전국 지방행정제도를 개혁하여 현군부의 지방할거주의적인 독립된 행정을 횡적으로 연결시키는 동시에 왕을 정점으로 하는 종적 체계를 만들어 중앙정부의 권력을 강화하는 동시에 ② 모든 세금을 금납제로 통일하여 복잡한 조세정책에서 오는 관리들의 부정과 수탈을 막고 ③ 왕족들의 착복에 그쳤던 어업·염업·선업 등 산택자원에 대한 세금을 국가가 받아 재정을 강화하며 ④ 부정이 극에 달했던 국가의 공역 등을 민간청부에 맡겨 대행케 하고 ⑤ 행정의 능률을 위해 인재 등용을 공평하게 할 것을 주장하고 있다고 했다.[1]

또한 이우성 선생은 최성환의 성령론(性靈論)에 주목하여, 최성환 자신이 시를 생산하지 않았던 대신 성령(性靈)을 통하여 고인과 자신과의 합치점 속에 고금을 초월하여 시를 공유할 수 있다고 생각했으며, 『성령집』은 고인의 시의 선집이면서 동시에 최성환 자신의 강한 창작정신이 들어 있는 것이라고 했다.[2] 그뒤 백현숙(白賢淑) 씨가 최성환의 생애와 저작물에 대해 정치하게 연구하여 최성환은 무(武)의 전통을 강하게 지니고 있는 중인(中人) 집안 출신의 무인(武人)이라는 사실을 밝혀내었고, 최성환의 방대한 저술의 편찬 연도와 대강의 내용을 일일이 소개하였다.[3] 최근에 최성환의 성령론과 선서류(善書類)에 대한 연구가 더러 이루어지고 있고[4] 2014년에는 실시학사에서 김성재 씨에 의해 『고문비략』이 국역되어 『어시재 최성환의 고문비략』이란 서명으로 간행이 되었다.

이 글에서는 이러한 기존의 연구를 수용하여 먼저 최성환의 생애와 교유관계를 간략하게 정리하고, 이어 그의 다양한 저술의 편력과 내용을

---

1 李佑成(1972), 「崔瑆煥의 顧問備略」, 연세대동방학연구소, 제6회 실학공개강좌; 『조선일보』 12월 5일(화요일) 기사, 「중인의 實學 양반과의 차이」; 이우성(2010), 「李朝末葉 中人層의 實學思想과 開化思想으로의 指向－崔瑆煥 『顧問備略』을 中心으로」(李佑成著作集 8 『高陽漫錄』, 창비), 129면.

2 李佑成(1981), 「金秋史 및 中人層의 性靈論」(『한국한문학연구』 5, 한국한문학회).

3 白賢淑(1984), 「崔瑆煥의 人物과 著作物」(『歷史學報』 103, 역사학회), 117면.

4 정우봉(2005), 「19세기 性靈論의 재조명－崔瑆煥의 性靈論을 중심으로」(『한국한문학연구』 35, 한국한문학회); 具教賢(2009), 「袁枚의 性靈說이 조선 후기 문단에 미친 영향 연구」(『중국어문학논집』 59, 중국어문학연구회); 琴知雅(2007), 「『性靈集』의 편찬체계와 특징」(『중국어문학논집』 46, 중국어문학연구회); 박성종(2012), 「太上感應篇 및 그 圖說類 이본에 대한 管見」(『민족문화논총』 51, 영남대학교 민족문화연구소).

검토하고 그 학술의 경위(經緯)와 학풍(學風)의 성격을 밝혀보고자 한다.

2. 가문의 내력과 교유

최성환은 1813년(순조 13) 10월 12일(陰)에 출생하여 1891년 9월 29일에 충청도 청원군 강내면(江內面) 다락리(多樂里)에서 서세하였다.[5] 아버지는 최광식(崔匡植, 五衛將)이고, 어머니는 『충주최씨족보(忠州崔氏族譜)』에 전주이씨로 사과(司果) 재관(載觀)의 딸과 강릉최씨 관진(寬鎭)의 딸로 기록되어 있다. 최성환의 부인은 광주이씨(廣州李氏) 제인(悌寅)의 딸과 선산백씨(善山白氏) 광진(光鎭)의 딸로 나와 있다.

최성환의 본관은 충주최씨로 전서공파(典書公派)에 속한다.[6] 그의 가문은 12대 조부인 최언해(崔彦海)로부터 그 이후의 세계(世系) 단자(單子)가 자못 상세하다고 한다.[7] 백현숙 씨의 연구에 의하면 최성환의 가계의 중인으로서의 전통은 그의 7대조인 예남(禮男)이 서리(書吏)를 지냈다는 것으로 보아 이때 중인 가문으로 확립된 것으로 이해되고 있다.[8] 그리고 최성환의 조부(潤祥)의 후손으로 잡과(雜科)에 급제한 자가 모두 15명으로 그중 2명은 역과(譯科)에, 4명은 율과(律科)에, 9명은 운과(雲科)에 각각 급제하였다고 한다.

그런데 최성환의 가계는 예남 이후 약 6대동안 단 한명의 잡과 급제자

---

5 『忠州崔氏族譜』에는 1892년에 작고한 것으로 되어 있으나 바로 옆에 享年 79세라 한 것으로 보아 1891년에 작고한 것 같다.

6 忠州崔氏 典書公派의 派祖의 諱는 濱이다.

7 『忠州崔氏族譜』에 최성환의 12대 조부 "崔彦海" 항에 "此派舊譜无傳, 而系單頗詳, 許入以俟參考"로 기록되어 있다. 白賢淑(1984), 83면.

8 이하 최성환의 가문에 대한 서술은 白賢淑(1984) 연구를 주로 참조하여 작성하였다.

도 배출하지 않았다는 것이다. 그 대신 무과에 급제하거나 혹은 무관직을 지낸 사람이 대부분이었다. 즉 최성환의 조부 최윤상이 무관직을 지내고 또 최광식도 무과에 급제한 인물로 무관직에 임명될 수 있었다. 이러한 사실은 그의 가문이 중인 가문 중에서도 무(武)의 전통을 가지고 있었던 사실을 보여주고 있다고 할 수 있다.

최성환의 선대는 경기도 양주에 세거해왔다. 이러한 사실은 그의 10대조부터 5대조까지의 산소가 양주 해등촌(海等村) 각심사(覺心寺) 주변에 쓰여지고 있고[9] 그뒤 고조 이하의 산소도 양주 초현(軺峴)[10]과 동정(東亭) [11]등에 쓰여진 것을 보아 알 수 있다.

최성환은 1834년(순조 34)에는 한성부 남부(南部) 대평방(大坪坊)에 거주하였다. 그는 1838년(헌종 4)에 무과 병과 제24등으로 급제하였다. 그의 관력(官歷)을 살펴보면, 1843년 수문장을 거쳐 그뒤 훈련도감, 초관(哨官), 무겸(武兼), 훈련주부, 훈련판관, 중추부도사 등을 두루 역임했다. 그를 지칭할 때 당시 학자나 관료들은 무인(武人)이나 최도사(崔都事)로 불렀다.

---

9 지금의 서울시 蘆原區 月溪洞 楚安山 근처에 있었던 절로 보인다. 覺心寺란 이름은 金昌翕의 『三淵集』에 처음 보이고 『高宗實錄』에는 東城 밖(東郊)에 있는 절이라고 했다. 따라서 각심사는 동대문 밖의 가까운 지역에 있었던 절로 여겨진다. 지금의 서울시 월계동에 禮安李氏의 산소가 있는 곳에 恪心寺란 절이 있었는데 혹시 覺心寺와 같은 절인지는 더 조사가 필요하다. 최성환의 선대의 산소가 각심사 주변에 있었다고 한 것으로 보아 최성환이 벼슬에서 물러나 활동했던 지역도 초안산 근처가 아니었을까 생각해 본다.

10 軺峴은 현재의 서울시 蘆原區 月溪洞에 있는 楚安山을 가리킨다. 李匡呂가 지은 金世輔의 묘갈명인 「僉知中樞金君墓碣銘」(『李參奉集』 권3, 文)에 "東郊軺軒峴癸坐"에 장사를 지냈다고 한 것으로 보아 軺軒峴이 軺峴을 가리키는 것을 알 수 있다. 현재 김세보의 묘갈이 초안산에 남아 있다.

11 東亭의 위치에 대해서는 楊州治所의 東南3里에 있었다는 기록이 있다.(『壽谷集』 권4, 先代誌文). 또한 海州吳氏 吳瑗의 別墅가 東亭(지금의 서울시 성북구 종암동 지역)에 있었다고 한다.(『明谷集』 권1~5, 詩). 최성환의 선대의 산소가 있었던 동정의 위치는 현재 알 수 없다.

최성환은 헌종 말년에 부름을 받고 어전(御前)에 나아갔다. 당시 헌종은 이른 아침부터 해가 중천에 이를 때까지 최성환과 대화를 나누고 나서 하교하기를 "평소 그대의 학문이 깊다는 것은 내가 잘 아는 바이다. 시무(時務)와 경세제민(經世濟民)의 방도에 관해서도 필시 강구한 바가 있을 터이니, 만약 전술(傳述)할 만한 것이 있으면 다음에 등대(登對)할 때 모두 아뢰도록 하라."라고 했다. 이에 최성환은 물러나서 당시의 정령(政令)과 법제 가운데 말폐(末弊)가 있는 것과 헌종에게 미처 말하지 못한 백성들의 고충을 서술하되, 경전과 사서(史書)에서 근거를 원용하고, 몸소 경험한 실정을 바탕으로 하여 폐단을 바로잡을 방법을 대략 첨부해서 올리려 하였다.[12] 그런데 그 책이 미처 완성되기 전에 헌종이 죽었기 때문에 그는 1854년(철종 5)에 벼슬을 그만두고 양주로 물러나 『고문비략』 등 많은 저술을 하였다.

19세기에 서울지역에서 최성환과 같이 활동한 시인, 문인 등 지식인들은 누구일까. 최성환은 장지완(張之琬)·정지윤(鄭芝潤)·김정호(金正浩)·남병철(南秉哲)·이유원(李裕元) 등과 교유하였다. 장지완은 최성환에게 시를 지어 주었다.

한번 나가면 면하기 어려울 것 같았지만	一出如難免
같은 창 아래에 그대와 동반한 것 기뻤네	同窓喜伴君
주언륜(周彦倫)은 북산의 시내에 부끄러움 없었던가	北山無愧澗
맹동야(孟東野)는 운룡(雲龍)이 되기를 바랐었지	東野願爲雲
교정하지 못한 글자는 오직 붕(朋)이란 글자였고	未正惟朋字
오랜 가난은 정광문(鄭廣文:鄭虔)과 같았지	長貧似廣文
우뚝한 교서관은 말 시장에 가깝지 않아 좋았고	木天非馬隊

12 『顧問備略』序.

조기(祖企)와 사경이(謝景夷)처럼 날로 무리를 이루었지 祖謝日成羣[13]

장지완은 원매(袁枚)의 시구인 "나는 맹동야(孟東野:孟郊) 따라 운룡(雲龍) 되기를 바랐었지[我從東野願爲雲]"에서 "맹동야는 운룡이 되기를 바랐었지[東野願爲雲]"란 구절을 바로 따와서 썼다. 또한 당 현종(玄宗)과 유안(劉晏)의 고사를 인용하여 "바르지 못한 것은 오직 붕(朋)이란 글자라네[未正惟朋字]"라고 하여 최성환에게 오직 당파가 일세를 주도하는 시기를 슬퍼하면서 그래도 마음이 통하는 친구와 같이 교서관에서 일했음을 기뻐하였다.

최성환은 시(詩)로서 그 사람의 사상과 경륜이 드러난다고 보았다. 그는 정지윤과의 관계에서 "우제(友弟)"로 표현하면서 정지윤의 시들이 흩어져 일실되는 것을 안타깝게 생각하여 1854년(철종 4)에 『하원시초(夏園詩鈔)』 1권을 간행하였다. 그는 정지윤의 시에 대해 고법(古法)에 얽매이지 않았으나 또한 고법을 빠트리지도 않아 새로움을 중시했고 기기(奇氣)가 넘쳐나고 또 전아(典雅)하고 온존(溫存)하다고 평했다.

> "그 시는 고법(古法)에 얽매이지 않고 또한 고법을 빠뜨리지도 않고 옛날을 취하고 새로운 것을 창작하고 손가는 대로 마음이 응하여 더욱 옛스러울수록 더욱 새로워 기기(奇氣)가 넘쳐나고 또 전아(典雅)하고 또 온존(溫存)하여 자연히 일가를 이루었다. 만일 마음속에 있지 않았다면 어찌 밖으로 나타나는 것이 이같겠는가. 사람들은 다만 그 시의 기(奇)함을 알고 그 사람이 시보다 기한 것을 알지 못한다."[14]

---

13 『枕雨堂集』 권1, 詩, 「芸閣校書贈崔都事」.

14 『夏園詩鈔』 題辭, "其爲詩也, 不泥古法, 而亦不遺古法, 攬舊作新, 手隨心應, 愈舊而愈新, 奇氣橫逸, 又典雅, 又溫存, 天然成一家……人止知其詩之奇, 而不知其人之奇于詩."

정지윤은 김정희(金正喜)·조두순(趙斗淳)·남병철 등 인사들과 교유하였다.[15] 정지윤은 학문적으로 개방적인 성향을 띠고 있어 일찍이 『열자(列子)』를 읽기를 좋아했다.[16] 남병철은 정지윤의 시를 아꼈고 "천하기재(天下奇才)"로 칭찬을 했다.[17] 정지윤은 어느 가을날 최성환과 함께 시를 짓기도 하였다.

가사옷 색깔 솜 갓옷에 관도 쓰지 않았고	壞色緜裘復不冠
아침 늦게 일어남은 새 추위를 겁내서라네	連朝晏起怯新寒
일물도 몸의 누가 아닌 것이 없는 줄 알고	知無一物非身累
다만 천추토록 눈으로 보는 것 같구나	獨有千秋似眼看
시구 얻으면 어찌 금을 던짐을 번거롭게 여기랴	得句何煩金試擲
책을 빌리니 길이 완벽하게 돌려줌이 아깝다네	借書長惜璧歸完
근래에 문을 닫고 교유함이 적으니	邇來門掩交遊少
누런 국화 필 때에 술이나 실컷 마시세	黃菊花開酒量寬[18]

정지윤은 최성환과 안정사(安定寺)에 가서 시를 짓기도 하였다. 그는 "인연 따라 절에 이르러 쉬니, 돌기운 소나무 색깔이 그대로 모습이 바뀌

---

15 『心庵遺稿』 권30, 雜著, 「鄭壽銅傳」 己未, "鄭芝潤……聰悟鍾於文字, 凡僻奧奇崛幽眇繁冗, 不能窮竟者, 一見輒曉其指要機紐肯綮所在, 詩爲最長, 集耳目所蒐涉今昔高妙精確訢合于心者, 鑪韛鎔冶而出之 而善食酒爲性命, 悲歡得失咷笑佗傺連蜷, 一切寓諸酒而發之詩, 秋史金侍郎元春奇之, 使留讀所藏圖史, 期贍博而進之, 能閱屢月, 竱心注目行墨間, 若不知戶外事者然……余提擧同文, 將考月秩, 頒稍食也曰君必以百韻, 五言爲容, 通昔而成若貫珠焉……有夏園詩抄一冊, 崔君瑆煥所裒集, 剞劂而行之者也."

16 『圭齋遺藁』 권1, 詩, 「贈鄭壽銅芝潤二首」.

17 『韶濩堂文集』定本 권9, 詩文集總名曰合刊韶濩堂集, 傳, 「鄭芝潤傳」 壬子. "鄭芝潤……判書南公丙哲愛其詩, 招致之門下, 芝潤不樂與公卿貴人游, 數辭去, 南公患之, 一日芝潤又請去, 南公曰子欲去, 必刻燭賦七言律詩三十篇乃可, 芝潤曰諾, 南公乃置酒, 燒一大紅燭, 親命之韻, 芝潤且飮且賦, 燭纔盡而詩亦畢 詞皆精絶, 南公歎曰天下奇才也, 縱之去."

18 『夏園詩鈔』 「秋日同星玉作」.

었네"(隨緣來到寺中憩, 石氣松色仍改觀)라고 했고, 찬 샘물 한잔으로 공덕을 올리니, 지옥과 천당이 둘 다 편안하네(寒泉一盞薦功德, 地獄天堂俱兩安)라고 했다.[19]

한편 최성환은 조선의 지리와 지지에 대해 깊은 관심을 지니고 있었다. 그는 지리지인 『여도비지(輿圖備志)』를 편찬하였는데, 김정호(金正浩)는 이 『여도비지』에 한성부 및 8도의 지도를 제작하여 주었다. 최성환과 김정호가 지리에 대한 일치된 관심 속에서 서로 만나 교제를 하였으며 그 결과 김정호가 최성환이 편찬한 『여도비지』에 한성부 및 8도의 지도를 그려주었을 것으로 추측할 수 있다.[20]

최성환은 남병철과 깊은 관계를 유지하였는데, 남병철은 말년에는 위항시인(委巷詩人)들과 어울려 시작으로 소일하였고, 이러한 분위기에서 최성환과 친숙하게 지낼 수 있었다.[21]

최성환은 이유원과도 교유가 있었다. 이유원은 최성환이 지은 『고감(古鑑)』에 서문을 써주었다. 이유원은 최성환이 7세부터 독서를 좋아했고 만년에 더욱 즐겨 좋아하여 70년을 부지런히 쉬지 않았다고 했다. 그리고 그의 재명(才名)이 헌종에게 들리어 부름을 받았고 무릇 명공(名公)·거경(巨卿)에서부터 사족, 평민에 이르기까지 모두 그를 문인(文人)이라 지칭하였다고 하면서, 자기와 양주에서 서로 가까이 살면서 보니 그 포부는 다만 하나의 문자로 표현할 수 없다고 했다.[22] 이유원은 진실로 최성환이 경명(經明)·행수(行修)·순정(純正)·근근(勤謹)·노성(老成)·온화(溫和)의 육조(六條)의 천거에 합당한데도 세상에서 그에 대해 말해주는 이가

---

19 『夏園詩鈔』「安定寺」星玉子田稺良作.

20 白賢淑(1984), 93면.

21 白賢淑(1984), 94~95면.

22 『嘉梧藁略』 책12, 月城李裕元景春著 序, 「古鑑序」.

없고 세상에 돌아다니는 것은 오직 『고감』 등의 책뿐이라고 했다.[23]

3. 시문학서의 편찬과 성령론(性靈論)

최성환의 주요 저작은 81권 55책에 이른다.[24] 그의 학문적 관심은 문학비평에서 행정실무는 물론 도교에서 유교와 불교까지 다방면에 걸쳐 있었다.

1858년(철종 9)에 최성환은 한(漢)나라에서 청(淸)나라까지의 중국 시인의 시를 선정하여 『성령집(性靈集)』 20책을 편찬하였다. 그는 시선집의 편찬에 있어 시의 격조(格調)나 기백(氣魄)보다는 성령(性靈)을 중심으로 삼았음을 밝히었다. 그는 시인이 유명하든 무명이든 그 계층에 구애받지 않고 이 시집의 체제에 맞는 작품을 위주로 해서 수록했다. 이 방대한 시선집을 분류하여 선정하는[彙選] 작업은 최성환이 직접 했고, 글자 교정[校字]은 아들 최규집(崔圭輯, 1837~1886)이 했다.

『성령집』의 각 권에 수록된 시인의 숫자와 시의 편수는 다음과 같다.

> 제1집 권1~3 한위육조시(漢魏六朝詩): 권1(五言古, 105인 詩 160수), 권2(七言古, 19인 시 44수. 五言律, 41인 시 64수. 五言排律, 2인 시 2수. 七言律 1인 시 1수), 권3(五言絶句, 77인 시 134수. 六言絶句, 2인 4수. 七言絶句, 3인 시 3수)
>
> 제2집 권1~6 삼당오대시(三唐五代詩): 권1(오언고, 74인 시 132수), 권

---

23 『嘉梧藁略』 책12, 月城李裕元景春著 序, 「古鑑序」.

24 최성환의 저작활동과 저작물에 대한 내용은 白賢淑(1984), 95~96면 참조.

2(칠언고, 61인 시 85수), 권3(오언율, 149인 시 214수. 오언배율 18인 시 18수)

제3집 권{1~6} 송금원시(宋金元詩), 권4(칠언율, 132인 시 221수, 칠언배율 4인 4수), 권5(오언절구, 164인 시 334수, 육언절구 8인 시 16수), 권6(칠언절구 141인 시 299수)

제4집 권1~6 명시(明詩): 권1(오언고, 75인 시 89수), 권2(칠언고, 65인 시 76수), 권3(오언율 124인 시 143수. 오언배율 4인 시 4수), 권4(칠언율 131인 시 137수. 칠언배율 3인 시 3수), 권5(5언 절구, 158인 시 231수. 육언절구, 11인 시20수), 권6(칠언절구, 155인 시 196수)

제5집 권1~6 청시(淸詩): 권1(오언고 58인 시 104수), 권2(칠언고, 94인 시 100수), 권3(오언율, 202인 시 216수, 오언배율 6인 시 6수), 권4(칠언율, 197인 시 213수, 칠언배율 3인 시 3수), 권5(오언절구, 146인 시 286수, 육언절구 9인 시 29수), 권6(칠언절구, 290인 시 359수)

속집(續集) 권1~6 역대명원시(歷代名媛詩): 권1(오언고, 75인 시 95수), 권2(칠언고, 81인 시89수), 권3(오언율, 123인 시 136수), 권4(칠언율, 117인 시 125수, 칠언배율 3인 시 4수), 권5(오언절구 144인 시 240수, 육언절구 13인 시 14수), 권6(칠언절구 221인 시 259수)

보유(補遺) 권1~4 역대적구(歷代摘句) : 권1(오언적구 326인 시 636聯), 권2(오언적구 547인 시 654련), 권3(칠언적구 279인 시 504련), 권4(칠언적구 566인 시 754련)

속집보유(續集補遺) 권1~2 명원구(名媛句): 권1(오언적구 306인 시 423聯), 권2(칠언적구, 375인 시 527聯)

최성환은 성령이란 핵심어를 통해 초부(樵夫)나 목동(牧童)의 노래나 여인, 승려 등 다양한 계층의 시인의 시를 분류하여 모을 수 있었다. 그는 성령으로부터 나온 것이 진시(眞詩)라고 여겼던 것 같다. 그는 이 『성령집』을 편찬하여 19세기 조선 사회에 성령론을 주장하였다. 그는 정주

(程朱)의 이학(理學)의 철리시(哲理詩)를 배격하여 그의 『성령집』에 싣지를 않았다. 즉 주돈이(周敦頤)·소옹(邵雍)·장재(張載)·정호(程顥)·주희(朱熹)·육구연(陸九淵) 등의 시는 철저히 배제되었다. 최성환의 학풍에 대해서는 이미 『고문비략』의 분석을 통해 그의 행정·경제에 대한 구체적 논술은 탈성리학·탈중세적 경향을 보여주고 있다는 평가를 받고 있다.[25] 이러한 그의 학풍은 그가 정주의 이학(理學)의 철리시를 배격하여 싣지 않은 것에서도 확인할 수 있다.

그런데 이 『성령집』에는 조선 학자의 시가 실려 있고 최성환 자신의 시도 한 편이 실려 있다. 『성령집』의 4집에는 정희량(鄭希良)의 「유회(有懷)」, 김정(金淨)의 「유정씨지정(游鄭氏池亭)」·「촌사(村舍)」, 성현(成俔)의 「목면사(木緜詞)」, 최경창(崔慶昌)의 「이소부사(李少婦詞)」, 정몽주(鄭夢周)의 「문안(聞鴈)」, 설손(偰遜)의 「산우(山雨)」, 신숙주(申叔舟)의 「기권정경(寄權正卿)」, 허균(許筠)의 「배오자어참군등의성(陪吳子魚叅軍登義城), 임제(林悌)의 「규원(閨怨)」, 정지승의 「유별(留別)」, 신광한(申光漢)의 「모경(暮景)」·「망삼부산유감(望三負山有感)」, 강극성(姜克誠)의 「호당조기(湖堂早起」, 김흔(金訢)의 「대마주중야작(對馬舟中夜作)」, 남효온(南孝溫)의 「서강한식(西江寒食)」, 신종호(申從濩)의 「상춘(傷春)」, 서거정(徐居正)의 「춘일(春日)」, 최응현(崔應賢)의 「차경주벽상운(次慶州壁上韻)」 등의 시를 수록하고 있다.

최성환은 청나라 학자 전겸익(錢謙益)의 『열조시집(列朝詩集)』에 실린 조선 학자의 시에서 선정하여 그의 『성령집』에 수록하였다. 그는 『열조시집』외에도 주이준(朱彝尊)의 『명시종(明詩綜)』, 심덕잠(沈德潛)의 『명시별재집(明詩別裁集)』, 왕사정(王士禎)의 『대경당시화(帶經堂詩話)』 등에

25 이우성(2010), 128면.

도 조선시가 수록되어 있는데 이러한 책들도 참고했을 가능성이 있다. 정지승의 「유별」은 심덕잠의 『명시별재집』에만 실려 있는 작품이다.

『성령집』의 5집에는 최성환 자신의 시가 실려 있다. 최성환은 자기의 조부 최윤상과 아버지 최광식의 시의 두 연(聯)을 소개하고 자신이 부조(父祖)의 두 연을 이어서 시를 완성하였다.

> "돌아가신 할아버지 국은공(菊隱公)이 지은 「교외(郊外)」시 일련(一聯)이 있는데 '日出棲鴉散, 孤村生白煙'이라고 했다. 돌아가신 아버지 운초공(雲樵公) 또한 「교외」시 일련이 있는데 '山空雲滿地, 野闊水浮天'이라고 했다……다만 모두 전편(全篇)을 잃어버려 시집 속에 실리지 않았으나 오직 두 연(聯)은 사람들이 외어서 전해지고 있다. 내가 날이 오래 지나면 전하지 못할까봐 두려워하여 지금 교외의 걸음에 그 경(境)에 인하여 그 정(情)을 얻어 두 연으로 붙였다."

해가 뜨니 까마귀는 흩어지고	日出棲鴉散
외로운 마을엔 흰 연기가 피어나네	孤村生白煙
텅빈 산엔 구름 많아 땅까지 덮여 있고	山空雲滿地
넓은 들엔 물이 넘쳐 하늘까지 대어 있네	野闊水浮天
나느네 소매엔 짙게 이슬이 젖어 있고	客袖濃承露
시냇길 비끼어 있어 샘에게 양보했네	磵途斜讓泉
외로이 읊조리니 그 읊조림 괴로운데	孤吟吟正苦
흐르는 세월은 찾을 곳이 없더라	無處覓流年[26]

26 『性靈集』 5집 권3, "先大父菊隱公, 有郊外一聯云日出棲鴉散, 孤村生白煙. 先考雲樵公亦有郊外一聯云山空雲滿地, 野闊水浮天……但俱逸全篇. 故集中不載, 惟二聯, 誦在人口. 余懼日久而失傳也. 今於郊外之行, 因其境而得其情, 以二聯足之. 日出棲鴉散, 孤村生白煙. 山空雲滿地, 野闊水浮天. 客袖濃承露, 磵途斜讓泉. 孤吟吟正苦, 無處覓流年." "日出棲鴉散"은 淸의 李中簡, 『嘉樹山房集』 詩集 권5에 보이는 "日出栖鳥散"라는 시구와 비슷하고 "野闊水浮天"이란 구절은 明나라 于愼行의 『穀城山館詩集』 권15의 「寺山秋望」이란 시에

최성환은 서울 동부의 외곽인 교외 양주 땅에 살았다. 그는 자신의 생활공간인 교외의 걸음에서 그 경(境)에 인하여 그 정(情)을 얻어 자기 아버지와 할아버지의 시의 두 연(聯)에 자신이 다시 두 연을 붙여 시를 완성했다. 세상에서 시를 일컬을 때 당시(唐詩)가 중요하고 당시 중에서도 초당(初唐)과 성당(盛唐) 시가 중요하다고 하지만, 원굉도(袁宏道)는 그 말에 동의하지 않았다. 그는 중요한 사실은 성령(性靈)으로부터 나온 것이 진시(眞詩)라고 하였다. 그는 성령은 마음에서 통하여 경(境)에 부쳐지고 우연히 마주치는 경에 마음으로 능히 모으고 마음이 토로하고 싶은 바를 표현하는 것이라고 했다.[27] 그는 시는 성정에 근본을 두니 만약 진시라면 한번 그 시를 읽으면 그 사람의 성정을 문득 볼 수 있다고 했다.[28] 최성환도 바로 성령으로부터 나온 진시를 읊고 싶어 했고, 자신의 부조와 사신의 시가 성정에 근본을 둔 진시라고 여기고 사신의 성정을 표현했다고 여겼을 것이다.

한편 『성령집』의 속집과 속집 보유에는 허경번(許景樊, 許蘭雪軒)의 「효이의산체(效李義山體)」·「차백망고대(次伯望高臺)」·「고별리(古別離)」·「잡시이수(雜詩二首)」·「효최국보(效崔國輔)」·「새상곡(塞上曲)」·「궁사오수(宮詞五首)」 등이 실려 있다.

허경번의 시는 『난설헌시집(蘭雪軒詩集)』과 청나라 전겸익의 『열조시집』, 주이준의 『명시종』, 심덕잠의 『명시별재집』, 장예장(張豫章)의 『사조시(四朝詩)』, 규서(揆敍)의 『역조규아(歷朝閨雅)』 등에 수록되어 있다.

"日斜虹帶雨, 野闊水浮天"이라는 구절에 보인다.

27 呂光錫, 『桃花源詩話』, "世之稱詩者, 必曰唐, 稱唐詩者, 必曰初曰盛, 惟中郎不謂然, 曰詩何必初與盛? 要以出自性靈者爲眞詩耳. 夫性靈竅於心, 寓於境, 境所偶觸, 心能攝之, 心所欲吐, 腕能運之……以心攝境, 以腕運心, 卽心靈無不畢達, 是之謂眞詩, 何必唐, 何必初與盛?"

28 呂光錫, 『桃花源詩話』, "詩本性情, 若係眞詩, 則一讀其詩, 而其人之性情, 便見."

최성환은 이러한 여러 책에 수록된 허경번의 시를 선정하여 그의 『성령집』에 수록하였다.

최성환은 청(淸)나라 시단의 세 유파인 신운론(神韻論)·격조론(格調論)·성령론(性靈論)에서 성령론을 수용 제창하였다. 청조의 시단은 1765년(乾隆 30) 이전에는 심덕잠(沈德潛)이 청조의 문단을 주도하면서 시에서 격률(格律)과 학력(學力)을 중시하여 시가 온아(溫雅)하고 청려(淸麗)한 것을 취했는데, 그뒤 원매(袁枚)가 나와서 오로지 성령을 주장하면서 속정(俗情)을 말하는 것으로 훌륭하다고 했다.[29] 원매는 시를 논하면서 성령을 주로 해야 한다고 주장하여 시는 배우지 않고도 잘 지을 수 있다고 했다.[30]

『성령집』의 청시(淸詩)에는 주이준·옹방강(翁方綱)·원매·요내(姚鼐)·시윤장(施閏章) 등의 시가 수록되어 있다. 옹방강의 시는 「기김추사겸증조운석(寄金秋史兼贈趙雲石)」이 수록되어 있다. 이 시에는 "깊도다 참된 성정이여 반드시 경술(經術)에서 증험하네."라는 구절이 들어 있고, "한학(漢學)과 송학(宋學)이 그 학문하는 길은 동일하다."고 했다.[31] 최성환이 옹방강의 이 시를 수록한 것은 옹방강과 김정희로 대표되는 조청(朝淸)간의 문예(文藝)의 교류를 길이 전하고 싶었기 때문이었을 것이다. 원매의 시는 「영사육수(咏史六首)」·「귀가즉사(歸家卽事)」·「잡시오수(雜詩五首)」 등을 수록했다.[32]

---

29 孫原湘, 『天眞閣集』 권41, 文3, 「籟鳴詩草序」, "嘗謂吳中詩教五十年來, 凡三變, 乾隆三十年以前, 歸愚宗伯主盟壇坫, 其時專尙格律, 取淸麗溫雅, 近大歷十子者爲多. 自小倉山房出, 而專主性靈, 而能道俗情, 善言名理爲勝, 而風格一變矣."

30 劉錦藻, 『淸續文獻通考』 권277, 經籍考 21, "臣謹案乾嘉之際, 袁枚論詩主性靈之說, 人以爲詩可無學而能, 原湘以根柢濟性情之論救之."

31 『性靈集』 5집 권1, 「寄金秋史兼贈趙雲石」.

32 『性靈集』 5집 권1, 「雜詩五首」.

19세기에 들어와 성령이라는 용어는 주로 김정희와 최성환·정지윤·장지완 등의 글에서 나타나고 있다. 김정희는 시도(詩道)를 잃지 않는 길은 성령(性靈)과 격조(格調)를 함께 구비하는 것이라고 주장하였다.[33]

> "성령과 격조가 함께 갖추어진 뒤에야 시도(詩道)는 훌륭해질 수 있다. 이러함에 『주역』에서는 나아감과 물러감, 얻고 잃음에서 그 바름을 잃지 않는다. 무릇 그 바름을 잃지 않는다는 것을 시도로 말해보면 반드시 격조로 성령을 제정하여야 음방(淫放)함과 귀괴(鬼怪)함을 벗어날 수 있다. 그런 후에 시도만 좋아지는 것뿐만 아니라, 그 바름을 잃지 않게 되는 것이다."[34]

옹방강은 왕사정이 격조(格調)를 변경하여 신운(神韻)이라 했으니 그 실은 격조는 신운일 따름이라고 했다.[35] 그는 이몽양(李夢陽)과 이반룡(李攀龍)이 격조로 시를 논했는데 왕사정이 그 설을 변경하여 신운이라고 했으니 신운이라는 것은 격조의 다른 이름일 뿐이라고 했다.[36] 김정희는 이러한 옹방강의 시법론을 받아들이고 있다.

최성환은 『성령집』을 편찬하면서 진실하고 자유로운 감정, 심령을 시 평가의 중요한 척도로 삼았다.[37]

> "이 시집에서의 선발 원칙은 오로지 성령(性靈)을 주로 한 것이며, 격조

---

33 具教賢(2009), 406면.

34 『阮堂集』 권6, 「題彝齋東南二詩後」, "性靈格調具備, 然後詩道乃工, 然大易云進退得喪, 不失其正, 夫不失其正者, 以詩道言之, 必以格調裁整性靈, 以免乎淫放鬼怪, 而後非徒詩道乃工, 亦不失其正也."

35 翁方綱, 『復初齋集』 권8, 「格調論」 上, 「神韻論」 上.

36 翁方綱, 『石洲詩話』 권6, "愚嘗謂空同滄溟, 以格調論詩, 而漁洋變其說曰神韻, 神韻者, 格調之別名耳."

37 琴知雅(2007), 421면 참조.

(格調)를 뒤로 하고 기백(氣魄)을 버리기로 하였다. 이 책을 보는 자가 시의 여러 체(體)를 고루 수록하지 않았다고 나무란다면 그것은 이 책의 취지를 모르는 것이요, 이 책에 수록된 시 중에 어의(語意)의 신창(新創)이 많다고 나무란다면 그것은 이 시들의 본지(本旨)를 모르는 소리이다."[38]

"어떤 사람은 또 말한다. '내가 말하려는 것이 이미 옛사람의 입에서 말해졌고 내가 쓰려고 하는 것이 벌써 옛 사람의 손에서 쓰여졌다. 내가 어찌 감히 입을 열고 손을 대겠는가.' 그렇지만 한줄기 성정만은 사람마다 누구나 가지고 있는 것이다. 내가 어찌 옛 사람과 다르겠는가."[39]

최성환은 "내가 말하려는 것이 이미 옛사람의 입에서 말해졌고 내가 쓰려고 하는 것이 벌써 옛 사람의 손에서 쓰여졌다."는 이 말을 원매의 『수원시화(隨園詩話)』에 나온 정주(丁珠)의 시구를 인용하였다.[40]

"경치를 대해 성정을 쏟아내고 물을 대하여 홍취가 일어나는 것은 스스로 마지 못하는 것이다……등불을 밝힌 저녁이나 꽃이 핀 아침에 옛 사람의 책을 펼치면 경치를 묘사한 것, 감정을 토로한 것, 정직한 것, 아름다운 것, 빼어난 것, 넓고 큰 것, 현묘하고 심원한 것, 진솔한 것, 기괴한 것, 아로새긴 것, 깊숙하고 가파른 것, 울적한 것, 뛰어나고 기이하며 빛나는 것 등으로부터 사공도(司空圖)의 이십사품(二十四品)에 이르기까지 갖가지 것들이 다 펼쳐져 나의 마음과 눈을 어지럽히지만, 이것들이 모두

---

38 『性靈集』 序, "是集也專主性靈, 而後格調捨氣魄, 是固我之性有所相近者也. 是固爲我之詩集也. 覽是集者, 以各體之未備爲責, 則非是集之制度也, 以語意之多刱爲言, 則非是詩之本旨也."

39 『性靈集』 序, "人亦有言, 我口所欲言, 已言古人口, 我手所欲言, 已書古人手者也, 我何敢開口而着手哉? 然而惟是一派性情, 則人所以有各自具者, 我何嘗與古人異哉?"

40 琴知雅, 「『性靈集』의 편찬체계와 특징」(『중국어문학논집』 46) 435면; 『隨園詩話』 권6, "我口所欲言, 已言古人口. 我手所欲書, 已書古人手."

나의 성정에 맞는 것은 아니다. 간혹 나의 성정과 가까운 것들을 만나면 저절로 춤추다가는 감탄을 하고 이어서 나의 것이 되지 못함을 한스럽게 여겨서 마음속에 답답한 것이 또한 여러 날이기도 하였다."[41]

최성환은 "고인(古人)의 성(性)은 곧 나의 성이요, 고인의 성이 좋아하는 바는 곧 나의 성이 좋아하는 바이다. 고인의 성으로 고인이 좋아하는 바를 말하면 다만 이같은 것에 불과하고 나의 성으로 나의 좋아하는 바를 말하면 또한 이같은 것에 불과하다."라고 했다. 그는 "고인이 말한 바가 곧 나의 말이니 나의 입을 거치지 않았다고 하여 드디어 나의 마음이 아니라고 이르겠는가. 그렇다면 나의 마음에 합치되는 것은 진실로 나의 말이요, 내 마음에 합치되지 않는 것은 나의 말이 아니다. 그 합치되는 것을 골라, 나의 말로 삼으면 그 말이 발하여 문장이 되는 것은 또한 나의 문장이다."라고 했다.[42] 그는 "오직 이 한줄기 성정(性情)은 사람이 각자 갖추고 있는 것이니 어찌 일찍이 고인과 다르겠는가."라고 하여[43] 고인의 성정과 금인의 성정을 같다고 보았다.

이러한 최성환의 생각은 19세기 전반기 조선의 서울 지식인의 일반적 성향인지도 모르겠다. 당시 중국으로부터 밀려오는 지식의 홍수속에서 우선 독서를 통해 지식을 확대하고 이를 다시 선별하여 학계에 소개하는 것이 그들의 주요한 사명이었던 것이다.

---

41 『性靈集』 序, "對景而寫, 感物而興, 亦有所不能自已者……燈夕花朝, 披閱古人卷, 有寫景者, 有言情者, 有正直者, 有婉媚者, 有俊秀者, 有博大者, 有玄遠者, 有眞率者, 有鬼怪者, 有雕刻者, 有奧峭者, 有崛强者, 有俳諧者, 有富艶者, 有芬芳悱惻者, 有瓌瑋璀璨者, 以至司空表聖, 所謂二十四品者, 萬狀畢陳, 眩我之心目, 然未必皆合於我之性情矣. 其或有我之性相近者, 則自然舞蹈之, 旣而感歎之, 繼而恨不爲我之有中心魂壘者, 亦屢日矣."

42 『性靈集』 序, "古人之性卽我之性, 古人性之所好卽我性之所好……是古人之所言者卽我之言也. 豈可以不經我口, 遂謂之非我之心哉? 然則我心之所合者, 固我之言也, 我心之不合者, 非我之言也. 取其所合之言而爲我言, 則其言之發爲文章者, 卽亦我之文章也."

43 『性靈集』 序, "惟是一派性情, 則人所以有各自具者, 我何嘗與古人異哉?"

그런데 원매의 성령설은 청대 시단에서 왕사정의 신운설(神韻說)을 비판하고 다시 심덕잠(沈德潛)의 격조설(格調說)을 공격하면서 등장한 것이다.[44] 원매는 격조파(格調派)의 의고(擬古)나 문구의 수식을 반대하고 시가의 도학적(道學的)인 제약을 배격하면서 시는 작가의 참된 감정과 개성에 의해 표현되어야한다고 주장하였다. 이러한 그의 성령론은 명말 원굉도(袁宏道)를 중심으로 한 공안파(公安派)의 낭만주의 문학이론을 계승한 것이었다.[45] 최성환은 바로 원매의 "오로지 성령을 주로 한다[專主性靈]"라는 주장을 그대로 받아들였다.

최성환은 고인의 성을 상대적인 관점에서 파악하면서 그 속에서 나의 성을 발견하고 나아가 고인의 성이 곧 나의 성이라는 인식에 이르렀다. 그것은 주체적인 정신을 통해 고(古)를 바라보는 '나'라는 주체의 자각적 실천과정이라고 할 수 있다.[46] 그는 현재 자신이 편찬한 『성령집』은 자신의 성에 의해 재창조된 자신의 문장이요 자신의 문집인 것이며, 이러한 해석과 비평의 주체적 과정에 의해 재창조되는 것은 미래의 독자들에게도 항상 열려있는 것이므로 『성령집』의 편찬체제를 거기에 맞게 고려하였다.[47]

한편 최성환은 원매의 시중유아론(詩中有我論)을 수용하였다. 그는 『성령집』의 편집이 '유아(有我)'에서 시작되었다고 했다. 그는 내가 있음으로 해서 나의 관점에 의한 독자적 편집이 필요하다는 것이다.[48] 비록 『성령집』의 시가 백대의 시라고 말하더라도 궁극적으로는 자기 한 사람의 시집이라고 하면서, 『성령집』은 고인의 시의 선집이면서 동시에 나의 강한

---

44 李佑成(1981), 128면.

45 金學主 著, 『中國文學史』(新雅社, 1989), 546면.

46 琴知雅(2007), 436면.

47 정우봉(2005), 87면.

48 李佑成(1981), 135면.

창작정신이 들어 있는 것이었다.[49]

최성환은 "오늘에 이르러 유아(有我)에 달려 있으니 또한 다시 스스로 읊조려서 부(賦)를 짓거나 산삭하여 편찬을 한다면 또한 어찌 일찍이 시집(詩集)이 되고 시선(詩選)이 되지 않겠는가. 다만 유아자(有我者)가 수천년 시인의 뒤에 태어나 살면서 백십가(百十家)가 선집한 뒤를 이었으니 과연 남아서 쌓여 있는 것이 있는가."라고 했다.[50]

원매(袁枚)는 시를 지음에 있어 '아(我)'를 강조했다. 그는 "시를 창작함에 있어서 아가 없어서는 안된다. 왜냐하면 사람이 아가 없으면 꼭두각시이다."라고 했다.[51] 그는 사공도(司空圖)의 24시품(詩品)을 좋아하여 그 묘경(妙境)을 표방했으나 고심(苦心)을 그려내지 못했다고 보아 32시품을 지어 제시하였다.[52] 원매는 시를 짓는 데에는 '아(我)'가 있어야하고 모름지기 남의 것을 표절하는 것을 일삼지 말아야 한다고 했다.[53] 또한 그는 시를 지음에 다만 성정을 보아야 하고 문자에 집착을 해서는 안된다고 했고 옛사람과 같아 버린다면 어느 곳에 나를 붙일 수 있겠는가고 했다.[54]

한편 청의 주정진(朱庭珍)도 시중유아(詩中有我)론을 주장했다.

> "시속에 유아(有我)라는 것이 있어야 비로소 진시(眞詩)라고 이를 수 있다……무릇 이른바 시속에 유아라는 것은 앞사람의 문호(門戶)를 의지

---

49 李佑成(1981), 136면.

50 『性靈集』 序, "逮至于今, 而有我在焉. 亦復自以爲吟而賦之, 刪而編之, 則亦何嘗非爲集爲選乎? 只是有我者, 生在數千歲詩人之下, 承於百十家選樓之後, 其果有所餘蘊也耶?"

51 『隨園詩話』 권7, "作詩不可以無我, 因爲有人無我, 是傀儡也."

52 『小倉山房集』 권20, 「續詩品三十二首 有序」, "余愛司空表聖詩品, 而惜其祇標妙境, 未寫苦心, 爲若干首續之."

53 『小倉山房集』 권14, 「書所見」, "賦詩似爲政焉, 得人人悅, 但須有我在, 不可事剽竊."

54 『小倉山房集』 권20, 續詩品三十二首 「著我」, "竟似古人, 何處著我."

하지 않고 앞사람의 형사(形似)를 모방하지 않고 성정(性情)을 서사(抒寫)하여 절대로 고정된 견해가 없는 것이다. 심(心)에 알맞음에 말이 저절로 울리는 것이니 하늘은 말할 것도 없다. 대편(大篇)과 단장(短章)이 모두 흥(興)을 타서 짓고 뜻이 다하면 그치니 나에게 있는 유아의 정신이 맺어지고 나에게 있는 유아의 의경(意境)이 의지하고 나에게 있는 유아의 기체(氣體)가 면목을 드러내고 나에게 있는 유아의 재력(材力)이 법도에 맞아 결코 다른 사람의 입에서 떨어진 것을 주은 것이 아니고 보통 작은 방이나 오솔길의 가운데서 임의대로 일편(一篇)・일련(一聯)을 거론해도 모두 나의 시이고 앞사람이 이미 말한 바의 시가 아니고 또 당시 사람의 의중에 있는 바의 시도 아니니 이것을 시(詩)속에 유아(有我)라고 하는 것이다."[55]

주정진은 시(詩)속에 유아에 대해 선명하게 설명을 했다. 그는 시를 짓는데 있어 흥(興)을 타서 짓고 뜻이 다하면 그치니 자신에게 있는 유아의 정신이 맺어지고 유아의 의경(意境)이 의지하고 유아의 기체(氣體)가 면목을 드러내고 유아의 재력(材力)이 법도에 맞아서 결코 다른 사람의 입에서 떨어진 것을 주은 것이 아니라고 하면서 보통 작은 방이나 오솔길의 가운데서 임의대로 한편의 시를 지어도 모두 나의 시이고 앞사람이 이미 말한 바의 시가 아니고 또 당시 사람의 의중에 있는 바의 시도 아니니 이것을 시속에 유아(有我)라고 한다고 했다.

그런데 성령론을 통해 시를 망라할 때 그 말폐는 시의 수준이 얕고 평이하고 방정맞고 어지러운 데로 흐를 가능성이 있었다. 그래서 19세기

---

55 朱庭珍, 『筱園詩話』 권1, "詩中有我在焉, 始可謂之眞詩……夫所謂詩中有我者, 不依傍前人門戶, 不摹仿前人形似, 抒寫性情, 絶無成見, 稱心而言自鳴, 其天勿論, 大篇短章, 皆乘興而作, 意盡則止, 我有我之精神結構, 我有我之意境寄託, 我有我之氣體面目, 我有我之材力準繩, 決不拾人牙慧落, 尋常窠臼蹊徑之中, 任擧一篇一聯, 皆我之詩, 非前人所已言之詩, 亦非時人意中所有之詩也, 是爲詩中有我."

서울에서 풍미한 성령론에 대해 최한기(崔漢綺)는 비판적 견해를 표명하였다.

> "하늘을 우러르고 땅을 굽어본 오랜 세월 동안 공부하여 얻은 바를 말로 드러내지 않은 것이 없다. 그런데 저 성령(性靈)의 담론은 신비스럽고 괴이한 데 빠지고, 명심(明心)의 논설은 천착(穿鑿)에 빠져 제각기 깨달았다고 하는 것을 드러내어 많은 문도들에게 전하여 주고 있다. 그러나 그 실상을 구명하여 보면 다름 아니라 모두 제규(諸竅) 제촉(諸觸)이 인정(人情)과 물리(物理)를 거둬 모아서 신기(神氣)가 쓰는 지각(知覺)이 되는 것임을 깨닫지 못하고, 다만 지각한 이후의 일과 쓰기 이전의 이치만을 보고 심(心)과 성(性)의 본래 모습으로 인정하는 것이다. 이에 인정과 물리를 맨 처음 지각한 원두(源頭)는 도리어 어둡게 감추어지고, 처지에 따라 발용(發用)하는 것을 신령스럽고 괴이한 허명(虛明)의 심체(心體)라는 것의 작용으로 돌린다. 그리하여 또한 담담한 신기로 하여금 그 참모습을 잃게 하고, 제규 제촉이 수입(收入)한 공적을 도리어 효험이 없는 것으로 취급한다."[56]

최한기는 시학(詩學)의 성령론과 이학(理學)의 공론을 비판하였다. 그런데 최성환은 왜 시학에서 오로지 성령(性靈)을 주로 하는 시론을 주장하였을까. 아마 시를 논함에 성령을 주로하면 조그마한 총명과 지혜가 있는 자의 시도 경우에 따라서는 풍아(風雅)의 대열에 들어갈 수 있고 거리의 소리도 옳지 않음이 없어 일부 수용할 수 있다고 보았기 때문일

---

56 『氣測體義』, 神氣通 권1, 體通, 「收得發用有源委」, "俯仰千載, 功夫攸得, 無言不具. 性靈之談, 沒於神怪, 明心之說, 陷於穿鑿, 各呈所悟, 衆徒傳授, 究其實, 則皆不覺諸竅諸觸, 收聚人情物理, 以爲神氣之須用知覺, 只從知覺以後之事, 須用以前之理, 認作心性之本然, 是人情物理之源頭所得, 乃反晦藏. 故隨處發用, 歸屬于靈異虛明, 抑亦使澹然之神氣, 失其眞矣, 諸竅諸觸收入之功, 反無效也."

것이다. 그는 시를 논함에 성령을 주로하면 여인이나 승려 같은 이의 시라도 한두 아름다운 구절이 있으면 선별할 수 있다고 보았던 것이다.

최성환은 시를 논함에 있어 원매의 성령론을 받아들여 오로지 성령을 주로 할 것을 주장하고 격조를 뒤로 하고 기백을 버린 반면, 김정희는 옹방강의 격조론 등을 받아들여 성령과 격조를 치우치게 폐할 수 없다고 보았다. 김정희가 성령에 격조를 배합시키려 한 것은 김정희 자신의 계급적 제약에서 온 것인 반면, 최성환은 시를 논함에 오로지 성령을 주로 하여 유아론(有我論)을 주장한 것은 '아(我)의 자각(自覺)'의 의미가 있는 것이었다.[57]

4. 선서류(善書類)의 편찬과 학풍

19세기 조선 사회는 민중이 크게 동요하는 시기였다. 1811년(순조 11) 홍경래의 봉기부터 1862년(철종 13) 임술민란에 이르기까지 민중의 동요는 아주 심하였다. 조선사회가 신분제 등에서 해체의 길을 걸으면서 당시 지식인들은 그 대책 마련에 고심을 하고 있었다. 김대건의 천주학(天主學), 최한기의 기학(氣學), 최제우의 동학(東學)이 바로 그 대안으로 제시된 것이라고 할 수 있다.

최성환도 주자학으로는 위기의 시대를 타개해 나갈 수 없다고 보았다. 그래서 그는 도교쪽으로 눈을 돌리어 많은 선서류(善書類)를 간행하여 민중의 교화에 힘썼다. 그는 1848년(헌종 14)에 『태상감응편(太上感應篇)』 정문(正文)을, 1852년(철종 3)에는 『태상감응편도설(太上感應篇圖說)』(5권

57 李佑成(1981), 138면 참조.

5책)을 간행하였다. 그리고 그는 1856년에는 『각세신편팔감상목(覺世新編八鑑常目)』(11권 6책)을 편찬 간행하였다.

중국의 선서류인 『태상감응편』은 송(宋)말에 나왔고 『공과격(功過格)』은 명(明)말에 나왔다.[58] 유교국가인 조선조에 선서류의 보급은 일찍이 조선 전기에 그 기록이 보이고 있다. 1419년(세종 1) 성절사(聖節使) 이지숭(李之崇)이 북경에 갔을 때 명나라 영락(永樂)황제는 세종(世宗)에게 『위선음즐(爲善陰騭)』 6백 권을 하사하였다.[59] 그뒤 1419년 8월에 사신으로 내관(內官) 태감(太監) 황엄(黃儼)이 조선에 올 때 당시 병조참판 이명덕(李明德)과 지신사(知申事) 원숙(元肅)을 보내어, 음즐서(陰騭書) 1천 권을 받아 오게 하였다.[60] 그리하여 1420년에 명나라에서 보내온 음즐서를 서울과 각도의 여러 절에 배포하였다.[61] 조선 왕조가 불교사회에서 유교사회로 전환하여가는 시점에 음즐서를 절에 배포하게 했다는 것은 흥미로운 일로 아직 유불도가 공존하는 시대 분위기를 반영하고 있다고 할 수 있다.

한편 1536년(중종 31)에 중종은 교화를 위한 책의 간행을 명하였다. 당시 김안로(金安老)는 『삼강행실도(三綱行實圖)』와 『위선음즐』 같은 책들은 신분의 귀천에 관계없이 통용될 수 있다고 하면서, 특히 『위선음즐』은 불가(佛家)의 천당(天堂) · 지옥(地獄) · 윤회(輪回)의 설과는 같지 않다고 했다. 그는 선유(先儒)들이 이미 지난 자취를 뽑아 선악(善惡)을 쌓은 바에 따라 재앙과 복이 유(類)대로 이른다는 이치를 붙여 사람으로 하여금 감동하고 경계하여 선한 마음을 일으키고 악한 마음을 금하게 하려는

---

58 陸隴其, 『三魚堂集』 文集 권8, 序, 「功行錄序」.

59 『世宗實錄』 世宗 1년 6월 6일(기묘).

60 『世宗實錄』 世宗 1년 8월 17일(기축).

61 『世宗實錄』 世宗 2년 4월 3일(신축).

뜻으로 만든 것이라고 했다. 대체로 복선화음(福善禍淫)은 성인(聖人)이 말한 것이니 이 이치도 속일 수 없는 것인데, 지금 별도로 책 하나를 만들려면 이러한 종류의 여러 편을 모으고 사방으로 다른 책을 취하여 요점을 뽑고 분류(分類)해서 합하여 하나로 만들면, 아마도 상하 귀천이 통틀어 익힐 수 있을 것이라고 주장했다.[62]

그런데 1536년 중종은 승정원에 전교를 내려 『삼강행실도』·『명신언행록(名臣言行錄)』·『위선음즐』 등의 책을 인쇄하여 반포해야 한다고 하면서, 『위선음즐』이란 것은 문자(文字)인지 책 이름인지를 모르겠다고 했다. 중종은 만일 책 이름이라고 하더라도 오로지 보응(報應)만 주장한 책이라면 부정(不正)한 데 가까운 책이니 『삼강행실도』 등의 책과 동시에 인쇄하여 반포해도 괜찮겠는가라고 물었다. 이에 승정원에서는 『위성음즐』은 책 이름인데 자기들도 지금까지 보지 못했으나 그 책이 착한 일을 하면 반드시 보응이 있다는 것을 주장한 듯하니 『삼강행실도』·『명신언행록』과 동시에 인쇄하여 반포하는 것은 옳지 않을 듯하다고 했다.[63] 이러한 사실로 보면 중종대에 유교윤리서가 교화서로 그 지위를 확보해 나가면서 선서류인 『위선음즐』은 이미 교화서로서 기능을 상실하고 있었다는 것을 알 수 있다.

19세기에 이르러 일반 민중들 사이에서는 선한 일을 행하면 복을 받고 악한 일을 행하면 화를 입는다는 복선화음론이 풍미하고 있었다. 이러한 사상을 담은 대표적인 책이 바로 『태상감응편』이다.[64] 이에 앞서 『태상감응편(太上感應篇)』은 조선 후기에 잠깐 신방(申昉 1685~1736)이 본래의 『태상감응편』을 축약하여 두 권으로 나누어 편성하고 따로 고인(古

62 『中宗實錄』 中宗 31년 5월 12일(병인).
63 『中宗實錄』 中宗 31년 5월 12일(병인).
64 박성종(2012), 77면.

人)의 언론(言論) 중에 선(善)을 드러내고 악(惡)을 병으로 여기는 내용을 붙여 『신수감응편(新修感應編)』이라 하여 간행하여 보급하였다는 기록이 있다.[65]

『태상감응편』은 『주역(周易)』의 선(善)을 쌓은 집에 복을 받고 불선을 쌓은 집은 재앙을 받는다는 내용을 잇고 있어 성현의 각세(覺世)의 마음과 서로 발명이 된다고 했다. 이 책은 선한 이에게 복을 주고 음란한 이에게 화를 주며 천인감응(天人感應)의 필연의 이치를 담고 있어 중인 이하의 사람들이 모두 이 책을 통해 감발(感發)할 수 있다고 했다. 그리하여 사람마다 선을 마땅히 해야 하고 악을 마땅히 제거해야 하며 옛 성현이 교(敎)를 세우고 민(民)을 깨닫게 하는 마음을 제시하고 있다고 했다.[66] 그러므로 이 책은 법을 두려워하지 않는 자도 보응은 두려워할 수 있어 정치의 밖에 교화가 미치지 못하는 부분에 도움을 줄 수 있는 것으로 보았다.[67] 이러한 점에서 19세기에 최성환 등이 『태상감응편』 등 선서류의 간행을 주장했던 이유를 생각할 수 있다.

> "사족(士族)으로 무식한 자는 하나의 경전도 읽기 어렵고 서민으로 우매한 자는 문자(文字)가 마땅하지 않다. 또한 인정(人情)은 복(福)을 기뻐하고 말속(末俗)은 신(神)을 두려워한다. 그러므로 선왕(先王)은 신도(神道)로 가르침을 베풀고 화복(禍福)으로 권하고 징계한다. 진서산(眞西山: 眞德秀)이 외임(外任)에 있을 때 『태상감응편』을 간행하고 직접 권속문(勸俗文)을 지어 백성을 가르쳤다. 명나라 성조황제(成祖皇帝)는 『위선음즐』 200책을 우리나라에 반질하여 중외에 널리 배포하였다. 이 밖에 진계유(陳繼儒)의 『복수전서(福壽全書)』와 김잠곡(金潛谷: 金堉)의 『종덕

65 『直菴集』 권16, 行狀, 「伯氏參判公家狀」.

66 『太上感應篇』 序(王雲錦).

67 『太上感應篇』 序(佟賦偉).

신편(種德新編)』과 또 외전(外典)의 『문창효경(文昌孝經)』과 『불설대보부모은중경(佛說大報父母恩重經)』과 같은 것과 역사서 중에 선(善)을 하여 복(福)을 얻고 악(惡)을 지어 재앙을 얻는 따위의 책으로 유신(儒臣)으로 하여금 불로(佛老)에 섞이지 않아 민속(民俗)에 도움이 있는 것을 가려서 분류하여 모아 책을 만들어 한문과 한글로 써서 반질하여 널리 전하면 삼년이 지나지 않아서 크게 변할 것이다."[68]

위의 인용문은 19세기 조선사회가 민속의 교화를 위해 선서류의 보급을 긍정적으로 생각하고 있다는 것을 보여준다. 최성환이 선서류를 간행한 것은 선인(善人)을 찬양하고 선사(善事)를 행하기를 권하여 만인을 제도하기 위해서였다고 할 수 있다. 그는 자기 자신은 지극히 어리석고 천한 반면, 남은 지극한 성인이고 신인이더라도 선서의 간행을 통해 선념(善念)이 일어나게 하는 것은 나무꾼이나 목동도 할 수 있다고 했다.[69]

최성환은 『중각감응편도설(重刻感應篇圖說)』의 서문에서 "위로는 교화를 돕고 만물을 구제하며 아래로는 자기에게 이익를 주고 남을 구제한다.[上可以助化濟物, 下可以利己救人]"라고 했고, "두텁게 스스로 복(福)을 지어야 한다.[厚自造福]", "아름다운 곡식을 심으면 아름다운 곡식이 나고, 강아지풀을 심으면 강아지풀이 성장한다.[種之嘉穀, 嘉穀生焉, 種之稂莠, 稂莠成焉]"라고 했고, "이(理)는 두 가지 이치가 없다.[理無二致]"라고 했다.[70]

---

68 『重奄別集』 권5, 雜著, 「闢邪辨證記疑」, "士族之無識者, 一經難讀, 匹庶之愚昧者, 文字不當. 且人情喜福, 末俗畏神, 故先王以神道設教, 以禍福勸懲, 眞西山之在外任也, 刊刻太上感應編, 親作勸俗文以教民, 皇明成祖皇帝, 頒爲善陰騭書二百本於我國, 廣布中外, 此外如陳繼儒之福壽全書, 金潛谷之種德新編, 又如外典之文昌孝經, 報父母恩重經及史冊中爲善獲福, 爲惡得殃之類, 使儒臣揀選其不雜佛老而有裨民俗者, 彙輯成書, 以眞以諺, 頒下流傳, 則不出三年而丕變矣云云."

69 『覺世新編八鑑常目』「功過格引」.

70 『重刻感應篇圖說』 序.

그런데 『태상감응편』은 1277자의 짧은 글이다. 『태상감응편』의 첫구절인 "태상(太上)이 말하기를 화복(禍福)은 무문(無門)이니 오직 사람이 스스로 부르는 것이다."의 주해에서 이 한 구절은 일편의 강령으로 일념(一念)이 일어나지 않았을 때에는 마음이 맑아서 태허(太虛)와 같은 것인데 일념이 일어남에 미쳐서 그 마음이 따르고 지향하는 바가 같지 않아 선(善)과 악(惡)이 갑자기 갈라지게 된다는 것이다. 그러나 천지(天地)는 사사로움이 없어 그 사물의 원인에 따라 그 결과가 붙게 되는 것인데 지금 사람들은 복(福)을 바라고 화(禍)를 피하지 않는 이가 없지만, 마침내는 복(福)이 선(善)에 인하여 생하고 화(禍)가 악(惡)의 인연으로 이른다는 것을 망각하기 때문에 맨앞에 화복(禍福)은 자기 스스로가 불러일으킨다는 뜻을 제시하여 사람마다 능히 일념이 일어나기에 앞서 악의 근원을 피하고 선을 얻어 스스로의 주재를 얻게 했다고 하였다.[71]

한편 『태상감응편』에 대한 관심이 높아지면서 이규경(李圭景)은 『태상감응편』에 "화복(禍福)은 문이 없고 오직 사람이 스스로 부르는 것이다.(禍福無門, 惟人自召)"와 "길흉(吉凶)의 보답은 그림자가 모습을 따르는 것과 같다.(吉凶之報, 如影隨形)"의 두 말의 전거를 찾아서 제시하고 있다. 즉 그는 "화복무문(禍福無門), 유인소소(惟人所召)"는 『춘추좌씨전』에 나오는 민자마(閔子馬)의 말이고 "길흉지보(吉凶之報), 여영수형(如影隨形)"은 공안국(孔安國)의 『상서전(尙書傳)』에 보인다고 했다. 그는 불교에 인과(因果)의 설이 있고 도가(道家)에 감응(感應)의 책이 있는 것은 또한 선(善)을 권하고 악(惡)을 괴로워하는 뜻이라고 했다.[72]

---

71 『覺世新編八鑑常目』 권1, 經註鑑 第一之一.

72 『五洲衍文長箋散稿』 人事篇, 論學類, 爲學, 「善惡報應遲速辨證說」, "太上曰禍福無門, 惟人自召, 善惡之報, 如影隨形, 此兩語亦有所本(禍福無門, 惟人所召, 本閔子馬之詞, 吉凶之報, 如影隨形, 見孔安國尙書傳, 二氏善善惡惡之義與同也. 釋氏有因果之說, 道家有感應之篇者, 亦勸善癉惡之義也."

그런데 『태상감응편』 등의 내용에 의하면 인간은 선(善)을 통해 명(命)을 고칠 수 있다고 했다. 원황(袁黃)은 운곡선사(雲谷禪師)를 만나서 "명(命)은 나로 말미암아 만들어지는 것이고 복(福)은 자기가 구하는 것이다"라는 가르침을 받았다.[73] 전세의 인연으로 금세에 받는 것을 알면, 내세는 금생에 짓는 것에 인연한다는 것을 알게 된다고 했다. 그러므로 금생의 부(富)와 귀(貴)는 모두 전생에서 적선(積善)을 했기 때문이고 금생의 빈(貧)과 천(賤)은 또한 전생에 악을 쌓아서 그렇다고 했다. 따라서 진실로 선(善)을 쌓고 인(仁)을 행하고 널리 베풀어 군생(群生)을 구제하면 이생의 빈천(貧賤)한 자가 내생에는 반드시 부귀를 이룰 수 있다고 했다.[74]

최성환은 1848년에 『태상감응편』 정문(正文)을 간행했고, 그뒤 1852년에 만주자(滿洲字)와 한자(漢字)로 된 『선악소보도설(善惡所報圖說)』 한 책을 얻어 간행을 하면서 도상(圖像)과 한자(漢字)는 본 책대로 번사(翻寫)하고 만주자는 한글로 고쳐서 간행하였다.[75] 『태상감응편도설』은 유교경전에서 인용한 주석과 함께 500여장의 도설(圖說)을 삽입해 놓았다.

권1에서는 지효지보(至孝之報)·불음지보(不淫之報)·호의지보(好義之報)·재상선보(宰相善報)·재상악보(宰相惡報)·대장선보(大將善報)·대장악보(大將惡報)를 내용으로 한 38편의 사례를 모았다.

권2와 권3에서는 관리의 직책과 일반백성의 직업에 따른 선악보(善惡報)를 소개하고 있는데, 권2에는 형관선보(刑官善報)·형관악보(刑官惡報)·사관선보(史官善報)·사관악보(史官惡報)·언관선보(言官善報)·언관악보(言官惡報)·양민관선보(養民官善報) 등 46편의 일화가, 권3에는

73 『覺世新編八鑑常目』「功過格引」.

74 『太上感應篇圖說』序(朱作鼎).

75 『重刻感應篇圖說』序.

태감악보(太監惡報)·이서선보(吏書善報)·이서악보(吏書惡報)·사인선보(士人善報)·사인악보(士人惡報)·농인선보(農人善報)·농인악보(農人惡報)·공인선보(工人善報)·상인선보(商人善報)·상인악보(商人惡報) 등 37편의 일화가 수록되어 있다.

권4에서는 오륜(五倫)과 관계된 실례를 소개하고 있다. 즉 신도선보(臣道善報)·신도악보(臣道惡報)·자도악보(子道惡報)·부부선보(夫婦善報)·부부악보(夫婦惡報)·형제선보(兄弟善報)·형제악보(兄弟惡報)·붕우선보(朋友善報)·붕우악보(朋友惡報) 등 총 38편의 사례가 수록되어 있다. 권5에는 부인의 선행과 악행에 대한 응보를 보여주는 부인선보(婦人善報)·부인악보(婦人惡報)와 살생을 경계하는 방생계살선보(放生戒殺善報)·방생계살악보(放生戒殺惡報)·방술악보(方術惡報) 등 총 48편의 사례가 수록되어 있다.[76]

『태상감응편도설』은 1880년(고종 17) 3월에 고종의 명으로 다시 간행하였다. 이 책의 맨 앞 페이지의 오른쪽과 왼쪽에는 "화피초목(化被草木), 뇌급만방(賴及萬方)"이란 글씨가 새겨져 있고[77] 그 가운데에는 "통천융운조극돈륜주상전하명인(統天隆運肇極敦倫主上殿下 命印)"이라고 새겨져 있다. 그리고 맨 뒤페이지에는 "주상전하수극영창(主上殿下壽極永昌) 중궁전하수여항승(中宮殿下壽如恒升) 세자저하수산복해(世子邸下壽山福海)"라고 새겨져 있다.

최성환이 『태상감응편도설』을 간행하면서 도상을 싣고 한글로 간행한 것은 복선화음(福善禍淫)설을 부인이나 어린이 등 누구나 분명하게 알 수 있게 하기 위해서였다. 그는 이 책의 보급을 통해 나라의 교화를 펴는 것을 돕고 만물을 구제하며 자기를 이롭게 하고 남을 구제할 수 있다고

---

76 『太上感應篇圖說』 目錄; 백현숙(1984), 101면, 118면 참조.

77 "化被草木 賴及萬方"은 『千字文』에 나오는 말이다.

보았다. 그는 동지(同志)들이 두터이 스스로 복(福)을 짓기를 바랐고, 복을 짓는 것은 농사를 짓고 음식을 먹는 것과 같아서 오직 스스로가 아름다운 곡식을 심고 오직 스스로가 단 맛을 먹는 것이 중요하다고 했다.[78]

한편 최성환은 1856년(철종 7)에 『각세신편팔감상목(覺世新編八鑑常目)』을 간행했다. 이 책은 모두 팔감(八鑑)으로 구성되었고, 각 감(鑑)에 소인(小引)을 서술하여 각 편의 편찬 의의를 밝혔다. 그는 이 책에서 인륜 강조, 복덕(福德) 중시, 수신(修身), 학술(문자) 중시, 음풍(淫風) 경계 등의 내용을 담았다. 그는 이 책을 통해 선(善)을 따르고 악(惡)을 피하기가 쉬워 삼성(三聖:太上, 文昌, 關聖)의 각세(覺世)의 고심(苦心)을 저버리지 않기를 바란다고 했다.[79]

최성환은 『각세신편팔감상목』의 서문에서 인성(人性)이 본래 선(善)한 것이지만, 사람은 혹 본성을 잃고 미혹에 드는 일이 있기 때문에 다른 사람의 권선에 의하여 세상의 참된 모습을 깨닫는 각세의 성경(聖經)이 필요하다고 했다. 그는 옛 사람이 이르기를 선을 행하는데 의도적인 뜻이 있으면 선을 행하더라도 상을 주지 않으며 악을 행하는데 무심히 하면 악을 행하다라도 벌을 주지 않는다고 하였다. 그 뜻은 사람은 선을 옳다고 하지 않음이 없으나 의도적인 뜻이 있는 선은 귀한 것이 못되며, 또한 악을 경계하지 않음이 없으나 무심히 행한 악은 용서할 수 있다는 것이다. 그러므로 상이나 벌을 주지 않는다는 논의가 있게 된 것이라고 했다. 이와 같다고 하면 사람들에게 선을 행하는 길을 막고 악을 즐기는 마음을 열어줄 것이라고 했다. 반드시 무심히 행한 선이 진실로 큰 선이지만 의도적인 뜻을 가진 선이 더욱 큰 선이 되며, 의도적인 악은 진실로 큰 악이지만 무심히 행한 악도 또한 악이다라고 말해야 한다고 했다. 그

---

78 『重刻感應篇圖說』 序.

79 『覺世新編八鑑常目』 序.

는 상을 준다면 뜻을 가지고 선을 행한 것에 대한 상이 무심히 선을 행한 것에 대한 상보다 배가 되어야할 것이며, 벌을 가한다면 무심하게 악을 행한 것에 대한 벌이 뜻을 가지고 악을 행한 것에 대한 벌보다 적어서는 안될 것이라고 했다. 그렇게 해야 선한 자는 선을 행하기를 더욱 힘쓸 것이요, 악한 자는 악을 범할까 경계하는 마음이 더욱 절실할 것이라고 했다.[80]

「경주감(經註鑑)」은 「태상감응편(太上感應篇)」·「문창제군음즐문(文昌帝君陰騭文)」·「관성제보훈(關聖帝寶訓)」의 본문과 주해(註解)이다. 최성환은 이 삼성경(三聖經)에 주석을 붙이고 각 주석의 말미에는 감응편영험기(感應篇靈驗記)·음즐문영험기(陰騭文靈驗記)·관성제영험기(關聖帝靈驗記)를 첨부하였다. 삼성경을 주석한 이 「경주감」을 최성환은 『각세신편필김상목(覺世新編八鑑常目)』의 골격으로서 "각세삼경(覺世三經)"으로 삼고자 하였다.

최성환은 "책이 사람으로 인하여 중요하게 되는 경우가 있고 사람도 책으로 인하여 칭송을 받는 경우가 있다. 현성(賢聖)·호걸(豪傑)의 인물은 그 책이 비록 범범하더라도 반드시 전해진다. 또한 만물을 이롭게 하고 풍속을 바르게 하는 책은 그 사람이 비록 범범하더라도 또한 전해진다. 대개 좋은 사람은 항상 있는 것이 아니고 좋은 책도 또한 얻기가 어렵다. 사람도 좋고 책도 좋고, 책도 좋고 사람도 좋은 자를 구하는 것은 거의 드무니 반드시 『태상감응편』·『문창음즐문』·『관제보훈』이 바로 그것이라고 말할 수 있다고 했다. 이 세 성인은 이미 스스로 천지를 놀라게 하고 고금을 감동시키고 만인이 공경하고 사람들이 공경하는 좋은 사람들이다. 이 세 책은 또 저절로 천지를 놀라게 하고 고금을 감동시키고

80 『覺世新編八鑑常目』 序.

만인이 공경하고 사람들이 공경하는 좋은 책들이라는 것이다. 이 사람으로 이 책이 있게 되었고 이 책으로 이 사람이 있게 되었으니 이것이 홀로 절대적인 지위를 지니고 있다고 했다. 그러면서 그는 자기 시대에 이르러 선연(善緣)이 확대되어 장차 사람들이 모두 선하고 세상이 모두 선해지는 것을 볼 수 있겠다는 희망을 토로하였다.[81]

「지송감(持誦鑑)」은 구복(求福)을 위해 몸에 지니고 다니면서 암송해야 할 성호(聖號), 주문(呪文), 경문(經文) 등을 모은 것이다. 사위성호(四位聖號), 준제주(準提呪), 태상현령북두본명연생진경(太上玄靈北斗本命延生眞經), 금강반야바라밀경(金剛般若波羅密經), 반야바라밀다심경직해(般若波羅蜜多心經直解), 태상통현영보재동본원진경(太上洞玄靈寶梓潼本願眞經), 동악대제회생보훈(東嶽大帝回生寶訓), 원명두제권세문(圓明斗帝勸世文), 위원군권세문(魏元君勸世文), 현천상제금과옥률(玄天上帝金科玉律), 무당산현제수훈(武當山玄帝垂訓), 부우제군순양여조사수훈(孚佑帝君純陽呂祖師垂訓), 문창제군성원십계(文昌帝君聖願十戒), 문창제군성훈초창십칙(文昌帝君聖訓蕉牕十則), 조군규계(竈君規戒) 등으로 구성되어 있다. 「지송감」은 도교 경전 위주로 되어 있지만, 준제주, 금강반야바라밀경 등 불경의 주문과 경도 포함되어 있다.

최성환은 인생에서 제일 급하고 가장 절실하게 바라고 싶은 것은 오직 복(福) 한글자라고 하면서 이 복자는 바로 예로부터 힘으로 도모하거나

---

81 『覺世新編八鑑常目』「經註鑑小引」, "於是齋主人, 曰書有因人而見重者, 人有因書而見稱者, 如賢聖豪傑之人, 其書雖平平而必傳, 又如利物正俗之書, 其人雖平平而亦傳. 盖好人不常, 有好書亦難得, 求人好而書好, 書好而人好者, 幾希矣. 其必曰太上之感應篇, 文昌之陰騭文, 關帝之寶訓者, 是已. 夫此三聖人已自驚天地動古今, 萬人敬, 人人敬之, 好人也, 其三書者, 又自驚天地動古今, 萬人敬, 人人敬之, 好書也, 以是人而有是書, 以是書而有是人, 此所以獨絶也. 自唐宋元明, 諸聖皇帝, 大有崇奉……至于今聖明之時, 善緣廣大, 將見人盡善而世盡善矣. 何待吾之纂集而後傳哉? 然而猶恐微詞奧旨之有或難解者, 故選得名家善註, 集成經註鑑二卷, 奉勸世人, 必以三聖之心爲心, 終身受用, 則鑑孰甚焉?"

지혜로 취할 수 있는 것이 아니었고 한결같이 과거에 쌓은 바와 하늘이 명한 바에 맡겨두었다고 했다. 불경에 사부주(四部洲)의 설이 있는데 여러 세대에 걸쳐 덕을 쌓아 뿌리가 깊은 자는 북구로주(北俱盧洲)에 태어나 두터운 복을 받고 가장 복이 박한 자는 남섬부주(南贍部洲)에 태어나는데 곧 이 사바세계라고 했다. 속담에 "나는 본래 박복(薄福)한 사람이니 마땅히 후덕한 일을 행해야 한다. 나는 본래 박덕(薄德)한 사람이니 마땅히 복을 짓는 일을 해야 한다."라고 했으니 이미 이 세상에 태어나서 급하고 절실하게 복을 짓지 않을 수 있겠는가 라고 하면서, 이 편(篇)에 실린 성호(聖號), 주문(呪文) 및 여러 경문(經文)을 받아 지니어 읽고 외우는 자가 구하는 바를 뜻대로 얻어 몸소 행하는 자는 무량복(無量福)을 얻을 것이라고 했다. 그는 복도 인간이 도모하여 취할 수 있는 것이라고 했다.[82] 이러한 최성환의 견해는 사람들에게 종교에 의탁하여 복을 구하는 수동적 삶을 살도록 가르치는 것이 아니라 자기의 주체적 의지에 의해 적극적으로 선을 행하여 복을 구하기를 권한 것이다.

「수신감(修身鑑)」은 고금격언(古今格言)의 항목을 설정하여 23개에 이르는 격언을 열거하고 이어 일청도인적복가(一淸道人積福歌), 지족가(知足歌), 만공가(萬空歌), 신요천백자명(申瑤泉百字銘), 심명가(心命歌), 계구얼문(戒口孼文), 계기가(戒氣歌), 계도십조(戒賭十條), 계주설(戒酒說), 계익녀설(戒溺女說) 등 11편을 수록하였다. 그 뒤에는 태미선군순양여조사공과격(太微仙君純陽呂祖師功過格), 불비전공덕류(不費錢功德類), 공과

82 『覺世新編八鑑常目』「持誦鑑小引」, "於是齋主人, 曰人生第一急切所大欲, 惟是福之一字, 這箇福字, 直從古來所不能力圖而智取者, 一任過去之所積, 天之所命也……內典有四部洲之說, 積世根深者, 生北俱盧洲, 享厚福, 最薄福者, 生南贍部洲, 其土瘠薄……卽此之娑婆世是也. 語云我本薄福人, 宜行厚德, 事我本薄德人, 宜行作福事, 我旣生斯世也, 顧不可急切以作福耶? 我聞道如是, 篇所載聖號呪言及諸經文, 受持讀誦者, 得所求如意, 報身體而力行者, 得無量福, 然則福亦可以圖之以取之也."

격인(功過格引), 공과격범례(功過格凡例), 공과격영험기(功過格靈驗記) 등이 실려 있다.

「수신감」의 고금격언(古今格言)에서는 먼저 문창제군(文昌帝君)이 "수신(修身)은 모든 행실의 근원이다."라고 했다는 말을 거론하고, 이어 『대학』에서 수신에 앞서 정심(正心)을 말하고 있는 것을 강조했다. 마음이 바르지 않고 몸이 바른 자는 없고 몸이 바르지 않고 행사(行事)가 바른 경우는 없고 행사가 바르지 않고 다른 사람의 부정(不正)을 바르게 하는 경우는 없다고 하면서, 마음을 바르게 하고 몸을 바르게 하여 지극히 미루어나가 천하를 평정하여 다스릴 수 있다고 했다. 그렇게 되면 한 사람과 한 집안의 복택(福澤)이 될 뿐만이 아니라고 했다.

최성환은 수신을 하고자 하는 자는 학술(學術)에 모범이 없을 수 없다고 했다. 그는 『대학』의 내용을 인용하여 그 몸을 닦고자 하는 자는 먼저 그 마음을 바르게 하고 그 마음을 바르게 하고자 하는 자는 그 뜻을 정성스럽게 하고 그 뜻을 정성스럽게 하고자 하는 자는 먼저 그 앎을 다한다고 했다.[83]

조선사회는 세종대 『삼강행실도』가 편찬된 뒤 성종대에 언해가 이루어져 민간에 널리 보급되었고, 중종대에는 『이륜행실도』가 편찬되어 오륜행실에 대한 정리가 이루어졌다. 15세기에는 『삼강행실도』의 편찬으

83 『覺世新編八鑑常目』「修身鑑小引」, "於是齋主人, 曰古之善修身者曰如切如磋, 如琢如磨. 又曰砥節礪行, 砥礪修也, 節行身也. 由是而克己, 由是而復禮, 由是而視聽言動, 不敢造次, 進德在是, 居業在是, 變化氣質在是, 怡悅性情在是, 以至心廣體胖, 睟於面, 盎於背, 暢於四支, 而身豈可時日不修哉? 賢者修之而益勉, 愚者修之而知改, 無過焉無不及焉而已. 然矯枉之失, 亦或不中, 如吾幼而柔弱, 動靜疲軟, 威儀不愼, 或教之以自强, 力行旣久, 駸駸然幾乎暴戾, 又無成見, 見善而不能擇, 作事而不能竟, 悠悠遲遲, 擧無收拾, 或教之以固執, 久乃幾乎拗而吝. 今又自知違於道, 行將改之, 第未知一變二變而魯而道與過與不及之究竟如何, 而修身之事, 盖亦難矣, 而吾之所以尤難於人者, 以無學術爲之模範, 世之欲修身者, 其可無模範於學術耶? 經曰欲修其身者, 先正其心, 欲正其心者, 先誠其意, 欲誠其意者, 先致其知."

로 가족윤리와 함께 군신윤리가, 이어 사림(士林)이 정치무대에 등장한 16세기에는 『이륜행실도』의 편찬으로 가족윤리, 군신윤리와 함께 향당윤리가 유교윤리의 기본 내용을 이루고 있었다.[84]

두 차례의 왜란을 겪은 조선사회는 새로운 사회질서의 재편이 필요하였다. 그리하여 광해군대에 『동국신속삼강행실도(東國新續三綱行實圖)』가 편찬되어 조선의 효자·충신·열녀를 현양하기 시작했다. 영조는 효제(孝悌)의 정치를 강조하였고, 정조는 『삼강행실도』와 『이륜행실도』를 합하여 『오륜행실도』를 간행하였다. 이같이 조선사회에는 유교 윤리에 대한 강조가 18세기 말까지 지속되고 있었다.

정약용(丁若鏞)도 유가윤리인 오륜과 효(孝)·제(悌)·자(慈)에 대해 특히 주목하고 인륜(人倫)을 밝히는 일을 매우 중시하였다. 그는 경전(經傳)을 새롭게 해식하여 유가윤리의 근본적인 의미를 밝혀내려고 하였다. 19세기 조선의 진보적 지식인인 최한기도 오륜을 새롭게 해석하고, 오륜에 세계 인류가 화합하야 한다는 강령을 하나 더 추가하였다. 최한기는 세계 각국의 인도(人道)를 인정하고 동양의 대표적 유가윤리인 오륜을 시대에 맞게 새롭게 해석하여 부(父)와 자(子), 군(君)과 신(臣), 부(夫)와 부(婦), 장(長)과 유(幼), 붕우(朋友) 사이에서 특히 서로 서로 쓰이는 용인(用人)을 강조하였다. 그는 오륜에 "조민유화(兆民有和)"라는 강령을 하나 더 추가하여 지구촌 인류가 서로 소통하고 화합하는 세계를 갈망하였다. 최한기는 그동안 조선사회의 가족윤리요 국가윤리요 사회윤리의 기능을 해오던 오륜에, "조민유화"라는 새로운 강령을 추가하여 만국이 다 화합할 수 있는 국가 간의 윤리를 제창하였다.[85]

---

84 金勳埴(1988), 「《三綱行實圖》 普及의 社會史的 考察」(『震檀學報』 85, 진단학회), 248면.

85 權五榮(2012), 「朝鮮朝儒家倫常的推移及其特性」(『跨文化視域下的儒家倫常(上)』, 國立臺灣師範大學)

최성환은 30여년간 『효경(孝經)』을 강의했고 『효경대의(孝經大義)』를 지은 것으로 보아 유가윤리에 대해 어느 누구 보다 더 큰 관심을 가지고 있었다. 그는 『각세신편팔감상목』의 「이륜감(彝倫鑑)」에서 인륜의 근간인 부자·군신·부부·형제·붕우관계의 올바른 정립을 밝히는 경문(經文)과 고사 따위를 모아서 제시하였다. 부자(父子) 부분에는 문창제군효경(文昌帝君孝經), 문창제군권효문(文昌帝君勸孝文), 여조권효문(呂祖勸孝文), 문창제군구세문(文昌帝君救世文), 고금격언(古今格言), 효자선보(孝子善報), 불효악보(不孝惡報)가 실려 있고, 이어 군신 의리에 대한 고금격언, 충신선보(忠臣善報), 불충악보(不忠惡報), 부부에 대한 고금격언, 부부선보(夫婦善報), 부부악보(夫婦惡報), 형제에 대한 고금격언, 형제선보(兄弟善報), 형제악보(兄弟惡報), 붕우에 대한 고금격언, 붕우선보(朋友善報), 붕우악보(朋友惡報) 등으로 구성되어 있다.

최성환은 천지에 가득차고 만고에 걸쳐 해처럼 떠오르고 달처럼 일정하여 잠시도 떠날 수 없는 도리를 인륜(人倫)이라 말한다고 했다. 그는 우리 도(道)는 중천에 떠있는 해와 달처럼 밝은 것이고 왕정(王政)이 교화를 펴는 것과 만민을 교육하는 것이라고 하면서 사람으로서 인륜에 밝지 못하면 금수에 가깝다고 했다. 그러나 금수에 가깝다는 것은 오히려 느슨한 말이고 오히려 성인의 충후(忠厚)한 말이라고 했다. 그는 인륜에 밝지 못한 자는 오히려 금수만도 못하다고 해야 한다고 하면서 이것이 자신이 책에서 인륜의 도리를 밝히는 까닭이라고 했다. 어떤 사람이 말하기를 도리는 그렇다고 하더라도 그 말은 진부하다고 하자 최성환은 진실로 진부하다고 인정하면서 진부하지만 잠시라도 떠날 수 없고 진부하지만 잠시라도 강명(講明)하지 않을 수 없는 것이 인륜이라고 했다. 그는 자신이 바라는 것은 세상 사람들이 진부하다고 바꾸지 말고 종신토록 받아써서 잠시라도 떠날 수 없고 잠시라도 강명하지 않을 수 없다는 것을

알아야 한다고 했다.[86]

「석자감(惜字鑑)」은 공덕(功德)을 성취하는 핵심인 문자를 귀하게 사용할 것을 권하는 경문과 고사 등을 모은 것이다. 문창제군경자지문(文昌帝君經字紙文), 문창제군광석자진전(文昌帝君廣惜字眞詮), 고금격언(古今格言), 경서사조(敬書四條), 석자십팔계(惜字十八戒), 석자공죄조례(惜字功罪條例), 석자선보(惜字善報), 설자악보(褻字惡報) 등으로 구성되어 있다.

최성환은 소년기부터 성현이 쓴 몇부의 경전을 읽고 몇 건의 인생 도리를 안 뒤에 문자의 관계가 점점 중요하다는 것을 알았다. 그는 무릇 성현의 전하지 않던 통서(統緖)를 문자를 통해 얻었고, 인생이 사람의 도리를 행하는 것을 문자를 통해 얻었고 이 「석자감」을 편찬함에 이르러 복(福)을 짓고 복을 받고 자기에게 이익을 주고 남에게 이익을 주는 것이 모두 문자로부터 나오는 것이라고 하면서 그렇다면 문자가 자신을 성취시키고 자신에게 공덕(功德)을 주는 것이 한량이 없다고 했다.[87]

「계음감(戒淫鑑)」은 음행(淫行)을 경계하는 격언 등을 모은 것이다. 문창제군계음보훈(文昌帝君戒淫寶訓), 문창제군천계록(文昌帝君天戒錄), 여

---

86 『覺世新編八鑑常目』「彛倫鑑小引」, "於是齋主人曰盈天地亘萬古, 如日之升, 如月之恒, 不可須臾離底道理曰人倫, 吾道之所以中天如日月幷明者, 惟是也. 王政之所以行化與萬民教育者, 惟是也……謂人而不明於人倫, 則近於禽獸也. 然近於禽獸者, 尙是緩辭, 尙是聖人忠厚語也, 吾則直謂之不明人倫者, 猶禽獸之不若也……此吾書所以明人倫底道理也. 或曰道理則然也, 其言陳也. 余曰固也, 陳也, 陳而不可須臾離, 陳而不可須臾不講明……余於是亦願世人勿以陳也而易之, 終身受用, 不須臾離, 不須臾不講明也."

87 『覺世新編八鑑常目』「惜字鑑小引」, "於是齋主人曰……稍長而讀得幾部聖賢經傳, 識得幾件人生道理, 然後稍稍知字之關係也漸大. 近又纂得此八鑑書成, 而今而後字之關係之大且重, 可知已. 夫以聖賢不傳之緖, 而得之於字, 人生爲人之道, 而得之於字, 以至于今, 此書之纂而作福受福利己利人, 皆從字之上起, 然則字之所以成就我功德我者, 豈有量哉? 既知功德我者之如是之大, 則如何不尊之也, 如何不愛之也? 尊之欲其貴也, 愛之欲其久存也, 我何忍賤之, 我何忍棄之? 夫既不使之賤之棄之, 則其不自我而汚穢之, 自我而殘裂之, 可知也."

조사계음문(呂祖師戒淫文), 삼봉장진인계음설(三丰張眞人戒淫說), 채운경계음문(蔡雲敬戒淫文), 한사정론(閑邪正論), 알음양법(遏淫良法), 원색보신(遠色保身), 과욕광사(寡慾廣嗣), 소년의계(少年宜戒), 노년의계(老年宜戒), 부녀의계(婦女宜戒), 시일의계(時日宜戒), 가염불염(可染不染), 일범막속(一犯莫贖), 계담규곤(戒談閨閫), 금절음류(禁絶淫類), 예색사경(預塞邪徑), 당피혐의(當避嫌疑), 숙정규문(肅整閨門), 엄정가법(嚴整家法), 불음선보(不淫善報), 선음악보(宣淫惡報) 등으로 구성되어 있다.

최성환은 「계음감」에서 천하의 악(惡)은 하나인데, 악의 심한 것은 간(奸), 도(盜), 살(殺)과 같은 것이 없다고 여기면서, 음(淫)에 이르러서는 이에 방자하게 행하고 스스로 자처를 하면서 의심하지도 않는다고 했다. 뿐만 아니라 그 말을 떠벌리면서 말하기를 풍류(風流)라고 하며, 보고 듣는 자도 괴이하게 생각하지 않고 심한 경우는 혹 부러워하기도 한다는 것이다. 그는 어찌하여 사람들은 간(奸), 도(盜), 살(殺)은 숨기면서 음(淫)에 대해서는 편안하게 여기는가 라고 하면서 간(奸), 도(盜), 살(殺)이 세 악이라는 것은 크게 부끄러운 것이고 음(淫)은 그렇지 않다는 것인가 라고 반문한다.

최성환은 다만 한번 음(淫)한 것이 악이 됨은 이미 세 악보다 더 심하다고 보았다. 그는 무릇 하나의 간(奸), 하나의 도(盜), 하나의 살(殺)도 이미 심한 악이 되고 매우 부끄러운 일인데 이를 겸한다면 악이 얼마나 큰 지 알 수 있다고 했다. 또한 음(淫)은 음(陰)이고 소인(小人)의 도라고 하면서, 음(淫)을 해도 해가 없지만 반드시 하지 않아야 한다는 것이고, 음(淫)하여 복(福)을 얻는다 해도 반드시 하지 않아야 하는데 하물며 음하여 이익이 되는 바도 없고 음하여 화(禍)가 아님이 없음에 있어서이겠는가 라고 했다.[88]

한편 최성환은 『효경대의』의 편찬을 통해 인륜을 강조하였고 『고감

(古鑑)』의 편찬을 통해 제왕(帝王)의 정치를 제시하였다. 그는 관직을 그만둔 이후 30여 년 동안 시골에 살며 문도(門徒)들에게 『효경』 한 권을 가르쳤다. 그리고 그 장구(章句) 아래에 경사(經史)의 중요한 단어 및 고인들의 선행(善行)을 첨가하고는 『효경대의』라 명명하고, 또 귀감이 될 만한 옛 군신들의 선악(善惡)을 채록하여 『고감』이라 이름하였다. 그는 고종(高宗)에게 소(疏)를 올려 『효경대의』와 『고감』을 서울과 시골에 널리 보급하여 백성을 교화하는 데 도움이 되게 하기를 바란다고 했다. 고종은 최성환의 상소를 보고 잘 알았다고 하면서 『효경대의』와 『고감』 등의 책을 통해 최성환의 학술에 경위(經緯)가 있음을 알겠다고 했다.[89]

고종은 1864년 겨울에 신하들에게 역대 제왕 16명의 선적(善蹟)으로서 본보기가 될 만한 것들을 뽑아서 그림으로 그리어 책자를 만들고 이름을 『법선도(法善圖)』라고 하고서, 이어 분임(文任) 대신(大臣)에게 명하여 서문을 짓도록 하였다.[90] 그런데 최성환이 편찬한 『고감』은 바로 「법선도」의 여운(餘韻)이라는 것이다.[91] 또한 고종은 인심도심(人心道心)에 대해

88 『覺世新編八鑑常目』「戒淫鑑小引」, "於是齋主人, 曰天下之惡, 一也. 惡之甚者無如奸盜殺, 不經爲奸, 竊物爲盜, 傷人爲殺, 凡此皆人所必不爲, 卽凶人有躬行於其一者, 亦必諱居其名, 或爲人所目之, 則無不色勇氣塊甘死讎之, 至於淫則乃肆然行, 既自居之不疑, 又從而侈其說曰風流, 見聞者亦不之怪, 甚或羨慕之, 何人之諱於奸盜殺, 而安於淫也? 彼謂奸盜殺是三惡者, 爲大可耻而淫否也耶? 余謂止一淫之爲惡, 已浮於三惡, 且又兼有此三惡, 淫則必邪徑, 必蠱媚有奸之道, 淫則必昧心, 必覷間有盜之道, 淫則必自戕, 必害人有殺之道. 夫一奸, 或一盜一殺, 已自足爲甚惡, 爲甚耻, 則兼之者可知已. 且淫, 陰也, 小人之道也. 淫而無害, 必不爲, 淫而獲福, 必不爲, 況淫未有攸利, 淫未有不禍乎? 信淫爲萬惡首, 而淫而得禍, 不淫而福報, 編中具載不贅"

89 『承政院日記』 高宗 19년 8월 26일(기묘), "前都事崔瑆煥疏略曰……臣自解官以來, 三十餘年鄕居, 授徒以孝經一書, 凡於章句之下, 附以經史要語及古人善行者, 名曰孝經大義. 又集古來君臣善惡可以爲鑑者, 名曰古鑑, 願廣示中外, 以爲敎化之一助……省疏具悉, 所編孝經大義 · 古鑑等書, 可見學術之有經緯也."

90 『嘉梧藁略』 책10, 應製文, 「法善圖說文」.

91 『嘉梧藁略』 책12, 月城李裕元景春著 序, 「古鑑序」, "崔君瑆煥輯古鑑一編, 與孝經朋證書而進之, 古鑑卽法善圖餘韻也. 批以學術有經緯, 頒諸朝紙, 世皆識古鑑之有補於治化也.

대신들에게 묻고 인심도심을 그림으로 만들어 올리라고 하였다.[92] 이 「법선도」와 「인심도심도」는 모두 당시 어린 나이로 즉위한 고종을 도보(輔導)하기 위해 만든 일종의 교재였다.[93] 「법선도」에는 주로 치국과 애민을 살필 수 있는 내용이 주를 이루고 있었다.[94]

최성환은 선서류의 편찬과 간행을 통해 민중의 교화를 중시했다. 그는 선서류 등의 서적을 통해 세상을 깨우치고 구제하고자 하는 소명의식을 지니고 있었다. 이러한 선서류의 가르침은 당시 민중들에게 많은 호응을 받았을 것이다. 또한 『태상감응편』을 도설로 간행하여 부인이나 어린이 등 누구나 읽고 복선화음의 설에 대해 분명하게 알 수 있게 했다. 그런가 하면 최성환은 세상을 경계하겠다는 사명을 띠고 『각세신편팔감상목』에 인륜 강조, 복덕 중시, 수신, 학술(문자) 중시, 음풍 경계 등의 내용을 담아서 간행하였다. 이러한 최성환의 선서류의 편찬간행은 19세기에 세도정치 아래에서 고통받는 민중의 자각과 교화에 도움을 주고, 아울러 전정과 군정 등의 문란으로 동요하는 민을 안정시키기 위한 것이었다.

崔君字星玉, 自七歲好讀書 晩年尤嗜好, 七十年迄迄不廢, 星玉之才名聞于上, 累蒙先王賜對, 凡名公巨卿, 以至章甫輿儓, 俱指爲文人, 余鄕居相近, 愈識其淺深, 而其抱負, 奚獨以一文字言之哉? 端合六條遷擧之列, 世無言之者, 行於世者, 惟古鑑等書. 噫! 鑑, 監也, 照得古今之, 姸醜, 今之書, 其能爲人主之龜鑑, 人不能爲人主之人鑑, 良可嘆惜."

92 『承政院日記』 高宗 1년 11월 26일(계해).

93 『高宗實錄』 高宗 1년 11월 17일(갑인).

94 『嘉梧藁略』 책10, 應製文, 「法善圖說文」, "臣嘗讀禮記月令孟春掩埋之文, 見馬氏註解, 以爲推其所愛於生者, 以及其死者, 及觀文王此圖, 信斯言之爲實, 夫文王政先四窮, 民無凍餒, 則其養生送死, 固無憾 豈有塡于溝壑者乎?……夫生於千載之後, 志乎文王之所志, 猶爲天下之主, 況乎於其身而推恩保四海者乎."; 『卲亭文稿』 권2, 序, 「法善圖刻木爲農序」 甲子冬;『瓛齋集』 권7, 跋, 「法善圖跋」.

5. 경세서의 저술과 학풍

최성환은 1854년에 경기도 양주로 물러나서 1858년에 『고문비략(顧問備略)』(4권 2책)을 집필했다. 헌종은 "평소 그대(최성환)의 학문이 깊다는 것은 내가 잘 아는 바이다. 시무(時務)와 경세제민(經世濟民)의 방도에 관해서도 필시 강구한 바가 있을 터이니, 만약 전술(傳述)할 만한 것이 있으면 다음에 등대(登對)할 때 모두 아뢰도록 하라."라고 했다.95

『고문비략』의 권1은 행정체제에 대하여 논하고 있는 도비(都鄙), 통갑(統甲)과 이것을 군사제도와 사회구휼제도에 응용한 군오(軍伍)와 조적(糶糴), 상평창(常平倉), 사창(社倉)으로 구별할 수 있다. 『고문비략』의 권2에서는 재정에 관한 여러 가지 문제들에 대해 언급하였고, 권3에서는 관리, 특히 지방관의 인사에 관련된 여러 문제를, 권4에서는 재야 인재의 등용과 교육, 그리고 그들의 통제 문제를 다루고 있다.96

최성환은 『고문비략』의 내용을 서술함에 있어 먼저 중국 제도의 역사를 고찰하였다. 중국 역사의 고찰은 주(周)나라로부터 명(明)나라에 이르기까지 각종의 역사서에서 그 제도와 관련된 사실들을 찾아 열거하고 있다. 그리고 우리나라 역사는 비교적 간략하게 살펴보고 이어 조선의 당시 현실을 소개하고 있다. 여기에서는 대개 각 제도가 갖고 있는 문제점과 그로 인하여 발생한 폐단들이 소개되고 있는데 그 구체적인 실례와 함께 자세히 설명하고 있다. 이러한 설명과정에서 그 폐단의 원인을 규명하는데 보통은 제도 자체보다는 운영상의 과정에서 생기는 결함에 대해 지적하고 있다. 마지막으로 최성환은 폐단의 원인을 제도 자체 또는

95 『顧問備略』 序, "惟爾學問有素, 予所深知. 時務經濟, 必有所講究, 如有可述."

96 백현숙(1984), 115~116면 참조.

법 자체보다는 운영상의 문제에서 찾았던 만큼 개혁방안도 그 운영방법의 개선 또는 합리화를 지향하는 것이 대부분이었다.[97]

1862년(철종 13)에는 전국적으로 민란이 일어났다. 최성환은 임술민란이 일어나기 오래 전에 이미 어떻게 하면 백성이 동요하지 않고 생업을 편안히 영위할 수 있겠는가 라고 생각했다. 그래서 그는 『고문비략』에서 다양하고 구체적인 개혁론을 제시했다. 그는 무인이었으므로 특히 군제(軍制)의 개혁에 주목할 만한 견해를 제시했다. 그는 우리나라의 병영(兵營)과 수영(水營)은 모두 껍데기만 껴안고 있어 실제로는 아무 쓸모가 없다고 했다. 그러면서 그는 각 영문에 소속되어 있는 군사의 경우 한갓 장부상의 빈이름뿐이고 평소 무기를 잡고 훈련하는 군사는 한 명도 없으니 필요할 때에 조발(調發)하더라도 필시 부름에 달려갈 리가 없을 것이고, 기한에 맞추어 모이게 하면 필시 모두 달아날 것이니 군제라고 말할 수 없다는 것이다. 그는 그 대책으로 군사를 통할하는 직임을 모두 부사(府使)에게 맡겨야 할 것이라고 하면서, 부사가 관할하는 여러 읍의 군사를 통할하여 부수(副帥)의 일을 행하고, 군현 이하는 그 읍에서 평소 스스로 훈련하며 통호(統戶)에서부터 군사 훈련과 농사를 병행하면 모두 정해진 규율이 있기 때문에 하나의 부서(簿書) 아래에서 모두가 약속을 지켜서 필시 정해진 기일에 늦는 자와 명을 따르지 않는 자가 없을 것이라고 했다. 그리하여 부사에게 병사와 수사의 직임을 겸하게 하면 군대의 위세는 필시 열 배 백 배 높아질 것이라고 했다. 그는 전체를 통할하는 일은 본래 감사가 절도사를 맡고 있으니 군이 병영과 수영을 두어 군정을 맡길 필요가 없다고 보았다.[98]

---

97 백현숙(1984), 116~117면 참조.

98 최성환 지음 김성재 옮김(2014), 『어시재 최성환의 고문비략』(실시학사 편, 사람의무늬) 권3, 「외관」, 187~189면.

19세기 안동김씨 노론 일당의 세도정치 하에서 지방 행정은 수령(守令)과 향리(鄕吏)의 횡포로 엉망으로 변해 문제 해결의 실마리를 찾기 어려웠다. 특히 향리의 농간이 심하여 영조(英祖)시대 이후의 사료에 "강물은 흘러도 돌을 구르지 않는다[江流石不轉]"라는 두보(杜甫)의 싯구에서 강물은 감사(監司)나 수령을 말하고 돌은 향리를 가리킨다는 말로 자주 언급하고 있다.[99] 향리의 세력이 강한 곳에서는 수령이 거의 힘을 발휘하지 못하기도 했다. 일찍이 이수광(李睟光)은 "조식(曺植)이 '조선은 이서(吏胥)들 때문에 나라가 망할 것이다.'라고 했는데 그 말은 그야말로 통절(痛切)하다고 할 수 있다."라고 하면서 이서들의 폐해가 갈수록 더욱 심해져 수령이 된 자는 아침에 바뀌고 저녁에 갈리는 반면, 이서들은 젊을 때부터 늙을 때까지 변함없이 일을 맡아 고을의 일이 오로지 그들의 손에 달려 있고, 단지 장부와 문서를 훔치고 재물을 도적질하는 정도에 그치지 않으니 세속에서 이른바 '강물은 흘러도 돌은 구르지 않는다.'라고 하는 것은 이를 두고 말하는 것이라고 했다.[100]

최성환은 수령의 역할을 매우 중요하게 생각했다. 그는 수령은 백성을 직접 다스리는 관리로서 민생의 고통이 그에게 매여 있다고 보았다. 그는 양리(良吏)는 구습(舊習)을 답습하며 미봉하는 것을 능사로 여기고 있고 그 이하의 향리들은 거리낌 없이 백성들의 고혈(膏血)을 짜내고 있다고 했다.

최성환은 당시 조선 사회가 오직 가문을 신분으로 삼고 기세를 면목(面目)으로 삼아서 공공연하게 으스대고 공공연하게 깔보는데 사람들도

---

99 『承政院日記』 128책 高宗 3년 2월 27일(정사), "三政者, 卽國之樞機, 而近日三政之紊亂, 非獨方伯守令不察之失, 卿宰・名士士族居鄕之邑, 吏民之主倅, 殆若客官然, 而居鄕之土豪, 謂之以江流石不轉, 一邑之三政, 與大小公事, 無不干預, 主倅難於左右, 吏民疲於奔走, 其將無邑而後已矣. 無民而官何爲官, 國何爲國?"

100 『芝峯類說』 권16, 語言部, 「雜說」.

당연하게 여기고 괴이하게 생각하지 않는다고 했다. 그는 당시에 벼슬하는 자들은 아무 성[某姓] 아무 족[某族]의 몇몇 집안에 불과하여 모두가 그들의 이웃이 아니면 친인척이고, 그들은 수백 년 이래로 먼 선조부터 후손까지 함께 조정의 반열에 있으면서 대대로 함께 일을 해온 사람들이라고 했다. 그는 어느 집안이고 그러하지 않은 집안이 없으니 실로 의리가 두텁지 않다고 할 수 없으며, 다음 대의 내 아들 내 손자 수백 대 이후에 이르기까지 또한 반드시 대대로 함께 일을 해나갈 것이라고 보았다. 그들은 서로 가까운 이웃에 살면서 혼인으로 거듭 인연을 맺고 있고, 그렇기 때문에 상하가 서로 보호하여 오로지 덮어 주고 가려 주기만을 일삼고 있다고 했다.

최성환은 이러한 현실을 개혁하기 위해 각 도에 어사대(御史臺)를 설치하여 열읍(列邑)의 상황을 조사하고 아울러 감사의 치적과 출척 과정을 조사하여 사적인 감정에 따르고 사실에 의거하지 않는 경우에는 그 제도를 엄격하고 분명하게 적용하며, 다시 신하들이 그 때문에 서로 척지지 못하게 하는 법을 제정해야 할 것이라고 했다.

최성환은 조선의 과거(科擧) 제도에 대해 전적으로 부문(浮文)만으로 인재를 선발하고 애당초 덕행이나 치도(治道)에 대해서는 묻지 않고 있다고 했다. 또한 명경(明經)으로 선발하는 과목도 있지만 이 과거에 응시하는 사람은 세속에서 수치로 여겨 현양(顯揚)하지 않으므로 사람들이 모두 숭상하지 않는다는 것이니, 이것은 실학(實學)이 부문(浮文)보다 못한 것이라고 했다. 그는 향리(鄕里)에서 천거하는 사례도 있지만 높은 품계에는 오르지 못하고 겨우 군현의 수령에 그치고 있으니 이것은 향공(鄕貢)이 과목(科目)만 못한 것이라고 했다. 그는 이 때문에 선비들의 습성이 날로 부화(浮華)한 데로 치닫고 실효를 기대하지 못하고 있다고 했다.[101]

최성환은 옛날부터 다스림을 이루는 방도로는 반드시 어진 인재를 구하는 데 급급하였고 나라의 보배는 실로 인재라고 했다. 그런데 당시 인재를 구하는 대상 지역은 천리도 되지 않는다고 하면서 서북 3도의 사람들을 제외하고 나머지 5도의 인사 중에서도 대관(大官)으로 등용되는 사람은 절대로 없다고 했다. 그는 혹 한둘 두드러진 자가 있어도 그것은 모두 그 지역에 흘러들어가 살고 있는 경화사족(京華士族)이니 그 지방의 인사라고 말할 수는 없다고 했다. 그러니 당시 찾아서 거두어 등용하는 인물은 오직 경기도 한 도의 인재일 뿐이라고 했다. 그는 경기도 한 도조차도 모두 그러하지는 못하니 오직 기전(畿甸)의 5부(部) 내에만 해당될 뿐이니 천리의 땅을 통틀어서 3백분의 1이니 그 3백분의 1조차도 모두 그러하지는 못하니 오직 대대로 벼슬을 한 사대부에만 해당될 뿐이고, 내내로 벼슬해 온 사내부 중에서노 오직 귀족 대성(大姓)에만 해낭뵐 뿐이라고 했다. 그러니 그 3백분의 1분 중에서도 겨우 1백분의 1이나 1천분의 1에 해당될 뿐이라는 것이다. 그렇다면 천리의 땅에서 인재를 구하는 지역은 1리도 되지 않으니 다행히 모든 인재를 이 지역에 모아 두었다면 괜찮겠지만 어쩌다가 지방 고을에 떨어지거나 기전에서 태어났지만 평범한 집안에 떨어졌다면 매우 통탄스러운 일이라고 했다.[102]

최성환은 옛날에는 인재를 선발하는 길이 문과(文科)와 무과(武科)의 두 갈래로 나누어져 있지 않아 명장(名將)은 대부분 명사(名士) 가운데서 배출되었으니 시서(詩書)를 돈독히 익히고 예악(禮樂)을 좋아하고 고사(古事)에 해박하며 시무(時務)에 깊이 숙달된 사람이 아니면 불가능하였다고 했다. 그는 활을 쏘고 말을 달리며 주먹과 봉(棒)을 휘두르고 치고 찌르고 내달리는 따위는 재관(材官 무관)이나 기사(騎士)로 선발하기에

101 『어시재 최성환의 고문비략』 권4, 「과거」, 259~260면.
102 『어시재 최성환의 고문비략』 권4, 「인재」, 274면.

합당할 뿐이지 장수에게 요구되는 재주가 아니라고 했다. 그는 자신의 견해는 무과는 폐지하여 설치하지 말고 문과 급제자 33인 중에서 재능에 따라 선발하여 쓰면 될 것이라고 주장했다.[103]

최성환은 선부후교론(先富後敎論)에 의거하여 토지를 통제하여 백성을 살아갈 수 있게 하고 부유해지면 교육을 시행한 역사적 제도의 대략을 소개했다. 그는 모든 관리는 선발한 사람 가운데서 가려 쓰고, 선발되지 못한 나머지는 모두 돌려보내 농사나 장사 등에 종사하게 하면 생업이 이루어질 것이라고 했다. 그는 농사나 장사 등에 종사하면서 재주와 덕을 아울러 닦아 일컬을 만하게 되면 스스로 향시(鄕試)에 응시해 추천을 받아서 출사(出仕)하게 하되 그렇지 않으면 다시 돌려보내 농사나 장사 등에 종사하여 생업을 영위하게 해야 한다고 했다. 그는 벼슬하는 사람이라고 하여 반드시 모두 귀족일 필요가 없고, 농업이나 상업 또는 방기에 종사하는 사람이라고 하여 모두 한미한 종족일 필요는 없다고 보았다. 그렇게 되면 백성들은 모두 항산(恒産)과 항심(恒心)을 갖게 되고 귀족과 한미한 종족이 모두 괴로워하는 바가 없으며 또한 인재가 왕성하게 일어나 국가가 그 이익을 누리게 될 것이라고 했다.[104]

최성환은 국가의 이익을 위해 인재의 천거를 매우 중시하였다. 그는 보다 구체적으로 『당관공과격(當官功過格)』을 통해 인재의 천거에 대해 한 사람의 어진 인재를 천거한 경우에는 천공(千功)의 점수로 계산해 주자고 했다.[105]

최성환은 조선의 학교에 관한 법은 역대의 제도에 비해 매우 우수하다고 했다. 그런데 과거시험에서 사부(詞賦)를 중시하고 실학(實學)을 경시

---

103 『어시재 최성환의 고문비략』 권4, 「과거」, 264면.

104 『어시재 최성환의 고문비략』 권4, 「인재」, 279~281면.

105 『當官功過格』, 「功過格」, "遏一賢才, 使不得進, 算千過" "薦一賢才, 算千功."

하면서부터 세상에서 경술(經術)을 숭상하지 않게 되고 그로 인해 글을 읽고 도(道)를 강마(講磨)하는 선비가 있다는 말이 들리지 않게 되었다는 것이다. 학관(學官) 또한 한번이라도 생도들을 접하여 면전에서 문난(問難)하는 적이 없게 되어 사도(師道) 또한 폐기되었다고 했다.

최성환은 서울과 지방의 학교에서는 공자(孔子)에게 제사하고 생도(生徒)들에게 강학(講學)하는 일 외에는 모두 폐지하고, 모든 것은 옛날에 학교를 세워 선비를 양성하던 의리에 따르도록 법령을 제정하여 학문이 밝고 덕이 높은 이를 뽑아 스승으로 삼기를 주장했다. 그는 재주와 식견이 밝고 통달하여 선(善)으로 나아갈 수 있는 사람을 뽑아서 날마다 수업을 받게 하고 매년 그 중 인품이 훌륭한 자와 능력이 뛰어난 자를 조정에 천거하여 후일 국가를 위해 쓸 수 있는 인재로 삼아야 한다고 하면서, 그런 뒤에야 학교를 일으킨 효과를 얻을 수 있을 것이라고 했다.[106]

최성환은 오직 우리나라에서만 선현(先賢)을 제사하는 곳을 서원(書院)이라고 일컬으며 학교와 똑같이 유생을 모으며, 향촌이든 열읍(列邑)이든 구애받지 않고 곳곳에 모두 설립하고 있다고 했다. 그는 원우(院宇)를 새로 짓는 데 소모되는 비용이 적지 않고 별도로 생도를 모으는 바람에 학파가 나누어지는 폐단이 있다고 보았다.

최성환은 서원에 대한 개혁방안으로 각 부와 현의 학교 안에 별도로 하나의 큰 원무(院廡)를 지어서 경내의 모든 서원에 있는 선현들의 위판(位版)을 차례로 그곳으로 옮겨 봉안(奉安)하고 제향(祭享)을 드리는 예는 학교의 유생들이 담당하게 하고 별도로 담당자를 둘 필요는 없다고 했다. 그리고 유생들은 앞으로 다시 마땅히 제사를 모셔야 할 향현(鄕賢)이 나오면 모두 학교 안의 원무에 봉안하고 굳이 따로 원우를 건립할 필

106 『어시재 최성환의 고문비략』 권4, 「학교」, 285~287면.

요는 없다고 했다. 그렇게 하면 토목공사를 하는 번거로움이 없어지고 학도(學徒)는 하나로 통합이 되어 운영이 되며 조정에서 선현을 예우하는 아름다운 뜻이 이루어질 것이라고 보았다.[107] 이러한 최성환의 서원에 대한 개혁방안이 홍선대원군의 사원훼철(祠院毁撤)에 앞서 제시되었다는 사실은 매우 주목할 만한 일이다.

한편 최성환은 우리나라의 군제(軍制)는 서울에 있는 군영(軍營)에 대해서는 논하지 않더라도 향병(鄕兵)의 제도에는 속오군(束伍軍)·상번군(上番君)·정병(正兵)·아병(牙兵)·승호군(陞戶軍)·보인(保人) 등의 호칭이 있어 그 명목이 한둘이 아닌데, 이들은 이미 부병(賦兵)이 아니고 또 모병(募兵)도 아니며, 둔병(屯兵)·부병(府兵)·채병(寨兵)·보갑(保甲)·이갑(里甲)의 제도도 아니라고 했다. 다만 그 명목에 따라 군포(軍布)를 납부할 책임을 질 뿐으로 애당초 군정(軍政)이나 무비(武備)를 갖추기 위한 의도가 없었다는 것이다. 그는 당시의 군정(軍丁)은 대부분 백골징포(白骨徵布)나 황구첨정(黃口簽丁) 등 허위로 이름만 올려놓고 생짜로 징수하는 자들이라고 했다.

최성환은 당시의 군제 역시 오직 통갑법(統甲法)에 의거하여 조직해야 할 것이라고 했다. 즉 5가(家)를 통(統)으로 조직하고, 각 통에 통수(統首)를 두며, 10개의 통을 이(里)로 조직하여 이에 이존(里尊)을 두며, 5개의 이를 면(面)으로 조직하여 면에 면정(面正)을 두어 각각 그 소속을 법대로 다스리는 것이 좋겠다고 했다. 그렇게 되면 농사에 방해를 받지 않고도 군사 훈련을 할 수 있으니 또한 이는 둔전법(屯田法)과 마찬가지라고 하면서 이 법은 반드시 행해야 할 바라고 했다.

최성환은 힘써 보갑(保甲)을 행하되 수령이 직접 편성하고 살펴 민(民)

---

107 『어시재 최성환의 고문비략』 권4, 「서원」, 293면.

을 동요하지 않게 하고 사교와 간사한 도둑이 저절로 사라지게 한 경우 점수를 이천공(二千功)을 계산해 주자고 했다. 이러한 주장은 원황(袁黃)의 『당관공과격』에서는 천공(千功)으로 계산해주기로 되어 있는 것을 그 배로 계산해준 것이다.[108]

최성환은 당시의 군정(軍政)은 국법을 심하게 어기고 있다고 진단했다. 그는 예컨대 『대전통편(大典通編)』 「병전(兵典)」 면역(免役)조에는, 부자(父子) 세 사람이 군오(軍伍)에 편성된 경우에는 그 아버지의 군역을 면제해 주고, 형제 네 사람이 군오에 편성되었으면 그 형의 군역을 면제해 주고 관에서 그 후임을 정하며, 부자 네 사람이 양역(良役)을 지고 있을 경우에는 동거 여부를 따지지 않고 본인들의 희망에 따라 그 중 한 명의 역을 면제해 주도록 되어 있는데, 당시의 백성들은 비록 부자 열 명, 형제 열 명이 역을 부담하고 있을지라도 한 사람도 면제 받지 못하고 있다고 했다.

한편 『대전통편』의 「병전」에는 나이 60세가 된 사람은 군역을 면제하고 독질(篤疾)이나 폐질(廢疾)이 있는 사람도 군역을 면제하며, 독질이나 폐질이 있는 사람 및 나이 70세 이상 된 사람의 경우 아들 한 사람, 나이 90세 이상 된 사람의 경우 여러 아들에 대해 모두 군역을 면제하게 되어 있다. 최성환은 이 조문대로 라면 군사 중 나이 60세가 된 사람은 자신이 면제받고, 70세가 된 사람은 아들 한 사람까지 아울러 면제받고, 90세가 된 사람은 여러 아들까지 아울러 면제받아야 한다. 이는 조정에서 노인을 우대하는 법으로, 60세 이상 된 사람은 본인에게 은혜를 베풀고, 70세

---

108 『當官功過格』, 「功過格」, "力行保甲, 親編親查, 不擾民, 而盜自弭, 邪教姦宄自息, 算二千功" 최성환이 편한 『當官功過格』의 내용과 「袁了凡當官功過格」의 내용에서 몇 글자 차이가 나고 있다. 陳弘謀의 「袁了凡當官功過格」(『五種遺規』, 從政遺規 卷下)에는 해당 기록이 "力行保甲, 親編親審, 不致擾民, 而邪教 姦宄自息, 算千功"으로 되어 있다.

이상 된 사람에 대해서는 아들 하나를 돌려보내 봉양하게 하며, 90세 이상 된 사람은 여러 아들을 모두 돌려보내 봉양하도록 덕을 베푼다는 취지인데, 당시는 여러 아들이 면제받지 못할 뿐 아니라 한 아들도 면제받지 못하고, 그 아들뿐 아니라 바로 60세, 70세, 90세 된 노인 자신도 면제받지 못하고 있다고 했다.

또한 최성환은 백골징포란 명목에 대해서도 겨우 숨만 붙어 있는 사람뿐 아니라 이미 죽은 사람, 심지어 죽은 지 10년, 100년이 지난 사람도 면제받지 못하고 있다고 했다. 그러면서 그는 『대전통편』의 「병전」 성적(成籍)조에는 황구(黃口 : 5세 이하의 아이)와 아약(兒弱 : 14세 이하의 아이)을 군정에 채워 넣었을 경우 수령은 도배(徒配)하고 감색(監色)은 형배(刑配)하도록 되어 있는데 당시는 아약과 황구뿐만이 아니고 여아(女兒)만 아니면 태어나자마자 즉시 군적에 넣는다고 했다.

1862년에 임술민란이 일어나 부패한 감사나 수령에 대한 민중의 저항은 극도에 달하였다. 1862년 경상도 단성의 백성들이 관리의 학대를 견디지 못하여 때를 지어 일어나 관리를 축출하였다. 단성 민중들은 흰 수건을 머리에 동여매고 대나무를 깎아 창을 만들어 읍 안에 주둔하면서 원근에 통문을 돌렸다. 이에 충청도와 전라도 두 도가 모두 메아리처럼 호응하였다. 그런데 전라도 백성이 더욱 분노하여 큰 소리로 외치면서 전라감사 김시연(金始淵)을 범하려 하자 김시연은 서울로 도망갔으며 뒤이어 가족들이 출발하려 하였다. 이때 백성들이 들이닥쳐 김시연의 어머니를 잡아서 모래로 그 음부(陰部)를 갈며 말하기를 "너의 음문(陰門)이 깨끗하지 못하여 이 때문에 탐욕스러운 아들을 낳았다."라고 말하였다.[109] 당시 민중의 분노가 극에 달했음을 말해주는 것이다. 최성환은 이

109 김택영 저, 조남권 안외순 강소영 역(2001), 『한사경』(태학사), 463~464면.

미 19세기 전반기에 관동(關東)의 어느 고을에서 일어난 사실을 고발하고 있다.

> "근래 관동의 어느 고을에서 한 백성이 아이를 낳았는데 관(官)에서 군정(軍丁)으로 채워 넣으라고 하였다. 그 백성이 갓난아이를 안고 관아에 와서 '이 아이는 태어난 지 사흘도 지나지 않았습니다.'라고 호소하자 관에서 '딸인가?'라고 물었고, 백성이 '아들입니다.'라고 하자, 관에서 '아들이면 그만이지 사흘을 따질 게 무엇이 있는가?'라고 하였다. 백성이 '그렇다면 아들인 게 잘못이군요. 아들이 아니면 됩니까?'라고 하고는 갓난아이의 음낭(陰囊)을 떼어서 관에 바쳤다. 이에 대해 말하는 사람이 '모질고 독하다. 이 백성의 죄는 용서하지 말고 주벌해야 한다.'라고 하였다. 그러나 자식을 사랑하는 마음은 천성인데 누군들 유독 자식을 사랑하는 마음이 부족하겠는가. 그런데도 차마 스스로 죽였으니 그 원한이 자식을 사랑하는 마음보다 깊었던 것이다."[110]

최성환은 남아만이 아니라 여아 또한 군역에서 면제반지 못하고 있다고 했다. 그는 또 관동의 어느 고을에서 딸을 낳은 백성이 있었는데 관에서 군역에 채워 넣으라고 명하였다. 그러자 그 백성이 딸을 안고 관아에 들어와서 "이 아이는 딸입니다."라고 호소하였다. 그러자 관에서 노하여 "네가 아들을 낳은 것을 내가 염탐하여 알고 있다. 그런데 네가 감히 다른 사람의 딸을 데려와서 현혹시키려 하는가. 이것은 기망(欺罔)이고 간사(奸詐)함이니 다스리지 않을 수 없다."라고 하고는 곤장 40대를 치고 군역에 채워 넣은 뒤에야 풀어주었다[111]는 사례를 소개하고 있다.

---

110 『어시재 최성환의 고문비략』 권1, 「군오」, 72~73면, "近有關東, 某邑民有生孩者, 官命充定, 民抱其孩入訴, 曰此生不踰三日. 官曰女否? 民曰男也. 官曰男則已矣, 何論三日? 民曰然則男之過也, 不男則可乎? 於是乎, 摘嬰孩之陰, 獻于官. 議者謂狠毒哉! 此民. 罪不容誅也. 然愛子之心天性也, 誰獨少哉而乃忍然自戕? 其怨恨之深, 有深於愛子也."

최성환은 당시에 이러한 여러 가지 일들이 없는 고을이 없다고 했다. 이 때문에 백성들은 자식을 낳아 기르는 것을 즐거워하지 않고, 부모가 자식을 원수처럼 여겨서 미워하는 경우가 있는가 하면 심하게는 또 낳자마자 자식을 버리는 경우가 있고 더욱 심하게는 갓 태어난 아이를 안아보지도 않는 경우가 있으며, 더러 남녀가 거처를 달리하여 부부생활의 즐거움을 끊어버리는 경우까지 있다고 했다. 이리하여 모든 백성이 처자를 보호하지 못하는데 백성이 어떻게 불어나며 호구(戶口)가 어떻게 줄어들지 않을 수 있겠는가 라고 했다.

최성환은 왕자(王者)가 백성을 보호한 정책들은 인구를 증식시키는 데 더더욱 급급하였는데, 어찌하여 조선 사회에는 백성들을 근심하고 고통스럽게 하며 심지어 자식 낳아 기르기를 즐거워하지 않게 만들어 이런 지경에까지 이르게 되었단 말인가 라고 개탄하였다. 이것은 관리들이 태연하게 법을 어겨서 국법이 거의 폐기되다시피 했기 때문이고, 당시 백성들이 군적에 편입되는 것을 겁내는 이유는 군포(軍布)의 징수 때문이니 한번 군적에 편입되면 해마다 재물을 내야 하는데 그것을 10년 100년이 지나도 끝내 면제받지 못하니 이러고서 백성이 어떻게 보존될 수 있겠는가 라고 했다.

최성환은 당시의 제도에 사족(士族)들은 군역에 채워 넣지 않으므로 가문의 지위를 따질 경우에는 먼저 군역을 지는지 여부부터 묻게 된다는 것이다. 이 때문에 조금이라도 능력이 있는 사람은 온갖 계책으로 군역에서 벗어날 방법을 강구하여 벼슬아치들의 집에 의탁하는가 하면 관부에 뇌물을 바치기도 하며, 비록 군포전보다 10배, 100배나 많은 비용이 들더

111『어시재 최성환의 고문비략』 권1, 「군오」, 73면. "又有關東, 某邑民生女者, 官命充定. 民抱其女而入訴曰此女也. 官怒曰爾生男, 吾廉之審矣. 爾敢以他人之女來眩乎? 是欺罔也 · 奸詐也, 不可以不治. 乃決杖四十, 充定後放送."

라도 기어이 군적에서 빠지려 한다고 했다. 그는 당시에 군적에 올라 있는 사람은 모두가 빈궁하고 호소할 데 없는 백성들이니 민가(民家)가 어떻게 생활을 보존하며 돈을 어떻게 기한에 맞추어 마련하겠는가라고 했다. 이런 상황이니 곳곳에서 매질과 수탈에 근심하고 괴로워하다가 아이를 팔고 아내를 파는 백성이 있는가 하면 마을을 버리고 고향을 등지는 백성이 있으며, 심지어 나쁜 마음을 품고 도둑질을 하는 자가 있는가 하면 독한 마음으로 스스로 목숨을 끊는 자도 있다는 것이다.

최성환은 군정에 대한 개혁으로 이른바 군역(軍役)·군포(軍布)·군전(軍錢)을 모두 제거하자고 했다. 그는 통갑(統甲)의 제도만 이루어진다면 민심은 집결되고 병력을 얻을 수 있어 수백 년 동안 내려온 고질적인 폐단이 하루아침에 모두 혁파될 것이고, 백성들은 난에 임해서는 나라를 지키려는 충성을 발휘하여 모두가 죽음으로 달려갈 수 있을 것이라고 했다.

최성환은 혹 국가의 세입이 줄어들 것이라고 의심할 수도 있을 것이라고 하면서 그 대책으로 한 가지 방법을 제시했다. 그는 우선 군적에 올라 있는 사람은 모두가 소민(小民)이니 군오(軍伍)에 편성되고 나면 세 계절 동안에는 돌아가 농사를 짓고 한 계절에는 무예를 익히게 하자고 했다. 그는 당시 소민들이 또 유방(留防)과 점고(點考) 및 제반 부역이 있고, 또 군포와 군전을 책임져야 하니 이는 역을 중첩되게 지는 것이라고 했다. 다만 벼슬아치와 사족(士族)은 신역(身役)을 면제 받는데다가 또 가포(價布)도 부담하지 않아서 누호(漏戶)나 마찬가지라고 했다. 그는 이 땅에 사는 백성은 모두 왕의 신하이므로 누구나 신역(身役)을 져야 한다고 했다.

최성환은 사람을 부리는 자는 다른 사람을 고용하여 자기 대신 힘을 쓰게 하고 사람에게 부림당하는 자는 값을 받고 다른 사람을 대신하여 힘을 쓰는 것이라고 하면서, 값을 내는 자는 귀족이고 역(役)에 응하는 자는 천한 무리이니, 그렇다면 사람들은 모두 값을 내는 것을 영광으로 여길 것이라고 했다. 이렇게 하고서 군포와 군전을 거둔다면 모두가 납부하기를 바라며 즐거이 돈을 내고 오직 돈을 납부하는 것을 허락하지 않을까를 두려워할 것이라고 했다.

최성환은 가난한 사족은 마련하기 어려울 것이라는 일부의 우려에 대해서도, 가난한 백성은 가난한 사족보다 마련하기가 더욱 어렵다는 사실을 너무도 모르고 하는 말이라고 하면서 가난한 백성의 생업은 농(農)·고(雇)·공(工)·상(商)에 불과한데, 그들은 풍년에도 1년 내내 고생을 하고 흉년에는 죽음을 면치 못하니 이것이 오늘날 가난한 백성의 실상이라고 했다. 그는 가난한 선비 또한 농(農)·고(雇)·공(工)·상(商)을 생업으로 삼아도 해롭지 않다고 했다. 그는 귀족은 돈을 납부하고 천민은 신역을 지게 한다면 오늘날의 폐단은 구제될 수 있을 것이라고 했다.[112]

최성환이 1853년에 편찬한 대표적인 관료 지침서는 『당관공과격(當官功過格)』(일명 『視民要訣』)이다. 그는 원황(袁黃)의 『공과격(功過格)』 중 당관(當官)의 직무수행에 관련된 부분만을 뽑아 조선의 현실에 맞게 새로이 증손(增損)하여 편찬하였다. 그의 서문에 의하면 원황이 지은 자성(自省)의 글을 도공(陶珙)이 증손(增損)한 것이라고 했다. 원황의 『공과격』에서 공(功)은 선을 행하는 것이고 과(過)는 악을 행하는 것을 말하니, 이 책은 공[善行]이 되는 일과 과[惡行]가 되는 일을 분류하여 각각의 항목의 평점을 매긴 일종의 수행서(修行書)이다. 그는 사항에 따라 실제적으로 『공과격』의 평가 점수를 조정하기도 했다.

최성환은 조선의 관료사회에서 대민 행정에 있어 관료에 대한 평가와 소민(小民)에게 복(福)을 주기 위한 필요성에서 이 책을 간행하였다. 『당

112 『어시재 최성환의 고문비략』 권1, 「군오」, 69~81면.

관공과격』은 관리의 통치행위 하나하나를 공(功)과 과(過)로 나누고 그 행위에 해당하는 점수를 숫자로 나타낸 것이다. 최성환은 관리들의 자세를 바르게 하기 위한 목적에서 저술된 『당관공과격』을 간행하여 우리나라 지방관들의 통치 자세를 바로잡고자 하였다.[113]

그런데 『공과격』은 이학(理學)의 견해에서 보아도 아주 쉽게 받아들일 수 있었다. 주돈이(周敦頤)가 「입명공과격(立命功過格)」을 보고 정호(程顥)와 정이(程頤)에게 "정말 초학(初學)이 덕(德)에 들어가는 문이다."라고 했고, 소옹(邵雍)은 "경(經)을 부지하고 전(傳)을 도울 수 있다."고 했고, 주희(朱熹)는 "사서(四書)는 이(理)가 되고 이 『공과격』은 조목이 되니 하루라도 책상 머리에 두지 않을 수 없다."라고 말했다는 것이다.[114]

도공은 "당관(當官)의 일념(一念)이 청신(淸愼)하면 관아의 좀도둑과 간사한 무리가 실치지 못하여 편안하고 고요한 복을 백성이 받을 것이고 선(善)을 짓는 경사는 관(官)이 받을 것이다. 일념이 어둡고 방탕하면 관아의 좀도둑과 간사한 무리가 간사한 짓을 하여 소요(騷擾)의 해를 백성이 받을 것이고 불선(不善)을 짓는 재앙은 관이 받을 것이다."라고 했다.[115]

최성환은 "이 책의 강령을 상고해 보니 공(功)이고 과(過)이다. 공(功)은 선(善)을 행하는 것을 이르고 과(過)는 악(惡)을 행하는 것을 이른다. 선을 진실로 행할진대 나는 대대로 길상(吉祥)을 받고 경사가 자손에게 전해진다는 것을 안다. 악을 진실로 그만두지 않으면 나는 즉시 몸이 멸

113 백현숙(1984), 105면 참조.

114 『當官功過格』, 「重刊陶水部先生增損當官功過格序」; 『覺世新編八鑑常目』 권5, 「功過格靈驗記」.

115 『當官功過格』, 「重刊陶水部先生增損當官功過格序」, "一念淸愼, 則衙蠹奸徒, 無從影射, 如靑天白日之下, 魍魎自遁, 寧靜之福, 小民受之, 作善之慶, 官受之. 一念昏肆, 則衙蠹奸徒, 因緣爲奸, 如蘗之憑神, 暗室之作祟, 而騷擾之害, 小民受之, 作不善之殃, 官受之, 可不畏哉?"

절(滅絶)하고 화가 문호(門戶)에 미친다는 것을 안다. 이것이 인인(仁人)이 크게 슬퍼하는 바이고 『공과격』을 지은 까닭이다."라고 했다.[116]

최성환은 세금 징수나 역(役)의 징발을 재촉하는 데 법이 있고, 전량(錢糧)을 다 처리한 경우, 이역(里役)을 잘 편성하여 부역 동원을 고르게 하여 전체 고을이 복을 받는 경우, 큰 재앙과 흉년을 만나 일찍이 조치하여 힘써 진휼을 하고 많은 생명을 구제한 경우는 각각 계산하여 천공(千功)의 점수를 계산하여 주게 했다.[117]

최성환은 지방관이 되어 이(利)를 일으키고 해(害)를 제거하여 다 법도에 맞게 하여 백성이 영원히 실질적인 혜택을 받게 한 경우는 삼천공(三千功)의 점수를 주게 했다.[118] 이 조항은 원황의 「당관공과격(當官功過格)」에는 천공(千功)을 계산해 주고 있는데[119] 최성환이 그 세 배의 점수를 주어야 한다는 것은 그가 지방관과 백성의 실질적인 혜택을 매우 중시하고 있는 것을 알 수 있다.

또한 최성환은 당관(當官)이 세금 징수를 재촉하는 데 법이 없고, 이서(吏書)에게 맡겼는데 속이고 숨기며 행정이 어지럽고 혼탁하여 한 고을이 편하지 않는 경우는 천과(千過)로 계산하게 했다.[120] 또한 마음대로 양곡을 증가하여 소민(小民)들이 길이 배상의 어려움을 받게 하면 천과

---

116 『當官功過格』, 「重刊陶水部先生增損當官功過格序」, "竊稽篇之綱領曰功曰過, 功則爲善之謂也, 過則爲惡之謂也. 善苟爲耶, 吾知其世受吉祥, 慶流子孫, 惡苟不已, 吾知其身卽滅絶, 禍及門戶, 此仁人之所大慽, 而功過格之所以作也."

117 『當官功過格』, 「功過格」, "催徵有巧法, 勸諭樂輸, 不煩敲朴[扑], 而錢糧畢辦, 算千功, 審編里役, 差遣均平, 使闔縣受福, 算千功……遇大災荒, 能早勘早申, 力請蠲賑, 設法救活多命, 算千功"

118 『當官功過格』, 「功過格」, "能爲地方興利除害, 悉中窾綮, 使得永受實惠, 算三千功"

119 陳弘謀, 『五種遺規』, 從政遺規 卷下, 「袁了凡當官功過格」, "能爲地方興利除害, 使百姓永受實惠, 算千功"

120 『當官功過格』, 「功過格」, "催徵無法, 任吏書欺隱, 保歇包侵, 不能淸楚, 亂拏亂打, 追呼愈急, 完欠愈淆, 使一縣不寧, 算千功"

(千過)로 계산하게 했다.[121] 그리고 지방의 이로움과 해로움을 분명하게 알고 마땅히 개혁해야하는데도 담당하기를 즐겨하지 않고 뒷사람에게 짐을 미루거나 혹 일시의 편안함을 도모하고 백세의 공을 생각하지 않으면 천과(千過)로 계산하게 했다.[122] 또한 최성환은 한 사람의 현재(賢才)를 막아 나아오지 못하게 하면 천과(千過)로 계산하고, 한 사람의 현재를 천거하면 천공(千功)으로 계산해 주게 했다.[123]

그런데 이 『공과격』은 남녀나 빈부에 관계없이 누구나 행할 수 있다는 것이었다. 이 『공과격』을 배우는 자는 매일 자기의 공과를 기록하여 공(功)을 가지고 과(過)를 기워나가서 선에 이르러 공을 쌓아 백에 이르면 복(福)이 이르지 않음이 없고 원(願)을 얻을 수 있다고 했다.[124]

남병철(南秉哲)은 관리들이 이 『당관공과격』을 바탕으로 하여 자신들의 과(過)를 발견하고 고치도록 힘쓸 것을 권하면서 민생에게 택리(澤利)를 주는 자의 공(功)은 더 후하게 평가되어야 하지 않을까라는 나름의 견해를 적었다. 그는 "과(過)는 알고 알지 못하는 두 가지 경우가 있다. 아는 경우가 3분의 1이고 알지 못하는 경우가 늘 10분의 7이인데 아는 경우는 간(諫)할 수 없지만 알지 못하는 경우는 깨달으면 바로 고쳐야 한다. 지금 벼슬을 하고 있는 자들은 이와 달라서 과를 진실로 알지 못하는 자가 있는가."라고 했다. 남병철은 "그 벼슬자리에 있어 민생(民生)에 혜택과 이익을 주는 자는 그 공을 만약 백이라고 계산을 한다면 벼슬자리에 있지 않으면서 이 책을 간행하는 것은 마땅히 오십으로 계산을 해주어야 할 것이다. 그러나 도공(陶珙)과 여곤(呂坤)에게 계산을 해보라고

---

121 『當官功過格』, 「功過格」, "擅自加派增粮, 使小民永受賠累, 算千過"

122 『當官功過格』, 「功過格」, "地方利病, 明知應興應釐, 不肯出身, 擔任推卸後人, 或苟圖一時之便, 罔計百世之功, 算千過."

123 『當官功過格』, 「功過格」, "遏一賢才, 使不得進, 算千過." "薦一賢才, 算千功."

124 『覺世新編八鑑常目』, 「功過格引」.

하면 혹 저쪽에는 오십을 주고 이쪽에 백을 주지 않을 지는 알 수 없다." 라고 했다.[125]

최성환은 매일 자신이 행한 항목에 대해 공(功)과 과(過)를 기록하여 매월 말에 공과를 비교를 하고, 다시 연말에 일년의 공과를 비교하여 문창제군(文昌帝君)과 관성제군(關聖帝君)의 앞에 아뢰어 과를 점점 적게 해나가야 한다고 했다.[126] 그는 개인 각자의 선행이 수신(修身)을 거쳐 치국(治國)의 단계로 확장되어 나갈 수 있다고 생각했던 것 같다.

19세기 중반기 조선사회에는 『공과격』이 크게 유행하였다. 당시 『공과격』이 유행한 배경에는 최성환이 간행한 이 책도 영향을 끼쳤을 것 같다. 최한기는 당시 "공과의 학문이 근일에 성행(盛行)하여 복선화음(福善禍淫)으로 어리석은 자를 권하기도 하고 징계하기도 하는데, 이것이 비록 도움이 있을 것 같지만 실지는 해가 되는 것이다."라고 하여 부정적인 견해를 보였다.

> "공과(功過)의 학문이 근일에 성행(盛行)하여 복선화음(福善禍淫)으로 어리석은 자를 권징(勸懲)하는데, 이것이 비록 도움이 있을 것 같지만 실지는 해가 되는 것이다. 어리석은 자가 부귀를 흠모(欽慕)하고 죄악을 외피(畏避)하는데, 여기에는 자연 왕정(王政)의 상벌(賞罰)과 운화(運化)의 순역(順逆)이 있는 것이다. 이것으로 교도(敎導)하면 화복이 밝게 나타나고 선악이 표준이 있게 되는데, 이 광명(光明)한 태도를 버리고 억지로 외도의 명보(冥報)와 방술의 알 수 없는 것을 인용하여 공과를 입증(立

---

125 『當官功過格』, 「陶水部先生增損當官功過格跋」, "過有知與不知之二, 知居三之一, 不知常十之七, 而知者不可諫, 不知者覺斯改焉. 今之當官者, 異於是, 過果有不知者歟? 夫以人心之仁, 豈其無也? 是卷武人崔君星玉所重刊也. 凡當官者覽之, 彼覺斯改者, 固無論, 而雖不可諫者, 其將動心乎否耶? 余以爲得其位, 澤利民生者, 其功若算百, 則不得其位, 而刊是書者, 當算五十, 然使陶水部呂叔簡算之, 其或不五十於彼, 而百於此, 亦未可知也已."

126 『覺世新編八鑑常目』, 功過格凡例.

證)하려고 하니, 이것은 허무(虛無)를 이끌어 실행을 권면하고 망탄(妄誕)을 말하여 일용(日用)을 징계하는 것이다. 그 본원(本源)이 이미 허무 망탄에 빠져서 마침내 일용과 실행으로 하여금 허무 망탄으로 돌아가게 하니, 공과의 뜻이 과연 어디에 있다는 말인가. 공과의 이름은 이부(吏部)의 고공(考功)에서 나온 것으로 직책을 시행함의 선하고 선하지 못함을 누계(累計)하여, 성적을 계산하여 출척(黜陟)하고 비교하여서 지위를 승강(陞降)하는 것이니, 실사(實事)의 공과로 실사의 권징(勸懲)을 삼아야 하는데, 어찌 허무한 공과로 허무의 화복을 바라겠는가."[127]

최한기는 기(氣)는 실리(實理)의 근본이고 추측(推測)은 지식을 확대하는 방법이라고 했다.[128] 그는 평생을 재야에서 학문 탐구에만 일로 매진해온 학자로, 이제 유불도(儒佛道)의 공허(空虛)한 이론을 배격하고 실학(實學)의 기학으로 새로운 시대의 지평을 열고자 했기에 공과(功過)의 학문에 날선 비판을 가했다.

그러나 최성환은 무인(武人)으로 벼슬을 살았고, 30여년간 재야에서 편저활동과 『효경』을 가르치는 등 강학활동을 했다. 그는 조선사회에 대한 근본적인 개혁론을 제시하기도 했고, 또 실제 민중의 동요에 대한 대안을 모색하는 차원에서 많은 저술을 남겼다. 그의 이러한 활동 역시 당시 사회 현실과 결코 동떨어진 작업이 아니었다. 그가 원황의 『당관공과격』을 수용하여 편찬한 『당관공과격』에서 지방관이 이(利)를 일으키고 해(害)를

127 『人政』 권20, 敎人門 5, 「功過學」, "功過之學, 從近熾行, 以福善禍淫, 勸懲愚迷, 雖若有補, 其實有害. 愚迷之人, 歆慕富貴, 畏避罪惡, 自有王政之賞罰, 運化之順逆. 擧此敎導, 禍福昭著, 善惡有準, 捨此光明大道, 强引外道之冥報, 方術之晦昧, 以證功過之意, 是乃引虛無而勸實行, 說妄誕而懲日用. 其所本源, 已陷虛無妄誕, 竟使日用實行, 歸于虛無妄誕, 功過之義安在? 功過格之名, 出自吏部考功, 而積累職業行事之善不善, 計分而黜陟, 比較而陞降, 以實事功過, 行實事勸懲, 豈以虛無功過, 望虛無禍福哉?"

128 『氣測體義』 序, "氣爲實理之本, 推測爲擴知之要."

제거하여 다 법도에 맞게 하여 백성이 영원히 실질적인 혜택을 받게 한 경우는 점수를 삼천공(三千功)을 주게 하자거나, 보갑(保甲)을 행하되 수령이 직접 편성하고 살펴 민(民)을 동요하지 않게 하고 사교와 간사한 도둑이 저절로 사라지게 한 경우 이천공(二千功)을 계산해 주자고 한 것은 당시 조선 사회의 절박한 문제의식에게 제기한 것이다. 그의 편저 곳곳에는 "교화를 돕고 만물을 구제하며[助化濟物] 자기에게 이익를 주고 남을 구제한다.[利己救人]"는 마음이 글자마다 담겨 있다고 할 수 있다.

6. 맺음말

19세기 조선 사회는 동서 문명의 충돌과 교섭이 활발하게 일어난 시기였다. 그런가 하면 신분제가 무너지면서 민중의 자각(自覺)이 서서히 일어나는 시기였다. 그 구체적인 모습으로 1801년부터 이른바 정학(正學)을 보위하고 사학(邪學)을 물리친다는 기치아래 서학에 대한 대대적인 박해가 시작되었고, 같은 해 공노비(公奴婢)가 해방된 이후 1862년 임술민란까지 민(民)의 함성은 크게 메아리치고 있었다. 이러한 조선 말기의 사회 현상은 당시 학계의 사상과 학풍 형성에 크게 영향을 미쳤다. 그래서 이 시기에 살았던 조선의 대표적인 지성들은 각자 나름대로 학문적 종교적 기획을 해나갔다. 최한기의 기학과 최제우의 동학은 그 대표적인 사례라고 할 수 있다. 이들은 널리 민생을 구제하고 자각시키기 위해 자신들의 일생을 바쳤다.

최성환은 유교와 도교, 불교, 민간신앙 등에 관한 저술을 통해 민을 교화하고 안정시키는 방안을 마련하기 위해 애쓴 문무겸전의 학자라고 할 수 있다. 그는 19세기에 서울에서 활동하던 위항문인들과 교유하면서 서민의 정서를 이해하고 그에 부응하는 새로운 학풍을 대변하고 있다.

최성환은 충주최씨로 무(武)의 전통을 강하게 지니고 있는 중인 집안 출신의 무인(武人)이었다. 그는 이규경·장지완·정지윤·김정호 등과 교유를 했고, 남병철·이유원 등 고위 관료들과도 학문적 관계를 유지했다. 그는 벼슬에서 물러나 『고감(古鑑)』과 『효경대의(孝經大義)』를 지어 고종에게 올렸고 고종으로부터 학술에 경위(經緯)가 있다는 평을 들었다.

최성환은 평생 방대한 시문학서와 경세서, 도가서, 교화서, 지리서 등 많은 저술을 남겼다. 그의 이러한 다양한 학문 분야의 저술 편찬 작업은 당시 정신적으로나 사회적으로 개혁이 절박한 조선 사회의 모습을 반영하고 있다. 최성환은 『성령집(性靈集)』을 편찬하여 19세기 조선 사회에 시문학에 있어 성령론(性靈論)을 주장하였다. 그는 정주(程朱)의 이학(理學)의 철리시(哲理詩)를 배격하여 그의 『성령집』에 거의 싣지를 않았다. 이러한 사실에서 보면 최성환은 아직 이학의 세계를 벗어나지 못하고 그 관점에서 『시관(詩觀)』을 편찬한 정조의 시학론을 이제 완전히 극복하고 새로운 시학의 지평을 연 것으로 평가할 수 있다.

그런가 하면 최성환은 원매(袁枚) 등의 성령론을 받아 들여 시를 논함에 있어 "유아(有我)"를 특히 강조했다. 그래서 그는 기존의 시에서 격조(格調)와 신운(神韻)을 중시하던 시풍(詩風)을 버리고 인간의 내면인 성령을 제일 중시했다. 아울러 그가 시를 논함에 성령을 주로 했기 때문에 부인이나 승려 등 전 계층의 시를 선별하여 방대한 시선집을 편찬할 수 있었다. 이러한 그의 시학의 견해는 격률을 중시하는 복고(復古)를 극복하고 대신 성령을 중시하는 회신(懷新)의 정신을 지녔다고 할 수 있다.

최성환은 헌종과 철종대에 『태상감응편』 등 선서류 등을 많이 편찬하였다. 그는 이러한 선서류 등의 서적 편찬을 통해 세상을 깨우치고 구제하고자 하는 학자로서의 사명의식을 지니고 있었다. "명(命)은 나로 말미암아 만들어지는 것이고 복(福)은 자기가 구하는 것이다."라는 선서에서의 가르침은 당시 민중들에게 많은 호응을 받았을 것이다. 그는 『태상감응편도설』을 간행하여 부인이나 어린이 등도 복선화음설을 분명하게 알 수 있게 했다.

최성환의 선서류의 편찬 간행의 목적은 나라의 교화를 펴는 것을 돕고 만물을 구제하며, 자기를 이롭게 하고 남을 구제할 수 있게 할 수 있다는 데 있었다. 또한 최성환은 인생에서 제일 급하고 절실하게 가장 바라고 싶은 것은 오직 복(福) 한글자라고 하면서 이 복자는 예전에는 힘으로 도모하거나 지혜로 취할 수 있는 것이 아니었고 한결같이 과거에 쌓은 바와 하늘이 명한 바에 맡겨두었다고 했다. 그러나 그는 이제 복도 인간이 도모하여 취할 수 있는 것이라고 했다. 이러한 최성환의 견해는 사람들에게 종교에 의탁하여 복을 구하는 수동적 삶을 살도록 가르치는 것이 아니라 자기의 주체적 의지에 의해 적극적으로 선을 행하여 복을 구하기를 권한 것이다.

최성환은 인성(人性)이 본래 선(善)한 것이지만 혹 본성을 잃고 미혹에 드는 일이 있기 때문에 사람의 권선(勸善)에 의하여 세상의 참된 모습을 깨닫게 하는 각세의 성경(聖經)이 필요하다고 여겼다. 그리하여 그는 세상을 경계하겠다는 사명을 띠고 『각세신편팔감상목』을 편찬하여 인륜 강조, 복덕 중시, 수신, 학술(문자) 중시, 음풍 경계 등의 내용을 담았다.

최성환의 학풍의 특징에 대해서는 이미 『고문비략』의 분석을 통해 그의 행정·경제에 대한 구체적 논술은 탈성리학·탈중세적 경향을 보여주고 있다는 평가를 받고 있고[129] 개방적이고 현실적이라는 평이 내려져 있다.[130] 그는 수령 등 관료들의 공직 윤리와 대민 자세와 유랑하는 민의

129 이우성(2010), 128면.

130 백현숙(1984), 118면.

교화를 통해 조선 사회의 안정을 도모하고자 하였다. 그의 학풍은 유불도 삼교를 회통하면서 민중교화적이며 경세론적 성격을 지녔다고 할 수 있다. 그가 임술민란과 홍선대원군의 개혁 이전에, 민중교화를 강조하고 경세론적 성격의 학풍에 의거하여 이미 삼정의 문제와 서원의 개혁 방안을 제시하는 등 조선 사회에 대한 전면적인 개혁론을 구상하여 저술로 남겼다는 사실을 높이 평가해야 할 것이다.

參考文獻

『嘉梧藁略』(李裕元).

『覺世新編八鑑常目』(崔瑆煥).

『顧問備略』(崔瑆煥).

『高宗實錄』.

『圭齋遺藁』(南秉哲).

『氣測體義』(崔漢綺).

『當官功過格』(崔瑆煥).

『性靈集』(崔瑆煥).

『世宗實錄』.

『卲亭文稿』(金永爵).

『韶濩堂文集』(金澤榮).

『壽谷集』(金柱臣).

『承政院日記』.

『神氣通』(崔漢綺).

『心庵遺稿』(趙斗淳).

『燕巖集』(朴趾源).

『五洲衍文長箋散稿』(李圭景).

『阮堂集』(金正喜).

『月谷集』(吳瑗).

『中宗實錄』.

『芝峯類說』(李睟光).

『直菴集』(申暻).

『重刻感應篇圖說』.

『人政』(崔漢綺).

『重庵別集』(金平默).

『枕雨堂集』(張之琬) .

『太上感應篇』.

『夏園詩鈔』(鄭芝潤).
『瓛齋集』(朴珪壽).
『嘉樹山房集』(李中簡).
『穀城山館詩集』(于愼行).
『桃花源詩話』(呂光錫).
『復初齋集』(翁方綱).
『三魚堂集』(陸隴其).
『五種遺規』(陳弘謀).
『石洲詩話』(翁方綱).
『隨園詩話』(袁枚).
『小倉山房集』(袁枚) .
『筱園詩話』(朱庭珍).
『天岳山館文鈔』(李元度).
『天眞閣集』(孫原湘).
『淸續文獻通考』(劉錦藻).
『春草堂詩話』(謝堃).

具敎賢(2009), 「袁枚의 性靈說이 조선 후기 문단에 미친 영향 연구-著我論을 중심으로」, 『中國語文學論集』 59, 중국어문학연구회.
權五榮(2012), 「朝鮮朝儒家倫常的推移及其特性」, 『跨文化視域下的儒家倫常(上)』, 國立臺灣師範大學.
琴知雅(2007), 「『性靈集』의 편찬체계와 특징」, 『中國語文學論集』 46, 중국어문학연구회.
김택영 저, 조남권·안외순·강소영 역(2001), 『한사경』, 태학사.
金學主(1989), 『中國文學史』, 新雅社.
金勳埴(1998), 「《三綱行實圖》 普及의 社會史的 考察」, 『震檀學報』 85, 진단학회.
박성종(2012), 「太上感應篇 및 그 圖說類 이본에 대한 管見」, 『민족문화논총』 51, 영남대학교 민족문화연구소.
白賢淑(1984), 「崔瑆煥의 人物과 著作物」, 『歷史學報』 103, 역사학회.

이강오(1988), 「『각세신편』」에 대한 고찰」, 『道教文化研究』 2, 한국도교문화학회.

이우성(1972), 「최성환의 고문비략」, 연세대동방학연구소, 제6회 실학공개강좌; 『조선일보』 12월 5일(화요일) 기사, 「중인의 實學 양반과의 차이」

이우성(1981), 「秋史와 中人層의 性靈論」, 『韓國漢文學研究』 5, 한국한문학회.

이우성(2010), 「李朝末葉 中人層의 實學思想과 그 開化思想으로의 指向-崔瑆煥 『顧問備略』을 中心으로」, 李佑成著作集 8 『高陽漫錄』, 창비.

정우봉(2005), 「19세기 性靈論의 재조명 -崔瑆煥의 性靈論을 중심으로」, 『한국한문학연구』 35, 한국한문학회.

최성환 지음 김성재 옮김, 『어시재 최성환의 고문비략』(재단법인 실시학사 편, 사람의무늬, 2014)

於是齋

분화의 시대, 경계의 지식인

— 어시재 최성환의 지적 교유와 19세기 중인들의 지적 네트워크

김선희 | 이화여자대학교 인문과학원 HK 연구교수

1. 들어가며

나의 왕고(王考) 형암 선생(炯菴先生)이『사소절』3권을 지었으니, 사전(士典)·부의(婦儀)·동규(童規)이다. 미처 간행하지 못하고 베끼어 전해 왔었는데 서울에 사는 도사(都事) 최성환(崔瑆煥)이 편을 나누어 2권으로 만들어서 주자(鑄字)로 간행하였다. 나는 충주(忠州) 덕산(德山) 삼전리(森田里)에 있었으므로 알지 못하였는데 계축년(1853년) 가을에 서울에 사는 진사(進士) 최한기(崔漢綺)가 찾아와서 책을 간행했다는 사실을 전하고, 갑인년(1854년) 봄에 일부러 한 질을 보내오니 옛 정의가 깊었던 것을 알 수 있으며 감사한 마음 형언할 수 없다.[1]

자신이 쓴『오주연문장전산고(五洲衍文長箋散稿)』에서 오주 이규경(五洲 李圭景, 1788~1865)은 도사(都事) 최성환(崔瑆煥)이 서울에서 자신의 조부인 이덕무(李德懋, 1741(영조 17)~1793)가 저술한 수신서(修身書)「사소절(士小節)」을 직접 편집하고 간행했다는 소식을 혜강 최한기(惠岡 崔漢綺, 1803~1877)로부터 전해 들었다는 기록은 남긴다. 이규경과 친분이 있던 최한기는 이규경이 살던 충주 덕산에 그 책을 보내주었던 것이다.

조부인 이덕무와 마찬가지로 중인 신분으로 중앙에 나아가지 못한 채 서울을 떠나 멀리 충청도의 궁벽한 시골에 터를 잡고 백과전서식 류서(類書)인『오주연문장전산고』를 집필하던 이규경은 가난한 형편으로 조부의 글을 간행할 수 없음을 슬퍼하던 차에 자신이나 자신의 집안과 직

---

1 我王考炯庵先生著『士小節』三卷, 曰『士典』, 曰『婦儀』, 曰『童規』, 未及刊行, 鈔寫相傳, 都下崔都事瑆煥, 分編作二卷, 以鑄字印行矣. 余寓忠州絶峽德山森田里, 未能知, 癸丑秋, 京中崔上舍漢綺來訪, 傳其擺印, 甲寅春, 委送一秩, 可見舊誼之深, 感不容言.『五洲衍文長箋散稿』「士小節分編刻本辨證說」

접적 연고가 없는 인물 최성환이 조부의 글을 간행해주었다는 사실에 크게 기뻐하고 감사한다. 책이 간행되었음에도 소식을 알 수 없었던 이규경이지만 그와 친분이 있었던 최한기의 도움으로 정식으로 간행된 『사소절』을 손에 얻게 된 것이다.

이 기사에 등장하는 최성환이라는 인물은 최한기에 비해 우리에게 낯선 이름이다. 어시재 최성환(於是齋 崔瑆煥, 1813~1891)은 철종(哲宗, 1831~63, 재위 1849~63), 고종(高宗 1852~1919. 재위 1863~1907) 때 중인 신분의 무관(武官)으로 활동했던 인물이다. 그는 또한 정치, 군사, 인재 등용 등 국가 시무에 대한 제도적 제안을 모은 『고문비략(顧問備略)』과 같은 경세서의 저자이자 역대 중국시를 모은 방대한 규모의 시선 『성령집(性靈集)』의 편찬자로도 알려져 있다.

지금까지 최성환에 대한 연구 성과는 주로 문학 쪽에서 나온 것이다. 그가 19세기 각종 야담에 등장하는 정수동 설화의 주인공 정지윤(鄭芝潤, 1808~1858), 비연시사(斐然詩社)를 조직하고 이끈 장지완(張之琬, 1806~1858) 등 이른바 19세기 여항문학의 핵심 인물과도 교류하며 천기론(天機論), 성령론(性靈論)과 같은 독특한 문학정신을 담은 시적 세계를 펼쳐 보인 인물이기 때문이다. 특히 그의 문학적 지향인 성령론(性靈論)은 관련 분야 연구자들에게 주목받아 왔다.

그러나 한문학이나 서지학 등 개별 분과를 제외하고 최성환에 대한 학계의 관심은 그다지 높지 않은 편이며, 학계를 제외하고 대중적으로는 전혀 알려지지 않은 인물이라고 할 수 있다. 이러한 최성환의 대한 우리 학계와 대중의 관심 정도는 사실 '19세기'라는 특수한 시대에 대한 우리의 인식과 평가에 연결되어 있다고 볼 수 있다. 우리에게 19세기는 전통적 세계관이자 지배 이념으로서의 유학이 기능하던 최후의 시대이면서 폭압적 근대화에 따른 극적 변화를 앞둔 전환의 시대로 여겨진다. 그러나 동시에 이 시기는 조선 안팎에서 밀려온 변화의 압력을 감당하지 못했던 무력하고 수동적인 시기라는 인상으로 남아 있다. 학계의 연구나 평가와 관계없이 대중적으로는 이 시기에 등장한 특출한 학자나 학문적 돌파가 선명하게 각인되어 있지 않다. 다시 말해 우리에게 19세기 조선은 시대를 바꿀 정치적 행보나 이를 수행한 선도적 인물의 활동이 두드러지지 않는 일종의 공백기처럼 여겨지는 것이다.

이런 평가가 지나치거나 부당한 것이라고 단정하기는 어렵다. 서구 세력의 동진과 더불어 흔들리기 시작한 19세기 동아시아의 불안한 운명과 더불어 조선 역시 청뿐 아니라 강력한 외세에게 노출되기 시작한 불안의 시대를 지나고 있었다. 적어도 19세기 전반은 이른바 삼정(三政)의 문란으로 대표되는 안동김씨와 풍양조씨의 세도 정치가 드리운 그늘에 백성들의 삶이 곪아들기 시작하던 때였고, 뒤이은 19세기 후반은 그 곪은 상처가 터지면서 각종 민란이 끊이지 않던 혼란의 시대였기 때문이다. 결과적으로 19세기는 언제나 조선의 '르네상스'로 불리는 18세기와, 타율적인 근대화의 길로 접어들며 전통적 세계관과 폭력적으로 결별해야 했던 20세기 사이에서 내적 분화와 외세의 위협에 따른 혼란과 무력의 시대로 비추어지는 것이다.

그러나 이 시기 조선 지식인들 역시 다른 시대처럼 내부의 동요와 외세의 위협을 동시에 처리해야 하는 사상적 과제를 담당하고자 했고 자신들의 정치적, 사회적, 지적 조건 안에서 이를 해결하기 위해 노력했다. 19세기는 사상의 공백 시기가 아니라 변화와 변동의 시기이며, 여전히 수많은 지식인들이 그 지식장 안에서 자기 역할을 하고자 노력하던 시대였던 것이다. 그리고 이 과제를 사상적으로 자임한 19세기 지식인 중 한 사람이 이 연구에서 주목하는 최성환이다.

사실 시대의 문제를 해결하기 위한 다양한 지적, 실천적 시도들은 시대와 공간을 막론하고 대부분의 지식인들에게 당연한 과제라고 할 수 있다. 그러나 최성환의 경우는 특별하다. 그가 학문적 성취를 바탕으로 정치적 책임을 맡도록 요구된 전형적인 사대부가 아니라 하급 무관 출신의 중인(中人) 관료이기 때문이다. 중인으로서 최성환의 사상적 활동과 지적 교류는 지적 주체의 범위가 확대되어 가던 19세기 지식장의 한 단면을 확인할 수 있는 하나의 창 역할을 한다. 이 시기 일부 중인들은 상당한 경제력을 확보할 수 있었고 수준 높은 지적 교양을 갖추기도 했다. 특히 문화자본을 확보한 중인 네트워크의 등장은 19세기 조선 지식장의 중요한 특징 중 하나다.

이러한 맥락에서 최성환은 19세기의 숨겨진 지식장의 모자이크의 중심을 이루는 중요한 조각이라고 할 수 있다. 중인이라는 신분적 특징 때문만은 아니다. 그가 다양한 네트워크를 통해 다면적인 활동을 했기 때문이다. 그는 평생 중인 가객부터 명문가의 관료에 이르기까지 다양한 사람들과 교류하며 때로 결사 형태의 조직 활동을 하기도 한다. 그가 편간한 책 역시 전통적인 행정 개혁론이 담긴 경세서부터 시집, 지도 지리서, 불교 경전, 도교 관련 선서(善書)에 이르기까지 대단히 이질적인 스펙트럼을 보인다. 특히 말년에 본격적으로 참여한 불교 및 도교 결사에서의 활동과 출판은 그의 모습을 행정 및 제도 개혁의 실질적 내용을 담은『고문비략』이나『고종실록』에 등장하는『효경대의(孝經大義)』, 역대 군신(君臣)의 행실 중 경계할 내용을 모아 편찬한『고감(古鑑)』등 유교적 가치를 담은 유교적 수신서(修身書) 편찬자라는 틀 안에 한정할 수 없게 한다.

이 이질적인 활동들은 사실 최성환이라는 인물의 독특한 삶과 교유 관계를 보여 주는 정도에 그치지 않으며 더 나아가 19세기 중반 조선의 지적, 사회적 상황 변화를 감지하게 해 주는 중요한 통로라고 평가할 수 있다. 그의 활동과 지적 네트워크, 그가 남긴 글들은 왕조와 사대부 지식인들과는 다른 각도, 다른 문제의식으로 활동하던 중인들의 시대 인식과 지적 상황을 읽도록 해 준다. 또한 그의 출판 활동을 통해 19세기 중인들이 주도적으로 형성한 지식이나 문화 자본이 어떤 경로로 어떻게 형성되고 확산되는지 살펴볼 수 있을 것이다.

결과적으로 최성환의 지적 네트워크와 다양한 출판 활동은 19세기 지식장 안에서 지식 향유자이면서 동시에 생산자였던 중인들의 지적 지향과 변화를 파악하게 해 줄 중요한 창이 될 것이다. 이 연구는 최성환이라는 한 중인의 지적 교유와 활동을 통해 19세기 지식장의 특성과 그 변동의 한 단면을 추적해 보려는 시도이다. 최성환의 활동을 통해 당시 중인들을 중심으로 형성된 지적 네트워크의 구성과 활동에 대해 조명하고 이를 통해 최성환의 사상 세계와 지향을 평가해 보고자 하는 것이다.

지금까지 이루어진 최성환에 관한 선행 연구들은 최성환의 생애와 저술 활동,[2] 문학적 특징 등을 분석해 왔다. 일찍부터 최성환의 시 세계가 청대 시인 원매(袁枚, 1716~1797), 조선의 추사 김정희(秋史 金正喜, 1786~1856)에서 이어지는 성령론을 통해 조명된 이래,[3] 불교 및 도교 결사에서의 활동[4]이나 출판 활동, 남병철, 장지완, 정수동, 김정호 등과의 교류 관계가 밝혀졌다. 그러나 최성환에 대한 단독 연구는 드문 편이며, 그의 지적 교류 역시 다른 인물들과의 관계에서 단편적으로 언급되는 정도에 그쳤다. 이 연구는 개별 지식인의 학문적 경향을 분석하는 기존 연구와

---

2 백현숙, 『최성환의 인물과 저작선』 서강대학교 석사학위 논문, 1983, 기우동 『崔瑆煥의 生涯와 思想』 漢陽大學校 석사학위 논문, 1993. 이우성 「실학사상의 개화사상으로의 전회」 『대한민국학술원논문집』 (인문사회과학편) 37, 1998. 등

3 이우성, 「金秋史 및 中人層의 性靈論」 『한국한문학연구』 5집, 1980., 정우봉, 「19세기 성령론의 재조명: 최성환의 성령론을 중심으로」 『한국한문학연구』 35집, 2005. 등

4 이에 관한 연구로는 다음을 참조할 수 있다. 이능화, 『조선불교사』, 보연각, 1973., 김윤수, 「고종시대의 난단도교」, 『동양철학』 30집, 2008., 이갑봉, 『『觀世音菩薩妙應示現濟衆甘露』에 나타난 佛敎思想 硏究 활용』 동방문화대학원대학교 박사논문, 2015. 등

달리, 최성환을 중심으로 19세기 중후반 중인의 지적 네트워크를 살펴보고 이를 통해 근대 전환기 조선 지식장의 변동과 그 특징과 그 안에서 드러나는 최성환의 사상적 특징을 살펴보고자 하는 것이다.

사회의 변화가 학술과 지식의 변화를 추동하는 한편, 학술과 지식의 변화가 사회와 제도의 개혁을 추동했던 19세기 지식장의 관점에서 최성환의 연구는 일종의 복원이자 재구성의 성격을 가진다. 그러나 발굴의 대상은 최성환이라는 한 19세기 중인 지식인이라기보다는 학문적 르네상스로 평가되는 18세기와, 근대화라는 극적 변화를 겪게 되는 20세기 사이에 놓여 있는 19세기 조선이라는 지식장의 한 단면, 그리고 조선 후기의 새로운 지적 주체로서의 중인층, 다양한 분야의 서적들을 통한 지식의 연결망이라고 할 수 있을 것이다.

다양한 지적 주체들과 교류하며 조정에 제도적 개혁을 제안하는 한편 관리와 민중에 대한 교화를 통해 지식인으로서의 사명감을 실현하고자 했던 독특한 인물 최성환의 삶과 지적 교류는 19세기 조선의 지적, 사회적 변화의 단면을 조망할 수 있는 새로운 경로를 확인시켜 줄 것이다.

2. 중인: 경계의 시대, 경계의 지식인

지금까지 밝혀진 바에 따르면 무관 집안에서 태어나 그 자신도 무관 관직을 역임했던 최성환은 같은 처지의 다양한 중인들과 여러 분야에서 교류한다. 장지완이나 정수동 같은 뛰어난 중인 가객들과의 깊은 교유는 최성환의 청장년기를 이해하는 중요한 토대가 된다. 한편 최성환은 대동여지도를 만들었던 고산자 김정호와도 친분 관계를 유지하며 그의 지도 제작에 도움을 주고 함께 지리서를 편찬한다. 나아가 최성환의 교류는 대제학까지 지낸 고관으로 천문과 수학에도 능했던 남병철(南秉哲, 1817~1863)이나 병조판서를 지냈던 신헌(申櫶, 1811~1884) 등 노론 명문가의 인물들과도 연결된다. 또한 최성환은 당시 왕실이 외척이었던 명문가 반남 박씨 박종보(朴宗輔)의 집안에서 활자를 빌려 『사소절』을 간행하는 등 평생 다양한 교유 관계를 맺는다.

최성환의 지적 교유는 그가 중인에 한정되지 않은 더 넓은 지적 네트워크에 속해 있었음을 보여 준다. 그러나 이때 중요한 것은 19세기 지식장에서 이루어진 중인들의 주체적인 지식 형성과 확산의 노력이다. 최성환의 지적 네트워크 속에서 다양한 지향을 가진 중인들은 단순히 사대부 유학자들을 중심으로 형성된 지식을 정리하거나 활용하는 정도에 머물지 않았으며 독자적인 활동을 통해 독특한 자기 영역을 구축한 인물들이기 때문이다.

본래 중인들의 동향과 활동은 조선 후기 사회를 보는 중요한 통로 중 하나라고 할 수 있다. 일반적으로 조선 사회는 왕가 중심의 정치 구조와 정치 제도, 사회경제사, 혹은 성리학, 실학 등 지성사의 관점에서 검토되어 왔다. 정치, 경제, 문화, 사상 등 다양한 분야의 조선 연구 가운데 사실상 '중인'에 관한 연구는 전문 연구자들을 제외하고 일반화되어 있지 않다. 물론 학계에서는 중인에 관한 연구 주제를 확장해 왔지만[5] 대중적으로 중인의 삶과 문화, 지적 동향에 대한 관심은 그다지 활성화되어 있

5 7~80년대에 이루어진 대표적인 중인 연구 성과는 다음과 같다. 김필동, 「조선시대 중인 신분의 형성과 발달」『한국의 사회와 문화』 21 1993., 이성무, 「조선 초기의 기술관과 그 지위-중인층의 성립문제를 중심으로」『혜암 유홍렬 박사 회갑 기념 논총』 1971., 정옥자, 「조선 후기의 기술직 중인」『진단학보』 61, 1986., ___, 「시사를 통해 본 조선말기 중인층」『한우근 박사 정년 기념 사학논총』, 지식산업사, 1981., ___, 「조선후기 문풍과 위항문학」『한국사론』 4 1978., 한영우, 「조선 시대 중인의 신분 계급적 성격」『한국문화』 9, 1988., 이원순, 「조선 후기 사회 중인층의 서교 수용-중인 동향의 일 측면」『한국문화』 8, 1987. 등.

지 않은 듯하다.[6] 그러나 조선 후기, 특히 최성환이 활동했던 19세기 중인들은 시대적 변화를 보여 주는 중요한 변수로서 다양한 각도에서 연구되어야 할 핵심적 연구 주제라 할 수 있다.

최성환의 사상과 지적 교유 역시 '중인'이라는 그의 신분적 특성과 함께 검토되어야 한다. 중인이라는 그의 신분상의 특성을 배제하면 그의 문학적 활동의 의미는 물론 불교, 도교 결사와 선서 간행 등의 독특한 활동에 연결되어 있는 특이한 지적 네트워크를 일관되게 설명하기 어렵기 때문이다. 주지하듯 중인들은 조선 중기 이후 중요한 계층으로 부각되기 시작했다. 조선 중기에 이르러 향리·서리·기술관·서얼 등이 포함된 양반과 상민의 중간 계층인 중인층이 형성되었고 점차 계급적 위상이 드러나게 되었다. 중인[7]은 본래 의관이나 역관, 화원(畵員) 같은 서울의 기술관을 뜻하는 말이었으나 점차 지방의 아전이나 말단 행정 관리인 서리 그리고 서얼(庶孼)까지도 포함하는 넓은 의미를 갖게 되었다. 현재 중인은 서얼, 기술직 중인, 서리층을 아우르는 의미로 사용된다.

중인은 양반과 평민의 교차점에 형성된 계층이라고 할 수 있다.[8] 조선 후기의 중인들은 천민이나 상민들 가운데 신분이 상승한 계층이라기보다는 양반에서 신분이 하락한 경우라고 볼 수 있다. 양반 수를 늘릴 수 없는 상황에서 서얼 등 양반층 일부가 도태되어 나갔고 이들이 직무를 세습하면서 신분 상승이 불가능한 중간 계층으로 굳어졌기 때문이다. 특

6 최근의 저술들이 중인에 대한 새로운 관심을 불러일으키고 있다. 허경진『조선의 르네상스인 중인』랜덤하우스, 2008. 등이 대표적이다.

7 '중인'이라는 명칭의 유래에 대해 서울의 중간지에 거주했기 때문에 중인으로 불렸다는 설과 사색당파에 소속되지 않았다는 의미에서 중인으로 불렸다는 설, 양반도 평민도 아닌 중간계층이라는 설 등이 있으나 선행 연구는 일반적으로 중간 계급이라는 의미로 사용된 것으로 파악한다. 정옥자,『조선후기 중인문화 연구』, 일지사, 2003, 18쪽.

8 정옥자, 앞의 책, 16~17쪽.

히 대표적인 중인인 경아전(京衙前), 즉 중앙 행정 조직의 하급 관리들은 17세기 이후 양난으로 중앙의 행정력이 약화되자 이에 대한 재정비의 요구로 새롭게 등장한 계층이었다. 이들은 중앙에서 일괄적으로 선발되기도 하고, 각사에서 필요한 인원을 충당하기도 하였으며 청탁을 통해 진출하는 경우도 있었다. 그러나 점차 국가 공인의 공식적 충원 체제는 점차 사라지고 직임을 세습한 서리 가문들끼리 경쟁하는 구도에 놓이게 되었다.[9]

방대하고 조직적인 관료 제도를 통해 운영되었던 조선 사회에서 행정 제도의 실무를 담당할 기능직의 하부 집단의 역할은 매우 중요했을 것이다. 이들은 행정적인 전문 지식을 갖추었으며 직무를 세습했기 때문에 신분 상승은 불가능했지만 신분제 사회에서 비교적 안정된 지위를 유지할 수 있었다. 일반적으로 중인 가문이 형성된 것은 16세기 후반으로 추정되며, 17세기에 하나의 계층으로 성립된 것으로 여겨진다.[10] 전문성을 가진 중인층의 등장, 그것도 행정 기관들이 집중되어 있는 서울에서 세거하는 중인 집안의 등장은 독특한 중인 문화의 형성으로 이어졌다. 예를 들어 문화 예술 분야에서 두각을 나타내는 중인들이 많았으며 이 가운데서도 위항 혹은 여항 문학[11]으로 불리는 중인 계층의 문학 활동이 두드러진다.

일반적으로 전통 시대의 도시 구획이 신분에 따라 분리되듯 19세기 서

9 원재영, 『朝鮮後期 京衙前 書吏 연구 : 19世紀 戶曹書吏의 事例를 中心으로』 연세대학교 석사논문, 2003, 5~10쪽 참조.

10 정옥자, 앞의 책, 18쪽.

11 사실 '위항(委巷)' 또는 '여항(閭巷)'이란 상공업이 발달이 본격화되던 서울의 도시화와 연결되어 있는 개념이다. 사실 이들의 문학적 경향에 대해 출신 성분 외에 사대부와 다른 변별성을 확인할 수 있는지는 연구자들마다 입장이 다르다. 더 나아가 이들이 보여주는 어떤 지적, 문학적 실천에 '근대성'을 확인하는 것이 가능한지에 대해서도 연구자마다 입장이 달라 신중한 접근이 요구된다.

울 역시 종로를 경계로 남촌과 북촌으로 나뉘며, 중인들은 주로 중간 지역인 청계천 주변과 인왕산 산기슭에 모여 살았다.[12] 인왕산 주변에 서리나 아전이 많았던 것은 관청이 가까웠기 때문이다. 특히 인왕산 주변은 전통적으로 고관 대신들이 거주했기 때문에 호화스러운 양반 가옥부터 초가집까지, 다시 말해 고관 대신부터 경아전들까지 다양한 계층이 모여 사는 복합적인 지역이었다.[13] 18세기 말 정조대에 활동한 옥계시사(玉溪詩社)를 비롯해 중인들의 시 모임인 시사(詩社)가 활발히 활동한 것도 이 지역이었다. 이 시기에 활동했던 시사들은 '중인 계층 지식인들의 지적 능력을 확대하고 과시함으로써 신분 상승을 도모하는 활동 무대'[14]였던 것이다.

사대부와 마찬가지로 문화적 교양을 습득했지만 사대부와 달리 이를 활용할 마땅한 사회적 장을 얻지 못했던 중인들은 시사(詩社)를 통해 결집함으로써 신분상의 한계와 울분을 풀어내고자 했던 것이다. 선행 연구들은 이러한 중인들의 시사와 그들이 공유하던 시적 태도로서의 천기 성령론의 관점에서 모종의 시대적 변화를 읽고자 하는 경향이 강하다.

이처럼 선행 연구들이 중인이라는 계급성의 차원에서 문학 영역에 접근하는 연구가 많았다면 다음의 과제는 이를 확대해서 중인들의 다양한 지적 활동을 고찰함으로써 문학의 영역을 넘어서는 일종의 지식장의 한 측면 혹은 변동으로 포착하려는 시도일 것이다.

---

12 양반들의 주거지와 가까웠던 청계천 지역에는 역관이나 의원 등 경제력을 가진 중인이, 인왕산의 산기슭에는 서리나 아전들이 많았다고 한다.

13 허경진, 『조선의 르네상스인 중인』 랜덤하우스, 2008, 15~21쪽.

14 정옥자, 앞의 책, 19쪽.

3. 최성환의 관직 생활과 지적 교유

최성환의 본관은 충주(忠州)이고 자는 성옥(星玉), 호는 어시재(於是齋)로 대대로 무관을 배출한 중인 집안의 차남으로 태어났다. 그는 헌종 4년이었던 1838년에 무과에 급제했지만 발령을 받지 못한 데다 부친상을 당하는 등 곡절을 겪은 후 서른의 나이에 수문장이라는 낮은 직분으로 관직 생활을 시작한다. 『승정원일기(承政院日記)』 등을 통해 최성환의 관직 생활에 대해 알 수 있다. 그는 수문장직을 역임한 뒤[15] 이후 훈련주부(訓鍊主簿)[16], 중추도사(中樞都事)[17]로 일했다. 1863년 이후의 기록에는 주로 일종의 감독직에 해당하는 '별간역(別看役)'이라는 직함으로 등장한다.[18]

예를 들어 1864년 고종 2년에는 새로운 법전 『대전회통(大典會通)』[19] 편찬을 위해 설치된 교식찬집소(教式纂輯所)에서 별간역으로 직무를 담당한 것으로 보인다.[20] 찬집의 총책임은 영의정이었던 조두순(趙斗淳,

---

15 崔瑆煥爲守門將 『승정원일기』 헌종 9년 (1843년) 6월 5일.

16 崔瑆煥爲訓鍊主簿 『승정원일기』 헌종 11년 (1845년) 12월 27일.

17 崔瑆煥爲中樞都事 『승정원일기』 철종 3년 (1852년) 11월 1일.

18 本都監別看役前都事崔瑆煥 『승정원일기』 철종 14년 (1863년) 11월 27일.

19 『대전회통』은 1865년 왕명에 따라 영의정 조두순(趙斗淳), 좌의정 김병학(金炳學) 등이 주도하여 새롭게 편찬한 법전이다. 조선은 건국 초기부터 정도전(鄭道傳)이 찬집한 『조선경국전(朝鮮經國典)』을 비롯해 다양한 법전을 국정에 활용해 왔으나 여러 차례 개정되는 사이 서로 중복되거나 상이한 내용들이 있었으므로 실무에 활용하는 데 한계가 있었다. 『대전회통』은 고종 때 『대전통편』 이후 80년간 반포되고 실시되어 온 왕의 교명과 규칙 및 격식 등을 모아 찬집한 것이다.

20 다음의 기사를 통해 최성환과 장지완이 별간역에 임명[差下]되었음을 알 수 있다. '教式纂輯所啓曰, 纂輯之役, 今幾告成, 堂上行上護軍金學性, 右贊成鄭基世, 大護軍南秉吉·南綾君·洪鍾序, 大護軍朴珪壽, 竝校正堂上差下, 修撰李教鉉·任孝直, 校正郎廳差下, 行大護軍南秉吉, 監印堂上差下, 應教李冕光, 掌令鄭顯裕, 監印郎廳差下, 何如? 傳曰, 允. 又啓曰, 前都事崔瑆煥, 前教授張之琬, 別看役差下, 何如? 傳曰, 允.' 『승정원일기』 고종 2년 (1865년) 8월 4일.

1796~1870)이 맡고 있었고, 이유원(李裕元, 1814~1888)이 판부사(判府事)로 있었으며, 남병길(南秉吉, 1820~1869)과 박규수(朴珪壽, 1807~1877) 등이 찬집 후에 수교를 법전에 편입하는 임무를 담당하는 '교정 당상(校正堂上)'으로 참여했다. 이때 최성환은 중인 문인인 장지완과 함께 별간역으로 일했다. 이 시기 최성환은 영의정부터 중인 동료까지 다양한 인물과 교류한다. 이보다 앞서 최성환이 중추부사로 일했던 때의 병조참판은 남병철이었다.[21] 다음의 『승정원일기』 기사는 최성환이 어떤 인물들과 교류했는지를 잘 보여 준다.

> 찬집청 총재관 이하에 대한 별단을 가지고 전교하기를, "총재관 영의정 조두순(趙斗淳), 판중추부사 이유원(李裕元), 우의정 김병학(金炳學)에게는 각각 내하 대표피 1령을 사급하라. 찬집 교정 당상 김학성(金學性), 정기세(鄭基世), 홍종서(洪鍾序), 박규수(朴珪壽)에게는 각각 내하 표피 1령씩을 사급하라. 교정 겸 감인당상(監印堂上) 남병길(南秉吉)은 자급을 더해 주라. 교정 낭청 이교현(李教鉉)과 임효직(任孝直), 감인 낭청 이면광(李冕光)과 정현유(鄭顯裕)에게는 각각 내하 녹비 1령씩을 사급하라. 별간역(別看役)인 전 도사(都事) 최성환(崔瑆煥)과 전 교수(教授) 장지완(張之琬)은 모두 지방의 직임에 채용하라. 그 나머지 사자관(寫字官), 창

21 兵批, 參判南秉哲進,以鄭基世爲同知, 黃浩民爲副摠管, 趙最淳爲僉知, 吳晉泳爲宣傳官, 徐潤昌爲宣沙浦僉使, 別軍職任興模·朴仁泰今加折衝加資事, 承傳. 再政. 兵批啓曰, 全羅兵使, 今當差出, 而擬望之人乏少, 他道水使竝擬, 何如? 傳曰, 允. 以李龍求爲同知, 朴致亮·李宜炫爲五衛將, 石泰慶·李東根爲景福將, 崔致儀爲慶熙將, 趙一夔爲都摠經歷, 申泰益爲訓鍊僉正, 孫海遠爲訓鍊主簿, 沈宜達爲武兼, 張春汲爲部將, 鄭塾爲守門將, 李健緖爲全羅兵使, 僉知加設二單任興模·朴仁泰. 三政. 兵批啓曰, 黃海水使, 今當差出, 而擬望之人乏少, 他道防禦使竝擬, 何如? 傳曰, 允. 以宋顯基爲景福將, 鄭福希爲慶熙將, 徐琛淳爲宣傳官, 李勝憲爲都摠都事, 李在明爲武兼, 李濟道爲黃海水使, 同知單李東根, 僉知三單朴致亮·李宜炫·石泰慶. 四政. 以趙得林爲副摠管, 鄭濟昇爲訓鍊僉正, 吳顯佑爲永宗僉使, 同知單崔致俊. 五政. 以李岐洪爲訓鍊僉正, 崔瑆煥爲中樞都事, 同知單宋顯基. 『승정원일기』 철종 3년 (1852년) 11월 1일.

준(唱準), 율관(律官), 계사(計士), 포교(捕校), 녹사(錄事), 원역(員役), 공장(工匠) 등에게는 모두 판하한 대로 상을 주도록 하라."하였다.[22]

『대전회통』의 편찬을 지휘했던 조두순은 이조참판·공조판서·형조판서 등 중앙요직을 거쳐 철종 4년(1853)에는 우의정을, 1858년에는 좌의정을 지내다가 고종 2년 1865년에 영의정에 오른 당시 권력의 중심인물이었다. 『대전회통』 편찬에서 총재관으로 실질적 책임을 맡았던 이유원은 경화세족 출신으로 함경도 관찰사 등 요직을 역임한 고위 관료이자 다양한 분야의 지식과 정보를 정리한 필기류(筆記類) 저작 『임하필기(林下筆記)』[23]의 저자로 잘 알려진 당대의 문인이었다. 특히 이유원은 후에 최성환이 편집한 『고감(古鑑)』의 서문을 써 줄 정도로 각별한 관계를 맺는다. 이밖에 남병길(南秉吉, 1820~1869) 역시 대제학까지 지낸 당대 최고의 문신이자 뛰어난 수학자였던 그의 형 남병철(南秉哲, 1817~1863)과 더불어 당대를 풍미했던 학자였다. 이처럼 교식찬집소에서 활동하던 시기 최성환은 당대 뛰어난 문인 학자들과 긴밀히 교류했던 것으로 보인다.

위의 기사에 등장하는 인물 가운데 최성환과 함께 별간역의 직무를 보았던 장지완(張之琬, 1806~1858)만이 율관 출신의 중인이다. 장지완은

---

22 傳曰, 摠裁官領議政趙斗淳, 判府事李裕元, 右議政金炳學, 各內下大豹皮一令賜給. 纂輯校正堂上金學性·鄭基世·洪鍾序·朴珪壽, 各內下豹皮一令賜給. 校正兼監印堂上南秉吉加資. 校正郎廳李敎鉉·任孝直, 監印郎廳李冕光·鄭顯裕, 各內下鹿皮一令賜給. 別看役前都事崔瑆煥, 前敎授張之琬, 竝外職調用. 其餘寫字官·唱準律官·計士·捕校·錄事·員役·工匠等, 竝依判下施賞. 『승정원일기』 고종 2년 (1865년) 11월 30일.

23 『임하필기(林下筆記)』는 총 39권 33책으로 이루어진 필사본으로 고종 8년인 1871년에 이유원이 천마산(天摩山) 임하려(林下廬)에서 탈고한 것으로 알려져 있다. 일반적인 필기류의 저술과 마찬가지로 『임하필기(林下筆記)』 역시 경(經)·사(史)·자(子)·집(集)·전(典)·모(謨)·소학(小學)·금석(金石)·전고(典故)·풍속·역사·지리·산물·기용(器用)·서화·전적·시문·유문(遺聞) 등 광범한 분야에 걸쳐 다양한 주제를 다루고 있다.

위항 문학을 대표하는 뛰어난 가객으로, 1851년 중인들이 자신들의 억울한 처지를 호소하기 위해 벌였던 통청운동(通淸運動)[24]에 참여했던 인물이기도 하다. 『대전회통』의 편찬으로 연결되어 있는 이들의 관계는 사실 업무상의 상급자나 동료에 한정되지 않는다. 이들은 조정 밖에서도 일종의 지적 네트워크처럼 서로 학술적으로 교류했기 때문이다. 이때 중심축을 이루었던 것은 부와 지위, 학식을 가진 명문가의 고위 관료가 아니라 중인이라고 할 수 있다.

물론 최성환은 『대전회통』 편찬에서 실무 책임자가 아니었던 영의정 조두순을 직접 만나보지 못했을 가능성도 있다. 그러나 사실 이들은 궁의 교식찬집소(教式纂輯所) 밖에서도 교류하는 사이였을 뿐더러 이미 십여 년 이전부터 알고 지낸 사이였다. 이 점을 조두순의 문집 『심암유고(心庵遺稿)』에 담긴 「정수동전(鄭壽銅傳)」을 통해 알 수 있다. 조두순은 뛰어난 문재를 지녔지만 중인이라는 신분적 한계 때문에 재주를 펼칠 수 없어 수없이 기행을 반복하다 죽은 19세기의 대표적 위항 시인 정수동(鄭壽銅), 즉 정지윤(鄭芝潤, 1808~1858)의 시집 『하원시초(夏園詩鈔)』[25]의 출간에 관해 기록한 바 있다. 그에 따르면 『하원시초』는 최성환이 수집하여 가지고 있던 정수동의 시를 모아 판각하여 간행한 것(有夏園詩抄一冊, 崔君瑆煥所裒集, 剞劂而行之者也)이다.

---

24 1851년 철종 2년에 있었던 중인통청운동이란 기술직 중인들이 중심이 되어 중인들에게도 청현직(淸顯職)에 진출할 수 있도록 길을 열어달라고 청원한 사건을 말한다. 기술직 중인들은 그해 5월 2일에는 도화서에 모여 통례원(通禮院)·관상감(觀象監)·사역원(司譯院)·전의감(典醫監)·혜민서(惠民署)·율학(律學)·주학(籌學)·도화서(圖畵署)·내의원(內醫院)·사자청(寫字廳)·검루청(檢漏廳) 등 11개 관청에서 사무를 맡을 47명의 대표를 정했다. 방우도(方禹度)가 총책임을 맡았고 별유사(別有司)에는 율관 출신 장지완(張之琬) 외 2명이 임명되었으며 정지윤도 참여하였지만 최성환은 참여하지 않았다. 송만오, 「1851년 중인통청운동과 조선 후기 중인층의 동향」 『전주사학』 2001. 참조.

25 『하원시초(夏園詩鈔)』는 2012년에 번역되었다. 이상원, 『하원시초』 열화당, 2012. 이후 『하원시초(夏園詩鈔)』 본문의 번역은 이 책을 참조하되 문맥에 따라 수정한 것이다.

최성환은 철종 5년이었던 1854년 정수동의 시가 사라질 것을 염려하여 흩어진 그의 시를 모아 간행한다. 최성환은 「하원시초제사(夏園詩鈔題辭)」에서 그와 서른이 넘어서야 알게 되었음을 슬퍼할 정도로 정수동을 가깝게 여겼다. 후에 다시 살펴보겠지만 『하원시초』에는 정수동이 그의 문학적 후원자인 조두순이나 시집을 간행해 준 다섯 살 아래의 친구 최성환 외에도 다양한 인물과 수창(酬唱)한 시가 담겨 있다. 특히 정수동은 뛰어난 문재로 조두순 외에도 추사 김정희의 후원을 받았고 앞의 기사에 등장하는 남병길의 형 남병철과도 가깝게 지냈다.

한편 판중추부사로 『대전회통』 편찬에 참여했던 이유원(李裕元) 역시 최성환과 궁 밖에서 사적으로 교류하는 사이였다. 최성환은 지금은 전하지 않는 『고감(古鑑)』이라는 책을 『효경대의(孝經大義)』와 함께 고종(高宗)에게 진상했다. 이때 서문을 써 준 인물이 바로 이유원이었다. 이 글은 현재 이유원의 문집 『가오고략(嘉梧藁略)』에 실려 있다. 최성환이 편집한 『고감』은 역대 제왕이 법으로 삼을 만하고 경계로 삼을 만한 것을 그림으로 남긴 법선도의 일종으로 왕의 통치와 교화[治化]에 도움이 될 글을 뽑아 묶은 편간서이다.[26]

이유원은 최성환과 일찍부터 친분이 있었던 것으로 보인다. 그는 최성환이 '칠세부터 책 읽기를 좋아했으며 만년에는 더욱 애호하여 칠십에 이를 때까지 그치지 않았다(崔君字星玉, 自七歲好讀書, 晩年尤嗜好, 七十年迄迄不廢)'고 말함으로써 그와의 개인적인 친분을 드러낸다. 또한 이유원은 그의 재주와 명성이 임금에게도 전해져 지위 높은 공경들부터 선비, 하인들까지 중인인 그를 문인으로 칭할 정도(星玉之才名聞于上, 累蒙

26 歷代帝王可法者可戒者爲圖. 名曰法善圖……崔君瑆煥輯古鑑一編. 與孝經朋證書而進之. 古鑑卽法善圖餘韻也. 『嘉梧藁略』「古鑑序」『한국문집총간』(이하 권호만 표기) 315권 516c.

先王賜對, 凡名公巨卿, 以至章甫輿儓, 俱指爲文人)였다고 전하기도 한다. 서로 신분이 달랐지만 이유원이 최성환을 소상히 알 수 있었던 것은 일차적으로는 그들이 서로 가까운 거리에 살았기 때문일 것이다.

이웃에 살았기 때문에 그는 누구보다 가까이서 그리고 친밀하게 최성환의 인품과 재능을 이해할 수 있었을 것이다.(余鄕居相近, 愈識其淺深) 최성환과는 한 살밖에 차이가 나지 않는 동년배로서 누구보다 가까이서 그를 지켜보았을 이유원은 최성환의 포부를 어떻게 문(文) 한글자로 말할 수 있겠냐며(而其抱負, 奚獨以一文字言之哉) 그의 재주를 아까워한다. 그가 가장 안타까워했던 점은 최성환이 뛰어난 재주를 가졌음에도 '책 외에는 그에 대해 말하는 사람이 없다(世無言之者)'는 점이었다.

『승정원일기』 기사에 등장하는 마지막 인물인 중인 출신의 위항시인 장지완은 최성환과 시로 만나 교유했던 인물이다. 이들의 친분 관계, 학술적 교유 관계를 잘 보여 주는 것은 최성환의 주저인 『고문비략(顧問備略)』이다. 최성환은 철종 9년이었던 1858년 경제, 행정 등 각종 제도의 폐해와 그 개혁에 관한 내용을 담은 일종의 경세서 『고문비략』를 완성해 이를 진상하면서 그 서문을 장지완에게 부탁한다. 이 책은 본래 헌종(憲宗, 1827~1849)의 어명을 받아 저술하던 책이었다. 그러나 완성에 이르지 않은 상태에서 갑작스럽게 헌종이 승하하자 최성환은 책의 완성과 진상을 포기한 채 그대로 관직에서 물러났다.

이후로 그는 오랫동안 이 책을 마무리하지 않다가 결국 1858년에야 완성한다. 그리고 책이 완성된 후에 그 서문을 장지완에게 부탁한 것이다. 중인이라는 제한적 신분이었지만 그의 학식을 믿고 시무(時務)와 경세제민(經世濟民)에 대해 강구한 바를 전술하여 아뢰라는 헌종의 어명(惟爾學問有素, 予所深知. 時務·經濟, 必有所講究, 如有可述, 嗣後登對, 其悉以聞. 「顧問備略序」)에 따라 착수한 『고문비략』은 어쩌면 그 어떤 저술이나 출판물보다 최성환 자신의 자긍과 소신이 담겨 있을 필생의 결과물이었을 것이다.

이런 책의 서문을 다른 이가 아니라 비슷한 처지의 동료 장지완에게 맡겼다는 것은 함의하는 바가 크다고 할 수 있다. 명망 있는 고위 관료에게 서문을 청하는 대신 같은 중인 신분으로 자신과 함께 임금을 모셨던 각별한 동료에게 서문을 맡긴 것이다. 신분적 한계에서 오는 안타까움뿐 아니라 어명으로 왕의 통치에 도움이 될 정치적 자원을 저술한다는 자부심을 공유할 만한 인물로, 비슷한 처지에서 함께 일하며 평생 깊은 지적 교류 관계를 유지했던 장지완만 한 이가 없었을 것이다.

이렇게 본다면 최성환은『대전회통』편찬에 관여한 인물들과 단순히 업무상의 인적 관계에 한정되지 않는, 보다 넓고 다양한 범위의 지적 교류 관계를 형성하고 있음을 알 수 있다. 이 지적 교류의 실질적 중심은 뛰어난 재주를 가진 중인들이었다. 조두순과 남병철, 이유원은 최성환이나 정수동이 가진 재주를 펼칠 수 없고 또 공적으로 인정받을 수 없음을 안타까워하며 그들의 문학적 후원자로 나섰던 것으로 보인다.

물론 남병철이나 이유원 역시 그 자신이 명문가 출신으로 독자적 학문을 세운 학자들이지만 이들은 신분적 한계를 넘어 뛰어난 중인들과 대등하게 소통하고자 했던 것으로 보인다. 결과적으로 계급이 아니라 지적 수준과 재능으로 연결되어 있는 이 지적 교류는 문학에 한정되지 않고 점차 여러 방향으로 파생되고 확장된다. 이 지적 네트워크의 시작과 중심은 역시 이른바 '성령론(性靈論)'으로 대표되는 문학적 교유라고 할 수 있다. 신분이나 가문, 재산 등 어떤 외적 조건과 관계없이 오직 재능만으로 교유할 수 있는 것이 시라는 문학적 세계였기 때문일 것이다.

4. 성령론(性靈論)의 계승자들

최성환의 대단히 광범위한 지적 네트워크의 꼭지점에는 아마도 인왕산 옥류동(玉流洞) 골짜기에 셋집을 얻어 '이이엄(而已广)'이라고 이름짓고 중인 자제들을 가르치며 '송석원시사(松石園詩社)'를 결성하는 등 위항 시인들의 대부 역할을 했던 장혼(張混, 1759~1828)이 자리하고 있을 것이다. 최성환은 말년에 장혼의 아들 장욱과 도교 결사인 무상단에서 활동하기도 했고 그와 특별히 가까웠던 장지완 역시 장혼의 제자 중 한 사람이었다.

일찍이 벽사 이우성 선생은 추사 김정희(秋史 金正喜, 1786~1856)가 수용한 청대 문인 원매(袁枚, 1715~1797)의 성령설을 장지완과 정수동, 최성환 등이 계승하여 발전시켰다고 평가한 바 있다. 장혼은 조수삼(趙秀三, 1762~1849), 이상적(李尙迪, 1804~1865) 등과 함께 김정희의 문하에 종유하였고, 그 영향이 그의 자제와 제자들로 확산되었다는 것이다.[27]

당시 시사의 핵심 인물이었던 이들 세 사람의 공통점은 모두 중인이라는 점이다. 『추재기이(秋齋紀異)』의 저자로 잘 알려진 '송석원시사(宋石園詩社)'의 핵심적인 인물 조수삼이나, 청나라에 자주 왕래하며 그곳의 문인들과 교류하였고 스승인 김정희의 「세한도(歲寒圖)」를 북경에 가지고 가 청나라의 문사 16명의 제찬(題贊)을 받아온 일로 유명한 이상적 역시 역관 출신의 중인이다. 이들은 스승의 시적 세계관인 성령론을 계승했고 또 후속 세대에게 전하는 역할을 했다. 가장 대표적인 후속 세대의 위항 시인이 장지완이다.

---

27 이우성, 앞의 논문, 225~249쪽.

1) 장지완과 『비연상초(斐然箱抄)』

장지완(張之琬, 1806~1858)은 할아버지 장택부터 자신에 이르기까지 삼대째 율과에 합격한 전통 있는 율관 집안에서 태어났다. 별다른 스승 없이 아버지로부터 배웠고 20세에 율시에 합격해 훈도겸 교수가 되었다. 그의 활동은 자신의 호를 딴 시사 '비연시사(斐然詩社)'를 중심으로 이루어진다. 비연시사는 중인 문인들의 중심 역할을 했던 장혼의 문하에 있던 그의 손자 장효무(張孝懋)를 비롯해 장지완 등 일곱 명이 모여 만든 중인들의 시사이다. 장지완은 장혼의 문하에서 배우면서 다른 장혼의 제자 여섯 명과 더불어 시사를 결성한다. 이들은 중인 출신이면서 뛰어난 시적 재능을 가졌다는 공통점으로 함께 어울리며 교유하였다. 그러나 이 시사는 그리 오래 지속되지 못했다. 대부분의 구성원들이 30대에 요절하였기 때문이다.[28] 이들 중 가장 오래 활동한 사람이 장지완이었다.

장지완은 비연시사에 참여하면서 최성환을 비롯해 여러 중인 문인들과 교유하는 한편, 남도와 관서에서 10여 년간 객지 생활을 하기도 했으며 2년간 연경에 다녀오기도 했다. 한편 장지완은 1851년에는 정수동과 더불어 중인통청운동에 가담하기도 했다. 장지완이 최성환을 만난 것도 장혼 문하에서의 교유 활동에서 비롯된 연결고리 때문이다. 최성환 역시 장혼의 문하에 출입했으므로 자연스럽게 교류가 시작되었을 것이다.

잘 알려진 대로 장지원의 시적 세계는 최성환과 마찬가지로 개인의 성정(性情)을 가장 근본적인 시적 동인으로 보는 '성령론'으로 대표된다. 이들은 '사람의 성은 같지만 정은 다르기(人性同而情不同)[29] 때문에 각기 다른 정에 따라 개별적인 성령을 표출하는 것이 진정한 시라고 생각했다.

---

28 허경진, 「비연시사 연구」 『목원어문학』 12집, 1993, 5쪽.

29 『침우당집』 권3 「서쌍수자시초(書雙脩子詩艸)」.

사람마다 얼굴이 다른 것처럼 시 역시 각자의 성정에 따라 다르게 표현된다는 것이다. 그에게 시는 자신의 성령을 따르는 행위였다. 그는 『침우담초(枕雨談艸)』와 『비연상초』 등의 저서를 남겼고 이를 아들 윤창이 모아 『침우당집(枕雨堂集)』으로 엮었다. 한편 『침우담초』에 수록되었던 글 가운데 일부가 유재건의 『이향견문록(里鄕見聞錄)』[30]에 남아있다.[31]

이 중에서 『비연상초』에 최성환의 서문이 남아 있다. 최성환은 '문장을 지음에 공교롭지 못한 것도 애석하지만, 공교롭더라도 사람들이 알아주지 않는 것도 애석하며, 사람들이 알아주어도 길게 전해지지 않으면 애석하니 이것이 장군의 『비연상초』가 반드시 간행되어야 하는 까닭이다'[32]라고 말한다. 최성환은 직접 지은 서문에서 장지완의 재주를 아끼는 다른 동료들과 그의 시집을 간행하게 된 과정을 밝히면서 시집 출판에 대한 사명을 드러낸다. 재주가 있어도 드러나지 못하고, 드러나도 쉽게 잊혀지는 자신들의 신분적 한계에 맞서 그는 활자 속에 친구의 글을 담음으로써 보다 오래 그의 시적 재능이 기억되고 평가되기를 바랐던 것이다.

2) 정수동과 『하원시초(夏園詩鈔)』

문학적 영역에서 최성환과 밀접한 교유 관계를 맺고 있는 또 다른 인물은 『하원시초(夏園詩鈔)』의 저자인 정지윤(鄭芝潤, 1808~1858)이다. 정

---

30 총10권 3책의 필사본으로 구성된 『이향견문록(里鄕見聞錄)』은 양반의 후예로 태어났지만 서리(胥吏)로 전락한 유재건(劉在建, 1793~1880)이 저술한 다양한 인물들의 행적으로, 주로 중인층 이하 뛰어난 인물들의 일화를 담고 있다. 중인 이하 인물들로서 학문이나 서화, 예능과 같이 한 분야에 뛰어난 수준을 보여 준 인물이나 충효와 절개 같은 유교적 덕목에서 상찬되는 인물 308명의 행적을 52종의 책에서 뽑아 수록한 것으로 알려져 있다.

31 전수연, 「장지완의 성령론과 시세계」 『동양고전연구』 3-1, 1994, 314쪽.

32 爲文章不能工爲可惜, 工而人不知爲可惜, 人知而傳之不壽爲可惜, 此張君斐然箱抄之所以必刊也. 「斐然箱抄序」 『斐然箱抄』.

지윤은 장지연의 『일사유사(逸士遺事)』에 등장하는 '정수동(鄭壽銅) 설화'의 주인공으로, 여러 야담과 설화를 통해 서울 경기 지역은 물론 지방에까지 알려진 조선 후기의 전설적 중인이다. 그의 집안은 대대로 역관을 역임한 중인 가문 출신으로, 부친이 일찍 돌아가시자 어머니가 삯바느질로 키웠다고 한다. 정수동 설화를 통해 드러나는 그의 이미지는 부패한 양반 계층을 조롱하고 비판하는 익살꾼이었으며, 술과 시를 사랑한 기인이었다.

기본적으로 정지윤이 교유한 인물들의 범위는 상당 부분 최성환의 인적 관계와 겹친다. 정지윤 역시 장지완(張之琬)이나 김정희(金正喜), 남병철(南秉哲) 등과 교류했으며 남병철의 문집 『규재유고(圭齋遺稿)』의 서문을 쓴 조두순(趙斗淳, 1796~1870)과도 가깝게 지냈다. 특히 조두순은 「정수동전(鄭壽銅傳)」을 지어 그의 재능을 기렸는데 이 글은 그의 문집인 『심암유고(心庵遺稿)』에 권 30에 수록되어 있다.[33]

조두순이 「정수동전(鄭壽銅傳)」에서 기록하고 있는 정지윤은 '방종하게 행동하여 평생 남에게 구속받는 것을 달가워하지 않았고 스스로 규구와 척도 밖에서 호방하였으나 공순하고 스스로를 낮춰 마치 말을 하지 못하는 듯 하였고 자기가 가진 것으로 남에게 위세하지 않았다. (중략) 술 마시는 일을 천성처럼 여겨 슬픔과 기쁨, 득과 실, 눈물과 웃음, 실의에 빠지거나 홍이 나는 등 일체의 일을 술에 기대어 시(詩)로 표현'[34]하는 인물이었다.

특히 당대에 서화가로 이름 높았던 추사 역시 그의 재주를 높이 평가

33 『心庵遺稿』 권30, 「鄭壽銅傳」 307권 619c.

34 壽銅跅, 生平不肯受人覊靮, 殆自放於尺度榘矱之外, 而恂恂卑謙. 若不能言, 不欲矜所挾以加之,……而善食酒爲性命, 悲歡得失咷笑侘傺連蜷, 一切寓諸酒而發之詩. 『心庵遺稿』 권30, 「鄭壽銅傳」 307권 619c.

하며 여러 달 자신의 집에 머물게 했다. 여기서 그는 몇 달간 세상일을 모르는 듯 추사가 모은 책들을 읽었지만 얼마 뒤 견디지 못하고 뛰쳐나갔다고 한다. 속이 탄 추사가 사람을 시켜 수소문해서 찾아내 가두기까지 했지만 소용없었다.[35] 그의 재주를 아까워한 조두순 역시 사역원(司譯院) 제조(提調)가 되었을 때 정지윤을 참봉(參奉)으로 발탁하여 공무를 맡기기도 했지만 그는 이를 달갑게 여기지 않았고 결국 업무를 방기한 채 유람을 다닌 일로 파면된 일도 있었다.[36]

한편 1900년 중국에서 박지원의 문집인 『연암집(燕巖集)』을 직접 간행하기도 했던 창강 김택영(金澤榮, 1850~1927) 역시 정지윤에 대한 글을 남기고 있다. 그는 「정지윤전(鄭芝潤傳)」을 지었는데 여기에는 남병철과의 인연이 소개되어 있다. '판서 남병철공이 그의 시를 사랑하여 문하로 불러들였지만 정지윤은 공경 귀인과 교유하는 것을 즐겨하지 않았으므로 몇 번이고 거절하고 가지 않았다.'[37]는 것이다. 한번은 남병철이 정지윤과 내기를 걸어 그를 불러낸 일이 있었다. 초가 다 타기 전에 시를 지으면 보내주겠다고 약속한 것이다. 남병철을 찾아온 정지윤은 술을 마시면서 시를 짓다가 결국 초가 다 타기 전에 훌륭한 시를 지어 좌중을 감탄하게 만들었다. 결국 남병철은 약속한 대로 그를 보내줄 수밖에 없었다.[38] 조두순이나 김택영의 눈에 정지윤은 뛰어난 재주를 지녔음에도 기회를 얻지 못하고, 능력이 아니라 신분의 한계 때문에 스스로 교유를 제

35 『心庵遺稿』 권30, 「鄭壽銅傳」 307권 619c.

36 조두순, 『심암유고』.

37 判書南公丙哲愛其詩, 招致之門下, 芝潤不樂與公卿貴人游, 數辭去.『韶濩堂文集』 권9 「鄭芝潤傳」 347권 339d.

38 南公患之, 一日芝潤又請去. 南公曰, 子欲去, 必刻燭賦七言律詩三十篇乃可. 芝潤曰諾. 南公乃置酒, 燒一大紅燭, 親命之韻, 芝潤且飮且賦, 燭纔盡而詩亦畢, 詞皆精絶. 南公歎曰天下奇才也. 縱之去, 尤口給善恢諧. 『韶濩堂文集』 권9 「鄭芝潤傳」 347권 339d.

한하고자 했던 비운의 기인이었던 것이다.

재능이 현실을 초과했던 안타까운 상황에서, 정지윤은 문학적 재능을 다 펴치 못한 채 결국 쉰한 살의 이른 나이에 죽었다. 그나마 죽기 전에 문집을 간행할 수 있었던 것은 최성환과 같은 친구가 있었기 때문이다. 앞에서 보았듯 정지윤이 마흔 일곱 되던 1854년에 간행된 시집 『하원시초(夏園詩鈔)』는 최성환의 노력과 헌신에 따른 결과물이었다. 최성환은 정지윤을 '나의 친구 정수동 군(吾友鄭君壽銅)'[39]이라고 표현하고 있지만 실은 최성환이 정지윤에 비해 다섯 살 어리다. 그러나 두 사람은 일찍 만나지 못한 것을 안타까워할 정도로 서로 깊은 우정을 나누었던 것으로 보인다. 최성환은 그와의 만남 그리고 『하원시초』의 간행에 대해 다음과 같이 기록하고 있다.

> 하원 정군은 시로써 성문 안에서 노닐었는데 또한 이름이 일찍 알려졌다. 내가 만나지 못하였을 때 이미 그의 이름이 우뢰처럼 들렸는데 한번 만나는 것을 큰 행운으로 여겼다. 얼마 뒤에 그가 내가 사는 누추한 곳으로 찾아왔는데 나이가 벌써 서른이 넘어 서로 알고 지내게 된 것이 너무 늦은 것을 한탄하며 끊임없이 왕래하였다. 그의 학문과 저술을 살펴보았으나 명확하게 답변하지 않았는데 대개 군의 본심을 엿보니 그 마음속에 간직한 사연을 펼쳐 보이기를 원하지 않는 사람인가 싶었다.[40]

최성환은 중인 문인들의 표현의 욕구를 누구보다 잘 알았고, 그 자신이 시적 욕구가 실현되기 어려운 현실을 뛰어넘기 위해 노력한 인물이

---

39 최성환, 「斐然箱抄序」 『斐然箱抄』.

40 夏園鄭君, 以詩遊都門, 知名且早, 余在未面時, 先已耳雷, 以一見爲深幸, 旣而見訪弊廬, 則年幾皆二毛矣. 旣恨相知之最晩, 過從尙源源, 叩其學問述作則唯唯否否而已. 蓋窺君之素, 其有種種者于中, 而不需乎施爲者耶. 『夏園詩鈔』 「刊夏園詩鈔題辭」 312권 529a.

었다. 최성환은 직접 시를 짓지 않았지만 뜻있는 이들과 함께 재능 있는 동료들의 시집을 간행하고 서문을 씀으로서 중인들의 시적 세계를 널리 알리고자 했던 것이다. 그리고 같은 맥락에서 중국과 조선의 역대 시를 모아 직접 『성령집』을 출판한다. 『성령집』은 1854년에 시작해서 1858년에 완성한 역대 시선집이다. 그는 자신이 지은 서문에서 다음과 같이 말한다.

> 옛 사람의 성(性)이 곧 나의 성(性)이며, 옛 사람의 성(性)이 좋아하는 바가 곧 나의 성(性)이 좋아하는 바다. 옛 사람의 성(性)으로 옛 사람이 좋아하는 것을 말하면 곧바로 이와 같을 뿐이고 나의 성(性)으로 내가 좋아하는 바를 말하면 또한 곧바로 이와 같을 뿐이다. 옛 사람이 말하는 바가 곧 나의 말이라면 어찌 나의 입을 거치지 않았다고 해서 나의 마음이 아니라고 할 수 있겠는가. 그런 즉 나의 마음에 합하는 바가 본래 나의 말이며 나의 마음이 합하지 않는 바는 나의 말이 아니니 그 합하는 바의 말을 취하여 나의 말로 삼으면 그 말이 발하여 문장이 된 것이 곧 또한 나의 문장이다. 누가 그렇지 않다고 말하겠는가? 이것이 내가 『성령집』을 편찬한 까닭이다.[41]

『성령집』은 20권에 달하는 방대한 시선집으로 「정편(正編)」, 「속집(續集)」, 「보유(補遺)」, 「속집보유(續集補遺)」의 네 부분으로 구성되어 있으며 분량 상으로는 청대(淸代) 시가를 가장 많이 수록하고 있다.[42] 다양하

---

41 古人之性, 卽我之性, 古人性之所好, 卽我性之所好. 以古人之性道古人之所好, 直不過如是也, 以我之性道我之所好, 亦直不過如是也. 是古人之所言者, 卽我之言也, 豈可以不經我口遂謂之非我之心哉. 然則我心之所合者,固我之言也, 我心之所不合者非我之言也, 取其所合之言而以爲我言, 則其言之發爲文章者, 卽亦我之文章也. 其誰曰不然, 此我性靈集之所以撰也. 최성환, 「性靈集序」, 『性靈集』.

42 한동, 「조선후기 『수원시화(隨園詩話)』의 유입과 최성환(崔瑆煥)의 『성령집(性靈集)』 편찬」 『동양학』 62권, 2016, 6쪽. 청대 시가의 경우 원매의 『隨園詩話』에 수록된 시가를 베껴

고 방대한 시를 편집하고 구성하는 과정에서 최성환은 제목이 없는 시를 초록하여 내용을 개괄할 수 있는 제목을 직접 붙이는 등[43] 자신의 성령에 부합하는 옛 사람의 글을 선별하고 편집하여 자신만의 성령을 담고자 했다. 연구자들은 이러한 그의 시적 세계를 개인의 자각에 따른 '개성(個性)'의 표출로 파악하고자 한다. 그가 비록 자신의 말은 아니지만 자신의 성정에 합치하는 글들을 선별적으로 취합함으로써 말하고자 하는 세계, 표출하고자 하는 감정을 분명하게 표현했기 때문이다.

또 한 가지 『성령집』의 독특한 특징은 이 시선집에 중국은 물론 조선 시인들의 시 그리고 무엇보다 하층민의 시 등 다양한 계층의 시가 두로 포함되어 있다는 점이다. 최성환은 『성령집』에 포의(靑衣), 청의(布衣), 방외(方外) 등 하층 계급에 속하는 사람들의 시가까지 선별하고 수록함으로써 신분을 뛰어넘는 개방적인 태도를 보여 준다.[44] 그는 성정을 표출할 수 있는 능력과 권리를 하층민에게까지 개방하면서 그들 역시 시적 주체로 인정한다. 문예의 능력이나 지위를 갖춘 사대부뿐 아니라 중인 이하 하층민에게도 시적, 문학적 욕구를 인정한다는 것은 개인의 성정이 계층을 막론하고 표현될 수 있다는 발상으로, 한 사람 한 사람의 성정이 곧 한 사람 한사람의 목소리일 수 있다는 개성에 대한 자각과 연결되어 있다.

이러한 그의 개방적인 태도는 이후 백성들과 하층민의 윤리적 각성과 실천에 도움을 주기 위해 편찬한 각종 권선서(勸善書)의 출판 활동에서도 드러난다. 그에게 하층민은 일방적 명령과 통제의 대상이 아니라 스스로의 자각을 통해 주체적으로 도덕적 행위를 할 수 있는 존재들이었을

수록한 경우가 대부분이라는 점에서 최성환에 대한 원매의 영향을 확인할 수 있다.

43 선행 연구에 따르면 이와 같은 사례는 51개에 달한다. 한동, 앞의 논문, 7쪽.

44 한동, 앞의 논문, 17쪽.

것이다. 중인 관료로서, 그의 시선이 어디를 향해 있었는지를 보여주는 측면이다.

5. 지도와 지리서 제작

1) 김정호와 『여도비지(輿圖備志)』

잘 알려져 있듯 고산자 김정호(古山子 金正浩, 1804?~1866)는 철종 연간과 고종 연간에 걸쳐 당시까지 축적된 지도 편찬의 기술과 정보, 그리고 무엇보다 자신의 직접적인 답사의 경험을 바탕으로 전국지도첩 『대동여지도(大東輿地圖)』를 제작한 인물로 널리 알려져 있다. 지도 제작뿐 아니라 평생토록 김정호는 여지학(輿地學), 즉 지리학 작업에 매진했고 그 결과를 지리서인 『동여도지(東輿圖志)』, 『여도비지』, 『대동지지(大東地志)』 등 3대 지지 안에 담았다.

『동여도지』는 1834년 전국 지도인 『청구도(青邱圖)』를 제작한 후 관련된 자료를 바탕으로 편찬한 것이고, 『대동지지』는 1861년에 『대동여지도』를 판각한 후 『동여도지』 바탕으로 새롭게 정리한 것이다.[45] 김정호의 3대 지지 중 20책으로 구성된[46] 『여도비지』는 특수한 성격을 가진다. 『여도비지』 권 1에 '예성 최성환 성옥보 휘집, 오산 김정호 백원보 도편(蘂城 崔○煥 星玉甫 彙輯, 鰲山 金正浩 伯元甫 圖編)"[47]이라는 문장에서 알 수 있듯 이 책은 최성환이 휘집(彙集)하고 김정호가 도편(圖編)한

45 오상학, 『한국전통지리학사』 들녘, 2015, 380쪽.

46 총 20책이나, 현재는 5책이 빠진 상태로 국립중앙도서관에 소장되어 있다.

47 金正浩 · 崔腥煥, 『輿圖備志』.

공동 작업의 산물이기 때문이다.[48]

이런 연유로 『여도비지』의 체재는 김정호의 다른 지리서와 다르다. 선행 연구에 따르면 편목은 『동여지지』와 마찬가지로 먼저 각 도의 첫머리에 도표를 첨부하여 도세를 일목하연하게 정리했고 각 도의 건치 연혁·순영(巡營)·진관(鎭管)·병영·방영(防營)·호구·전부(田賦)·강역표(疆域表)·극고표(極高表)·방위표·군전적표(軍田籍表)·도리표(道里表) 등을 수록했는데, 이때 표의 형식으로 그려진 강역표·극고표·방위표·도리표 등은 지도 제작을 위하여 작성된 것이다.[49]

특히 이 표들은 행정적인 측면에서 매우 유용한 정보들이다. 도내의 전반적인 상황을 일목요연하게 파악할 수 있기 때문이다. 또한 각 고을의 상호 거리를 파악할 수 있는 도리표 등은 군사적인 측면에서도 유용한 정보가 될 수 있다.[50] 최성환이 관료로서 행정적인 정보를 편집하고 정리하는 데 심혈을 기울였음을 추측할 수 있다.

또한 『여도비지』는 극고표를 통해 각 군현의 경도와 위도를 기록해 놓았다는 점에서 다른 지지와 구별되는데[51] 이는 최성환이 서양식 지도 제작술에 대해 선행 지식이 있었을 가능성을 의미한다.[52] 이밖에도 『여도비지』의 편집에는 최성환의 출신 배경과 학문적 지향이 상당히 반영되어 있다. 예를 들어 관청의 연혁과 관원을 설명하는 항목에서 잡직(雜織)이 있을 경우 함께 기록한 것은 중인으로서의 관심이 반영된 것으로 볼 수 있다. 또한 전체적으로 유사 항목을 통합하는 한편, 인물·풍속항 등

48 내부의 기사를 통해 철종 재위년인 1849~1864년 사이에 편찬된 것으로 추정된다. 국토해양부 국토지리정보원 편, 『한국 지도학 발달사』, 국토해양부 국토지리정보원, 2009, 238쪽.

49 오상학, 앞의 책, 383쪽.

50 백현숙, 앞의 논문, 48쪽.

51 오상학, 앞의 책, 383쪽.

52 백현숙, 앞의 논문, 47쪽.

지도 제작에 불필요한 항목들은 생략[53]하는 편집 방향은 행정적 실용성을 최대화하고자 하는 최성환의 의도가 반영된 것으로 볼 수 있다.

선행 연구들은 일반적으로 최성환과 김정호의 관계를 일종의 재정적 후원 관계 정도로 보는 경우가 많다. 사실 김정호는 형편이 어려웠기 때문에 지리서에 인용한 서책들을 사 볼 능력이 없었다. 그가 자신의 지리서에 인용한 책들은 당시 많은 책을 보유하고 있던 최성환이나 또 다른 친구 최한기로부터 빌려본 것일 가능성이 높다.[54] 그러나 단순히 재정적 후원에 머물렀다면 최성환이 조력한 『여도비지』의 체재가 다른 지지와 다른 점이 분명히 설명되지 않는다. 이미 최성환은 다양한 분야의 책을 편찬해 본 경험이 있었기 때문에 『여도비지』의 편찬 체재를 구성하는 데 영향을 미쳤을 것이다.

2) 김정호의 『청구도』와 최한기

> 벗 김정호는 나이가 어렸을 때 지도와 지지[圖志]에 깊이 뜻을 두고 오랫동안 자료를 찾아 열람하면서, 여러 방법의 장단을 자세히 살폈다. 매번 한가한 때 연구 토론하여 간편한 비람식(比覽式)을 구해 얻어 모눈을 그려 넣었으나 물을 자르고 산을 끊어 여러 고을을 흩어 놓으니 진실로 표에 의해 경계를 살피기가 어려웠다.[위의 두 구절은 상용되는 지도의 폐단을 밝힌 것이다. 한 장 내에 이수(里數)에 따라 가로・세로의 정간을 그리고 물줄기와 산줄기를 그 위에 더하였다. 이것이 곧 물을 자르고 산을 끊는다는 것이다. 334개의 주현을 각각 1폭에 그렸기 때문에 작은 읍은 넓어지고 큰 읍은 도리어 축소되었다. 표에 따라 경계를 살핌에 이르러서

53 국토해양부 국토지리정보원 편, 앞의 책, 240쪽.

54 선행연구는 '『대동지지』에 그가 인용한 65종의 사서(史書) 대부분은 최한기나 최성환에게서 빌린 것이지 그가 소장한 사서가 아니었을 것'이라고 추정한다. 국토해양부 국토지리정보원 편, 앞의 책, 223쪽. 특히 관찬서는 최성환 혹은 그에게 방여도를 위탁한 고관 신헌에게서 빌렸을 것으로 추정된다.

는 촌을 견주어 척을 헤아리는 것과 다름이 없어 항상 문란함이 많았다.] 이에 전폭을 구역에 따라 나눈 것은 우임금이 정전(井田)을 구획한 것을 본받아 가장자리의 선에 글을 쓴 것은 소대표역산(昭代表曆算)을 모방한 것이다.[55]

「대동여지도」와 함께 김정호가 남긴 또 다른 지도인 「청구도」의 제문에서 혜강 최한기(崔漢綺, 1803~1877)는 자신이 김정호와 어려서부터 친구로 지냈으며 자주 지도에 대해 토론했다고 밝힌다. 서양 학술의 열렬한 학습자이자 응용자로서, 김정호만큼이나 지도에 관심이 많았던 최한기는 김정호의 중요한 동료 중 한 사람이다. 최성환이나 최한기 모두 서로에 대해 직접 언급한 기록이 나타나지 않지만 두 사람 모두 김정호와 교류하며 지도 관련 작업을 했던 만큼 서로에 대해 몰랐을 리 없다. 서두에서도 보았지만 최한기가 이규경에게 최성환이 간행한 사소절을 전달했다는 점을 통해서도 두 사람이 익히 서로를 알았다는 것을 확인할 수 있다. 그러나 이들의 관계는 분명한 사상적 교류로 드러나지 않는다.[56]

최성환은 중인들의 시사나 이에 연결된 경화세족 관료들의 교류 외에

---

55 金友正浩, 年自童冠, 深留意於圖志, 歲久搜閱, 詳諸法之輸贏, 每值靜閑時. 確論求得, 比閱式簡, 便畵成方罫, 無奈截水塹山, 俵散諸州, 誠難按表查界[上二句, 明流傳地圖之弊, 一張之內, 依里數畵縱橫井間. 而以水波山脊, 尙于其上, 是乃截水塹山也. 三百三十四州縣, 各畵一幅, 小縣使張, 大邑反縮, 及其查表察界, 無異較寸而量尺, 常多紊亂] 於是全幅區裂, 效神禹畵井田, 邊線識書, 倣昭代表曆算. 김정호, 『靑邱圖』 서울:민족문화추진위원회, 1971.

56 김정호의 지도 작업에 관심을 기울였던 다른 인물은 노론 출신 무관으로 추사 김정희의 문하에서 공부했던 신헌(申櫶, 1810~1884)이다. 지도에 관심이 많았던 신헌은 지도와 지리지를 종합하여 지도를 완성하고자 이 작업을 김정호에게 위탁한다. '나는 일찍이 우리나라 지도에 뜻을 두어 비변사나 규장각이 소장하고 있거나 옛집에 남아 있던 것들을 널리 수집하여 여러 지도를 상호 대조하여 정하고 여러 지리지에 근거하여 총집을 만들고자 하였으므로 이를 김백원에게 맡겨 완성하였다.(余嘗有意於我東輿圖, 如籌司奎閣之藏古家之餘, 廣蒐而證定參互群本, 援據諸書合以輯, 因謀金君百源屬以成之). 申櫶, 「大東方輿圖序」『琴堂初稿』.

당시로서는 실용적 지식인 지도 제작에 관련된 네트워크에 참여함으로써 실용적이고 경세적인 실천을 펼쳐나간다. 지도 제작과 관련된 그의 활동은 『고문비략』등으로 대표되는 그의 경세적 관심을 가장 실용적인 차원으로 표출하는 하나의 길이었을 것이다.

6. 수신을 위한 권선 계몽서의 간행

헌종이 승하한 뒤 최성환은 비교적 이른 나이에 관직을 사임하고 낙향한다. 이후 그가 관직 활동과 관직에서 물러나 말년에 이르기까지 일관되게 관심을 가지고 다방면의 실천을 한 분야가 있다. 바로 수신을 위한 계몽서, 즉 권선서(勸善書)의 출판이다. 교화를 목적으로 한 권선서의 출판은 그의 중요한 활동 중 하나다. 최성환은 1882년 고종에게 상소를 올려 다음과 같이 말한다.

> 신은 관직에서 물러난 이래 삼십 여년을 시골에 살며『효경』한 책만을 가르치면서 각 장구의 아래에 경사(經史)의 핵심적인 말과 고인의 선행을 덧붙여『효경대의』라 이름지었고 또한 고래 군신의 선악 가운데 귀감이 될 만한 것들을 모아『고감』이라고 이름하였는데, 온 나라에 널리 보임으로써 교화에 도움이 되기를 바랐습니다.[57]

그는 왜 권선서 혹은 선서로 불리는 윤리적 계몽서를 출판하고자 했던

---

57 臣自解官以來, 三十餘年鄕居, 授徒以孝經一書, 凡於章句之下, 附以經史要語及古人善行者, 名曰孝經大義, 又集古來君臣善惡可以爲鑑者, 名曰古鑑, 願廣示中外, 以爲敎化之一助.『승정원 일기』고종 19년 8월 26일 기묘.

것일까. 우선 왕의 국정을 누구보다 가까이에서 살핀 관료로서의 체화된 사명감이 결과적으로 일상생활과 학문 활동에까지 영향을 미친 것으로 파악할 수 있다. 최성환은 특히 상업화, 도시화에 따라 혼란스러워진 풍속을 염려했던 것으로 보인다. 그는 타락한 민심을 수습하고 백성들을 도덕적으로 교화함으로써 사회적 안정을 도모해야 한다고 생각했을 것이다. 이런 맥락에서 보면 다음 장에서 살펴볼 그의 종교 결사 활동 역시 개인의 종교적 수양보다는 선서의 출판과 같은 외적 활동에 비중이 더 컸던 것으로 보인다. 최성환은 『효경대의』, 『고감』, 『도수부선생증손당관공과격(陶水部先生增損當官功過格)』 등 지식인이나 관료들이 귀감으로 삼을 만한 선서를 출판하는 한편, 민중들의 교화를 위해 『태상감응편도설언해(太上感應篇圖說諺解)』 등의 도가 계열 선서를 출판한다.

이런 관점에서 보자면 그가 도덕 질서의 회복을 위해 계몽하고자 했던 대상은 상층부 관료부터 일반 백성에 이르기까지 조선 사회의 전 계층을 아우른다고 할 수 있다. 저술이나 그가 남긴 글을 통해 그가 분열하는 19세기 조선 사회의 각종 폐단에 대해 체제 전체를 개혁하거나 지배 구조 자체를 바꿀 의도가 없었음을 확인할 수 있다. 사실 그의 행보는 변혁보다는 체제의 안정을 도모하는 쪽에 가까웠다. 그러나 그는 권선서의 출판을 통해 지식인으로서, 중인으로서, 관료로서, 모종의 사명을 자임하는 것으로 보인다. 체제를 안정시키기 위해 개인의 도덕적 자각과 이를 위한 윤리적 계몽에 초점을 맞추었던 것이다.

1) 『사소절』 간행과 이규경, 최한기와의 교유

앞에서 보았듯 이규경은 「사소절분편각본변증설(士小節分編刻本辯證說)」에서 최한기가 최성환이 『사소절』을 간행했다는 소식을 알려 주었으며, 직접 책을 보내오기도 했다고 기록한 바 있다. 뒤이어 이규경은 두 사람을 다음과 같이 소개한다.

> 최성환(崔瑆煥)의 자는 성옥(星玉)이고 본관은 예성(蕊城)이다. 무인(武人)으로 벼슬이 도사인데 판서(判書) 박종보(朴宗輔)의 집에 소장된 『금석집(錦石集)』을 간행했던 동활자를 빌려다가 (『사소절』을) 간행하였다. 최한기의 자는 지로(芝老)이고 본관은 삭녕(朔寧)이다. 진사로서 재주가 뛰어나 일찍이 통경(通經)·통사(通史)·예서(禮書)와 율수(律數)·역상(歷象) 등에 대한 글을 분류하여 모으고 고증하여 저술하였으니, 속사(俗士)에 비할 수 없는 사람이다.[58]

이 문장에서 최성환과 최한기 이외에 한 사람의 이름을 더 확인할 수 있다. '판서(判書) 박종보(朴宗輔, 1760~1808)'다. 박종보는 정조의 후궁이자 순조(純祖)의 생모인 수빈 박씨(綏嬪 朴氏, 1770~1822)의 큰 오빠로, 정조와 편지를 교환하던 인물이었다.[59]

본문에 등장하는 『금석집(錦石集)』은 박종보의 부친인 박준원(朴準源, 1739~1807)의 문집으로, 장남인 박종보가 간행을 위해 문집을 정리했으나 뜻을 이루지 못하고 죽자 차남인 박종경(朴宗慶)과 조카 박종여(朴宗輿)가 주관하여 1816년, 12권 5책로 간행한 것이다. 『한국문집총간』의 『금석집』 해제에 따르면 차남인 박종경이 주조한 활자는 전사자(全史字) 혹은 박종경의 호를 따 '돈암인서체활자(敦巖印書體字)'라고 불리는 금속

---

58 崔瑆煥, 字星玉, 蕊城人, 武人, 官都事, 借朴公判書宗輔第收藏印『錦石集』銅鑄字擺印. 崔漢綺, 字芝老, 朔寧人, 司馬, 才藝出類, 嘗著通經、通史、禮書及律數、曆象等書, 滙集彙考, 強記博學, 非俗士可比也.『五洲衍文長箋散稿』「士小節分編刻本辨證說」.

59 2011년 국립고궁박물관에서 펴낸 『정조어찰』에는 수빈박씨의 백부인 박윤원(朴胤源, 1734~1799)과 부친 박준원(朴準源, 1739~1807) 그리고 박준원의 장남인 박종보(朴宗輔, 1760~1808) 등 반남박씨(潘南朴氏) 일가에게 보낸 친필 편지가 수록되어 있다. 『정조어찰』, 국립고궁박물관 저, 디자인인트로, 2011.

활자로, 당시 20만 자를 동으로 주조하였다고 한다. 조부 박준원이 순조의 외조부였으므로 박종경 또한 중요 관직을 거치면서 주전(鑄錢)과 군기(軍器)의 주조에 관여하였고, 1814년 어제(御製)를 교정감인(校正監印)한 각신으로 가자(加資)를 받기까지 하였으므로 활자를 주조할 만한 재력과 능력이 있었을 것으로 추정된다.[60]

이 전사자를 교정한 것이 바로 장혼이었다. 박종경의 활자로 인쇄한 초기 문헌들은 대개 장혼이 교정한 것으로 알려져 있다. 이 전사자는 『금석집』 간행 이후 주로 집안의 문집 간행에 사용되다가 1922년까지 약 200여 종의 서적을 인출하는 데 쓰였다고 한다.[61]

최성환이 『사소절』 간행에 활용한 활자는 아마도 박종보의 손자로, 박주수(朴周壽, 1787~1836)의 아들인 박제인(朴齊寅, 1818~1884)에게서 빌린 것으로 추정할 수 있다. 박제인은 1856년(철종 7) 별시문과에 병과로 급제한 뒤 1858년 병조정랑, 호조참의, 1860년 이조참판을 역임한 인물이다. 최성환은 전사자를 교정한 장혼의 인맥을 통해 이 금속활자를 빌릴 수 있었을 것으로 생각된다.

또한 최성환은 1853년에 『도수부선생증손당관공과격』을 간행하는데 여기에 '이이엄자' 혹은 '장혼자'로 알려진 장혼이 교정한 활자[62]가 사용되었다. 특히 장혼자는 조선 후기의 여러 도가 계열 권선서 출판에 이용되는데 불교 및 도교 결사에 참여하면서 관련 서적 출판에 관여했던 최성환의 역할이 컸을 것으로 여겨진다. 선행 연구에 따르면 장혼자를 활

60 한국고전번역원 『금석집』 해제 참조.

61 해제에 따르면 이 전사자는 박씨 집안에 보관되어 오다가 보주(補鑄)하여 고종 때 홍선대원군(興宣大院君)의 운현궁(雲峴宮)에 보관하고 사용하였기 때문에 한때 운현궁자(雲峴宮字)로 불리기도 했다고 한다.

62 고문연구자 박철상은 통상 장혼자로 불리는 이 활자는 장혼의 글씨가 아니라 장혼이 교정일 본 것이므로 그 명칭을 글자의 주인을 따라 이명예자로 바꾸어야 한다고 주장한다.

용한 도교 계열 서적은 8종에 이른다고 한다.[63]

2) 남병철과 『도수부선생증손당관공과격(陶水部先生增損當官功過格)』의 간행

공과격(功過格)이란 중국 팔선(八仙)의 한 사람인 여동빈(呂洞賓)이 만들었다고 알려져 있는 도가 계열의 권선서(勸善書)로, 공덕에 해당하는 선행과 죄과에 해당하는 악행을 분류하여 평점을 매길 수 있게 만들어 놓은 것이다. 본래 권선서는 정치적, 사회적 변동의 시기에 집중적으로 간행된다. 중국에서는 송명 시대 이후, 특히 명청 교체기에 여러 형태로 나타났는데 조선 후기에도 그런 경향이 나타난 것이다. 특히 최성환이 1853년, 철종 4년에 펴낸 『도수부선생증손당관공과격』은 당관(當官)들의 직무 수행에 관련된 부분만을 선별해 조선의 현실에 맞게 편집한 것이다. 책을 간행할 때 최성환은 서문을 썼고 남병철이 발(跋)을 지었다. 이 글에서 남병철은 '이 책은 무인 최성옥이 중간한 것(是卷武人崔君星玉所重刊也)[64]이라고 밝히고 있는데 이를 통해 이 책이 1853년 이전에 초간된 일이 있음을 알 수 있다.

선행 연구에 따르면 남병철은 최성환이 지방관의 자질과 덕목을 논한 『시민요결(視民要訣)』에 발문을 달아 주었다고 알려져 있으나 규장각의 해제에 따르면 『도수부선생증손당관공과격(陶水部先生增損當官功過格)』의 표제가 '시민요결(視民要訣)'로, 결국 동일한 책이라고 볼 수 있다. 남

---

63 윤병태, 『조선후기 활자와 책』 범우사, 1982 참조. 장혼자가 활용된 도교 계열 서적은 『연경편(演經篇)』, 『태상감응편(太上感應篇)』 등 최성환이 간행한 것 외에 『관제보훈(關帝寶訓)』, 『현화보란(玄化寶鸞)』, 『성세예경해의(醒世隷經解義)』, 『경선경(敬善經)』, 『삼성제군충효경(三聖帝君忠孝經)』, 『관성제군개화대정전집(關聖帝君開化大程全集)』 등이라고 한다.

64 『圭齋遺藁』 권5 「重刊陶水部增損功過格跋」 316권 630d.

병철은 이 책에 「발(拔)」을 써 주며 다음과 같이 말한다.

> 잘못에는 아는 것과 모르는 것 두 가지가 있다. 아는 경우가 셋 중의 하나이며 모르는 경우가 항상 십 중 칠이다. 그러나 아는 것은 간하지 않을 수 없지만 모르는 경우는 (잘못을) 깨달으면 곧 고쳐야 한다. 지금의 벼슬하는 이들은 이와 다르니 잘못을 과연 모르는 자가 있겠는가. 사람 마음의 인(仁)이 어찌 없을 수 있겠는가. 이 책은 무인 최군 성옥이 중간한 것으로, 무릇 벼슬하는 자들이 보아야 할 것이다. 저들이 깨달아서 곧 고친다면 진실로 논할 것이 없다. 그러나 비록 간할 수 없는 자라도 장차 마음이 움직이지 않겠는가. 나는 지위를 얻어 백성의 삶을 윤택하게 하고 이롭게 하는 일의 공을 백으로 헤아려야 한다면 자리를 얻지 못하고 이 책을 간행하는 일은 마땅히 오십으로 헤아려야 한다고 여긴다. 만약 도수부 여숙공이 헤아린다면 아마도 저들에게 오십을 주고 간행한 최군에서 백을 주지 않겠는가. 이 역시 알지 못할 뿐이다.[65]

남병철은 잘못을 알고도 고치지 않는 관료들이 이 책을 통해 잘못을 고칠 것을 각성해야 한다고 말하면서, 마땅한 지위를 얻은 후에 민생을 윤택하고 이롭게 하는 공이 백이라면 당관의 자리에 있지 않은데도 이와 같은 책을 간행하는 최성환의 공은 오십으로 헤아려야 할 것이나 책의 저자라면 반대로 셈할지도 모른다고 최성환을 높이 평가하고자 한다.[66]

최성환에게 『공과격』과 『사소절』은 모두 공통적으로 수신을 목표로

---

65 過有知與不知之二, 知居三之一, 不知常十之七, 而知者不可諫, 不知者覺斯改焉. 今之當官者異於是,過果有不知者歟. 夫以人心之仁, 豈其無也. 是卷武人崔君星玉所重刊也, 凡當官者覽之. 彼覺斯改者固無論, 而雖不可諫者, 其將動心乎否耶. 余以爲得其位, 澤利民生者, 其功若算百. 則不得其位而刊是書者, 當算五十, 然使陶水部呂叔簡算之, 其或不五十於彼而百於此, 亦未可知也已. 『圭齋遺藁』 권5 「重刊陶水部增損功過格跋」 316권 630d.

66 『圭齋遺藁』 권5 「重刊陶水部增損功過格跋」 316권 630d.

하는 계몽적 성격의 글이라는 점에서 동일한 범주의 글로 묶일 수 있을 것이다. 그러나 이런 인식에 당대 다른 지식인들이 모두 동의했던 것은 아니었다. 예를 들어 최한기는 『공과격』 등 도교식 선서의 문제점을 지적하는 글을 남긴 바 있다. 복선화음을 강조하는 것은 저급한 윤리라는 생각이다. 당시 지식인들이 도덕적 혼란에 대한 인식은 공유했지만 그 개선의 방법에 대해서는 입장이 달랐음을 알 수 있다.

3) 『각세신편팔감상목(覺世新編八鑑常目)』의 편찬

이 책은 '세상을 깨우치기 위해 새로 엮은 8가지 귀감이 되는 항목'이라는 의미로, 도교 계열의 인물들이 남긴 격언이나 선과 악에 대한 보상과 징벌에 관한 내용을 담고 있다. 이 책은 주로 중국의 민간 도교에서 전해지던 『태상감응편(太上感應篇)』 『문창제군음즐문(文昌帝君陰騭文)』 『관성제군보훈關聖帝君寶訓』 등 세상을 깨우치기(覺世) 위한 세 가지 경전(三經)을 중심으로 고금격언 등을 편집하여 권선징악, 복선화음의 계몽을 도모하려는 일종의 종합적 선서이다. 이 책은 본래 최성환이 편집을 완성하였으나 비용 문제로 간행하지 못하던 것을 1856년에 박양경(朴亮敬)이 비용을 대면서 출판하게 된 것이다.[67] 최성환은 서문에서 이미 책이 완성되었으나 펴내지 못하고 있었는데 박선여(朴善汝) 즉 박양경이 나서서 거금을 들여 간행할 수 있었다고 기록한다. 이러한 연유로 본문 첫 장에 밀산박량경간(密山朴亮敬刊)으로 표기되어 있다.

이 책에는 본문의 시작 전에 소인(小引)이 수록되어 있는데 최성환이 쓴 소인은 '어시재주인왈(於是齋主人曰)'이라는 표현으로 시작된다. 이를 통해 최성환은 각 항목의 핵심적인 내용과 의미를 해설한다. 언해본이

67 박지숙, 『최성환의 편간서적 연구』 중앙대학교 석사학위 논문, 2016, 72쪽.

붙어 있지 않아 독자층은 제한적이었을 것이나 이 책에는 도교 외에도 유교와 불교 등의 내용이 종합적으로 담겨 있다. 권4 『지송감(持誦鑑)』에 『반야바라밀경(般若波羅密經)』이 수록되어 있다거나 권 6, 7 『이륜감(彝倫鑑)』에 유교의 오륜과 강상에 대한 격언과 선보, 악보에 대한 사례가 실려 있다는 점[68]이 이러한 특징을 잘 보여 준다.

이를 통해 그가 목표로 했던 것이 특정 종교의 전파나 계율의 해설에 머물지 않았음을 알 수 있다. 그는 유불도 등 모든 가르침을 동원하여 조선 사회의 구성원으로 하여금 선에 대한 보상과 악에 대한 징벌을 자각하도록 유도하며 결과적으로는 자신의 선택을 통해 도덕적 교화에 이르도록 돕고자 했던 것이다. 그의 이러한 의도는 종교 결사 활동을 통해서도 드러난다.

7. 최성환의 도교 결사와 선서(善書) 출판

1) 세속 윤리의 탄생: 도교 선서의 전통과 『공과격』

최성환은 유학을 배운 관료 지식인으로서, 민중을 도덕적으로 계몽하기 위한 다양한 권선서(勸善書)를 출판했는데 이 중에는 명청대 중국에서 유행했던 『공과격(功過格)』과 도가 계열의 권선서 『태상감응편(太上感應篇)』의 한글 번역이 포함되어 있다. 도교, 불교를 기반으로 한 최성환의 권선서 출판 활동은 당시 조선에서 사회와 개인의 이념적 토대였던 유학－신유학의 영향력이 변화하고 있음과 개인의 윤리적 자각과 실천의 기제가 통속화되고 있음을 보여 준다.

---

68 박지숙, 앞의 논문, 78쪽.

최성환이 출판한 권선서나 수신서에 제안된 복선화음(福善禍淫), 권선징악(勸善懲惡)의 논리는 이기론(理氣論)의 사변적 구도에 토대를 둔 성리학의 수양론과 다른 실천적 생활 윤리의 한 양상을 보여 준다. 이러한 19세기 조선 지식인들의 윤리적 계도와 계몽의 노력을 '통속 윤리'에 대한 자각과 실천으로 평가할 수 있을 것이다. 권선서 출판에 따른 통속 윤리의 확대는 19세기 중반 조선 사회의 이념적 분화와 사회 변동에 따른 새로운 윤리적 모색의 한 경향을 드러낸다고 할 수 있다.

선서의 유행은 송대부터 확인되는 바이지만 특히 명청대에 중국에서 『태상감응편』과 『공과격』이 크게 유행했다. 일반적으로 권선서 혹은 선서는 권선징악(勸善懲惡)을 강조하는 계몽서로 주로 변화하는 시대 상황에서 민중을 계몽하기 위해 시도된 일종의 사회 계도적 운동의 성격을 띠고 있다.

일반적으로 권선징악을 모토로 한 민중에 대한 윤리적 계몽은 유교적인 활동으로 생각되기 쉽지만 원래 이러한 경향은 동아시아에서 유교뿐 아니라 불교나 도교 등에서 발달해온 것이며 상호 참조하면서 발달해왔다는 점에서 일종의 삼교(三敎) 융합적 성격을 띠는 것이다. 권선서는 특히 사회 기강이 흔들리고 민중의 삶의 균형이 무너지던 변화의 시대에 유행하는데 어떤 의미에서 세기말적 현상이라고 볼 수 있다. 송명대에 이어 청대에까지 권선서가 유행했다는 것은 세속 윤리의 지체 현상이 외부적으로 표출되고 있음을 보여 준다.

이 가운데서도 특히 도교 측에서 만든 계몽서인 도교 선서 혹은 도교 권선서는 송명 시대에 크게 유행했고 청대까지 지속되었는데 조선에서도 이 영향을 받았다고 할 수 있다. 당연한 일이지만 도교 계열 권선서는 도교적 세계관을 토대로 그 위에 세속적인 윤리의 규범들을 세우는 방식을 취한다. 전통적인 도교적 세계관에 기초를 둔 인간관 윤리관 등이 하나의 이야기나 상황, 예화들을 통해 제시되며 읽는 이로 하여금 악에서 벗어나 선을 행하도록 권면하는 것을 목표로 삼는다.

이러한 도교 권선서에 토대를 이루는 것은 후한 시대 초기에 형성된 것으로 알려진 『태평경(太平經)』이다.[69] 잘 알려져 있듯 도교는 후한 대에 본격적인 교단 종교의 성격을 띠게 된다. 후한(後漢) 말기에 도교 경전 등을 공부한 뒤 스스로 '대현양사(大賢良師)'라 칭하며 사람들의 병을 고쳐주면서 교리를 전파하고 무리를 조직함으로써 후에 황건적(黃巾賊)의 난을 주도했던 장각(張角, ?~184)이 그 중심에 있다. 장각이 창시한 태평도(太平道)는 도교 교단으로 발전해나갔으며 이들의 종교적 구심점에 중심 경전으로 알려져 있는 『태평경』이 자리한다. 『태평경』은 도교 경전 가운데 초기적 형태의 경전으로 당시까지 발전해온 도교 사상을 총체적으로 집석하고 있다는 특징이 있다. 그러나 『태평경』은 단순히 도교 사상을 체계적으로 정리한 것이 아니라 이후 도교에서 계속 발전하는 권선서의 전형의 역할을 하기도 한다.

이러한 도교 선서에서 인간의 행위를 권면하는 방식은 선악의 행위에 따른 징벌과 보상의 성격을 갖는다. 일반적으로 도교에서는 신이 인간의 행위를 판별하고 이에 따라 선한 행위에 대해서는 상을 주고, 악한 행위에 대해서는 벌을 준다는 관념을 발전시켜 왔다. 도교 선서들은 공통적으로 인간이 우주 안에서 행위하며 따라서 인간의 모든 행위가 신에 의해 지휘와 감독을 받는다고 여긴다. 신이 인간의 행위 즉 그 행위의 선과 악에 따라 상응하는 상이나 벌을 내린다는 것이다. 이때 인간의 행위의 선악을 판별하고 보상이나 징벌을 내리는 신을 도교에서 사명(司命)이라 한다. 사명은 인간의 운명을 좌우하는 신이다. 신이 인간의 행위를 감시

69 윤찬원, 「功過格의 道教 윤리관 연구」 『도교문화연구』, 34, 2011, 344쪽.

하며 그에 따라 상벌을 줄 수 있다는 발상은 국가나 사회 차원의 계몽과는 다른 민중적이고 종교적인 윤리의 확산이라는 점에서 당시의 사회상을 이해하는 데 도움이 된다.

왕조상으로 송대에 속하는 11~12세기에 형성된 것으로 알려진 『태상감응편』 역시 태평경의 세계관적 토대와 철학적 사유, 윤리적 지향들을 계승하면서 유교, 불교와는 다른 도교의 독자적 윤리사상을 제시하고 있다. 당대까지 형성된 도교 윤리를 체계화한 『태상감응편』은 5,000자로 이루어진 『도덕경』의 삼분의 1에 해당하는 1,274자에 불과한 짧은 글로, 일종의 도교 윤리의 강령에 해당한다.[70]

『문창제군음즐문』, 『관성제군각세진경』과 함께 이른바 '삼성경'으로 일컬어지는 『태상감응편』은 1,274자에 불과한 단권이지만, 명·청 시대에 널리 유행되면서 이른바 민중도교의 성전으로 인정받아 왔다. 일종의 신앙의 성격을 띠는 것은 사람들이 많은 이들이 이 글을 가지고 있으면서 직접 암송하여 항상 독송하는 등 민간 신앙적 특성을 보이기 때문이다.[71] 명청대에 그리고 조선 후기에 『태상감응편』이 유행했다는 것은 종교 체계로서의 도교가 일종의 세속적인 윤리적 지침의 역할까지 맡게 되었다는 것을 의미한다.

유교가 강력한 국가 이데올로기이자 체제 교학이었던 조선이지만 이미 삼국시대에 전래된 도교의 영향을 완전히 배제할 수는 없다. 조선 초기에도 여전히 소격서(昭格署)의 의례가 지속되었었고 도사들의 생활상이나 수련 생활 역시 청사(靑詞)나 삼청시(三淸詩) 등을 통해 확인할 수 있다. 유교 국가 조선에서 도교는 사상적, 문화적 중심이 될 수는 없었지만 민간을 중심으로 여전히 명맥을 이어나갔던 것이다. 그러나 주지하듯

70 윤찬원, 앞의 논문, 345쪽.

71 이진수, 「『태상감응편』의 효사상 연구」 『원불교사상과 종교문화』 48, 2011, 245쪽.

조선 중기 이후에는 소격서가 폐지되는 등 유교 국가로서의 조선이 보다 강력한 이념적 형태를 띠게 되었고 도교의 전승 역시 제한되게 된다.

중기 이후 조선의 도교는 신선 사상을 바탕으로 한 수련 도교와 복선화음사상(福善禍淫思想)을 바탕으로 한 민중 도교로 양분된다. 이 중에서도 특히 조선 후기에는 복선화음을 바탕으로 한 선서들이 크게 유행한다. 『태상감응편』·『공과격』·『음즐문』 등이 바로 그것이다. 특기할 만한 것은 조선에서 1850년대 이후 민간 도교가 매우 발전했다는 것이다. 최성환의 활동도 이러한 민간 도교의 성장과 연결되어 있다. 물론 왕실의 도교 신앙 역시 완전히 배제되었던 것은 아니다. 대표적인 것이 임진왜란 시기에 전래되어 숙종 대에 국가적으로 공인되기에 이른 관제 신앙이다.[72] 관제 신앙과 선서의 성행은 20세기 초까지 이어지면서 종교 결사인 선음즐교(善陰騭敎), 관성교(關聖敎) 등의 조직적인 도교 교단의 형성으로 이어졌으며 이후 이 흐름은 동학·대종교 등 근대 민족 종교에 영향을 주었다고 평가받는다.[73]

왜 조선 후기에 선서가 크게 유행했는가? 선서와 종교 결사의 유행은 조선의 지배 담론이자 체제 교학이었던 유학의 실질적인 사회적 영향력의 한계와 연결지어 생각해볼 수 있을 것이다. 일상의 세속적인 이야기와 구체적인 사례로 이루어진 선악의 예시들 그리고 그 구체적인 응보,

---

72 조선에서 유행했던 관제 신앙에 대해서는 다음을 참조. 김탁, 『한국의 관제신앙』 선학사, 2004. 선서에 관해서도 다수의 연구가 축적되어 있다. 양은용, 「韓國近代에 있어서 勸善書의 流行에 대하여」, 『원불교사상과 종교문화』 제20집, 1996., 유덕준·최혜영, 「朝鮮後期新宗教와 〈善書〉」, 『논문집』 제31집, 삼척대학교, 1998., 김일권, 「한말시기 도교적인 종교 정체성과 삼교통합주의 흐름-관왕신앙의 성장과 선음즐교의 전개를 중심으로-」, 『종교연구』 32집, 2003., 이에나가 유코, 「조선후기 윤리신앙의 다변화와 도교 선서 유행」, 『역사민속학』 제30호, 2009. 등.

73 이태희, 「조선 후기 善書의 수용과 유행의 요인-『增訂敬信錄』과 『경신록언석』의 내용 분석을 중심으로」 『국제어문』 69, 2016, 100쪽.

최대의 보상으로서 제시되는 신선의 삶 등은 유교의 윤리적 교설이 당시 민중에 침투하지 못했고, 그들의 삶의 지침이 되지 못했음을 간접적으로 보여 준다.

전통적인 언어와 관념에 담겨 학습을 통하지 않고 접근이 어려웠던 유학의 경전들과 학술적 실천들과 관계없이 백성들은 삶의 자리에서 신앙적 수준으로 세속적 윤리를 추구하고 사회적 유동성을 견뎌내고자 했던 것으로 보인다. 국가나 제도, 법이 아니라 신이 나의 일상생활을 감시하고 내 행의 선악을 판단하고 이를 셈하고 있다는 관념은 크게 동요하던 불합리하던 시대에 무력한 백성들에게 하나의 삶의 지침으로, 현실을 이겨낼 토대로 작용했을 것이다. 이 일련의 과정을 일종의 세속 윤리의 탄생이라는 관점에서 살펴볼 수 있다. 체제 이념이나 국가 제도 차원이 아니라 자발적인 신앙과 자발적인 자기 계몽에 의해 민중이 각성하고 스스로 윤리적 이념을 제안해나간다는 점에서 이는 일종의 통속 윤리 혹은 세속 윤리로 부를 수 있다.

이러한 경향은 조선뿐 아니라 일본이나 중국에서도 유사하게 관찰된다. 기존의 체제를 대체할 새로운 이념이 도래하지 않은 상태에서 민중은 불안하게 유동하는 현실 세계를 견디고 자신들의 삶의 중심을 유지하기 위해 선악에 따른 상벌이라는 신앙적 관점에서 윤리적 지침을 새롭게 마련하고자 했던 것이다. 그리고 그 중심에 최성환과 같이 적극적인 종교적 결사 활동을 통해 백성들의 삶을 계도할 통속 윤리의 지침을 새롭게 제안하려는 인물이 있었다.

2) 무상단(無相壇)의 도교 결사와 출판 활동

말년에 최성환은 본격적으로 도교 및 불교 결사에 참여한다. 선행 연구에서 밝혀져 있듯 조선 후기에는 조정에서 주도했던 관우를 중심으로 하는 관제 신앙이 세속화되어 나타난 민중 도교 외에 선음즐교나 무상단(無相壇)과 같은 조직을 갖춘 종교 결사가 활발히 활동하고 있었다. 특히 선음즐교 '묘련사(妙蓮社)'는 명청대 중국에서 활동했던 '백련사(白蓮社)'를 모방한 종교적 결사이다.[74]

이들의 종교 활동은 특히 신과의 감응(感應)을 중시한다는 특징이 있다. 이때 감응이란 인간의 선악이 천지를 감동하여 신이 반드시 그에 따른 보응(報應)을 내리는 과정을 의미한다. 이들은 이 감응의 매개가 되는 것이 염불과 신과 합일을 이룬 엑스터시 상태에서 신의 말을 받아 적는 강필이라고 생각한다. 유불도 합일의 경전 체계를 갖추었던 백련사는 민중 친화력이 높았고 또 그 때문에 다양한 탄압을 받을 수밖에 없었다. 따라서 이들은 비밀 결사의 형태로 민중 속에 퍼져나갔고 그 속에 당시 민중들의 절망과 희망, 즉 밀세와 개벽사상 그리고 이상향에 대한 염원이 담겨 있었다.

한편 '무상단'은 선음즐교의 난서(鸞書)인 『제중감로(濟衆甘露)』의 서문을 장식한 여순양이 강림한 곳을 가리키는데, 선행 연구에 따르면 최성환을 비롯해 서정(徐珽), 정학구(丁鶴九), 유운(劉雲) 등이 활동한 독립적 교단이라고 한다. 고종 때 결성되어 활동했던 이 교파는 관성제군(關聖帝君), 문창제군(文昌帝君), 부우제군(孚佑帝君)의 삼성제군(三聖帝君)을 숭배하면서 주로 민중 계몽을 위해서 난서(鸞書)와 선서(善書)를 편찬하고 간행 보급하는 데 주력했다. 최성환은 무상단의 핵심 인물 중 하나였다. 그는 무상단의 핵심 인물인 8도사 중 한 사람으로, 어시재도인(於是齋道人) 묘허자(妙虛子) 최황(崔晃)이라는 이름으로 활동했다.[75] 무상단 출신의 도사들이 주력한 것은 삼성(三聖)에 대한 통합 신앙서를 보급하는 일

---

74 김윤경, 「조선 후기 민간도교의 발현과 전개—조선후기 관제신앙, 선음즐교, 무상단」 『한국철학논집』 제35집, 2012, 36~317쪽.

75 김윤수, 「고종시대의 난단도교」 『동양철학연구』 30집, 2008, 69쪽.

이었다. 예를 들어 무상단에서 간행한 도교 선서 가운데 『과화존신(過化存神)』 등 4종은 관성제군에 관한 것이고, 『남궁계적(南宮桂籍)』 등 6종은 문창제군에 관한 것이며, 『심학정전(心學正傳)』 등 3종은 부우제군에 관한 것이다.[76]

도교 결사와 선서 출판은 19세기 조선의 사회적, 종교적 변화를 보여주는 중요한 창이다. 문제는 최성환이 왜 그러한 활동에 참여했는가 하는 것이다. 조정에서 활동한 관료였던 최성환은 왜 도교 결사에 참여했을까? 성리학을 이념으로 삼고 있는 사대부들, 성리학을 통해 학술 권력을 확보해야 하는 조선 후기 유학자들과는 달랐지만, 최성환 역시 조정의 관료로서 왕의 국가 운영에 도움이 될 다양한 실용적 분야에서 자신의 능력을 발휘한 인물이라는 점에서 그의 도교 교단 활동은 이질적으로 여겨질 수 있다. 그것도 일종의 엑스터시적 상황에서 신과의 감응을 중시하는 도교 결사 활동은 왕에게 경세의 구상을 올리던 무관이라는 그의 배경에 비추어 볼 때 더욱 그러하다. 그러나 이러한 인식은 유학을 중심에 두고 조선 사회를 바라본 결과라고 할 수 있다.

실제로 조선 사회에서 민간뿐 아니라 왕실에서도 백성을 통합시키고 국가의 위상을 높이는 데 관우를 중심으로 한 관제(關帝) 신앙을 활용해 왔다. 임진왜란을 거친 후 숙종 이후부터 왕실의 주도로 관제 신앙이 제도화되었던 것이다.[77] 임진왜란 시기에 명군의 지휘부는 조선에 자신들의 신앙의 대상이었던 관왕(關王)의 묘를 건립하도록 요구했고 이에 따라 조선에서 생소하던 관왕묘가 왜군과의 격전지를 중심으로 건립되었다. 명이 철수한 이후 이 관왕묘들은 방치되었었지만 이후 숙종 대에 이

76 김윤수, 앞의 논문, 58쪽.

77 이에 관한 연구로는 다음을 참조할 수 있다. 한종수, 『朝鮮後期 肅宗代 關王廟 致祭의 性格』, 중앙대학교 석사학위 논문, 2003.

르러 관심의 대상이 되었다. 숙종이 '재조지은(再造之恩)'이라는 명분으로 명(明)과의 관계를 통해 조정의 권위를 확보하고 조선을 소중화로 세우고자 했기 때문이다. 숙종은 관왕묘를 개수하도록 명령했고 제사를 올리는 등 정치적 권위를 확보하기 위한 과정으로 활용하였고 이것이 영조와 정조를 거쳐 고종 때까지도 이어졌던 것이다. 그 사이 점차 관제 신앙은 민간으로 확산되어 갔다.

이후 조선 후기에 관왕(關王) 또는 관제(關帝)는 유교의 핵심적 이념이기도 한 충과 효의 상징으로, 또한 또한 천지인 삼재(三才)에 대한 통솔권을 가진 유불도 삼교 융합적 신으로 민간에까지 널리 확산되어 민간 신앙의 대상이 되었다. 이러한 배경에서 왕실을 중심으로 백성들을 계몽시키고 윤리적으로 계도시키기 위해 도교 계열의 선서를 적극적으로 활용하고자 했던 것이다. 고종 역시 선서의 간행과 유통을 통해 백성들을 도덕적으로 계몽시키기 위해 노력한 왕 중 하나다.[78]

이러한 맥락에서 본다면 최성환의 도교 결사 참여와 선서 간행은 복합적인 의미를 띤다고 할 수 있다. 먼저 당시 민중 도교가 가진 신과의 감응과 합일의 지향은 그의 문학적 정신이라고 할 수 있는 성령론과 맞닿아 있다. 그러나 이보다는 선서의 편집과 간행 사업이 그의 도교 결사 활동에서 더 중요한 역할을 하지 않았을까 추정해 볼 수 있다. 무상단 활동을 통해 최성환은 주로 선서의 간행과 출판에 주력했기 때문이다.

무상단의 다른 중심 인물 중 하나가 장혼의 아들 장욱(張旭, 1789~?)이다. 최성환이 여러 책을 간행할 때 '장혼자'를 이용했는데 무상단에서 함께 활동한 장욱과의 연결이 여기에 중요한 역할을 했을 것이다. 최성환은 장혼자로 다양한 도가류의 선서를 간행했다. 대표적인 것이 『태상감응편

---

78 예를 들어 고종은 1880년(고종 17년)에 어명으로 대표적 도교 신서 『과화존신(過化存神)』을 편찬하도록 명하기도 한다.

도설언해』와 『연경편』 등의 선서다.

선행 연구에 따르면 최성환은 1848년에 『감응편(感應篇)』이라는 제목으로 그림이나 주해 없이 대문(大文)만을 수록한 대문본(大文本)을 간행한 것으로 알려져 있다. 이 대문본은 현재 서울대학교 중앙도서관 심악문고에 소장되어 있다.[79] 이 판본 가운데 '후학예성최성환경서(後學蘂城崔瑆煥敬書)'라고 기록되어 있는 '중각감응편서(重刻感應篇叙)'에 따르면 이 책은 최성환은 북경[燕都]으로부터 우인(友人)이 가지고 온 책을 토대로 출판하였다고 되어 있다.[80]

이후 최성환은 그림을 덧붙여 이 책을 1852년에 다시 간행한다. 『태상감응편도설언해』는 1852년 철종 3년에 최성환이 언해하고 5권 5책의 목판본으로 편찬한 도교 계열의 권선서이다. 이 책은 주해가 없는 본격적인 도설본으로, 최성환이 만주어 번역본인 『선악소보도설(善惡所報圖說)』을 토대로 만주어를 한글로 대체하여 간행한 것으로 알려져 있다. 최성환은 1852년에 간행할 때 붙인 「중각감응편도설서(重刻感應篇圖說序)」에서 이미 4년 전인 1848년(헌종14)에 『감응편』의 본편의 정문을 간행한 바가 있으며 그 후 『선악소보도설(善惡所報圖說)』의 만주어 번역본을 저본으로 도상과 한문은 그대로 두고 부녀자와 아이들을 위해 국문으로 언해하여 간행한다고 밝힌다.[81]

최성환은 신과 인간이 서로 감응하며 인간이 행한 선악에 의해 인간의 수명과 화복이 결정된다는 『태상감응편』의 핵심 내용을 일종의 민중 계몽을 위해 사용하고자 했던 것으로 보인다. 특히 최성환은 『태상감응편』을 부녀자나 아이들도 볼 수 있도록 이를 언해하여 출간한 것이다. 이

79 박성종, 「太上感應篇 및 그 圖說類 이본에 대한 管見」 『민족문화논총』 51, 2012, 78~79쪽.

80 박성종, 앞의 논문, 79쪽.

81 박성종, 앞의 논문, 89쪽.

책에는 선행과 악행에 따른 분류, 즉 역대 중국에서 선을 행한 이들과 악을 행한 이들 270명의 행적이 선보(善報)와 악보(惡報)로 나뉘어 실려 있다. 특징적인 것은 사인, 농인, 상인들의 신분별로 선보와 악보를 구분하여 수록하였다는 점이다.[82]

이를 통해 최성환이 권선징악, 선악응보의 관념을 통해 개인의 생활을 스스로 돌아보도록 생활 속의 실천적인 규범을 제안하고자 했으며 이때 특히 신분이나 직분에 따른 개인의 도덕적 자각과 실천을 중시했음을 알 수 있다. 보편적인 상황에 대한 이해보다는 신분과 직분, 사회적 역할에 따른 구체적인 행위 방식과 피해야할 악행들을 소상히 제안함으로써 보다 실질적인 규범 역할을 할 수 있도록 기획한 것으로 볼 수 있다.

이능화(李能和, 1869~1943)가 『조선도교사(朝鮮道教史)』에서 정리한 『감응편』의 단락별 요지와 대략의 내용은 다음과 같다. '① 명의(明義)… 화와 복은 인간의 선악 행위에 따라 결과로서 주어진다. ② 감찰(鑑察)… 인간의 선악 행위를 여러 신령들 예를 들어 삼태신(三台神)과 북두신(北斗神), 인간 몸 안의 삼시신(三尸神), 조왕신(竈王神) 등이 살펴보고 있으며 하늘에 올라가 고하고 셈을 한다. ③ 적선(積善)… 여러 가지 선행을 나열함. ④ 선보(善報)… 선행을 행한 사람에게는 남들이 공경하고 하늘과 신령이 도와준다. 따라서 천상선(天上仙)이 되려면 1,300가지 선행을, 지상선(地上仙)이 되려면 300가지 선행을 행하라. ⑤ 제악 상(諸惡上)… 중생을 괴롭히는 등 인간사의 여러 가지 악행을 나열함. ⑥ 제악 하(諸惡下)… 앞 단락에 이어 과욕으로 인한 침탈 행위 등의 악행을 나열함. ⑦ 악보(惡報)… 악행을 저지른 사람에게는 사명신(司命神)이 셈을 하여 결국엔 죽음에 이르게 한다. 죄의 값이 클 경우엔 생명과 질병 및 재산상의

82 박지숙, 앞의 논문, 53~54쪽.

업보가 처자와 자손에까지 이른다. ⑧ 지미(指微)… 선악의 행위뿐만 아니라 마음가짐에 따라서도 길신(吉神)과 흉신(凶神)이 따르게 마련이다. ⑨ 회과(悔過)… 악행을 저질렀다 하더라도 고치고 뉘우치면 복을 받는다. 즉, 전화위복(轉禍爲福)이 된다. ⑩ 역행(力行)… 말과 보는 것과 행동의 선악에 따라 하늘이 반드시 조치하니 부지런히 선행을 행하라. 일일삼선(一日三善)이면 3년 이내에 하늘이 복을 내리고, 악행 역시 그에 준하여 화를 내린다.'[83]

이 내용들과 『사소절』, 『공과격』, 『효경대의』 등의 출판을 연결시켜 본다면 최성환이 민중들에게 일종의 생활 윤리의 규범과 실천을 독려하고자 했음을 알 수 있다. 그는 단순히 도교라는 종교 자체의 보급을 넘어서 유불도를 통합하는 차원의 선서를 통해 사회를 계도하고자 했던 것이다. 더 나아가 한문 원본이 아니라 일종의 번역 형태인 '언해'를 통해 윤리적 규범을 제안하고자 했다는 점도 최성한의 의도적 기획이라고 할 수 있다. 언해의 특성상 민중으로 독자층을 최대화함으로써 최성환은 조선 사회의 여러 계층과 각 구성원들이 각자 자신의 자리에서 각자의 도덕적 자각에 따라 사회 질서를 회복할 수 있기를 바랐다고 평가할 수 있을 것이다.

그는 각 직급과 계층에 따른 사회 구성원들의 윤리적 자각과 실천을 통해 당시 조선 사회의 무너진 사회 기강을 바로잡을 수 있을 것으로 기대한 것으로 보인다. 조정에서 국사에 참여하며 왕을 위해 제도적 제안을 했던 중인 관료로서, 관직에서 벗어난 이후 그는 여전히 스스로 자신에게 책무로 부여한 사회적 계몽을 실천하기 위해 그 실천의 대상과 방법을 민중에 보다 친밀했던 도가 계열로 바꾸었다고 볼 수 있을 것이다.

유학적 경세의식을 내면화한 무관 출신 관료이자 동시에 종교 결사의

83 박성종, 앞의 논문, 80쪽.

일원으로서 그가 보여 주는 종교적 행보는 일반적인 사대부 지식인들의 관점에서 보았을 때 대단히 낯설게 보인다. 그러나 사실 그의 도교식 선서 간행은 도교를 적극 권장했다는 고종이나 세도가 출신의 남병철 등의 지원과 지지를 바탕으로 한 일이었다는 점에서 일종의 시대적 현상이라고 볼 수 있다.

선서 출판 활동 외에 그가 참여했던 도교나 불교 결사의 성격은 전통적 유학의 입장에서 본다면 상당한 수준의 이단이자 혹세무민(惑世誣民)의 이교(異敎)로 보였을 가능성이 높다. 그럼에도 불구하고 최성환이 이에 적극적으로 참여할 수 있었던 배경에는 중인이라는 그의 신분이 중요한 역할을 했을 것이다. 사대부와 달리 국가적, 사회적 상호 감시에서 자유로웠던 중인이었기 때문에 최성환은 자유롭게 다양한 결사에 참여하면서 자신이 목적한 바를 추구할 수 있었을 것이다.

그러나 사실 이것으로 최성환의 활동이 충분히 설명되는 것은 아니다. 학맥과 혈연에 얽혀 있는 사대부 지식인들과 달리 중인으로서 다양한 활동에 참여할 자유가 있었다 하더라도 동시에 중인으로서 그러한 활동을 해야 할 의무나 책임으로부터도 자유로웠을 것이기 때문이다. 더 나아가 율관이나 역관 등을 역임하면서 시사 활동을 한 그의 중인 동료들이 모두 최성환처럼 종교 결사나 선서를 출판하는 사회 활동에 참여했던 것은 아니다. 다시 말해 선서의 편집과 출간은 최성환이 자신에게 부여한 사명감에서 비롯된 자발적 결단의 결과라고 볼 수 있는 것이다. 관직에서 내려온 이후 그의 삶은 사실 어떤 이념이나 체제에 대한 복무의 성격을 띠지 않았다. 그러나 최성환은 왕을 위해 헌신했던 관료로서의 사회적 책임감을 끝까지 버리지 않았던 것으로 보인다. 그의 다양한 출판 활동은 단순히 개인의 성령을 개성의 차원에서 유지하고 이를 발전시키기 위한 개인적 수렴과 발산과는 다른, 일종의 사회적 운동으로 진행된다.

유학을 배웠지만 유학을 평생의 학문적 지향으로 삼지 않았고, 문학을 익혔지만 오로지 개인적 문학적 활동에 매몰되지 않았던 그가 평생을 지속한 가장 중요한 일은 민중의 계몽이자 실천적 윤리의 확산이었다고 평가할 수 있다. 이 점은 사실 그에게 주어진 사명이라기보다는 그가 스스로에게 부여한 사명이라고 할 수 있다. 그는 언제나 민중을 계도하는 윤리적 실천 혹은 실질적인 생활에 유용한 실용적인 지식의 확산을 위해 지속적으로 활동했기 때문이다.

한편 그의 사명감에서 비롯된 계몽적 실천들은 다양한 계층을 대상으로 한다는 점에 특징이 있다. 임금에게 진상한 『효경대의』, 『고감』, 관료들을 대상으로 한 『도수부선생증손당관공과격』 등의 선서가 상층부의 관료들을 향한 계몽적 실천이라면 『태상감응편도설언해』, 『각세신편팔감상목』 등의 도가적 선서들은 백성들을 계몽하기 위한 목적에서 간행된 것이다. 그리고 이 작업들은 하나같이 고위직에 오른 학식 높은 사대부부터 중인에 이르기까지 다양한 지적 네트워크를 바탕으로 이루어진 일들이다.

그가 조정과 민간, 상층부와 하층부를 아우르는 윤리 계몽서를 출간했다는 점은 그의 사명이 조선 사회 전체의 질서 회복과 도덕적 회복에 있었음을 보여 준다. 이러한 최성환의 활동으로부터 19세기 조선의 사회적, 지적 상황의 한 단면을 확인할 수 있다. 그러나 그의 학술적 활동은 반대 면에서 그가 가지 않은 길이 무엇인지도 지시한다. 지금까지 살펴본 최성환의 지적 교유와 사상적 특징에서 몇 가지 확인할 수 있는 점이 있다. 일단 최성환은 지도 외에 당대에 유행했던 명물도수학 혹은 백과전서식 박학에 관심을 보이지 않았다. 또 이미 전 시대부터 유입되던 서양 학술이나 과학적 지식에도 큰 관심을 보이지 않았다. 잘 알려져 있듯 19세기는 중국을 통해 상당한 지적 정보가 유입됨으로써 지식의 배치와 재구성이 활발히 일어나던 이른바 백과전서의 시대였다. 또 최한기나 남병철의 예에서 알 수 있듯 서양 과학 지식의 유입과 확산이 이루어지던 시대이기도 했다.

최한기나 이규경, 홍한주 등의 유서 성격의 작업이 이 시대의 지적 조건을 보여 준다. 그러나 최성환은 이규경이나 최한기와 달리 박물학적 지식 축적과 재배치에 관심이 없었다. 이런 맥락에서 김정호와 공동으로 지리서를 펴낸 맥락을 유추해 볼 수 있다. 그는 과학적 관심이 아니라 오로지 실용적 관점에서 다시 말해 행정적 편의나 군사적 목적을 위해 지리지 편찬에 개입했다는 것이다.

서양의 학술에 관심이 없었다는 것도 주목할 만한 특징이다. 그와 가깝게 교류했던 남병철은 동생 남병길과 더불어 서양 수학과 천문학에 조예가 깊은 진취적인 학자였다. 19세기 중국에서 흘러들어온 수많은 서양 서적들을 최성환이 완전히 비껴가긴 어려웠을 것이다. 그러나 그는 학술로서의 서학은 물론 당시로서는 당면과제였을 외세의 위협도 특별히 언급하지 않는다. 이는 아마도 그가 왕을 가까이에서 모신 중인 관료였기 때문일 수도 있다. 거시적 차원에서 시대의 위기 상황을 경계하기보다 실질적으로 민생에 보탬이 되고 도덕적 각성에 도움이 될 방법을 강구했을 수 있다. 이런 맥락에서 최성환은 지식 자체를 향해 나아갔다기보다는 일반 백성들과 관료들을 윤리적 계몽의 대상으로 설정하여 각 개인에게 도덕적 자각을 촉구함으로써 사회를 안정시키는 데 관심이 더 많았던 것으로 보인다. 이러한 목표를 실현하기 위해 그는 지배 담론인 유학이 아니라 도가 계열의 권선서를 택했던 것이다.

그러나 이 시기에 체제 교학으로서의 유학이 붕괴되거나 균열되었다는 평가는 성급하다. 최성환은 말년까지 사회에 대한 도덕적 계몽과 교화를 중요한 책무로 여겼다는 점에서 여전히 유가적 지식인이자 왕의 충실한 관료였다. 이런 맥락에서 그의 선서 간행은 유교를 버리고 도교를 택했다기보다는 사회적 안정을 위해 가장 효율적인 교화책을 고안하는 과정이었다고 볼 수 있을 것이다. 그는 특정 이념이나 종파를 수호한 것이 아니라 도덕적 타락을 극복하고 사회를 안정시키고자 다양한 방법과 전략을 시도한 것이다.

물론 여기에도 한계는 있다. 최성환은 역시 당시 조선의 정치적 실패와 사회적 불안을 경험한 사람이지만 그의 활동에서 신분제나 계급적 모순, 외세의 침입에 무력했던 상층부에 대한 비판 등 이른바 '근대성'의 표지를 확인하기 어렵다. 시집 간행이나 선서 출판 역시 사회 구조에 대한 직접적 비판이나 문제제기가 아니라 결국 문제의 해결을 개인의 행위 차원으로 귀속시킨다는 한계가 있다. 도덕적 주체로서의 개인을 강조하는 듯 보이지만 결과적으로 구조적 모순을 개인의 행위 차원으로 수렴시켜 버리는 것이다.

그의 이러한 경향은 왕에게 제도 개혁안을 제안하는 관료로서의 그의 정체성에서 비롯된 것으로 해석할 수 있다. 그는 왕이 통치하며 국가나 지식인이 백성을 계도해야 한다는 전근대적 사명의 소유자였던 것으로 보인다. 그는 조선 사회에서 분출하는 갈등들을 수렴하여 내부의 힘으로 문제를 해결하려던 인물에 가까울 것이다. 그렇다면 최성환은 조선의 사회적 모순과 불안이 본격적인 사회적 갈등으로 분출되기 직전, 조선 사회 내부에서 시도된 자정과 변화의 가능성을 보여 주는 사례라고 할 수 있다.

결론적으로 19세기 중반에 유행했던 선서는 당시 조선 사회에서 추상적인 도덕적 질서 대신 현실적인 윤리적 실천의 기제가 나타나고 있음을 보여 준다. 성리학이 형이상학적 이기론(理氣論)을 토대로, 이념적인 도덕을 제안했다면 최성환이 간행한 선서들은 행위 간의 관계에서 실질적인 실천들이 도출되는 윤리적 지침을 제시하고 있다. 이러한 관점에서 선서의 간행은 유학－성리학의 이념적 틀에 일종의 균열이 일면서 그 안에서 현실적이며 합리적인 통속적 윤리가 탄생하는 과정으로 해석될 수도 있을 것이다.

8. 결론을 대신하여 — 최성환의 사상 세계

지금까지 살펴보았듯 넓은 지적 네트워크에서 이루어진 최성환의 다양한 학술 활동은 조선 후기 지식장이 전시대와는 다른 방식으로 개방되고 확산되고 있음을 보여 준다. 당시에 가문의 배경이나 강고하게 연결되어 있는 학맥과 관계없이 독자적인 지적 수용과 성취를 통해 각 개인이 학문으로 일가를 이루며, 스스로 학문의 중심이 되는 것이 가능했다는 것을 의미하기 때문이다. 그렇다면 19세기는 이 시대적 요구에 중인층이 활발히 참여할 수 있었던 모종의 지적 개방의 시대였다고 할 수 있다. 따라서 이 개방은 지식의 범위와 성격뿐 아니라 지적 주체의 개방을 의미하기도 한다.

최성환의 저술과 출판 활동은 19세기 지식장이 작동하고 변동하는 양상과 밀접하게 연결되어 있다. 19세기 중엽에 학맥이나 사승관계에 연결되어 있지 않으며, 학문적 전문 분야를 공유하지 않는 지적 네트워크가 작동했다는 것은 조선 지식장의 하나의 변동이자 전환으로 평가될 수 있을 것이다. 이 과정에서 개인성의 자각과 발산으로서의 천기 성령론이나 현실적 시무론을 바탕으로 한 경세론, 왕부터 일반 백성에 이르기까지 그가 상대한 모든 계층을 대상으로 한 도덕적 회복 운동을 통해 추구했던 실천적 윤리화의 전 과정은 분명 각각의 독립적인 영역과 테두리 안에서 진행된 일이다. 그러나 이 과정들은 단순히 한 지식인의 생애사에서 나타나는 분기별 변화가 아니라 그가 평생을 꿈꾸어온 세계를 구성하기 위한 연속적이면서도 상호 침투적 과정이라고 보아야 할 것이다.

중인 관료로 출발한 그의 사회적 경력은 오래 가지 않아 끝나지만 그는 문학, 경세, 지도, 선서 등 다양한 분야에서 출판 활동을 이어간다. 초기의 출판과 간행은 중인 관료라는 독특한 사회적 위상에서 시작된 것이다. 그의 이러한 출발은 말년에 이를수록 종교적 활동으로 전환되는 듯 보이기도 한다. 그러나 그의 활동을 총체적으로 종합해보면 그가 궁극적으로 실용과 윤리적 계도라는 궁극적 목적을 벗어나지 않았다는 사실을 알 수 있다.

한편 최성환은 다른 위항시인들과 마찬가지로 우주론적 가치를 절대화하는 형이상학적 심성이 아니라 자연스러운 성정의 표출을 곧 시라고 말하는 시적 감성의 소유자였다. 그러나 동시에 이 성정의 발현이 개인의 사적 이해 추구와 사욕의 충족으로 연결되어서는 안 된다는 것을 분명히 인식한 문학가이기도 하다. 결국 그의 시 관련 활동은 개인의 성정의 발현을 중시하면서도 윤리적 책무를 감당하는 독립적 인격의 구성을 지향한다는 점에서 지식인 관료로서의 사회적 책무와 연결되어 있다.

특히 최성환은 말년에 종교적 지향을 통해서 개인의 윤리적 각성을 위한 토대를 마련하고자 했다. 그는 『효경대의』나 『고감』 등 임금에게 바치는 선악의 경계와 권고뿐 아니라 도가와 불교 결사를 통해 『공과격』이나 『태상감응편도설』, 『각세신편팔감상목』의 권선서를 출판함으로써 사회 구성원의 윤리적 각성을 위한 계도의 노력을 종교적 범주 안에서 실현하고자 한다. 이러한 선서의 출판과 언해 작업은 도교나 불교와 같은 특정 종교에 대한 개인적 신앙의 발로에 한정되지 않을 것이며, 도교와 불교 안에 잠재되어 있는 윤리적 지향들을 강화하고자 하는 일관된 목표의 실현을 위한 체계적 과정이라고 볼 수 있을 것이다. 특히 이 책의 독자가 도교나 불교 결사에 속한 종교인들을 넘어 일반 백성들로 상정되어 있다는 점에서 그의 출판 활동은 퇴락해가는 조선 사회에 대한 자각과 경고의 방식 즉 선을 권면하여 교화하려는 의도에서 비롯된 것으로 보아야 할 것이다.

그는 개인의 성정이 자연스럽게 드러나지만 모두가 공유할 수 있는 바람직한 도덕적 가치관을 바탕으로 하되, 현실적 필요와 합리성에 따라 불합리한 제도를 개혁해 나가고자 했던 것으로 보인다. 그의 다양한 활동을 종합적으로 본다면 실용적 세계관에 바탕을 둔 개인의 자각과 제도의 개혁으로 압축할 수 있을 것이다.

특히 그의 선서 안에 보이는 최성환 자신의 수양론은 대단히 윤리적 성격을 띠고 있지만 이 선악의 이념과 실천은 성리학에서처럼 형이상학적 우주론에서 기원하는 사변적인 심성론에 기반하는 것이 아니라 실용적이고 실질적인 주체의 도덕적 자각과 실천에 초점을 둔 것이고, 그가 추구한 제도의 합리적 개혁과 실용적 실천 역시 명분이나 이념 보다는 개인의 자각과 실천에 초점을 두고 실리를 추구함으로써 사회적 안정과 부흥을 꾀하려는 시도에 가깝다. 그러한 맥락에서 최성환이 구상한 세계의 구성원은 중세적 신민이 아니라 근대적 성격을 띤 합리적 시민에 가까운 존재라고 볼 수 있을 것이다.

물론 그는 여전히 왕이 통치하며 국가나 지식인이 백성을 계도해야 한다는 전근대적 사명의 소유자이기도 하다. 더 나아가 최성환은 독자적이고 독창적인 사상가라기보다는 평생 서적의 편집과 출판에 매진한 지식의 전달자이자 재구성자에 가깝다. 그러나 이러한 사실이 최성환의 지적 활동과 교유, 그리고 그의 지향의 가치를 떨어뜨리는 것은 아닐 것이다.

앞에서 보았듯 최성환은 평생에 걸쳐 문학, 지리, 도교, 선서(善書) 등 다양한 방면에 걸쳐 편간서를 간행했다. 서적은 간행은 그가 자신의 사명을 실천하는 중요한 방법이었을 것이다. 이념과 체제에 억압된 개인이 조금씩 현실을 자각하던 변화의 시기에 중인 출신이었지만 관료이자 문화 자본을 소유하던 지식인으로서 최성환은 세속의 도덕적 패퇴를 안타깝게 여기며 이를 개선하고 조정하기 위해 자신의 인적 네트워크와 학문적, 문화적 자원을 최대한 활용하여 시대적 한계를 돌파하고자 한 것이다.

〈최성환의 지적 네트워크〉

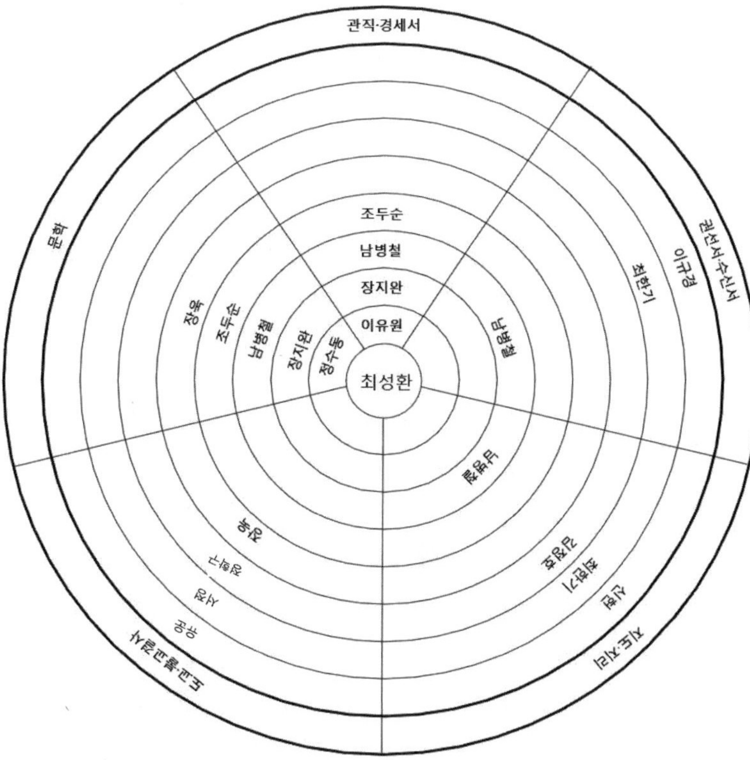

參考文獻

『五洲衍文長箋散稿』.

『承政院日記』.

『大典會通』.

『林下筆記』.

『裴然箱抄』.

『心庵遺稿』.

『嘉梧藁略』.

『圭齋遺藁』.

『韶濩堂文集』.

『夏園詩鈔』.

『琴堂初稿』.

『五洲衍文長箋散稿』.

『枕雨堂集』.

『輿圖備志』.

『心庵遺稿』.

『裴然箱抄』.

『性靈集』.

국립고궁박물관 저(2011), 『정조어찰』, 디자인인트로.

국토해양부 국토지리정보원 편(2009), 『한국 지도학 발달사』, 국토해양부 국토지리 정보원.

기우동(1993), 『崔理煥의 生涯와 思想』, 漢陽大學校 석사학위 논문.

김윤경(2012, 「조선 후기 민간도교의 발현과 전개—조선후기 관제신앙, 선음즐교, 무상단」, 『한국철학논집』 35, 한국철학사연구회

김윤수(2008), 「고종시대의 난단도교」, 『동양철학』 30, 한국동양철학회.

김일권(2003), 「한말시기 도교적인 종교정체성과 삼교통합주의 흐름―관왕신앙의 성장과 선음즐교의 전개를 중심으로」, 『종교연구』 32, 한국종교학회.

김정호(1971), 『靑邱圖』, 서울 : 민족문화추진위원회.

김필동(1993), 「조선시대 중인신분의 형성과 발달」, 『한국의 사회와 문화』 21.

박성종(2012), 「太上感應篇 및 그 圖說類 이본에 대한 管見」, 『민족문화논총』 51, 영남대학교 민족문화연구소.

박지숙(2016), 『최성환의 편간서적 연구』, 중앙대학교 석사학위 논문.

백현숙(1983), 『최성환의 인물과 저작선』, 서강대학교 석사학위 논문.

송만오(2001), 「1851년 중인통청운동과 조선 후기 중인층의 동향」, 『전주사학』, 전주대학교 역사문화연구소.

양은용(1996), 「韓國近代에 있어서 勸善書의 流行에 대하여」, 『원불교사상과 종교문화』 20, 원광대학교 원불교사상연구원.

오상학(2015), 『한국전통지리학사』, 들녘.

원재영(2003), 『朝鮮後期 京衙前 書吏 연구 : 19世紀 戶曹書吏의 事例를 中心으로』, 연세대학교 석사논문.

유덕준 · 최혜영(1988), 「朝鮮後期 新宗敎와 〈善書〉」, 『논문집』 31, 삼척대학교.

윤병태(1982), 『조선후기 활자와 책』, 범우사.

윤찬원(2011), 「功過格의 道敎 윤리관 연구」, 『도교문화연구』 34, 한국도교문화학회.

이갑봉(2015), 『『觀世音菩薩妙應示現濟衆甘露』에 나타난 佛敎思想 硏究 활용』, 동방문화대학원대학교 박사논문.

이능화(1973), 『조선불교사』, 보연각.

이상원(2012), 『하원시초』, 열화당.

이성무(1971), 「조선 초기의 기술관과 그 지위―중인층의 성립문제를 중심으로」, 『혜암 유홍렬 박사 회갑 기념 논총』.

이에나가 유코(2009), 「조선후기 윤리신앙의 다변화와 도교 선서 유행」, 『역사민속학』 30, 한국역사민속학회.

이우성(1998), 「실학사상의 개화사상으로의 전회」, 『대한민국학술원논문집』, 인문사회과학편.

_____(1980), 「金秋史 및 中人層의 性靈論」, 『한국한문학연구』 5, 1980.

이원순(1987), 「조선 후기 사회 중인층의 서교 수용―중인 동향의 일 측면」, 『한국문화』 8, 서울대학교 한국문화연구소.

이진수(2011), 「『태상감응편』의 효사상 연구」, 『원불교사상과 종교문화』 48, 원광대학교 원불교사상연구원.

이태희(2016), 「조선 후기 善書의 수용과 유행의 요인-『增訂敬信錄』과 『경신록언석』의 내용 분석을 중심으로」, 『국제어문』 69, 국제어문학회.

전수연(1994), 「장지완의 성령론과 시세계」, 『동양고전연구』 3-1, 동양고전학회.

정옥자(2003) 『조선후기 중인문화 연구』, 일지사.

_____(1986), 「조선 후기의 기술직 중인」, 『진단학보』 61, 진단학회.

_____(1981), 「시사를 통해 본 조선말기 중인층」 『한우근 박사 정년 기념 사학논총』, 지식산업사.

_____(1978), 「조선후기 문풍과 위항문학」 『한국사론』 4, 서울대학교 인문대학 국사학과.

정우봉(2005), 「19세기 성령론의 재조명: 최성환의 성령론을 중심으로」, 『한국한문학연구』 35집, 한국한문학회.

한영우(1988), 「조선 시대 중인의 신분 계급적 성격」, 『한국문화』 9, 서울대학교 한국문화연구소.

허경진(2008), 『조선의 르네상스인 중인』, 랜덤하우스.

_____(1993), 「비연시사 연구」, 『목원어문학』 12, 목원대학교 국어교육과.

한농(2016), 「조선후기 『수원시화(隨園詩話)』의 유입과 최성환(崔瑆煥)의 『성령집(性靈集)』 편찬」, 『동양학』 62, 동양학회단국대학교 동양학연구원.

한종수(2003), 『朝鮮後期 肅宗代 關王廟 致祭의 性格』, 중앙대학교 석사학위 논문.

이조말엽 중인층의 실학사상과 그 개화사상으로의 지향

— 최성환의 『고문비략』을 중심으로

이우성 | 전 대한민국학술원 회원

1. 머리말

지난 1972년에 나는 연세대학교 동방학연구소(東方學硏究所) 주최 제6회 실학공개강좌(實學公開講座)에서 「최성환(崔瑆煥)과 『고문비략(顧問備略)』」이라는 제목으로 한 논고를 발표하였다. 최성환(崔瑆煥, 1813~1891)의 인물과 그 저서가 별로 알려지지 않았던 당시에 최성환이 중인(中人) 출신의 훌륭한 학자라는 것과 그의 『고문비략』이 흔치 않은 실학적 경세서(經世書)임을 강조한 것이다. 미처 정식으로 논문체재를 갖추지 못했지만 『고문비략』의 중요한 내용을 소개하고 최성환의 개혁적 의견과 그 성격을 규정하기도 하였다. 당시 공개강좌의 참청자(參聽者)는 물론이고 도하신문(都下新聞)에 『고문비략』의 내용이 비교적 자세히 보도되어 한때 일반의 관심을 높여놓기도 하였다.

그런데 나는 그 논문의 완성을 뒤로 미루어둔 채 다른 일에 골몰하고 있었는데, 마침 서강대학교 여학생 백현숙(白賢淑)이 이광린(李光麟) 교수의 부탁을 가지고 나를 찾아와 최성환에 관한 논문을 쓰겠다고 하기에 나의 발표요지를 주고 『고문비략』이 국립중앙도서관 초서본(草書本) 외에 일본 동경대학(東京大學) 도서관에 정서(精書)한 해자본(楷字本)이 있음을 알려주었던바, 그 두 본(本)은 곧 서강대학교 인문과학연구소에서 합본1책으로 영인출판되고 거기에 백현숙의 해제가 실리게 되었다. 이어서 백현숙의 논문 「최성환의 인물과 저작물」이 『역사학보』 제103집(1984)에 게재되었다. 백현숙은 최성환의 자손들의 거주지(楊州)를 찾아다니며 그 선대(先代)의 공신녹권(功臣錄券)과 무과홍패(武科紅牌)·호구단자(戶口單子) 등을 발견하여 내가 그동안 알고 있었던 『충주최씨대동보(忠州崔氏大同譜)』(국립중앙도서관)와 『잡과방목(雜科榜目)』(서울대 규장각)에 나오는 사실 이외에 최씨일가의 내력과 최성환의 신상기록에 몇가지 증빙과 보완이 되게 되었다.

나는 백현숙이 최성환에 관한 공부를 계속하여 『고문비략』에 대한 학술적 연구가 나올 것을 기대하고 있었으나, 위의 「최성환의 인물과 저작물」이 발표된 지 십여년이 지난 지금까지 아무 소식이 없다. 나는 가끔 낡은 서함(書函) 속에서 왕년에 발췌해둔 자료들을 만지작거리며 이것을 방치해두는 것이 아깝다고 여기면서도 젊은 후배들의 손에서 보다 나은 논문이 나와야 한다고 생각하고 덮어두곤 하였다. 그러다가 학술원의 1995년도 학술연구계획에 의한 논문의 작성을 위촉받아 부득이 최성환에 대한 것을 다루어보기로 하였다. 새로운 관점이 있어서가 아니고 25년 전의 자료들을 그대로 사용하여 논문형식으로 엮은 것에 불과하다. 독자들의 양찰(諒察)을 빈다.

2. 중인층의 실학사상과 최성환

1) 중인층의 실학사상

다산(茶山) 정약용(丁若鏞, 1762~1836), 추사(秋史) 김정희(金正喜, 1786~1856) 등을 하한선으로 종래 양반층의 실학사상이 그 정채(精彩)를 잃어가고 있는 반면 중인층(中人層)의 사상적 대두와 그 사상의 실학적 성격 내지 개화사상으로의 지향이 매우 주목을 끈다. 이러한 현상은 시기적으로 19세기 중엽에 해당하는 것이며, 그것은 또한 이 시기의 세도정치(勢道政治)가 정점에 이르러 소수 특권적 '벌열(閥閱)'을 제외한 일반 양반들의 사회적 몰락과 사기의 위축이 극도에 달해 있었던 것과는 반대로 중인층은 경제적으로 비교적 윤택한데다가 사회적 지위도 상대적으로 향상되고 있었다는 역사적 사실과 표리관계를 이루었던 것이다.

19세기 후반 개화기로 접어들면서 오경석(吳慶錫, 1831~1879), 유홍기(劉鴻基, 1831~?) 등 중인 출신들이 개화의 선도자 또는 개화운동의 배후 공작자로서 역사의 이면에 활약한 것은 이미 주지의 사실로 되어 있으며, 따라서 개화사상에 있어서 중인층의 공헌과 역할은 근대사를 건드리는 사람들 누구에게도 일단 관심의 대상으로 떠오르는 문제이다.

그런데 애석한 것은 위의 오경석·유홍기 등 중인 출신들이 자기의 사상을 체계적으로 서술한 저서들을 남겨놓지 않았다는 점이다. 그뿐 아니라 그들의 사상을 파악하고 추측할 수 있는 다른 자료들조차 우리는 지금 많은 것을 가지고 있지 못하다.

개화사상에서 이미 이러하기 때문에 실학사상으로 올라가면 중인층의 사상자료가 발견되기 어려운 것은 오히려 당연한 것으로 여겨질 것이다. 그러나 개화사상의 기조가 실학사상에서 온 것이라고 믿고 있는 우리로서는 진작부터 중인층의 개화기의 활동이 사상적으로 반드시 유래가 있을 것이라는 점과 그 유래가 다름 아닌 실학에서 찾아질 수 있을 것이라는 점에 착안하게 되었으며, 그리하여 개화기 중인들의 사상적 선구가 될 수 있는 중인층의 실학사상가를 추적해보려고 하였다. 바꾸어 말하면 종래 양반층의 실학사상이 중인층으로 번져가고 거기에서 개화기 중인들의 사상적 도원(導源)이 나온 경위를 이해해보려는 것이었다.

우리는 여기에서 우선 두 가지 해명을 해둘 필요가 있다. 그것은 첫째, 개화기 중인들의 사상적 도원을 꼭 중인층의 실학사상에서 찾아야 하고 양반 실학자들로부터의 직접적 영향은 배제되어야 한다는 것은 아니다. 다만 중인이라는 신분적·계층적 구조의 특수성으로 보아 같은 중인끼리 선후배간의 접촉과 전수가 훨씬 용이하고 또 더한층 깊은 감화를 줄 수 있을 것이라고 여겨지기 때문이다. 둘째, 개화운동을 실천한 당시의 양반 출신 젊은 관료들이 개화사상을 받아들임에 있어서 꼭 중인들을 매개로 해서만 가능했다는 것도 아니다. 종래 양반층의 실학사상에서 발전적으로 시세(時勢)에 대응해서 그러한 사상에 도달될 수도 있는 것이다. 다만 개화파 관료들의 배후에 중인들의 활약이 실제 상당한 비중을 차지하고 있었다는 사실을 중시하지 않을 수 없는 것이다.

이러한 견지에서 우리는 중인층의 실학사상에 일정한 의의를 부여하면서 그 사상가의 발굴에 노력하였다. 여기 소개되는 최성환은 그중 한 사람이다.

2) 최성환과 『고문비략』

최성환은 원래 중앙관서(中央官署)의 서리(書吏)의 후손이다. 조상 중에 정사(靖社)·영국(寧國)·보사(保社) 등 공신녹권을 받은 사람이 있기도 했지만[1] 기본적으로 신분상승이나 계층이동이 이루어지지 않은 채 고작 무과(武科)에 합격하여 무관직(武官職)으로 복무하여왔으며, 최성환의 대에 이르러서는 형제·종형제·자질 십수명 중에 잡과급제자(雜科及第者)가 많았는데, 특히 운방(雲榜)에 합격된 자가 무려 9명이나 되어, 한때 그의 일가는 서울 중인층 가운데 음양과(陰陽科) 가문으로 소문이 나게 되었다고 한다.[2] 그러나 최성환 자신은 부친 최광식(崔匡植)의 뒤를 이어 무과에 합격하여 무관직에 종사함으로써 마지막 직함이 선략장군(宣略將軍) 중추부도사(中樞府都事)로 되어 있다.[3] 그러한 그가 어떤 기연(機緣)에서인지 헌종(憲宗, 1836~49) 때에 그의 남다른 학식이 알려져서 임금이 종종 어전(御前)으로 그를 불러 대화를 나누었다고 한다. 아마 무신겸

1 白賢淑(1984), 「崔瑆煥의 人物과 著作物」, 『歷史學報』 103.

2 山康 卞榮晚先生을 위시한 서울 古老들로부터 筆者가 직접 들은 바 있다.

3 白賢淑, 앞의 논문.

선전관(武臣兼宣傳官)으로 근시(近侍)의 직임(職任)에 있을 무렵이 아니었던가 여겨진다.

최성환은 적지 않은 편저(編著)를 내었다.[4] 여기에서는 『고문비략』을 가지고 그의 정치·사회적 견해를 일별해보겠다. 『고문비략』은 1849년 이전 즉 헌종 임금이 죽기 이전에 임금의 유시(諭示)로 기초(起草)한 것으로, 책이름 그대로 임금의 자문(諮問)에 대비하여 자기 견해를 약술한 것이다. 그러나 헌종이 승하(昇遐)하자 그는 초고(草稿)를 중단해버렸다. 뒤에 벼슬에서 물러나 시골집에 있으면서 헌종의 뜻에 보답하는 의미에서 다시 붓을 들어, 그후 1858년 즉 철종(哲宗) 9년에 그 초고를 정리 완성하였다.

서문(序文)은 같은 중인 출신으로 율과(律科) 출신의 문사인 장지완(張之琬, 1806~1858)이 지었다. 장지완은 최성환의 생각을 대변하여 다음과 같이 말했다.

> 왕형공(王荊公, 王安石, 北宋)이 '신법(新法)'을 만들어 시행하다가 실패를 보게 되자 후세 사대부들이 변법(變法)을 말하는 이가 드물어, 인순고식(因循姑息)으로 나가다가 나라가 쇠퇴타락(衰頹墮落)의 일로에 빠지니 그 해가 얼마나 큰지 모른다.[5]

다시 말하면 왕안석의 신법이 실패로 끝났지만 사대부들이 그것을 빌미로 삼아 변법을 입에 올리지 않음으로써 나라가 날로 병들고 있다는 것이다. 정치담당자인 사대부 즉 양반들이 변법을 기피하므로 정치에 발

---

4 同上.

5 『顧問備略』 上 卷1, 「張之琬 序」, 2면, "王荊公, 以新法見敗, 後世士大夫, 鮮言變法, 因循頹墮, 害孰大焉?"

언권이 없는 중인층에서나마[6] 선왕(先王, 憲宗)의 '사모사유(斯謨斯猷)' 즉 정치적 이념과 포부를 받들어 이 책을 이룩한 것으로, 선왕이 일찍 돌아가셔서 그 '못다 한 뜻(未了之志)'을 생각하면 이 나라 백성(環海生靈)으로 비통하고 한스러워, 이 책을 엮어내지 않을 수 없다라고 하였다.[7] 최성환은 이 『고문비략』의 저작 동기와 그 자신의 심정에 대하여 아무 말도 남긴 것은 없지만, 장지완의 서문에서 거의 다 표백된 것 같다. 『고문비략』의 목차는 아래와 같다. 그의 적지 않은 편저들 가운데서 그의 사상을 가장 집약적으로 담아놓은 것이다.

顧問備略의 目次

최성환이 『고문비략』을 작성한 기본방향에 대하여 장지완은 이렇게 말했다.

> 당시의 행정(行政)과 법제(法制) 가운데 세월이 오래되어 말폐(末弊)가 있는 것과 국민의 고충으로 임금께 알려지지 않은 것들을 서술하되,

---

6 張之琬은 서문에서 崔瑆煥을 '渺末一郎署'라고 표현하였다. '渺末一郎署'가 꼭 중인층만을 가리키는 말은 아니지만 여기 이 경우에 崔瑆煥이 중인 출신의 庶僚로서 임금의 諭示를 받아 『顧問備略』을 쓰게 된 것에 큰 의미를 부여해둔 것 같다.

7 『顧問備略』 上 卷1, 「張之琬 序」, 2면, "書曰, 斯謨斯猷, 惟我后之德, 然則是書也, 有不敢自有矣. 天之不弔, 弓釰已邈, 是書, 卽先王未了之志也, 非獨不逮之慟, 抑環海生靈不祿之恨, 是書之編, 烏可以已?"

> 경사(經史)에서 근거를 원용(援用)하고 인정(人情)의 체험을 바탕으로 하여 그 교구책(矯捄策)을 대강 첨부해 올리려 한 것이다.[8]

그러니까 『고문비략』은 말폐가 있는 부분, 그리고 민원(民怨)이 있는 사항을 적출(摘出)하여 서술한다는 것이다. 장지완은 다시 말했다.

> 우리 왕조(王朝)가 나라를 세운 지 오백년, 역대 안정 속에 내려오는 동안 기강이 점차 해이해졌다. 그것은 법(法)의 폐(弊)가 아니고 '시(時)'의 폐이다. 『주역(周易)』에 이르길 "손익(損益)과 영허(盈虛)는 시(時)와 더불어 행하여야 한다"고 하였고, 또 이르기를 "시(時)를 따르는 의의(意義)가 크도다"라고 하였다.[9]

"법의 폐가 아니고 시의 폐이다"라고 한 것은 법 그 자체가 본래 나빴던 것이 아니고 '시'가 달라져서 시세(時勢)에 적응이 잘 안되기 때문이란 것이다. 『주역』에서 말한 대로 줄일 것은 줄이고 보탤 것은 보태어 '시'와 함께 가야 하는 것이니, 이것이 크나큰 '수시지의(隨時之義)'라는 것이다. 요컨대 법을 전면적으로 고치자는 것이 아니고 사례별로 시정할 것은 시정하여 시의(時宜)에 맞게 한다는 것이다.

---

8 『顧問備略』 上 卷1, 「張之琬 序」, 2면, "乃敍述當時政法所以年久而爲弊者, 及民隱之未及上徹者, 援據經史, 體驗人情, 略附矯救之方."

9 『顧問備略』 上 卷1, 「張之琬 序」, 2면, "本朝立國垂五百年, 歷世永貞, 綱紐漸弛, 及時之弊, 非法之弊也. 易曰損益盈虛, 與時偕行. 又曰隨時之義, 大矣哉."

3. 전국 지방제도의 재편성과 행정체계의 확립

최성환은 당시의 행정을 논하면서 이 책의 개종명의(開宗明義) 제일장(第一章) 즉 '도비(都鄙, 중앙과 지방)'에서 먼저 전국 지방행정조직을 정비할 것을 주장하였다. 그는 단군 이래 지방주현(地方州縣)의 연혁을 개관한 위에 본조(本朝, 현 왕조, 이하 같음)에 이르러 지방행정제도가 대체로 중국과 비슷한데, 지금 팔도의 감사(監司)는 곧 중국의 포정사(布政司)로서 관제(官制)와 정사(政事)가 모두 같고 현(縣)의 현감(縣監)은 곧 중국의 지현(知縣)으로 또한 관제와 정사가 같다. 그런데 오직 주(州)의 목사(牧使), 부(府)의 부사(府史), 군(郡)의 군수(郡守)는 중국의 지주(知州)·지부(知府)·태수(太守) 등과 명칭이 같으면서 정사는 같지 않다고 말하였다.

중국에서는 부(府)가 주현(州縣)의 행정을 통할(統轄)하고 있는데 우리나라에서는 주(州)·부(府)·군(郡)·현(縣)이 각각 독자적으로 행정을 하고 있다.

> 대저 큰 고을은 주가 되고 부가 되며 작은 고을은 군이 되고 현이 되어, 작은 것이 큰 것의 예하(隷下)에 들어가고 큰 것이 작은 것을 통할(統轄)하는 것이 고제(古制)이다. 그런데 지금 목사(牧使)·부사(府史)·군수(郡守)·현감(縣監)은 각기 그 고을을 다스리고 있을 뿐, 서로 통섭(統攝)이 되지 않고 있다. (지금의 진부(鎭府)가 군현(郡縣)을 관할하는 원칙이 있으나 그것은 군사관계(軍事關係)에 한해서 관여하고 행정에는 전혀 관여치 않는다.) 예를 들면 양주(楊州)는 고양(高陽)과 교하(交河)를 진관(鎭管) 아래에 두고 있으면서, 고양·교하 두 고을의 행정의 득실에는 마치 진(秦)과 월(越)이 서로 상대방의 비척(肥瘠)에 대해 오불관언(吾不關焉)의 태도를 취하고 있는 것과 같다. 그리하여 주·부·군·현이 각기 한

독립된 단위로서 감사에게 직접 통하게 된다.[10]

라고 하여 우선 주·부·군·현이 대소가 서로 다르면서 서로의 사이에 종적으로 체계가 서지 않고 횡적으로 연계도 되지 않은 채 산만한 상태에서 제각각 감사 밑에 놓여 있는 것을 지적하였다. 그리고 이어서

감사(監司)는 한사람의 몸으로 수십백의 주현을 어떻게 보살피며 수령(守令)의 능부(能否)를 어떻게 다 파악할 수 있겠는가. 먼 고을 또는 궁벽한 고을은 감사소재지(감영, 도청)에서 수백리가 되어 성문(聲聞)이 미치지 못하고 순찰이 제대로 이루어지지 못하는 곳도 있다.[11]

라고 하여 감사는 감사대로 수많은 주부군현(州府郡縣)을 혼자서 옳게 다스리기에 힘의 한계가 있는데다가 지역의 폭원(幅圓)이 넓고 또 멀고 궁벽한 곳도 있어 더더욱 어렵다는 것이다.

뿐 아니라 현은 작고 부는 크다는 원칙도 지켜지지 않는 경우가 적지 않으며 같은 현이라도 대소가 현격히 차이가 나기도 한다. 마땅히 주·부·군·현을 일정한 기준 위에 통합 조정하여 토지의 후박(厚薄)에 따라 조세를 부과시키고 인민의 중과(衆寡)에 따라 요역을 정해야 한다.[12]

---

10 『顧問備略』 上 卷1, 2면, "中國之府, 統所屬州縣, 知其政治, 與我國之州府郡縣之各自爲政不同也. 夫大爲州爲府, 小爲郡爲縣, 小隸大, 大統小, 古制然也. 及今牧使府使郡守縣監, 各治其境, 不相統攝(今之鎭府, 亦有管郡縣之義而無與其政). 如楊州鎭管之爲高陽交河者而政治得失猶秦越肥瘠之視, 且府縣勢均, 皆自達于監司."

11 『顧問備略』 上 卷1, 2면, "夫以監司一人之身, 遍閱數十百州縣, 察其治否, 考其殿最, 豈能盡詳明, 遐陬僻邑之離臬司, 有千百里者, 聲聞不及, 巡按不到."

12 『顧問備略』 上 卷1, 3~5면, "乃今縣又未必盡小, 府又未必盡大, 且均是縣而縣之大小不同, 均是府而府之大小亦殊 …… 土地之所出者有厚薄, 以此科其財賦人民之所聚者有衆寡, 以此定其徭役."

라고 하여 지방행정단위, 즉 강계(疆界)를 합리적으로 개편하여 명실(名實)이 상부(相符)하게 함으로써 조세·요역 등 민생문제도 거기 따라 공평하게 된다는 것이다.

최성환은 지방제도에 있어서 상하상유(上下相維), 즉 종적 체계의 확립을 가장 중시하였다.

> 먼저 중앙으로부터 시작하여 팔도로 확대해나가야 하는데 중앙에는 한성부(漢城府)가 주진(主鎭)이 되어 오부(五部)를 통할하고 밖으로 외읍(外邑)의 제도도 중앙에서와 같이 하여 대략 오현(五縣)으로 기준을 삼는다. 가령 한도에 약간의 부를 두어 부에 부사가 있고 한 부에 약간의 현을 두어 현감이 있는데 모든 현은 부에 예속되고 모든 부는 도에 예속되어 가까운 데서 먼 곳으로 미쳐, 날로 백성들과 친근하게 지냄으로써 백성의 이익과 병해가 어디에 있는지를 알기가 쉬워진다.[13]

그의 안을 보면 경기도(京畿道)에 8부, 충청도(忠淸道)에 8부, 경상도(慶尙道)에 12부, 전라도(全羅道)에 11부, 황해도(黃海道)에 6부, 강원도(江原道)에 5부, 함경도(咸境道)에 16부, 평안도(平安道)에 21부를 두는 것으로 되어 있다.

여기 그의 안에서 경기도의 8부 및 그 예하의 군현들을 예로 들어둔다.

---

13 『顧問備略』上 卷1, 5~6면, "先自部內始, 達于四方, 部內則漢城府爲主鎭, 統五部, 外邑之制, 亦如部內, 而大率以五縣爲度. 如一道置若干府, 府有府使, 一府有若干縣, 縣有縣監, 諸縣隷於府, 諸府隷於道, 自近及遠, 日親民而利病易知."

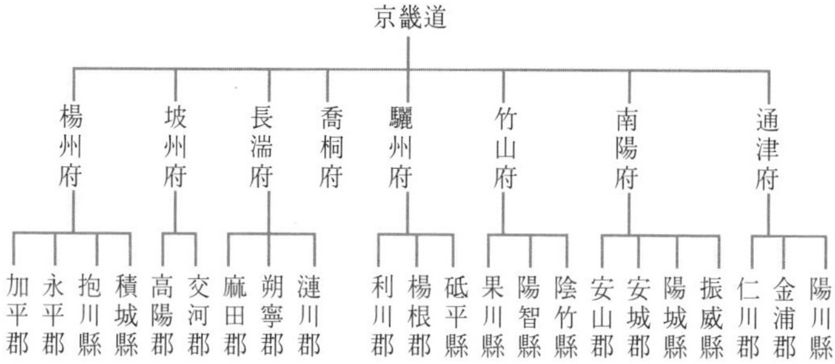

경기도에는 8부 외에 별도로 개성부(開城府)·강화부(江華府)·광주부(廣州府)·수원부(水原府)가 있는데 이를 사도(四都)라고 부르고, 유수(留守)는 경관(京官)으로 쳐서 다른 부와는 성격이 아주 다르므로 논하지 않았다. 다만 유수 밑에 있는 경력(經歷)·판관(判官)은 군현의 예에 의해 유수에게 예속되어야 하고, 여러 찰방(察訪)·감목관(監牧官)·첨사(僉使)·만호(萬戶)·별장(別將) 등은 모두 토단(土斷)으로 본부에 예속되어 군현의 예에 따라야 한다고 하였다.

최성환은 이와 같이 군현의 예를 강조하면서 되도록 예외를 두려 하지 않았다. 그리하여

> 감사는 도내의 제부(諸府)를 총괄 감독하고 부사는 예하(隸下)의 제군현(諸郡縣)을 안찰(按察)한다. 그 밑으로는 현감이 면(面)을 다스리고 면이 리(里)를 다스리고 리가 통(統)을 다스리고 통이 호(戶)를 다스린다.
>
> 아침에 명령한 것이 저녁이면 와닿고 가가호호 훈령(訓令)과 유시(喩示)를 잘 받들게 될 것이며 군제(軍制)와 관방(關防)도 모두 정밀 상세하게 다루어질 것이니 이것이 이른바 말에 오르면 군을 관장하고 말에서 내리면 민을 친하게 된다는 것이다.[14]

14 『顧問備略』 上 卷1, 10면, "監司總督道內諸府, 府使按察管下諸郡縣. 自此以下則縣以治其

'도비'의 뒤를 이어 최성환은 '통갑(統甲)'에서 지방행정 말단에 대한 재조직과 그것의 강화를 바랐다.

> 우리나라는 수도 서울의 각 부(部)에 방(坊)이 있고 계(契)가 있고 통(統)이 있으며, 외읍(外邑)에는 면(面, 부내의 방과 같음)이 있고 리(里, 부내의 계와 같음)가 있고 통(統, 부내의 통과 같음)이 있는데, 통에는 수(首)가 있고 리에는 존(尊)이 있고 면에는 정(正)이 있어, 예로부터 전해 오는 고의(古意)가 있다고 할 만하지만 일정한 성규(成規)가 있지 않아, 명칭은 있으면서 내실은 없다. 이제 마땅히 "종전 있던 그대로" 두고 그 제도를 신명(申明)하여 오가(五家)를 통(統)으로 삼아 통에 수(首, 지금의 통수)가 있고 10통(統)을 리(里)로 삼아 리에 존(尊, 지금의 존위)이 있고 10리(里)를 면으로 삼아 면에 정(正, 지금의 약정)이 있는데 모두 향인(鄕人) 중에 건강하고 성실한 자를 취하여 배치해야 한다.[15]

조세·역역(力役) 내지 조적(糶糴)에 관한 행정을 관(官, 군수현감)이 면에 하달하면 면은 리에 하달하고 리는 통에, 통은 가에 하달하여, 통은 리에 올리고 리는 모두 면에 올리고 면은 모두 관에 올리고 관은 부에 올린다. 그리고 도에 올리고 조정에 올린다는 것이다. 최성환은 당시의 부패 이완해진 지방행정에 효율성·능동성을 제고하여 국가의 기능을 활성화하려 했던 것이다.

面, 面以治其里, 里以治其統, 統以治其戶. 朝令而夕至, 家訓而戶喩, 以至於軍制關防, 無不精詳, 是所謂上馬管軍, 下馬親民."

15 『顧問備略』上 卷1, 15면, "我國部內則有坊有契有統, 外邑則有面(如部內之坊)有里(如部內之契)有統(卽部內之統), 統有首里有尊面有正, 猶有古意也. 但未有成規, 名存而實無矣. 臣愚謂宜仍舊存而申明其制, 使五家爲統, 統有首(今之統首), 十統爲里, 里有尊(今之尊位), 十里爲面, 面爲正(今之約正), 取鄕人之强謹者爲之."

4. 국방을 위한 군제혁신과 군비부담

최성환은 당시의 국계(國計)와 민생문제 중에 가장 크게 곤란하고 우려가 되는 것이 군정(軍政)·조적(糶糴)·공부(貢賦)·조전(漕轉) 등이라고 생각하였다.

당시의 군정에 대하여 최성환은 우선 국방을 담당할 군사정책이 통탄할 지경임을 가차 없이 말하였다.

> 우리 왕조의 군제에 대하여 중앙의 여러 군영은 우선 두고 향병(鄕兵)의 제도를 보면 속오(束伍)·상번(上番)·정병(正兵)·아병(牙兵)·승호(陞戶)·보인(保人) 등 복잡한 명목(名目)이 있는데, 이미 의무병이 아니고 모병제(募兵制)도 아니며 둔병(屯兵)·부병(府兵)·채병(寨兵)·보갑이갑제(保甲里甲制)도 아니다. 다만 그 명목에 따라 군포(軍布)를 공납할 뿐이고 처음부터 국방무비(國防武備)에는 관심이 없다시피 되어 있다. 만일 불행한 외침이나 내란이 일어나면 군사를 징발할 곳이 없다. 가는 곳마다 토붕와해(土崩瓦解)가 될 것이다. 임진·병자 양란을 돌아보면 어찌 한심하지 않을 수 있겠는가. 마땅히 오늘날 평안 무사할 때에 음우지비(陰雨之備)를 강구해야 할 것인바, 오늘의 계책은 또한 통갑법(統甲法)에 의할 수밖에 없다.[16]

라고 하여, 앞서 말한 '통갑'에 의거하여 평상시에 군사를 확보하자는 것이다. 통갑은 오가위통(五家爲統)에서 시작하여 통수(統首)·이존위(理

16 『顧問備略』 上 卷1, 22면, "我朝軍制, 京營勿論(各營之制, 又皆不同), 卽鄕兵之制, 有束伍上番正兵牙兵陞戶保人等號, 不一其名目, 旣非賦兵, 又非募兵, 又非屯兵府兵寨兵保甲里甲制, 而只隨其名, 責納軍布而已, 初無爲意於軍政武備. 不幸有萬一之虞, 則調發無地(今之軍丁, 多白骨黃口, 虛名生徵者), 所在土崩, 觀於壬南丙北之事, 豈不寒心哉?…… 宜於今日治平之時, 預爲陰雨之備. …… 爲今之軍者, 亦惟依統甲法."

尊位)·면약정(面約正)의 체계적인 향촌질서 속에 농사에 방해되지 않을 때에 무사(武事)를 익히되 궁전사(弓箭社)와 같이 상벌을 실시하여 권장하는 것이 유효하다는 것이다.

그는 왕안석의 보갑법(保甲法)을 골자로, 약간 간소하게 만드는 것이 좋다고 하면서

> 왕안석의 보갑법에 대하여 원우(元祐)의 제공(諸公)들이 모두 그 불편함을 말했는데, 왕암수(王巖叟)·문로공(文潞公)·소자첨(蘇子瞻) 등은 몹시 비난하였고 사마군실(司馬君實)은 힘껏 저지하여 결국 혁파하였다. 대개 당시 신법(新法)의 폐단에 대하여 격한 나머지 그것마저 배척했던 것일까. 선법(善法)도 폐단이 있는 것은 법을 실행하는 자의 잘못일 뿐이다. 그 좋은 점은 살리면서 잘못된 점만 바로잡으면 된다. 법이 나쁘다고 몰아붙여 폐기한다면 그것은 목에 체했다고 하여 밥을 먹지 않는 것과 같다.[17]

라고 하였다. 최성환은 보갑법뿐 아니라 종래 우리나라 사대부들이 모두 배척하던 왕안석의 신법을 대담하게 지지한 것이다.

군정이 국방무비에 관심이 없고 오직 군포의 수취를 목적으로 삼다시피 했으므로 이른바 '황구첨정(黃口簽丁) 백골수포(白骨收布)'라는 유행어가 나오게 된 것이다. 최성환은 『대전통편(大典通編)』의 면역조(免役條)와 성적조(成籍條)를 들어

> 부자 3인이 편오(編伍)된 자는 그 부(父)를 면제해주고 형제 4인이 편오된 자는 그 형을 면제해주도록 되어 있는데 지금은 10부자 10형제라도

17 『顧問備略』上 卷1, 22면, "王氏之保甲, 元祐諸公, 皆言不便, 王巖叟文潞公蘇子瞻, 多譏之, 司馬君實則力沮而竟罷之. 蓋有激於當時新法之弊而幷斥之歟. 夫善法之有弊, 固行法者之枉也. 觀其當而矯其枉而已. 幷謂法不善而棄之, 則是因噎而廢食也, 其亦過矣."

한사람도 면제해주지 않는다. 또 군사가 만 육십이 되면 자신이 면제받고 만 칠십인 자는 아들 하나를, 만 구십인 자는 여러 아들을 다 면제받도록 되어 있는데 그것은 국가에서 노인을 우대하는 성전(盛典)이다. 그런데 지금은 여러 아들은 물론 아들 하나도 면제해주지 않으며, 그 아들은 물론 칠십 구십 된 노인 자신도 면제받지 못한다. 독질폐질자(篤疾廢疾者)는 면제받게 되어 있는데 독질폐질은 물론, 병석에서 잔천(殘喘)을 헐떡이는 자도 면제되지 않으며 잔천을 헐떡이는 자만이 아니고 이미 죽어 십년 백년을 지난 자도 또한 면제받지 못하는 경우가 있다. 또 원래 군적을 만들 때 황구(黃口, 5세 이하 자)와 아약(兒弱, 14세 이하 자)을 충정하면 수령은 도배(徒配)하고 감색(監色)은 형배(刑配)하는 엄벌을 내리게 되어 있는데 지금은 아약 황구가 아니라 막 출생한 어린아이가 남아이면 군적에 얹고 남아가 아니라 여식이라도 군적에 얹는 경우가 있다. 어느 읍이든 다 이 모양이다. 백성들은 생육을 싫어한다. 자식이 많은 부모는 원통하게 생각하고 자식을 원수로 여겨, 낳자마자 버리기도 하고 부부 별거하여 일찍 단산을 하기도 한다. 인민이 어떻게 번식할 수 있으며 호구가 어떻게 감소하지 않을 수 있겠는가.[18]

라고 하여 국전(國典)이 사문화되고 민생이 처참한 당시의 상황을 남김없이 고발하였다. 그리고 군포전(軍布錢)의 실태를 다시 아래와 같이 밝혔다.

---

18 『顧問備略』 上 卷1, 24면, "父子三人編伍者, 除其父, 兄弟四人編伍者, 除其兄. …… 乃今日之民, 雖十父子十兄弟, 從無有一人免者. 又年滿六十者免, 年七十以上者之一子, 年九十以上者之諸子, 并免役. …… 盖朝家優老之典. …… 乃今非直其諸子之不得免, 卽一子亦不得免, 非直其子, 卽九十七十之老者, 亦不得免自身. 且無論篤疾廢疾而免, 卽一喘不絶, 苟委床席者, 亦不得免, 非直一喘不絶者, 卽已死者, 死而經十百年者, 亦不得免(是謂白骨收布). 又成籍條, 黃口兒弱充定, 守令徒配, 監色刑配. …… 乃今非直兒弱黃口, 卽落草而不女則籍, 非卽男也, 卽女而亦不免, 諸如此類, 無邑不然. 於是民不樂於生育而稍有多生者, 則曰寃乎天也, 天之使我窮也, 父母讎其子而疾之, 甚或始生而棄之. …… 有或男女異處, 絶夫婦之歡者. …… 人民何得以蕃息, 戶口何得以不減乎?"

군적(軍籍)에 올려 군포전을 징수함에 있어서 '정번(停番)' '고립(雇立)' 등의 이름 아래 곳곳에서 마구잡이로 거둬들여 이사이서(里社吏胥)로부터 관부상사(官府上司)에 이르기까지 모두 그것으로 용도에 충당하니, 실로 빈민(貧民)의 살림을 축내는 짓이다. 빈민의 살림살이가 축나는 것도 견디기 어려운 일이지만 살림이 축나지 않더라도 군역을 지는 사람은 남들이 천하게 본다(오늘의 제도에서 사족은 군역에 충정하지 않기 때문이다). 그래서 신분과 지처(地處)를 논할 때에 먼저 군역을 지고 있는지의 여부를 묻는다. 그러므로 조금이라도 힘이 있는 자는 갖은 수법으로 벗어날 궁리를 한다. 우선 군포전보다 백십배의 돈이 들어도 기어코 군적에서 빠져나간다. 오늘날 군적에 있는 자는 모두 빈궁무고(貧窮無告)한 백성들이다. 이들이 어떻게 가족의 생계를 보전하면서 군포전을 기한 내에 낼 수가 있겠는가. 매질과 곤장 아래 고초를 겪다가 처자를 팔아먹는 자, 고향을 떠나 유리하는 자, 심지어 도둑질을 하거나 자살하는 자가 있으니, 유유창천(悠悠蒼天)이여, 이 무슨 일이란 말인가. 원래 군은 관에서 양성해야 하는데 오늘의 관은 도리어 군에게 공급을 받고 있다. 군사를 은혜로 보살펴주어야만 그 성효(成效)를 바랄 수 있는 법인데 어찌하여 평일에 돈[군포전]을 징수하고 외적에 임해서는 죽음으로 싸워주기를 요구한단 말인가. 수백년 무한한 원한이 서려 있어, 돈을 요구하지 않고 죽음으로 싸워주기를 요구하지 않더라도 평일에 난을 생각(난이 일어나기를 바라는 마음)하지 아니하고 난에 임하여 화를 즐거워하지 않을 자가 극히 드물 것이다. 어찌 그들이 힘을 내어주기 바라겠는가.[19]

---

19 『顧問備略』 上 卷1, 26면, "軍布錢, 稱以停番, 稱以雇立, 在處濫徵. …… 下自里社吏胥, 以至官府上司, 莫不取給於此, 而適足爲貧民耗貲之地也. 貧民耗貲已不堪命, 卽不耗貲, 軍役之人, 人已賤之(爲因今日之制, 士族人不充定也). 故論地處者, 先問軍役與否. 是以稍有力之人, 百計圖脫. …… 雖多費於軍布百十倍錢, 期於落籍, 而今日軍籍, 皆貧窮無告之民也. 家何以保生, 錢何以趁期乎? 鞭扑剝割, 所在愁苦, 賣兒鬻妻者有之, 離井背鄕者有之. …… 古者兵皆養於官, 今日之官, 皆仰給於兵也. …… 今日之軍, 平日責其錢, 臨敵責其死也. 數百年怨恨, 固結于中, 卽不之責其錢責其死, 乃平日不爲之思亂, 臨亂不爲之樂禍者幾稀矣. 何望乎其出力也?"

라고 하여 군역을 지는 사람은 천인(賤人)으로 여겨지기 때문에 군포전 그 자체만이 문제가 아니라는 것이다. 조금 힘이 있는 사람이면 다 빠져나가고 오늘날 군적에 남아 있는 자는 모두 지극히 빈궁한 자들뿐이어서 온갖 기막힌 일이 나온다고 하였다. 군을 관에서 은혜를 베풀어가며 양성해야 적에게 사력을 다해 싸울 수 있겠는데 오늘날 관이 도리어 군을 착취해 먹으니 군이 어찌 나라를 위해 목숨을 바칠 것인가. 전쟁이 일어나면 평일의 원한으로 적에 가담하지 않을 자가 드물 것이라고 하였다. 이에 대해 최성환은 임금의 새 정치가 시작되려면 무엇보다 이 군포전을 일절 제거시켜 옛날 양병지제(養兵之制)가 회복되어야 하며 국가에서 모든 것을 지급할 형편이 안 되면 우선 관에서 부담하지 말고 백성들이 각자의 힘으로 '보(保)'를 만들게 해야 한다. 오직 '통갑'제를 성립시키면 민심이 모아지고 병력을 얻을 수 있을 것이니 수백년 고질적인 병폐가 하루아침에 다 고쳐져서 임금의 은혜를 즐기고 나라를 지키는 데 힘을 다할 것이라고 하였다.

군포전을 받지 않으면 나라의 재용(財用)이 크게 감손된다고 말하는 반대론자가 많겠지만 최성환은 그에 대한 자기의 새로운 주장을 내놓았다.

> 오늘의 군적은 모두 소민(小民)들이다. 이미 편오되어 삼시귀농(三時歸農)하고 일시강무(一時講武)하고 있으며 또 유방(留防)·점고(點考) 및 제반 부역(赴役)이 있는데 거기에 다시 군포전을 받으니 이는 첩역(疊役), 즉 중첩된 역이다. 그런데 신사(紳士, 관원)와 사족은 그 몸이 이미 병역에서 면제되어 있는데다가 가포(價布, 군포전)마저 부담하지 않아 누락된 호구와도 같다. 이 나라 이 땅에 사는 자로서 누가 임금의 신하가 아니겠는가. 그 중에서 군자는 노심(勞心)하고 소인은 노력(勞力)하며 군자는 사람을 부리고 소인은 사람에게 부림을 당하는데, 사람을 부리는 자는 사람을 고용하여 자기 대신 일하게 하는 것이고 사람에게 부림을 당하

> 는 자는 댓가를 받고 남을 위해 일하는 것이다. 마치 치가자(治家者)가 채초(採樵)와 제분(除糞)을 몸소 할 수 없으면 반드시 고공(雇工, 머슴꾼)을 두게 되고 가마를 타는 사람은 자기 발로 길을 갈 수 없기 때문에 반드시 교부(轎夫, 가마꾼)를 세(貰)주고 타는 것과 같다. 저 고공과 교부는 비천한 것인데 사람이 비천한 것을 사양치 않는 것은 댓가를 받기 때문이다. 댓가를 받는 쪽은 비천함을 알 것이고 댓가를 주는 쪽은 존귀함을 알 것이다. 오늘날 신사·사족과 같이 존귀한 사람은 마땅히 존귀한 일을 해야 할 것이니 댓가를 내는 것은 자력으로 할 수 없기 때문이요 비천한 자는 부역하여 자기 몸으로 하는 것이다. 이렇게 함으로써 귀와 천이 다 본분을 얻는 것이다. 이제 종래의 습관에 반하여 말을 하기를 "댓가를 내는 자는 귀족이고 몸으로 역에 응하는 자는 천류(賤類)이다"라고 한다면 누가 옳지 않다고 하겠는가. 그렇다면 군포전은 모두 '원납락위(願納樂爲)'의 전(錢)이 될 것이며 납전(納錢)을 불허할까 염려할 것이다.[20]

라고 하여, 군포전을 완전 제거하는 것이 당연하지만 나라의 재용을 위해 불가피하다면 군포전의 부과 대상을 달리해야 한다는 것이다. 현재 군적에 올려 있는 소민들이 군사훈련 및 기타 부역(赴役)을 하고 있는데 또 군포전을 낸다는 것은 첩역, 즉 이중부담을 하는 것이다. 이에 반해 신사(관인)·사족들은 병역면제에다가 군포전도 내지 않으니 이 나라의 왕신(王臣)—국민으로서 원칙이 틀린 것이다. 소인(소민)은 몸으로 병역

---

20 『顧問備略』 上 卷1, 27면, "今日之軍籍, 皆小民也. 旣已編伍, 三時歸農, 一時講武, 又有留防點考及諸般赴役, 又責其布錢, 是疊役也. 惟紳士與士族人則身旣免役, 又不責價布, 有同漏戶, 率土之濱, 孰非王臣? 君子勞心, 小人勞力, 君子役人, 小人役於人. 役人者, 雇人而代力, 役於人者, 受直而代人. 如治家者, 采樵除糞, 不可自力, 則必置雇工. 如坐輿者, 行脚走路, 不能自任, 則必貰轎夫. 彼雇工轎夫, 卑且賤也, 人亦不辭於卑賤者, 受直也. 因於受直而卑賤可知也, 因於給價而尊貴可知也. 今日之尊如紳士貴如士族者, 自應行尊貴之事, 尊貴者出直, 不可以自力也. 卑賤者赴役, 以身行也, 如是而後, 貴賤皆得本分矣. 於是反前習而爲之語, 曰出直者, 貴族也. 應役者, 賤類也. 夫誰曰不然? 夫然則是所收布錢者, 皆願納樂爲之錢(其名美故也), 而惟恐其不許納錢也."

을 지고 군자(신사·사족)는 몸으로 하지 못하는 대신 돈으로 의무를 다해야 하는 것이다. 다시 말하면 군포전은 '군자'로 표현된 신사·사족이 전적으로 부담해야 한다는 것이다.

혹은 또 빈사 즉 가난한 사족이 돈을 마련하지 못할 경우를 들어, 반대 의견을 말한다. 이에 대해 최성환은

> 빈사(貧士)는 물론 돈 마련이 어려울 것이다. 그러나 빈민은 더더욱 어렵다. 빈민의 직업이란 농(農)이 아니면 고용(雇傭), 또는 공(工)과 상(商)일 뿐인데 낙세(樂歲, 풍년)에 내내 고생을 하고 흉년에는 사망을 면치 못한다. 이것이 오늘의 빈민이다. 빈사도 농·고·공·상을 직업으로 삼아서 나쁠 것이 없으며, 또 혹 족친·인척·사환가의 도움이 있을 수도 있으니 빈민과 직업을 같이 하더라도 빈민보다는 유리한 것이다.[21]

라고 하여 빈사가 어렵겠지만 같은 왕신—국민으로서 빈사는 빈민보다는 처지가 상대적으로 유리하므로 탓하지 말라고 한 것이다. 군포전을 신사·사속이 전적으로 부담해야 한다는 것과 빈사도 농·고·공·상을 직업으로 하는 것이 나쁘지 않다고 한 것은 최성환의 중요한 의견의 제시이며, 우리의 주목을 끄는 대목이다. 뒤에 다시 언급하기로 한다.

5. 환정(還政)·전정(田政)과 조세금납화 정책

최성환은 환곡문제(조적)를 다루면서 상평창(常平倉)과 사창(社倉)을

21 『顧問備略』上 卷1, 28면, "貧士固難辦, 卽貧民尤難辦, 貧民之業, 不過爲農爲雇爲工爲商, 而樂歲終身苦, 凶年不免於死亡, 此今日之貧民也. 貧士之業, 亦不害於爲農爲雇爲工爲商, 而又或有族親姻戚宦家之睦恤, 則比之貧民, 所業同而所資則加, 不猶有勝於彼乎?"

아울러 설명하였다. 여러 읍창(邑倉)에 저장한 군자곡(軍資穀)·상평곡(常平穀)·진휼곡(賑恤穀)과 그밖의 각읍 미곡들을 조적법으로 정하여 봄에 백성들에게 대여해주고 절반은 창고에 남겨두며 가을에 대여한 곡식을 환수하되 십일의 모(耗)를 받는다. 이에 대하여 최성환은 "법이 좋아서 만세의 이(利)가 되는 것이라고 칭찬해놓고 법을 잘못 지켜 폐가 생긴 것으로, 지금은 백성을 이롭게 하던 법이 백성을 해롭게 하는 일로 바뀌어 민생의 뼈에 사무친 고막(痼瘼)이 되었다. 이로써 파산을 하고, 이로써 이산(離散)을 하고, 이로써 사망을 한다. 선과 악의 상반이 어찌 이렇게 되었을꼬"라고 자문하고는

> 오늘의 폐단은 다 옛날과 상반되는 데에서 생긴 것이다. 옛날 분급할 때에는 백성들이 다 얻기를 원했는데 지금은 백성들이 모두 분급에서 빠지기를 도모하여 강제 배정을 하게 되고, 옛날에는 백성들이 얻어갈 때에 많이 얻어가기를 원했는데 지금은 많이 돌아올까 두려워한다. 옛날에는 백성들에게 식구를 헤아려 분급하되 한 식구에게 1석에 지나지 않았는데 지금은 한 사람에게 십석 혹은 백석까지 배당된다. 옛날에는 모(耗)를 십(什)의 일(一)로 했는데 지금의 모는 십의 백, 백도 부족해서 생징(生徵)을 한다. 옛날에는 절반을 유고(留庫)했는데 지금은 전부를 나누어준다. 옛날에는 신곡(新穀) 구곡(舊穀)을 서로 교환했는데 지금은 신곡도 한꺼번에 없어진다.[22]

라고 하여 상세하게 설명하였다. 그리고 환곡이 옛날과 지금이 상반된 이유를 적나라하게 들추어놓았다.

---

22 『顧問備略』 上 卷1, 29면, "今日之弊, 皆反於昔, 昔之分給也, 民皆願得, 今則民皆圖免而至於抑配, 昔之民, 得之也. 惟恐其不多, 今則惟懼其不少. 昔之民, 計口而給, 口不過一石, 今則一人而或十百石. 昔之耗什之一, 今之耗什之百, 百之不足而爲生徵, 昔之留庫折半, 今則盡分, 昔之穀, 新舊相換, 今之穀, 並新而盡無."

> 옛날의 환곡은 받을 때나 도로 갚을 때에 두곡(斗斛)이 같고 모(耗)가 십(什)의 일(一)뿐이다. 춘궁기에 이 곡식을 얻어 농량(農糧)도 하고 종자(種子)도 한다. …… 뒤로 내려오면 자꾸 달라져서 봄에 받을 때 두곡을 평량(平量)으로 했는데 가을에 갚을 때 두상(斗上)에 일분(一分) 후(厚)를 가(加)하고 곡상(斛上)에 일분 후를 가하여 …… 봄에 빌린 1석이 가을에 2석으로 마감되는 것이 관례이다. …… 봄의 1석은 대개 쭉정이로 …… 오늘날 환곡의 배당에서 빠지기를 원하는 것은 이 때문이다.[23]

라고 하여 본래의 법의 취지가 아주 변질되어 지금 백성들의 생활에 큰 질곡이 되어 있음을 구체적으로 보여주었다. 그밖에 「이전작환법(以錢作還法)」「작전법(作錢法)」「가작법(加作法)」「부탁환법(付託還法)」「첨환법(添還法)」「와환법(臥還法)」「방환법(防還法)」 등 각종 사기 협잡들이 닌무하였는데 이는 모두 관리와 집행사 등의 탐독(貪瀆)으로 이러한 말초현상이 나타난 것이다. 최성환은 환곡의 폐가 백폐 중에 더욱 심한 이유를 곡물가의 앙앙(仰昂), 두(斗)의 증감, 곡(穀)의 정조(精粗)에 의해 쉽게 환롱(幻弄)할 수 있기 때문이라고 말하고, 그 폐를 교구(矯捄)하려면 전곡양행법(錢穀兩行法)을 시행하고 한(漢) 경수창(耿壽昌)의 상평창(常平倉)과 송(宋) 주회암(朱晦庵)의 사창(社倉)의 제도를 취하여 이자(二者)를 겸용하되 시의(時宜)에 따라 짐작해야 된다고 하였다.

공부(貢賦)에 대하여 최성환은 우리나라 정부가 국민으로부터 전세(田稅)의 결부제(結負制)에 의한 수조(收租)와 공물(貢物)의 대동법(大同法) 제정에 의한 외읍(外邑) 미(米)·목(木)·전(錢)의 경창수납(京倉收納), 그

23 『顧問備略』 上 卷1, 30면, "昔之穀, 斗斛而分, 其還上也加分, 例加耗什一而已. 故方春東作艱食之時, 得此而爲農糧, 得此而爲種子 …… 自後隨時弊生 …… 分給所得, 斗斛平量, 及其秋償也, 斗上加一分厚, 斛上加一分厚 …… 春得一石者, 秋捧時, 例以二石磨斟 ……春之所得一石者皆糠粃 …… 其實則不過一二斗也. …… 此今日之圖免而至於抑配者也."

리고 창주인(倉主人, 공물주인)을 통한 경무진납(京貿進納)을 하고 있는 것을 원칙적으로 잘된 법이라고 하였다. 그러나 정부가 외읍에서 수취하는 것이 명목이 번잡하여 전세미(田稅米)·대동미(大同米) 외에 또 삼수미(三手米)라는 것이 있어, 모두 전결에 부과하고 있다. 매 1결의 수취율을 충청도의 사례로 말하면 전품(田品)을 9등전으로 나누어 하하전(下下田)의 세미(稅米) 4두, 대동미(大同米) 12두로부터 상상전(上上田)의 세미 20두에까지 이르고 삼수미(三手米) 1두2승을 보태어 받는다. 이는 1결의 세미 중에서 명목을 달리하는 것이다. 가령 중중전(中中田)으로 계산하면 25두 2승이 된다. 이것을 몇 차례로 나누어 완납하게 하는데, 예를 들면 전세는 모일(某日)에 바치고, 대동미는 모일에, 그리고 삼수미는 모일에 바치게 한다. 이것을 백성들이 각자 스스로 조창(漕倉)에 수납하게 하니 조창에서 거리가 먼 백성들은 부대(負戴) 왕래하면서 많은 시일을 소비하고 관리들은 마음대로 주구를 일삼아, 그때마다 견디기 어려운 실정이다.

백성들은 관리 대하기를 시랑(豺狼)과 같이 싫어하는데 1년에 한 번도 아니고 3, 4차례씩 만나니 기가 차는 일이다. 미(米) 한가지를 가지고 말하더라도 미(米)가 기분(幾分)은 소미(小米)로 기분은 황두(黃豆)로, 그리고 기분은 면포(綿布) 또는 마포(麻布)로 준절(準折)하기도 하였다. 또 미를 작전(作錢)함에 있어서 기분은 황두로 작전하고 기분은 면포로 작전하기도 한다. 작전에 있어서도 규정이 한결같지 않아 미 1석은 황두 2석으로 치고 혹은 면포 3필 반으로 친다. 미 1석은 4냥 5전 혹은 5냥이고 황두 1석은 1냥 7전 혹은 2냥 4전이며 소미 1석은 3냥 5전 혹은 2냥 5전이 된다. 그 밖에도 허다한 높낮이가 있는데 모두 전 1결의 세미로부터 불어난 것이다.

이러고서 어찌 백성이 안정되게 살 수 있으며 어찌 소요를 일으키지 않을 수 있겠는가. 1결의 세가 이와같이 세쇄하니 1결이 안되거나 기부(幾負) 기속(幾束)의 세는 또 어떠하겠는가. 이와같이 세쇄하니 문부(文簿)가 착잡하고 명목이 다단한 것을 알 만하다. 비록 암산을 잘하는 사람도 파악이 어려운데 향촌의 어리석은 백성이 어찌 현혹되지 않겠는가. 이에 관리들이 농간을 부려 1석의 세를 수삼 석으로도 완납이 안되게 된다. 오늘날 세가 무겁고 백성이 곤궁한 것이 모두 이 때문이다. 그러나 국고수입은 단 한푼도 늘어난 것이 아니고 오직 관리의 사복만 채우는 것이다. 최성환은

> 생각건대 세법을 고쳐 정하고 허다한 명목을 없애며, 아울러 대전(代錢)으로 봉납(捧納)케 하는 것이 마땅하다. 만약 1결의 세를 15냥으로 정한다면 1부(負)는 1전 5분이 되고 1속(束)은 1분 5리가 된다. 이렇게 하면 많게는 백천 결에서 적게는 1, 2속에 이르기까지, 그 수치가 알기에 간편하여 백성들이 매우 편하게 여길 것이다. 또한 관리는 농간을 부릴 수 없게 되어, 백성들이 그 이익을 누리게 될 것이다.[24]

라고 하여 모든 조세를 금납(金納)으로 일원화함으로써 온갖 폐단을 시정할 수 있다는 것이다. 이때 이미 국가에서 조세 중 일부를 대전(代錢)으로 받아오기도 했으나 미·두·포목 등과 함께 잡연히 병행하여 엉망이 되어 있었다. 최성환과 같이 조세금납화(租稅金納化) 정책의 전면적 실시를 강조한 것은 처음 있는 일이고 또 그만큼 획기적인 것이었다.

최성환은 이 조세금납화 정책에 대한 두 가지 반대의견을 상정하고 다음과 같이 말하였다.

---

24 『顧問備略』 上 卷2, 11면, "臣愚謂宜更定稅法, 除許多名目, 幷以代錢捧上. 如一結之稅, 定以十五兩, 則一負爲一錢五分, 一束爲一分五里也. 如此則多自千結, 少至一二束, 而其數甚簡易知, 民甚便之. 又官吏無以爲奸而民受其利."

혹자는 또 조세를 완납할 때에 백성으로 하여금 곡식으로 납부케 하면 실행되기 쉬운 반면에 돈으로 납부케 하면 궁민(窮民)들이 어떻게 그것을 마련할 수 있겠는가라고 우려한다. 그런데 백성들에게 이미 납세할 곡식이 있다면 어찌 곡식을 팔아 돈으로 마련할 수 없단 말인가. 게다가 또 이때에 상평창이 세워져 있어서 바야흐로 돈을 풀어 곡식을 사들일 터인즉 돈 또한 마련하기 어렵지 않을 것이다.[25]

그리고 이어서

혹자는 또 염려하기를 나라의 법(法)에 방납(防納)을 금지하고 있는데, 이는 사방의 곡식으로 경사(京師)를 넉넉하게 하려는 것이다. 그런데 지금 그 곡식의 반입을 중지시킨다면 나라의 근본인 경사가 넉넉해지지 못할까 걱정스럽다고 한다. 경사(京司)에 이미 상평창의 제도가 마련되어 있으니 전세와 대동미의 대금으로 올라온 돈을 창주인에게 주어 시가에 맞게 곡식을 구입하게 한다면, 곡식이 먼 지방으로부터 올 수 있어서 서울이 넉넉해지지 않을 까닭이 없다. 또 소미·황두·면포·마포 등을 함께 구매한다면 서울에 곡식이 풍족해질 것이다.[26]

라고 하여 백성들이 곡식을 팔아 돈을 만들기가 어렵지 않고 또 상평창에서 돈으로 곡식을 사들이게 되므로 서울에 얼마든지 곡식이 들어와 있게 된다는 것이다.

최성환은 또 조세를 현곡(現穀)·현물(現物) 등으로 받아들이기 위해

25 『顧問備略』 上 卷2, 11~12면, "或又疑當完租之時, 使民納穀, 則易爲力, 而使之責錢, 則窮民何以辦得? 殊不知民旣有此可納之穀, 則何不賣穀以得錢? 況又此時所在常平倉, 方皆散錢貿穀, 則錢又不難得矣."

26 『顧問備略』 上 卷2, 12면, "或又疑國典有防納之禁, 盖欲以四方之穀, 以贍京師也. 而今此幷停其穀, 則恐根本不贍. 殊不知京司旣設常平倉之制, 以田稅大同所捧錢, 授之倉主人, 從時價貿納, 則穀自遠方至, 無不贍之理. 又兼貿小米黃豆綿布麻布之類而足矣."

막대한 조운(漕運)의 비용을 지출하고 있는 당시의 실정을 낱낱이 열거하였다. 전세의 조선(漕船)으로 사용하는 전국 각 창 소속 관선(官船)의 수리 내지 신조(新造)의 경비와 5, 6천명의 조군(漕軍)에 대한 급여로 매명당 매년 2결을 급복(給復)하는 경비가 엄청나고 또 조창(漕倉)에 속하지 않는 각 도 제읍의 전세는 모두 사선(私船)을 임용(賃用)한다. 대동미도 경기도 수원 등 23읍을 위시한 각 도 제읍의 것을 모두 사선으로 임용하는데 또한 그 경비가 헤아릴 수 없을 만큼 많다는 것이다. 게다가 풍파에 난파되거나 색리(色吏) 선인배(船人輩)가 투절(偸竊)한 뒤에 그것을 감추기 위해 고의로 함몰시키는 일이 자주 일어난다. 이 모든 것을 합산하면 가의(賈誼)가 말한 바와 같이 1전의 부세를 위해 10전을 소비한다는 것이다. 최성환은,

> 지금부터 전세는 물론이고 대동미도 돈으로 봉납(捧納)케 하고 이것을 법령으로 확정한다면 막대한 조운의 비용이 줄어들어 국가는 열배의 이득을 거두게 될 것이다. 조운에 의존하지 않고도 서울에 현곡 현물이 쌓이게 되어 더욱 여유가 생길 수 있다는 것은 '공부'조에 보였고, '상평창'의 법에도 명확한 증거가 갖추어져 있다.[27]

라고 하여 현곡·현물 등의 조운을 폐지하고 금납화정책(金納化政策)을 여행(勵行)하면 그 폐단이 없어진다는 것이다.

여기 첨부하여 말해둘 것은 국가재정에 관한 견해이다. 최성환은 절용(節用)을 통하여 정부 각 기관의 낭비를 최대한 줄이는 동시에 회계장부의 철저한 정비를 요구하였다. 지금 호조(戶曹)와 선혜청(宣惠廳)의 장부

---

27 『顧問備略』 上 卷2, 14면, "臣愚謂宜自今, 無論田稅與大同, 幷以代錢上納, 著爲令, 可以省無限轉漕費, 而國收十倍之利矣. 其京師積貯之不必仰給於漕運而愈得其裕者, 見於貢賦條, 而常平倉法備有明證也."

를 보면 숫자상으로 풍영(豐盈)해 있지만 실제로는 궁핍곤란이 말이 아닌데 그것은 포흠(逋欠)·차대(借貸)·선하(先下, 선불) 등의 이유 때문이라는 것이다. 조정에서 인사행정에 지나친 관대를 해오고 가혹한 감사가 없어, 그렇게 된 것이라고 하였다. 그리고 그는 국가재정의 충실을 위해 세원(稅源)을 확보해야 한다면서 민간의 어업(漁業)·염업(塩業)·선업(船業)에 대하여 그 세를 국고에 들여넣자고 하였다.

> 장시(場市)에 대한 과세와 염(塩)과 철(鐵)에 대한 수익은 삼대(三代) 이래로 모두 정해진 법제가 있다. 이로써 정부의 경비와 군향(軍餉)·녹봉(祿俸)을 조달하는 것으로, 실로 모든 국가가 이에 의존하는 바 큰 것이다. 우리 왕조의 혜정(惠政)은 뭇 백성들과 더불어 산택(山澤)의 이(利)를 공유하고자 하여 심하게 징세하지 않은 채 내려왔다. 그런데 지금은 세를 거두는 명목이 너무 많아 그 대상이 되지 않는 것이 없다. 그러나 그 이익은 모두 각 관방(官房)과 각 아문(衙門)으로 귀속되어 중간에서 녹아 없어지고 국용에는 조금의 도움도 되지 못하니, 애석할 뿐이다.[28]

그는 당시 이 어(漁)·염(塩)·선(船)에 대한 세도 생선·소금류의 현물이 아니고 돈으로 받아야 한다고 생각했던 것 같다. 역시 조운에 의존하지 않는다는 것이다.

---

28 『顧問備略』上 卷2, 21면, "至於市糴之征, 塩鐵之利, 三代以來, 皆有定制, 於是而爲經費, 爲軍餉, 爲祿俸, 實有國之所仰給者也. 我朝惠政, 欲與庶民共山澤之利, 不甚徵稅矣. 今則收稅多端, 乃無不稅之物, 而其利, 盡歸於各宮司, 從中消融, 而與國用無尺寸之補, 惜哉."

6. 치수사업에 있어서 공인·공역의 폐지와 민간청부제 도입

최성환은 치산치수(治山治水), 특히 치수에 많은 관심을 보였다. 그는 우선 도성 내의 개천(청계천)에 대하여 매년 요수(潦水)의 범람으로 시가와 인가에 큰 피해를 끼치게 되고 조정에서 이에 대한 대책으로 일대 정사(政事)를 삼아, 준천사(濬川司)라는 관청을 개천 곁에 설치하여 도제조(都提調) 제조(提調)를 모두 현직 대신 및 장신으로 겸임케 하고 비변사(備邊司) 중에 중망이 있는 1원을 파정(派定)하여 업무를 전관(專管)케 하니 그 소임이 크고 그 책임이 무겁다. 3년마다 소준천(小濬川)이 있고 5년마다 대준천(大濬川)이 있는데 준천의 비용이 3년째의 것은 3만냥, 5년째의 것은 5만냥이 든다. 이것을 1년 단위로 분배하면 매년 겨우 1만냥이 되는데 이것으로 구차히 미봉할 뿐이다. 만약 힘과 성의를 다해 깊이 파내어서 '경진년(庚辰年) 지평(地平)' 또는 '계사년(癸巳年) 지평'처럼 하려고 하면 그 들어가는 돈이 1만냥의 몇배가 될 것이다. 준천이 옛날처럼 안되는 것이 이 때문이다.

또 3년 내지 5년 만에 한번씩 준설(濬渫)하기 때문에 그동안 흘러내려와서 쌓인 사토(沙土)가 천변의 육지와 거의 비슷한데 다년간 쌓인 사토를 들어내다가 도로에 버리니 도로는 점차 높아지고 인가는 점차 낮아져서 묻힐 지경일 뿐 아니라 버린 모래가 사람의 발에 밟혀 흩어져서 이리저리 구르다가 결국 다시 개천으로 들어간다. 이리하여 개천이 자꾸 막히는 것이다.

이에 대하여 '모인고역(募人雇役)', 즉 관에서 인부를 모집하여 역사(役事)를 시키는 법을 만들었는데 말할 수 없을 정도로 잘못되어 있다. 3군영(軍營)에서 각기 담당구역을 두고 장관이 모든 것을 주관하고 장교가 검찰하고 등패(等牌)가 소모(召募)하고 인부가 부역(赴役)하는데 인부들의 태업(怠業)에 대하여 감독이 제대로 되지 않는다. 원래의 책임량은 한 인부의 하루의 작업이 50차 내지 70차에 걸쳐 모래를 운반하게 되어 있는데 지금은 하루에 수십차에 그치고 또 매차의 운사(運沙)가 1궤(簣)에 불과한데 그것도 1궤는 이름뿐이고 실은 반궤일 따름이다. 게다가 몸을 일으킬 때 고의로 몸을 흔들어 모래가 반이나 유락하고 몸을 일으킨 뒤에는 걸음걸이가 온당치 못하여 어깨와 발이 제대로 놀아, 모래가 기울어 엎질러진 것이 그 반이 된다. 이로써 보면 "십부의 역(力)이 일부의 공(工)이라"고 한 것이 과론(過論)이 아니다. 최성환은

> 그 폐단의 소자출(所自出)을 궁구해보니, 이는 공인(公人)으로 공역(公役)을 행하여 공전(公錢)을 쓰기 때문이다. 현재 바로잡을 수 있는 방법은 공(公)을 사(私)로 바꾸어 '각자위공(各自爲功)' 즉 사람마다 자신의 공(功)이 되게 하는 것이다.[29]

라고 하였다. 공을 사로 바꾼다는 것은 관에서 직접 관리하지 말고 민간(民間)에 청부(請負)를 주어 민간인의 책임하에 수행하라고 한 것이다.

> 그 방법은 도성에서 근실(勤實)하고 일을 잘 처리하는 사람 수십인을 모집하여 공계(貢契)를 만들게 한 후, 그들에게 매년 준천사(濬川司)로부터 대가를 지급받게 하여 사적인 고군(雇軍)으로 일을 하게 하는 것이다.[30]

즉 최성환은 도하에 근실하고 능력이 있는 자들로 공계를 조직케 하고

29 『顧問備略』 濬川, 11면, "究其弊之所自, 則爲是用公人行公役費公錢之故也. 目下矯捄之方, 惟有變公而爲私, 使人各自爲功而已."

30 『顧問備略』 濬川, 11면, "其法, 募都下勤實幹事者數十人, 作爲貢契, 使之每年收價於濬川司, 而私自雇軍擧行也."

매년 준천사로부터 돈을 받아 자기들 스스로 군정(軍丁)을 모집하여 거행하게 한다는 것이다.

> 이와같이 한다면 저들 공인(貢人) 된 자들이 몸소 감독함으로써 반드시 인순(因循)하여 헛되이 날을 보낼 염려가 없어질 것이니 한 사람의 힘으로 열 사람의 성과를 얻을 것이다. 이는 이치의 당연함으로, 준천의 소통 또한 반드시 오늘날 공역(公役)보다 열배의 효과가 있을 것이다.[31]

라고 하여 관기(官紀)의 해이에 따라 관에 의한 공사가 위와 같이 부실하고 지연되기 짝이 없으므로 민간청부제를 도입하자는 것이다. 다만 정부에서 해마다 공인에게 돈을 준다는 것이 어렵다고 여길지 모르기 때문에 최성환은 과감하게 다음과 같이 주장하였다.

> 또 혹시 연례로 돈을 낸다는 것을 어렵게 여길지 모르지만 반드시 한 차례 크게 한몫을 떼내어 십만냥 정도를 한꺼번에 주어, 공인(貢人)으로 하여금 해마다 증식하여 그 쓰임에 기금(基金)이 되게 한다면 공인들이 원치 않을 까닭이 없을 것이다. 정부에서 비록 창졸간에 마련하기 쉽지 않을지라도 한번 투자를 하고 나면 길이 다시 돌아보는 근심이 없을 것이니 진실로 만세의 이로움이 될 것이다.[32]

이미 모든 면에서 요역노동체제(徭役勞動體制)가 광범히 붕괴되어버린 당시에 관에서 동원하고 시행하는 일이 돈을 준다고 해서 제대로 될 수

31 『顧問備略』 濬川, 11~12면, "如此則彼爲貢人者, 自當躬行董督, 必無因循曠日之患, 而一夫之力, 可得十夫之功矣. 此理勢之固然, 而濬川之疏通, 必有十倍於今日公役矣."

32 『顧問備略』 濬川, 14면, "又或難於年例上下, 則必爲之一番大劃給, 十萬兩, 擧而授之, 使貢人年年生殖以資其用, 則貢人者, 應無不願之端. 而在朝家, 雖有倉猝難辦之慮, 得一番設施, 則永無更顧之患, 誠萬世之利也."

없음을 간파했던 최성환은 민간청부제를 통하여 '각자위공(各自爲功)' 즉 개인별 능력 위주의 효율성을 최대한 활용하려 하였다. 준천사에 관한 것은 특히 그 일단일 뿐이다.

7. 인재등용의 공정성과 새로운 직업관

최성환은 국가 위정(爲政)에 있어서 인재를 구하는 것이 제일의에 해당하는 것으로 보고 인재의 양성을 위한 학교제도(學校制度)와 인재의 선발을 위한 과거제도(科擧制度)를 논하면서 당시 우리나라의 잘못된 현실을 심각히 지적하였다. 그는 무엇보다 인재등용에 있어서 지역편중·문벌편중의 결과로 인재는 사환(仕宦)과 관련이 없고 사환의 낙(樂)은 오직 소수 특정 귀족의 가물(家物)이 되었다고 말하면서 지역편중·문벌편중의 실제를 들어 말하였다.

> 예컨대 우리나라 8도 안에서 본래 잘 기용하지 않던 서북(西北) 3도의 인사(人士)는 아예 제외하고, 5도의 인사로서 크게 기용된 자 또한 거의 없는 편이다. 간혹 지방에서 한두 명의 드러난 사람들이 있지만 또한 모두 경화세족(京華世族)으로 그곳에 유우(流寓)한 집안이고 본래 그 지방의 인사라고 말할 수 없다. 오늘날 뽑혀 쓰이는 자는 오직 경기 한도일 뿐이다. 경기 한 도도 모두 그러한 것이 아니고 오직 도성(都城) 오부(五部) 안에 그칠 뿐이다. 도성 오부는 우리나라 전국토를 들어 따진다면 삼백분의 일에 불과하다. 그런데 삼백분의 일이 다 그러한 것도 아니고 오직 그중의 세경사대부(世卿士大夫)에 그칠 뿐이며, 세경사대부 중에서도 오직 귀족대성(貴族大姓, 외척 벌열)에 그칠 뿐이다. 그러니까 그 일분 가운데서도 겨우 백천분의 일에 해당하는 것뿐이다.[33]

이러한 편중은 마침내 일반 양반귀족도 불운을 당하는 사태를 불러왔다.

> 그러나 귀족 중에서도 이 낙(樂)을 얻는 자 또한 많지 않다. 귀족이 이 사환으로 인해 고통받는 자가 더욱 많은데, 그 고통은 한족(寒族, 평민)에 비해 더욱 심하다. 대저 귀족의 소업(所業)이란 오직 사환 한길에 있을 뿐이다. 이미 생을 영위할 방도가 없고 또 몸을 보양할 계책도 없으면서 오직 과거 보느라 분주하여 세월을 다 흘려보내고도 합격이 안되어 종신토록 한 관직도 얻지 못한다. 만년에는 온갖 괴로움을 씹으며 백수포의(白首布衣)의 형편에다 끼니도 잇지를 못한 채 도로에 엎어지고 구학(溝壑)을 메우는 자가 흔하게 나타나고 있다.[34]

라고 하여 양반귀족 중에도 벼슬에서 빠진 사람이 많아, 그 생활의 고통은 한족(寒族)보다 더하다는 것이다. 그는 관료를 올바로 임용하기 위해서는 문족(門族)의 지위 고하를 전혀 염두에 두지 말고 오직 능력 위주로 선발해야 할 것이며 해당 기준에 들지 않는 사람은 다른 직종을 택해가야 한다고 하였다.

> 무릇 관인(官人)은 반드시 일정한 과정을 거쳐 뽑힌 선거인(選擧人) 중에서 임용해야 한다. 그 외의 사람들은 농사를 짓거나 장사를 하거나 기술을 배우는 데로 돌아가 생업에 힘쓰는 것이 좋다. 스스로 농사짓고

---

33 『顧問備略』 下 卷4, 17면, "如國家地方八道內, 除西北三道人士, 素不大用外, 五道人士之大用者, 又絶無, 或有一二顯者, 亦皆京華流寓也, 不可作外方人士論. 則今日所求而收用者, 惟京畿一道也. 京畿一道而猶不能皆然, 惟畿甸五部內是已. 則擧千里之地而三百分之一也. 三百分之一而猶不能皆然, 惟世卿士大夫是已, 世卿士大夫而惟貴族大姓是已. 則其一分之中, 又僅百千分之一也."

34 『顧問備略』 下 卷4, 19면, "然貴族之得此樂者, 亦復無多人, 而貴族之以此爲苦者, 更居多, 其苦有反甚於寒族者也. 夫貴族之所業, 惟仕宦一條路而已. 旣無營生之道, 仍無資身之策, 奔走科試, 流盡歲月, 終身不得一資. 窮年喫盡萬苦, 白首布衣, 糟糠不繼, 殭于道路, 塡于溝壑者, 比比皆然."

장사하고 기술에 종사하면서 재덕(才德)을 함께 닦아 명성이 있게 되면 자연 향시(鄕試)에 응하여 천거를 받아 출사할 수도 있다. 그렇게 되지 못하면 다시 농·상·기술로써 생업을 삼아야 한다. 그러므로 사환에 종사하는 자가 반드시 모두 양반귀족일 필요가 없으며 농·상·기술자가 반드시 모두 한족(寒族)일 필요도 없다. 이렇게 되면 사람들은 모두 항산(恒産)과 항심(恒心)이 있게 되고, 양반귀족과 한족이 모두 고통받지 않게 될 것이다.[35]

라고 하여 직업에 귀천이 없는 것이니 과거(科擧) 한 가지 길에 매달리지 말고 자기 형편에 맞는 직업을 골라 살길을 도모해야 한다. 이렇게 되면 귀족과 한족이 모두 살길이 있게 되고 고통에서 벗어날 수 있다는 것이다.

그런데 일부 인사들이 한족과 하인(遐人)들은 견문이 넓지 못하고 학술(學術)이 조소(粗疎)하여 대용(大用)할 수 없다고 하면서 귀족이 아닌 사람을 등용하는 것이 마땅치 않다고 하였다. 이에 대하여 최성환은

하늘이 사람에게 성(性)을 부여함에 있어서 원래부터 후박(厚薄)이 없었으니, 어찌 귀천(貴賤)과 하이(遐邇)의 구별이 있을 수 있겠는가? 다만 한족(寒族)과 하인(遐人)은 스스로 버려진 사람으로 자처하여 실력을 배양한 적이 없으며, 학업을 무용하다고 여기고 경제를 우활(迂闊)하다고 여겨, 신분의 향상을 이루지 않고 명예도 희구하지 않는다. 이것이 한족과 하인 중에 훌륭한 인재가 없는 까닭이다.[36]

---

35 『顧問備略』下 卷4, 20면, "凡官人, 必以前所論選擧人中取用, 餘皆歸農歸商歸傍歧, 則生業胥矣. 更自農自商自傍歧而才德幷修, 有可稱, 則自應鄕擧得薦, 可以出而仕矣. 否則還是農商傍歧而生業也. 然則仕宦者, 未必盡貴族, 農商傍歧者未必盡寒族也. 於是人皆有恒産有恒心, 貴族寒族幷無所苦."

36 『顧問備略』下 卷4, 17~18면, "天賦人性, 原不厚薄, 豈有貴賤遐邇之別? 但寒族遐人, 自分棄置, 未曾培養, 以學業爲無用, 以經濟爲迂闊, 不作身分, 不圖名譽. 此所以無奇異之才."

라고 하여 종래 양반귀족 위주의 인재론(人材論)을 부정하고 새로운 직업관(職業觀)의 형성을 촉구하였다.

8. 맺음말

우리나라 역사에 있어서, 중세에서 근대로의 이행과정이 외부로부터의 충격에 의해서 된 것만이 아니고 내재적·주체적 발전의 계기를 자체에서 찾아보려는 노력의 일환으로, 사상사의 전환에 유의하여 실학사상이 개화사상으로 옮겨가고 있음을 밝혀보려 하면서 특히 중인 출신 최성환의 『고문비략』을 중심으로 그것을 다루어보았다.

실학이 유교경선의 연역(演繹)으로부터 '역산물리(曆算物理)'의 과학세계로 옮겨온 것은 최한기의 여러 저술에서 보아왔거니와 행정·경제에 대한 구체적 논술은 최성환의 『고문비략』에서 더욱 탈성리학(脫性理學)·탈중세적(脫中世的) 경향을 보여주고 있다. 이 『고문비략』의 분석을 통해 종래의 실학사상이 최성환에 이르러 개화사상과 더욱 거리를 좁히고 나아가 '시민'적 사고에 한층 가까워지고 있음을 증명할 수가 있다. 실제로 개화정치의 기수인 유길준(兪吉濬)이 그의 일련의 개혁이론에서 최성환을 높이 평가하여 "근유최성환(近有崔瑆煥) 경제사야(經濟士也)"라고 하면서 최성환의 세제개혁론(稅制改革論)을 전폭적으로 받아들이기도 하였다.[37]

정치참여가 전혀 불가능했던 중인층이 개혁에 더욱 열의를 갖고 있었던 것은 당연하다. 하지만 중인의 실학사상은 종래 양반 사대부층의 체

37 兪吉濬全書編纂委員會(1971), 『兪吉濬全書』 IV, 일조각, 179~89면.

제개혁론과도 다르다. 사대부층은 기본적으로 '천덕왕도(天德王道)'라는 유교적 이념과 원칙에 기반하여 체제를 개혁하려는 데 반해, 중인인 최성환은 그러한 이념과 원칙보다 '종시제의(從時制宜)', 즉 '때에 따라 형편에 따라 합리적으로 처리'한다는 것이다.

최성환의 『고문비략』은 이를 잘 말해준다. 그는 ① 전국의 지방행정제도를 개편하여 주군현(州郡縣)의 할거주의적인 독자적 행정을 횡적으로 연결시키는 동시에, 왕을 정점으로 하는 종적 체제를 만들어 중앙정부의 권력을 강화하는 동시에, ② 모든 세금을 금납제(金納制)로 통일하여 복잡한 현물조세정책(現物租稅政策)에서 오는 관리들의 부정과 수탈을 막는 동시에, 상평창의 창주인으로 하여금 현금으로 미곡을 매입케 하고, ③ 왕족들의 착복에 그쳤던 어업·염업·선업 등 산택자원(山澤資源)에 대한 세금을 국가가 받아 재정을 강화하며, ④ 공인(公人)을 동원하여 공전(公錢)을 소비함으로써 부정이 극에 달하고 있는 국가의 공역 등을 민간청부에 의해 해결할 수 있게 하자고 하였다. 그는 민간청부를 공인(貢人)에게 시키기를 주장했는데, 공인은 창주인들과 함께 당시의 상업자본(商業資本)과 관련이 있는 사람들이다. 그의 주장의 배경에는 당시 상업자본가의 이익을 옹호하는 점이 있는 것으로도 보인다. ⑤ 양심적이고 유능한 관료를 확보하기 위해, 그리고 소외계층의 불만을 해소하기 위해 인재등용을 공평하게 해줄 것 등을 주장하고 있다. 그는 "하늘이 인재를 내리는데 귀족에게만 내리지 않는다"면서 당시의 세도정치에 아주 비판적이었다.

당시의 세도정치는 극에 달해 팔도의 사대부 중에서 서울 성중의 세경사대부, 그리고 세경사대부 중에서도 귀족대성만이 세습적으로 권력을 담당할 수 있었기 때문에 양반 가운데서도 몰락한 자가 많았다. 그는 농·공·상의 한족(평민)들도 벼슬할 수 있게 하고, 양반귀족도 몰락하면 농·공·상을 하도록 해야 한다고 주장하였다. 그러나 우선 귀족의 존재를 부정하지 않았다는 점에서 현실을 합리적으로 해결해보자는 데 그치고 있다.

최성환의 이같은 생각은 군포전 문제에서도 드러난다. 당시의 하층민들은 변방지역에 군인으로 동원되면서 군포전이라는 세금을 이중으로 물었는데 힘없는 자만이 당해 비참한 지경에 빠져 있었다. 그는 하층민이 이중으로 부담해서는 안 된다면서 상인(常人)은 몸으로 하고 양반이 양반노릇을 하려면 돈으로 낼 것을 강력히 주장하였다. 여기에서도 봉건적 신분제도를 뿌리째 부정하지 않는 가운데 '때에 맞추어 합리적으로 해결'해보려는 그의 생각이 드러나는 것이다.

그는 백성들의 소리를 대변하고 양반귀족을 비판했지만 당시 곳곳에서 심각하게 전개되고 있던 하층민의 조직적인 항거에 대해서는 비협조적이었다. 이것은 그의 한계로, 그가 속해 있던 중인층의 특성에 많이 기인하는 것이다.

최성환이 중인 출신으로 미관말직에서 당시 행정·경제 전반에 대한 개혁적 의견을 저술 속에 담아둔 것은 특이한 일이며, 달리 그 예를 찾아볼 수 없다. 그 구체적 논술은 원리 위주의 종래 실학파 학자들의 논조와 매우 다르다. 개개의 사례별 지적과 실행 가능을 위주로 한 주장은 반계·성호 이래 석학 대가의 '논도경방(論道經邦)'의 대이상(大理想) 대경륜(大經綸)은 찾아보기 어려워, 다분히 관방학적(官方學的) 성향을 띠고 있음이 사실이다. 그러나 우리는 그의 이러한 한계를 강조하기보다는 그의 명석하고도 합리적인 논조가 가지고 있는 실효성과 즉사성(卽事性)에 대하여 일정하게 이해하고 평가해주고 싶은 것이다.

결국 최성환의 실학사상은 상업자본을 배경으로 한 절대주의에의 지향이라고 설명할 수 있다. 다산이 토지공개념으로써 지주적 토지소유를 해체하여 지주지배층을 없애고 왕과 농민의 직접관계 위에 왕권의 강화

및 체제개혁을 해야 한다고 주장한 것과 좋은 대조를 보인다. 규범이나 원칙에 얽매이지 않은 채, 사회문제를 근본적으로가 아니라 방편적으로 해결하려 한 것이 최성환의 특징이라고 하겠다.

(『學術院論文集』 37집 所收, 1998년)

19세기 경세론의 전개와 어시재 최성환의 『고문비략』

노대환 | 동국대학교 사학과 교수

1. 머리말

2. 19세기 전반의 경세론과 『고문비략』

3. 『고문비략』의 구성과 개혁안의 성격

4. 1870~80년대 전반 최성환의 활동과 경세론

5. 맺음말

1. 머리말

무신 최성환은 19세기 중반 당시의 문제점을 면밀히 검토하고 그 대책을 제시한 『고문비략』을 저술하였다. 『고문비략』은 이우성에 의해 처음 그 존재가 알려졌다. 이우성은 『고문비략』에 대해 실학적 경세서라고 그 성격을 규정하였다.[1] 세도정치기에 무신에 의해 저술되었다는 점에서 『고문비략』은 충분히 흥미를 끌만한 책이었지만 한동안 연구자들의 관심권 밖에 놓여 있었다.

『고문비략』에 대한 본격적인 연구는 백현숙에 의해 이루어졌다. 백현숙은 최성환의 가계를 추적하고 그가 저술한 글을 정리하여 발표하였고 그 결과 최성환과 『고문비략』에 대해 좀 더 구체적인 정보를 확인할 수 있게 되었다.[2] 이우성도 『고문비략』에 대한 분석 작업을 진행하여 『고문비략』이 탈성리학적·탈중세적인 경향을 띠고 있으며, 유교이념과 원칙에 기반한 사대부층의 개혁론과는 차이가 있고, 실학사상에서 개화사상으로 전환되는 과도기적인 것이라고 설명하였다.[3] 한편 기우동은 『고문비략』의 개혁론을 구체적으로 검토하였고[4], 김성재는 『고문비략』을 번역하면서 붙인 해제에서 행정 조직의 체계와 관제의 조정 및 관원 대우의 현실화를 통한 제도 정비, 신분과 직업의 분리, 관의 역할 축소와 민의 역할 강화, 화폐 사용의 확대 등 네 가지를 최성환이 지향했던 개혁의 방향성으로 제시하였다.[5] 최근에는 박지숙이 최성환이 편찬한 서적을 서

1 李佑成, 「崔瑆煥과 顧問備略」, 실학공개강좌, 1972.

2 白賢淑, 「최성환의 人物과 著作物」, 『역사학보』 103, 1984.

3 李佑成, 『實學思想의 開化思想으로의 轉廻－崔瑆煥의 『顧問備略』을 中心으로－」, 『대한민국학술원 논문집』 37, 1998.

4 奇宇東, 「崔瑆煥의 生涯와 思想」, 한양대학교 교육대학원 석사학위논문, 1993.

5 金聖才, 「해제」, 『어시재 최성환의 고문비략』, 사람의무늬, 2014.

지학적으로 분석하기도 하였다.[6]

이들 선행 연구를 통해 『고문비략』의 성격에 대해 대체적으로 이해할 수 있게 되었다. 그렇지만 『고문비략』의 성격을 보다 분명히 밝히기 위해 앞으로 해명해야 할 문제가 적지 않는데 다음의 몇 가지로 정리해 볼 수 있다. 첫째, 최성환의 개혁론이 19세기 전반의 경세론과 어떻게 연결될 수 있는 것인가 하는 점이다. 둘째, 최성환의 『고문비략』이 헌종의 국정 주도 시도와 어떤 관련을 맺고 있는가 하는 점이다. 셋째, 최성환의 사고에서 도교가 매우 중요한 부분을 차지하는데 그의 도교적 인식과 개혁론이 어떤 관계에 있는가 하는 점이다. 넷째, 19세기 중반 『고문비략』 저술 당시의 문제 의식이 이후 어떤 변화 과정을 겪었는가 하는 점이다. 본질적인 문제는 『고문비략』으로 대표되는 최성환의 개혁론을 19세기의 사상사 속에 어떻게 자림 매김 할 수 있을 것인가 하는 점이다.

본고에서는 이러한 몇 가지 문제를 중심으로 최성환과 그의 저작인 『고문비략』을 검토해 보기로 한다. 본고가 최성환의 면모를 밝히고 나아가 19세기 사상사 연구의 폭을 넓히는 데 보탬이 되기를 기대한다.

2. 19세기 전반의 경세론과 『고문비략』

1) 19세기 전반 경세론의 흐름과 최성환

18세기 후반 조선 사회에는 여러 가지 중요한 변화가 나타났다. 천주교의 확산은 그러한 변화의 단적인 양상이었으며 고증학과 패관소품문의 유행 등도 변화의 모습이었다. 정도의 차이는 있지만 이러한 변화는

---

6 박지숙, 「조선후기 최성환의 편간서적 연구」, 중앙대학교 석사학위 논문, 2016.

기본적으로 성리학에 대한 반발이라는 성격을 띠고 있었다. 천주교는 애초 성리학과 양립하기 어려운 것이었고, 고증학은 성리학이 근거로 삼고 있던 중요한 자료 가운데 일부가 위작임을 밝혀 성리학의 권위를 약화시켰으며, 패관소품문은 문이재도(文以載道)로 대표되는 성리학적 문학론에 대한 도전이었다.

18세기 후반은 기존의 성리학에 대한 재점검이 필요한 시점이었다. 당시 성리학의 가장 큰 문제는 공허한 이론에 치중하여 현실적 대응력을 상실하고 있다는 점이었다. 성리학계 내부에서도 그러한 문제에 대한 반성이 제기되면서 사회·경제적 변화에 맞추어 방향성을 재설정하려는 시도가 이루어졌다. 북학이 대표적인 움직임인데 북학론자들은 성리학에서 추구하는 목표 자체는 인정하면서도 그러한 목표 달성을 위해 이용후생이 필수적임을 내세워 나양한 개혁론을 제시하였다. 북학론자들은 천주교에 대해서는 비판적이었지만 서양의 유용한 과학기술은 수용해야 한다고 보았다.

정조는 주자학의 신봉자였지만 개인적으로 북학을 지지하였고 서양 과학기술에도 상당한 관심을 갖고 있었다. 북학에 대한 사회적 반감이 심했기 때문에 정조는 북학 정책을 추진하지 못했지만 북학이 보수주의자들의 공격에 일방적으로 노출되는 것을 원하지 않았다. 정조의 배려 덕분에 북학적 사고가 용인될 수 있었다. 하지만 19세기에 들어 세도 정국이 형성되면서 분위기는 경색되어 갔다. 신유박해를 시작으로 천주교에 대한 탄압이 본격화되었고 그와 맞물려 북학론도 급속히 위축되었다. 황사영백서사건을 계기로 서양에 대한 반감이 확산되면서 서양 과학기술에 대해서도 부정적 인식이 확산되었다. 중앙의 세도가를 비롯한 서울 지역의 지식인들은 경세와 유리된 고증학에 심취해 있었다.

19세기에 들어 전반적으로 보수성이 강화되고 있었지만 그런 가운데도 경세 문제에 관심을 갖는 지식인들은 여전히 존재하고 있었다. 이들 지식인들은 편의상 다음 세 부류로 구분해 볼 수 있다.[7]

첫째 부류는 재야 지식인으로 이규경(李圭景, 1788~1860)과 최한기(崔漢綺, 1803~1877) 등이 대표적인 인물이다.[8] 이들은 가장 적극적으로 경세론을 개진했던 부류라고 할 수 있다. 서얼 이덕무(李德懋)의 손자 이규경은 평생 미관말직도 얻지 못한 채 곤궁한 삶을 영위했으며, 개성 출신 최한기는 생원시에 합격했지만 관직 생활은 하지 못하였다. 중앙 정치권의 영향권에서 벗어나 있던 이들은 선배 북학론자들의 문제의식을 계승하여 개혁책을 제시했는데 대표적인 것은 역시 대외 통상을 주장했다는 점이다. 이규경과 최한기를 제외하면 세도정치기에 대외 통상을 주장했던 지식인은 거의 찾아보기 힘들다.

19세기 당시 대부분의 조선 지식인들은 서양 세력의 접근에 두려움을 갖고 있었고 정부도 서양에 대해 배타적인 태도로 일관하였다. 하지만 이규경과 최한기는 동양과 서양의 교통을 긍정적으로 인식해 동서가 교통하는 새로운 조류에 조선이 참여하지 못하는 것이야말로 심각한 문제라고 지적하였다. 이규경은 다음과 같이 조선의 폐쇄적인 태도를 비판하였다.

> 다른 나라와 개시 교역하여 없는 것을 서로 돕는 것이 무슨 해가 될 것이 있는가. 중국은 많은 나라들과 서로 교통하여 무역하는 데 방법이 있어 공사(公私)에 크게 이익이 되고 국가는 부유해지는데 유독 우리나라만 틈을 만들고 병란을 초래할까 염려하여 감히 생각도 하지 못해 세상에

7 19세기 전반 경세론의 동향에 대해서는 노대환, 『동도서기론 형성 과정 연구』, 일지사, 2005, 101~108쪽 참조.

8 정조의 총애를 받았지만 19세기에 들어 재야 지식인이 된 정약용(丁若鏞, 1762~1836)도 이러한 부류에 포함시킬 수 있을 것이다.

서 가장 약하고 가난한 나라로 불리게 되었다.[9]

이규경은 "바다를 이용한 원거리 상업 활동을 하지 못하는 국가는 세상에 대만과 조선 두 나라뿐"이라고 탄식하였다. 최한기 역시 서양의 위협은 천주교가 아니라 정교한 기계를 통해 물품을 만들어 내고 그것을 이용해 통상의 이익을 독점하는 것이라고 지적하였다. 이규경과 최한기는 통상에 나서야 할 시기에 폐쇄적인 정책을 고수하는 정부는 물론이고 서양에 대해 극단적인 반감을 보인 보수 유학층의 학문 성향에 대해서도 문제를 제기하였다. 이규경은 유학자들이 허식을 일삼을 뿐 경세에는 관심이 없어 조선이 낙후되었다고 지적하였으며, 최한기도 조선 유학자들이 백성들을 다스리는 학문에는 무지하다고 비판하였다.

이규경과 최한기는 유교를 바탕으로 서양의 기술을 수용하는 동도서기적 변통론을 제시하였다. 이규경은 동양의 성리학과 서양의 궁리하고 측량하는 방법을 각각 형이상의 도(道)와 형이하의 기(器)로 규정하면서 양자를 절충해야 한다고 주장하였다. 성리학을 바탕으로 서양의 과학기술을 수용해야 한다는 것이다. 그는 형이하의 '기'에 관해 터득한다면 조선 역시 서양과 마찬가지로 기묘한 물건을 만들어 낼 수 있다고 자신하였다. 최한기는 비교 가능한 모든 것을 비교해 다른 나라의 좋은 것을 적극 수용해야 한다고 주장하였다. 서양 것 가운데는 측량학, 계산학 및 선박, 대포 등이 비교 우위에 있어 시급히 수용해야 할 것으로 보았고, 동양 것 가운데는 유학의 삼강오륜과 인의(仁義)가 가치 있는 것이어서 다른 나라에 적극 전파해야 한다고 생각하였다.

---

9 이규경(李圭景), 『오주연문장전산고(五洲衍文長箋散稿)』, 「여번박개시변증설(與番舶開市辨證說)」, "與異國開市交易 有無相資 何害之有 中國與萬邦互相交通 而貿遷有術 故大爲公私之利 家國瞻裕 而獨我東慮其有構釁招兵 不敢生意 故號爲寰宇至弱奇貧之國".

둘째 부류는 전통 유학자들인데 대표적인 인물로 하백원(河百源, 1781~1845), 유신환(兪莘煥, 1801~1859) 등을 들 수 있다. 이들은 보수 유림의 상징적 존재였던 산림의 문하에서 공부한 인물들이다. 하백원은 호서 산림 송환기(宋煥箕)의 문인이며 유신환은 서울 산림 오희상(吳熙常)의 고제(高弟)이다. 산림은 한때 중앙 정계의 핵심을 차지하였지만 19세기에는 대부분 조정의 형식적인 초치(招致)를 거부하고 은거하면서 보수적인 학풍을 견지하고 있었다. 하백원·유신환 등은 정통 산림의 문하에서 수학했지만 산림들의 은둔적 태도를 비판하며 경세적 학문을 지향하였다. 그런 점에서 본다면 이들 유학자들의 인식은 첫째 재야 지식인 부류와도 상통하는 측면이 있다. 이규경이나 최한기는 유학자들의 보수적인 학풍을 비판한 바 있는데 개혁적 유학자들 역시 자신들의 보수적 학풍에 문제의식을 느끼고 있었다.

하백원은 성리(性理)와 정사(政事)를 체(體)와 용(用)의 관계로 보아 성리는 정사를 통해 실현해야 한다고 보았다. 그는 스승 송환기에게 보낸 편지에서 유가의 공부는 집안의 일과 단절하고 외부의 일에 관여함이 없이 두문불출하며 심성의 본체만을 비추어보려는 불가(佛家)의 공부와는 다르다며 현실 참여의 중요성을 강조하였다.10 또 선비들이 학문을 한다고 칭하면서 과거에 응시하지 않는 것을 숭고하다고 여기는 데 대해 이는 명예만 구하고 실질을 구하지 않는 태도라고 비판하기도 하였다.11 유신환 역시 산림들의 은둔적 자세를 비판하면서 적극적인 출사관을 폈다. 그는 적극적인 출사 의지와는 달리 정치적 경륜을 펼 수 있는 기회를 별로 갖지 못했으며, 잠깐 지방관 생활을 하면서는 자신의 실무 능력의 한계를 절감하였다. 이에 그는 문인을 양성하고 그들을 정계에 진출시켜

---

10 하백원(河百源), 『규남집(圭南集)』 권2, 「상오노주희상(上吳老洲熙常)」(1825).

11 하백원(河百源), 『규남집(圭南集)』 권3, 「답이사강우정(答李士剛遇正)」(1843).

자신이 이루지 못한 정치적 실천의 꿈을 달성하고자 하였다. 그 결과 그의 문인들 가운데 상당수는 19세기 중·후반에 관료로 활동하였다.

하백원·유신환의 후배 단계에 이르러서는 새로운 사상적 방향을 모색하는 이들이 등장하였다. 유신환 문하의 김윤식(金允植, 1835~1922), 임헌회(任憲晦) 문하의 육용정(陸用鼎, 1843~1917)과 신기선(申箕善, 1851~1909) 등이 그러한 인물인데 이들은 모두 19세기 후반에 동도서기론자로 활동하였다. 성리학을 학문의 중심으로 삼고 유용한 서양 문물은 적극적으로 수용하여 조선을 부강하게 만들어야 한다는 것이 이들의 공통된 주장이었는데 이는 북학론의 연장선상에 있는 논리였다. 19세기에 들어 성리학계에서도 경세학풍의 영향으로 서서히 학풍의 변화가 나타나고 있었던 것이다.

셋째 부류는 중앙 관료들인데 박규수(朴珪壽, 1807~1877)·남병철(南秉哲, 1817~1863) 등이 대표적인 인물이다. 박규수는 당대 핵심 가문의 하나였던 반남 박문 출신으로 중앙 관료로 활동하였고, 남병철은 김조순(金祖淳)의 외손자로 1837년(헌종 3)에는 21세의 어린 나이로 과거에 급제하여 동서지간이었던 헌종의 전폭적인 지원을 받으며 정계에서 중요한 비중을 차지하였다.

이들은 경세에 무관심한 학계의 풍토에 상당히 비판적이었다. 박규수는 지식인들이 이용후생과 박학광문의 이익을 궁구하지 않고 서화를 감상하거나 패관·희곡류의 글만 숭상하는 습속이 만연되어 있다고 학계의 풍토에 일침을 가했다.[12] 박규수와 남병철 등은 현실 문제에 관심을 갖고 대책 마련에 고심하였다. 박규수는 조부 박지원(朴趾源)의 학풍을 계

---

12 박규수(朴珪壽), 『장암문고(莊菴文稿)』 권1, 「여홍일능양후서(與洪一能良厚書)」(1827), “竊怪 今人視爲弁髮 不究其利用厚生博學廣問之益 而維書畵玩好 雜稗戱本之屬 是崇是尙 甚者 並與漢滿之分 而莫之區別焉 風氣之渝 一至此哉”.

승하여 지속적으로 북학에 관심을 보였으며 관료로서 실무적인 능력을 발휘하였다. 남병철은 헌종의 신임을 받으며 안민(安民) 문제에 관심을 기울였다. 안민을 중시했던 남병철은 헌종 대 지방관으로 나가 여러 차례 실무 능력을 발휘하였다.[13]

중앙 관료라는 신분상의 문제 때문인지 남병철과 박규수는 이규경이나 최한기처럼 과감한 통상론을 주장하지는 못했지만 상당히 개방적인 의식을 지니고 있었다. 남병철은 서양 천문학의 원류가 중국에 있다는 이른바 '중국원류설'을 비판하면서 서양 천문학의 성과를 적극 수용해야 한다는 당시로서는 과감한 주장을 펼친 바 있다. 임술민란이 발생하여 철종이 구언소를 내리자 「삼정의(三政議)」를 지어 당시의 사세가 고식적인 미봉책을 쓸 수 있는 단계를 넘어섰다며 보다 근본적인 개혁의 필요성을 강조하기도 하였다.[14] 박규수의 경우는 조부 박지원의 영향력이나 1870년대의 행적을 생각해보면 헌종 대 당시에도 통상론에 회의적이지는 않았을 것으로 짐작된다. 박규수는 1870년대 초반에 청에서 추진되고 있던 양무운동의 성과에 많은 관심을 보였고, 고종이 친정 한 후 일본과의 국교 교섭에도 적극적으로 나섰다. 헌종 대의 분위기가 달랐다면 남병철이나 박규수 같은 인물이 과감한 개혁론을 제기할 수도 있지 않았을까 생각된다.

이상에서 언급한 세 부류 외에 주목되는 층이 있는데 바로 무신과 중인 계열이다. 무신과 중인은 관직자임에도 불구하고 양반 관료층으로부터 차별을 받고 있던 이들이다. 오경석(吳慶錫, 1831~1879)을 비롯한 중

13 조두순(趙斗淳), 『심암유고(心庵遺稿)』 권24, 「이조판서대제학남공병철신도비명(吏曹判書大提學南公秉哲神道碑銘)」.

14 남병철(南秉哲), 『규재유고(圭齋遺藁)』 김상현(金尚鉉) 서(序), "燕居焚香 泊然若無事 聞四方民憂 恤恤不樂 博綜漁仲・貴與之書 詳酌古今 著三政議 公於經濟之學有如此".

인들이 개화운동에 적극 참여하여 활동한 사실은 이미 선행 연구에서 많이 검토되었다. 그에 반해 무신에 대한 연구는 그리 활발한 편은 아닌데 이들도 관심을 가져야 할 존재이다. 여기에서는 이들 무신층에 대해서만 살펴보기로 한다.

조선 후기의 무반은 문반에 비해 사회적 지위가 열악하였다. 심노숭(沈魯崇, 1762~1837)의 『자저실기(自著實紀)』에 실려 있는 한 일화는 무관의 처지를 짐작하게 한다. 김시묵(金時默)이 병조판서가 되었을 때 장지풍(張志豊)을 불러 금군대장으로 삼았는데 찾아가 인사하는 것이 늦었다고 곤장을 치려하자 장지풍이 "무관의 볼기짝은 개 볼기짝과 다를 게 없다"고 자조했다는 것이다. 심노숭은 방어사와 절도사와 같은 무반들이 정승과 판서의 문지방을 드나들며 겸종과 노복 사이에서 뒤섞여 지내고 간혹 조금이라도 다르게 처신하면 같은 무리들이 비꼬고 정승 판서들도 배척하며 이상하게 여긴다고 지적하기도 하였다.[15]

사회적 지위가 열악했던 무인들은 자신들의 처지에서 벗어나기 위해 다양한 시도를 하였다.[16] 어떤 이들은 반역이라는 극단적인 방법을 모색하였다. 그 예로 1844년 민진용(閔晋鏞)이 반역을 도모하다가 적발된 사건을 들 수 있다. 무신이었던 민진용은 이원덕(李遠德)·최영희(崔英熙)·이종락(李鍾樂) 등과 강화도에 유배된 은언군(恩彦君)의 손자 이원경(李元慶)을 추대하려고 하다가 발각되어 처형되었다. 다른 선택을 하는 무인도 있었는데 무과 급제자 노상추(盧尙樞, 1746~1829)는 그런 경우에 해당하는 인물이다. 그는 무인들의 지위가 열악한 것은 자신들 탓

---

15 심노숭 지음·안대회 등 옮김, 『자저실기』, 휴머니스트, 2014, 478쪽.

16 19세기 전후 무인 가계의 사상적 동향과 관련해서는 이경구, 「18세기말~19세기초 지식인과 지식계의 동향」, 『한국사상사학』 46, 2014, 295~296쪽 참조. 갑신정변에 참가한 사람들 가운데 무인 출신이 많았다는 점도 무인의 동향과 관련하여 흥미로운 부분이다. 이에 대해서는 박은숙, 『갑신정변연구』, 역사비평사, 2005, 185~189쪽 참조.

이라고 생각하였다. 즉 무인들이 나아갈 때 염치가 없고, 구차하게 얻어도 부끄러워 할 줄 모르며, 주색만 좋아하고 명교(名敎)를 알지 못하기 때문에 유학자들로부터 비류(鄙類)로 불리게 됐다는 것이다. 따라서 무신들의 처지를 개선하기 위해서는 다른 무엇보다 무신들이 예의염치를 굳건히 지켜야 한다는 점을 강조하였다.[17]

한편 개혁론을 제시하여 자신의 존재감을 드러내는 무신도 등장하였다. 신헌(申櫶, 1810~1884)・최성환 등이 바로 그 대표적인 인물이다.[18] 신헌은 전형적인 무반 가문에서 출생하여 1828년 무과에 급제하였으며, 최성환 역시 무반 가문 출신으로 무과에 급제하였다. 이들은 무신이었지만 경세에 관심이 많았다. 신헌은 "배워서 경세에 능하지 못하다면 차라리 기예를 배우는 것이 남들에게 도움이 된다"고 이야기할 정도로 경세를 중시하였으며 최성환도 평생 경세에 대한 관심을 끈을 놓지 않았다.

무신들은 처지가 비슷하였던 중인들과 돈독한 관계를 맺고 있었다. 최성환은 장지완(張之琬, 1806~1858), 정지윤(鄭芝潤, 1808~1858) 등의 중인과 친분이 두터웠다. 『고문비략』의 서문을 썼던 장지완은 왕안석이 신법을 만들어 시행하다가 실패를 보게 되자 후세 사대부들이 변법을 말하는 일이 드물어지고 구습만을 인습하다가 나라가 쇠퇴하게 되었다고 탄식할 만큼 개혁에 관심이 많은 인물이었다. 그는 1851년에 전개된 중인통

---

17 문숙자, 『조선의 일상사, 68년의 나날들』, 너머북스, 2009, 111~112쪽 참조. 노상추는 한편으로 염치도 부끄러움도 모르는 문신들이 무신을 멸시한다며 문신에 대한 불만을 표출하기도 하였다. 윗, 책, 205쪽 참조.

18 최한기와 강위(姜瑋, 1820~1884)는 무신은 아니었지만 집안은 무반 가문이었다. 최한기의 경우 증조부가 무과 급제자였고 양가(養家)는 무과 집안이었으며 외가도 무과 집안이었다.(권오영, 『崔漢綺의 學問과 思想 硏究』, 집문당, 1998, 41쪽) 강위의 경우 12대조가 기묘사화에 연루된 후 차츰 가세가 기울어 그의 부친 대부터는 무과 집안으로 굳어졌다.(李光麟, 「姜瑋의 人物과 思想－實學에서 開化思想으로의 轉換의 一斷面」, 『동방학지』 17, 1976, 2~4쪽)

청운동에 적극 참여한 바도 있다. 최성환이 장지완에게 『고문비략』의 서문을 부탁하였던 것도 두 사람의 관심사가 비슷하였기 때문일 것이다.

문신에 비해 차별을 받기는 했지만 엄연한 관료였던 무신은 중앙의 문인 관료와 재야 지식인을 매개하는 역할도 하였다. 신헌은 김정희(金正喜) 문하에서 학문적 소양을 쌓아 유장(儒將)이라 불리기도 했는데 김정호(金正浩)의 『대동여지도(大東輿地圖)』 제작을 돕는 등 재야 지식인의 후원자 역할을 하였다. 최성환 역시 김정호의 『여도비지(輿圖備志)』 제작을 지원하였다.

무신층의 경세 인식은 중앙 관료나 재야 학인들의 그것과 차이가 있었던 것으로 보인다. 일단 최성환의 경우만 놓고 이야기하자면 중앙 관료의 인식은 기본적으로 유교 중심적이었던 데 비해 그는 도교에 심취해 있었다. 무신의 체질상 최성환에게 유학보다는 도교에 더 마음이 끌렸던 것으로 짐작된다. 다른 무엇보다 도교에서 관제(關帝)가 무신(武神)으로 숭상되고 있었던 것은 매력적으로 생각되었을 것이다.

최성환의 경세 인식은 두 가지 점을 발판으로 삼고 있다. 하나는 선서(善書)로 대표되는 도교적 인식이며 다른 하나는 경세론이다. 선서는 인성 내지 행실과 관련되는 것이며, 경세론은 문제 해결을 위한 구체적인 방법론이라고 할 수 있다. 최성환이 추구한 인재상은 인간적인 품성과 경세적인 능력을 겸비한 인물이었다. 그는 품성과 전문적 능력을 갖춘 인재를 양성하고 이들을 관료로 선발해야 한다는 점을 여러 곳에서 강조하였다. 이러한 인재상을 추구한 것이 그리 특별한 일이라고 볼 수는 없다. 조선 후기에 들어 경세 문제에 관심을 갖는 이들이 많아졌고 이들은 의리학과 경세학을 겸비해야 한다고 강조하였다. 다만 이들에게 의리학은 유학적인 것이었지만 최성환의 경우 인성을 성리학이 아니라 도교류의 선서를 통해 함양하고자 했다는 점에서 특이하다고 할 수 있다.

최성환의 경세 인식은 이규경이나 최한기 등의 재야 학자들과도 차이가 있었다. 최성환은 무신이지만 중앙 관료였기 때문에 정부 정책의 영향을 받지 않을 수 없었다. 이규경이나 최한기와 달리 대외 통상에 대해 아무런 언급을 하지 않았는데 이는 관료라는 그의 신분과 관련이 깊지 않을까 짐작된다.

2) 헌종의 국정 주도 시도와 『고문비략』

최성환은 무신을 많이 배출한 중인 가문에서 출생하였다. 그의 가까운 친척 중에 잡과 출신자가 많았는데 최성환은 26세 되던 1838년(헌종 4)에 무과에 급제하여 무신의 길을 걸었다.[19] 최성환의 행적을 보여주는 자료가 거의 없어 그가 어떻게 성장하고 어떤 수학 과정을 거쳤는지 확인할 수 없다. 최성환이 7세부터 독서를 좋아했다는 이유원(李裕元, 1814~1888)의 언급이나 『고문비략』에서 다양한 종류의 서적을 인용하였던 것을 통해 일정 수준 이상의 학식을 갖추었음을 겨우 짐작할 수 있는 정도이다.[20]

최성환은 무과에 급제한 후 5년이 지난 1843년에 정9품직인 수문장에 임명되었다. 잘 알려져 있다시피 조선 후기에 들어 무과에서 많은 합격자가 배출되고 있었다. 최성환도 『고문비략』에서 "무과에 급제하여 출신한 무신이 거의 온 나라의 절반이나 된다"고 무과 제도의 문제점을 지적한 바 있다. 무과에 급제하더라도 실제 관직을 얻기는 쉽지 않는 것이 현실이었다. 그런 점에서 볼 때 5년이 걸리기는 했지만 관직 자리를 얻은 것만 해도 상당히 다행스러운 일이었다고 할 수 있다.

---

19 최성환 가문에 대해서는 白賢淑, 앞의 논문, 83~85쪽.

20 무과에 급제하였으나 최성환은 문인적 체질이 강해 당대인들도 모두 최성환을 문인으로 지칭하였다고 한다. 이유원(李裕元), 『가오고략(嘉梧藁略)』 12책, 「고감서(古鑑序)」.

최성환이 수문장에 임명된 때는 헌종이 친정에 나섰던 시기이다. 헌종은 1834년 8세의 나이로 즉위하였기 때문에 1840년 12월 말까지는 순원왕후 김씨가 대리청정을 담당하였다.[21] 1841년에 친정을 시작한 헌종은 국정을 주도하려는 노력을 기울였다.[22] 국정을 주도하려는 헌종의 시도가 본격화된 것은 1845년에 들어서였는데 이를 잘 보여주는 것인 1월의 다음 하교이다.

> 내가 선왕의 사업을 이은 지 이미 10년이 지났으나, 민사·국사에 하나도 믿을 만한 것이 없다. 내가 덕이 없기는 하나 어찌 다 내가 자강하지 못하기 때문인 줄 모르겠는가? 아! 너희 방백(方伯)으로 있는 신하들은 민사·국사의 폐해가 되는 단서를 잘 알 것이니, 조목조목 적어서 장문하여 내가 보고 살필 수 있게 하고 묘당으로 하여금 장책(長策)에 따라 품복(稟覆)하게 하되, 각각 마음을 다해 대양(對揚)하여 내가 임문(臨門)하여 묻는 지극한 뜻을 저버리지 말라고 삼현령(三懸鈴)으로 공문을 보내 알리라.[23]

헌종은 그동안 국왕의 책무를 다하지 못한 것을 반성하면서 국정을 적극적으로 살피겠다는 의지를 분명하게 밝혔다. 헌종은 이후 자신의 세력 기반을 강화하기 위해 여러 조치를 취하였다. 대표적인 것이 친위병이라 할 수 있는 친위영의 설치이다. 헌종은 친위 세력을 강화하기 위해 처음에는 무예별감(武藝別監)을 증원하고자 했는데 이런 시도가 여의

---

21 순원왕후는 1840년 12월 25일 철렴을 하였다.

22 헌종 친정기의 정국에 대해서는 오수창, 「정국의 추이」, 『조선정치사 1800~1863』 상, 청년사, 1990, 111~117쪽 참조.

23 『헌종실록(憲宗實錄)』 권12, 11년(1845) 1월 임신(壬申), "予之嗣服 已過十載 民國之事 無一可恃 予雖寡昧 豈不知皆由予不能自强乎 咨爾方伯居留之臣 悉具民國爲弊之端 條列狀聞 以備觀省 俾廟堂從長稟覆 而其各悉心對揚 毋孤予寡人臨門詢訪之至意事 三懸鈴行會".

치 않자 이듬해 기존의 총융청을 개편하여 총위영(總衛營)을 창설하게 되었다. 정조 대의 장용영(壯勇營)을 모범으로 삼은 총위영은 장용영과 마찬가지로 내영과 외영을 두었고 대장 직에는 훈척신이 아닌 일반 문신을 기용하였다.[24]

헌종은 친위 근신의 확보에도 많은 관심을 기울였다. 헌종은 친정에 나서면서 가까운 신하들을 불러 자문하는 일이 많았다고 한다.[25] 근신들과 긴밀하게 접촉하면서 적극적으로 국정을 운영하고 있던 것인데 남병철·박규수·신헌·이유원·김영작(金永爵, 1802~1868) 등이 당시 헌종 측근에서 활동했던 주요 인물들이다. 그러면 이들 헌종의 근신들에 대해 간단히 살펴보기로 한다.

남병철은 헌종의 측근 가운데 가장 주목되는 인물이다. 명문가인 의령(宜寧) 남씨의 후손인 그는 김조순의 외손으로 헌종과는 동서지간이었다. 헌종은 동서지간이라 하여 남병철을 매우 아껴 '규재(圭齋)'라는 호를 지어 내려주기까지 하였다. 헌종 친정 이후 남병철은 매일 헌종을 만나는 등 특별한 대접을 받으며 헌종의 지원군 역할을 하였다. 추측이기는 하지만 최성환을 헌종에게 소개한 이도 남병철이 아니었을까 짐작된다.

이유원은 이항복(李恒福) 9세손으로 부친 이계조(李啓朝, 1793~1856)는 철종 대 공조판서와 이조판서 등을 역임한 문신이다. 이유원은 효명세자[익종]가 대리청정을 하던 1829년에 실시된 구일제(九日製) 초시에 선발되어 효명세자의 특별한 관심을 받은 바 있는데[26] 헌종이 친정에 나섰던 1841년에 과거에 급제한 후 헌종을 적극 보필하였다.

---

24 총위영에 대해서는 崔孝軾, 「總衛營 硏究」, 『동국논집』 10, 1991 참조.

25 조두순(趙斗淳), 『심암유고(心庵遺稿)』 권24, 「이조판서대제학남공병철신도비명(吏曹判書大提學南公秉哲神道碑銘)」, "時憲宗大王捴萬機 勵精圖理 接邇臣諮詢甚博".

26 이유원(李裕元), 『임하필기(林下筆記)』, 권5, 「춘명일사(春明逸史) : 춘궁권고(春宮眷顧)」.

김영작은 효명세자의 관심을 받았지만 효명세자 대리청정기에는 과거에 급제하지 못해 출사를 포기하였다. 그러다가 헌종 대인 1838년 음보로 참봉 직을 제수 받은 후 1841년 헌종의 하문에 잘 응답하여 인정을 받았고 1843년에는 급제하였다. 김영작이 승지로 처음 입시하였을 때 헌종이 친히 자리를 정해줄 정도로 그를 아꼈다고 한다.[27] 김영작의 아들이 김홍집(金弘集)이다.

박규수도 효명세자가 매우 신임했던 인물인데 김영작과 비슷한 행로를 거쳤다.[28] 그는 효명세자 대리청정 시기에는 과거에 합격하지 못하고 효명세자가 승하하자 크게 낙심하여 과거를 단념하였다가 헌종 말년인 1848년 42세의 나이로 급제하여 관계에 진출하였다.

신헌의 경우 1828년에 무과에 급제했지만 헌종 대에 들면서 본격적으로 활동하였다. 헌종은 1848년 이래 이틀에 한 번씩 불러서 보는 등 신헌을 특별히 아꼈다고 한다. 여러 관직을 거쳐 39세 되던 1849년에는 금위대장에 임명되었는데 40세 이전에 대장 직에 오른 것은 유례를 찾기 힘들만큼 파격적인 인사였다.[29]

이처럼 남병철을 비롯한 여러 사람이 헌종을 가까이에서 보좌하였는데 그 가운데 이유원·박규수·김영작 등은 모두 효명세자와 가까운 사이였다는 점이 주목된다. 효명세자는 대리청정 시절 안동김씨를 배제하여 왕권을 강화하려고 시도하다가 일찍 세상을 뜨는 바람에 뜻을 이루지 못한 바 있다. 헌종의 모친 신정왕후(神貞王后) 조씨는 헌종이 효명세자의 유지를 받들기를 기대하였다.[30] 박규수의 아우 박선수(朴瑄壽)에 따르

---

27 헌종의 김영작에 대한 관심은 김명호, 위의 책, 309쪽 참조.

28 효명세자와 박규수의 관계에 대해서는 김명호, 『환재 박규수 연구』, 창비, 2008, 68~73쪽 참조.

29 朴贊殖, 「申櫶의 國防論」, 『역사학보』 117, 1983, 53쪽. 신헌에 대해서는 최진욱, 「申櫶(1811 ~1884)의 생애와 활동」, 『역사와 담론』 57, 2010도 참고 된다.

면 헌종 대에 효명세자의 정책을 부활시켜 어진 인재를 우대하고 왕실 외척을 멀리하여 무너진 기강을 만회하려는 조짐이 있었다고 한다.[31] 헌종은 안동김씨를 견제하여 왕권을 강화하려던 익종의 정책을 계승하고자 하였고 그러한 목적을 달성하기 위해 효명세자의 측근을 적극 기용했다고 할 수 있다.

최성환과 관련하여 흥미로운 점은 이상에서 살핀 헌종의 측근들이 최성환과 교유하였거나 혹은 교유하였을 가능성이 있는 인물들이라는 사실이다. 일단 남병철·이유원과의 친분 관계는 자료를 통해 확인된다. 남병철은 최성환이 1853년에 간행한 도교 계통의 권선서(勸善書)인 『도수부선생증손당관공과격(陶水部先生增損當官功過格)』(『視民要訣』)에 발문을 써준 바 있어 두 사람 사이에 친분이 있었음을 확인할 수 있다.[32] 이유원은 최성환이 지은 『고감(古鑑)』의 서문을 지어준 일이 있는데 서문에서 최성환은 천거하는 반열에 두어 마땅한 사람이며 『고감』은 고금의 잘잘못을 비추어 볼 수 있는 책이라고 칭찬하였다.[33]

박규수와 김영작은 남병철과 교분이 두터웠는데 특히 박규수는 남병철의 절친이었다. 따라서 최성환이 두 사람과 안면이 있었을 개연성은 충분하다. 박규수와의 교분은 정황 증거를 통해서도 추측할 수 있다. 박

---

30 박규수가 급제할 수 있었던 데는 익종 비 신정왕후 조씨가 영향력을 행사했다는 이야기가 전한다. 익종의 뜻을 계승하기 위해 박규수를 발탁하도록 지시했다는 것이다. 김명호, 앞의 책, 307~309쪽.

31 박규수(朴珪壽), 『환재선생집(瓛齋先生集)』, 「행장(行狀) : 절록환재선생행장초(節錄瓛齋先生行狀草)」, "憲宗時復修翼廟之政 右賢左戚 有挽回頹綱之漸".

32 언제부터 두 사람이 교유하였는지 궁금한데 참고로 1842년 남병철이 지은 「懷人詩三十二首」 가운데 최성환의 이름은 보이지 않는다.

33 이유원(李裕元), 『가오고략(嘉梧藁略)』 12책, 「고감서(古鑑序)」. 이유원은 최성환과 가까이에서 살았다고 하는데 서울 집이 가까웠던 것인지 아니면 퇴직 후 둘 다 양주에 거주했던 것을 말하는 것인지 분명치 않다.

규수는 20대부터 관우를 경모하여 1876년에 간행된 『관성제군성적도지전집(關聖帝君聖蹟圖誌全集)』의 서문을 쓴 일이 있다. 『관성제군성적도지전집』은 서정(徐珽)이 1876년 중국에서 구해온 책인데 서정은 최성환과 함께 도교 조직인 무상단(無相壇)의 결성을 주도하였던 인물이다. 이런 점에서 볼 때 최성환이 박규수와 교유하였을 가능성은 적지 않다.

신헌의 경우는 최성환과 같은 무신으로 박규수·남병철과도 친분이 깊었다. 헌종은 말년에 병세가 악화되자 남병철에게 외방의 정통한 의원을 만나보고 싶다는 뜻을 전했고 이 말을 들은 권돈인(權敦仁)이 마침 자기 집에 머물고 있던 무변(武弁) 가운데 그런 의원이 있다고 하자 남병철이 이 사실을 헌종에게 보고하여 치료를 받은 바 있다.[34] 당시 헌종의 명으로 무변을 궁에 들인 이가 금위대장 신헌이었다.[35] 박규수와의 친분으로 신헌은 1876년 강화도조약 체결 당시 박규수의 추천을 받아 전권대관(全權大官)이 되어 조약을 체결을 주도하였다. 최성환이 신헌과 교분을 나눈 흔적은 발견되지 않지만 같은 무신이고 교유권이 겹치는 두 사람 사이에 교유가 있었을 것이다.

최성환이 남병철 등과 어떤 계기로 교유하게 되었는지는 확인할 수 없다. 아마도 인식 상에 통하는 부분이 있었기 때문일 것인데 그와 관련하여 생각해볼 수 있는 것은 경세에 대한 관심이다. 남병철과 박규수 등이 경세를 중시하였음은 앞서 언급한 바 있다. 김영작의 경우 청주목사로 재임 때 폐단이 많던 대동미 조운제도 개선책을 건의하였다. 읍에서 배를 세를 내서 대동미를 운반할 수 있게 해달라는 것이었다.[36] 임술민란

---

34 『철종실록(哲宗實錄)』 권1, 즉위년(1849) 7월 신해(辛亥)·8월 정묘(丁卯).

35 노대환, 「19세기 중반 南秉哲(1817~1863)의 학문과 현실 인식」, 『이화사학연구』 40, 2010, 172~173쪽.

36 김영작(金永爵), 『소정문고(邵亭文稿)』 권1, 「청청주대동임선소(請淸州大同賃船疏)」(1851).

당시에는 「삼정의(三政議)」를 통해 삼정개혁안을 제시하였다.

『고문비략』 서문을 쓴 장지완에 따르면 최성환은 말단 낭관 시절에 헌종을 만나 보았다고 한다. 기용된 지 얼마 되지 않은 시점에 헌종의 부름을 받았다는 것인데 말관 무관에 불과했던 최성환이 헌종을 알현할 수 있었던 것은 헌종 측근의 추천이 있었기 때문이라고 보는 것이 합리적이다. 물론 추천자는 평소에 최성환과 경세 문제로 의견을 활발히 나누었고 그러한 과정에서 최성환의 능력을 확인하였기 때문에 헌종에게 추천하였을 것이다. 알현을 계기로 최성환은 헌종의 관심을 받았던 듯 관직에 기용된 지 2년 만에 종4품으로 품계가 올랐다. 남병철을 비롯하여 최성환과 교유하였던 이들이 최성환의 관직 생활에 적지 않은 도움을 주었을 것으로 짐작된다.

남병철 등과 최성환은 모두 유학 이외에 불교나 도교 등에 관심이 많았는데 이 점도 교유 관계를 맺는데 영향을 미치지 않았을까 생각된다. 최성환은 헌종 대 당시부터 도교 계통의 권선서에 많은 관심을 지니고 있어 1848년에 『태상감응편(太上感應篇)』의 본편 정본을 구해 간행한 바 있다. 『태상감응편』은 도교 계열의 대표적인 선서로 12세기에 남송의 이창령(李昌齡)이 정리하여 세상에 소개한 것으로 알려져 있다. 신과 인간이 서로 감응하여 선악에 의해 인간의 수명과 화복이 결정된다는 것이 『태상감응편』의 주요 내용이다.[37] 최성환은 도교 계통의 선서를 통해 사람들의 도덕성을 고양시키고자 했는데 그의 의식에서 도교는 매우 중요한 의미를 차지하고 있었다.

남병철도 도교에 관심이 많았는데 이는 『도수부선생증손당관공과격』의 발문을 써주었던 데서 나타난다. 남병철은 불교를 비판하였지만 어떤

37 朴盛鍾, 「太上感應篇 및 그 圖說類 이본에 대한 管見」, 『민족문화논총』 51, 2012, 79~80쪽.

부분에서는 불교의 가치도 인정하였다. 예를 들어 '찬제(羼提)'는 사람들이 성색(聲色)에 집착하지 않도록 하며, 천당과 지옥의 설은 천하의 악인들을 두렵게 하는 바가 있다고 언급하였다. 유자들에게 집중적인 공격을 받았던 천당지옥설을 긍정적으로 평가한 것이 특히 눈에 띈다.[38] 앞서 언급하였던 것처럼 박규수 역시 도교에 관심이 많았다. 그는 자신이 20대부터 관우를 경모하였다고 밝혔으며 그래서 1876년에 간행된 『관성제군성적도지전집』의 서문을 쓰기도 하였다. 이유원은 1851년 고향 양주 가오실에 보광사(寶光寺)를 중창한 바 있는 독실한 불교 신자였다. 보광사에서는 1869년에 4종의 불서를 간행하였는데 이유원은 간행 과정에 모두 관여하였다. 간행 불서 가운데 『금강경석주(金剛經石註)』는 1845년 연행사로 갔을 때 구입해온 것을 다시 간행한 것이었다.[39] 이를 보면 이유원은 적이도 30대 초반부터 불교에 관심을 가지고 있었음을 알 수 있다. 이처럼 남병철 등은 유학자들이었지만 수양을 위해 도교나 불교의 장점도 수용할 수 있다고 보았다.

남병철 등과 최성환 사이에는 인식의 측면에서 공감대를 형성할만한 부분이 있었다. 헌종 친정 기에는 아마도 경세 문제가 그들 사이의 주요한 관심사가 아니었을까 짐작된다. 누군가의 추천으로 헌종을 만난 후 최성환은 경세제민의 방도를 진술하라는 헌종의 명을 받아 『고문비략』의 집필을 시작하였다. 헌종이 민정 파악에 적극적인 모습을 보인 것이 1845년 이후였으므로 『고문비략』을 집필을 시작한 것도 1845년 이후 어느 시점이 아니었을까 짐작된다. 최성환은 1849년 헌종이 세상을 떠날

38 남병철(南秉哲), 『규재유고(圭齋遺藁)』 권5, 「서대장일람후(書大藏一覽後)」, 631쪽. '찬제'는 산스크리트어 'kṣāti'로 인욕(忍辱)을 의미한다.

39 이유원의 보광사 중창과 불서 간행에 대해서는 徐秀晶, 「19세기 佛書刊行과 劉聖鍾의 『德新堂書目』 연구」, 동국대학교 불교학과 박사학위논문, 2016, 64~67쪽 참조.

때까지 집필을 마치지 못하였는데 그만큼 상당히 의욕적으로 편찬 작업에 매달렸다. 하지만 1849년 헌종이 23세의 나이로 갑자기 승하하면서 상황이 바뀌었다.

헌종의 승하에 측근들은 모두 큰 충격을 받았다. 남병철은 충격으로 병을 얻기까지 하였다. 이때 생긴 병으로 건강이 악화되었고 그 때문에 철종 대에는 건강상의 문제를 들어 계속 사직을 청하였고 결국 1863년 47세의 나이로 세상을 떠났다. 이유원은 헌종의 승하 소식을 듣고 가슴이 두근거리는 증세가 생겼는데 시간이 지나도 나아지지 않았다고 한다.[40] 그는 고향 양주에 퇴거하였다. 헌종 측근에 대한 안동김씨 측의 정치적 탄압도 가해졌다. 신헌은 헌종에게 의원을 들인 것이 문제가 되어 1849년 유배에 처해졌다. 사사로이 의원을 들였다는 것은 표면적인 이유이고 실제로는 안동김씨 세력에게 배척된 것인데 이는 풍양조씨 조병현(趙秉鉉)이 탄핵을 받는 가운데 신헌의 이름이 같이 거론된 데서 짐작할 수 있다.[41]

최성환도 헌종의 승하에 상당히 실망했던 것으로 보인다. 그간 열정적으로 준비했던 『고문비략』의 초고를 던져두고 한동안 검토하지 않았던 데서 그의 실망감은 드러난다. 이유를 확인할 수 없지만 42세 되던 1854년(철종 5)에는 관직에서 물러났다. 헌종 사후 『고문비략』을 손에서 놓았던 그는 다른 여러 작업을 진행하였다. 김정호와 함께 『여도비지』를 편찬하였고, 정지윤의 시집 『하원시초(夏園詩鈔)』(1854년)와 장지완의 문집 『비연상초(斐然箱抄)』(1857년)의 간행에 참여하였으며, 중국 시를 묶은 『성령집(性靈集)』(1858)을 편찬하였다.

40 이유원(李裕元), 『임하필기(林下筆記)』 권29, 「춘명일사(春明逸史) : 평생난의지질(平生難醫之疾)」.

41 『철종실록(哲宗實錄)』 권1, 즉위년(1849) 7월 경술(庚戌).

헌종 사후 최성환이 주로 관심을 기울인 것은 불교와 도교 서적의 간행 사업이었다. 불교와 관련해서는 1853년에 『약사유리광여래본원공덕경(新刊藥師瑠璃光如來本原功德經)』을 새로 간행하자 그는 여기에 서문을 썼다. 서문에서 최성환은 약관에 부친을 잃고 10년 동안 낭관 직에 있어 뜻도 어그러지고 이름도 세우지 못하여 복상(福相)이 없다고 밝히면서 약사경의 힘을 빌려 자신의 아들이 부귀하고 높은 관직에 오르며, 총명하고 선귀(善貴)한 것을 따르는 사람이 되기를 간절히 기원하였다.[42] 최성환은 상당히 성취욕이 강한 인물이었음을 알 수 있다. 그는 『고문비략』을 통해 자신의 능력을 인정받고 싶었지만 헌종의 죽음으로 그 길이 막히자 불력을 통해 아들의 성공을 기원하였던 것으로 보인다.

최성환은 도교 서적 가운데 주로 선서 편찬 작업에 열정적으로 매달렸다. 먼저 1852년에 『태상감응편도설언해(太上感應篇圖說諺解)』를 편간하였다. 이는 한자와 만주어로 된 『선악소보도설(善惡所報圖說)』을 구해 도상(圖像)과 한문 원문은 그대로 두고 부녀자와 아이들을 위해 만주어만 국문으로 고쳐 간행한 것이다.[43] 『선악소보도설』은 본래 『태상감응편』의 내용을 쉽고 재미있게 이해할 수 있도록 그림과 설명을 넣은 책인데 최성환은 이를 민간에 유포시키기 위해 언해 작업을 했던 것이다.

1853에는 『도수부선생증손당관공과격』을 간행하였는데 이는 명의 원황(袁黃)이 지은 『당관공과격(當官功過格)』을 청의 도공(陶珙)이 증손한 책이다. '공과격'은 자신이 행한 공(功)과 과(過) 즉 선과 악에 의해 화복이 결정된다는 주장을 담고 있다. 선과 악은 자신이 행위에 점수를 부여

---

42 『약사유리광여래본원공덕경(藥師琉璃光如來本願功德經)』, 「신간약사유리광여래본원공덕경서(新刊藥師瑠璃光如來本原功德經序)」. 『약사유리광여래본원공덕경』은 국립중앙도서관에 소장되어 있는데(소장기호 : 古1747-27) 동국대학교 불교학술원의 서수정 선생님을 통해 존재를 알게 되었다. 지면을 통해 서수정 선생님께 감사를 드린다.

43 朴盛鍾, 앞의 논문, 89쪽.

하고 연말에 점수를 합산하는 방식으로 판정된다. 『도수부선생증손당관공과격』은 제목에서 드러나듯 관료들을 대상으로 한 것으로 여기에는 관리들이 백성들을 대할 때 일상적으로 행해야 할 구체적인 책무와 각각의 점수가 기록되어 있다. 큰 재황이 닥쳤을 때 진휼을 하도록 힘껏 청해 많은 사람들의 목숨을 살리면 천공(千功)의 점수를 부여하는 식이다. 관료들의 도덕성을 자극하여 선정을 베풀 수 있도록 하려는 의도가 내포되어 있다. 한편 1856년에는 『각세신편팔감상목(覺世新編八鑑常目)』이라는 선서를 간행하였다. 이는 중국의 대표적인 도교서에 주석을 붙이고 나름대로 주제를 분류하여 주제별로 선서를 모은 것이다.

불교에 대한 관심이 기복적이었던 데 반해 도교에 대한 관심은 도덕실천의 차원이었다. 최성환은 『태상감응편도설언해』를 통해 일반 백성들을 교화하고, 『도수부선생증손당관공과격』을 통해 관료들의 도덕심을 자극하고자 하였다. 정치적으로 자신의 경륜을 실천할 기회를 상실한 그에게 도교는 경세를 실천하기 위한 하나의 대안이었다고 할 수 있다.

3. 『고문비략』의 구성과 개혁안의 성격

1) 『고문비략』의 구성과 특징

최성환은 헌종 사후 초고 상태로 방치해 두었던 『고문비략』을 1858년(철종 9)에 다시 정리하였다. 이때 다시 정리하려는 마음을 갖게 된 이유가 무엇이었을까 궁금하지만 그 경위는 확인할 수 없다. 당시에 정국 운영상의 특별한 변화가 있었던 것은 아니었으므로 조정에 올리기 위한 목적은 아니었을 것으로 보인다. 그렇다면 다른 이유로 생각해볼 수 있는 것은 철종 대 당시의 어지러운 상황이다. 철종 대의 상황은 우의정 박회수(朴晦壽)가 "민생의 곤궁함이 지금과 같은 때가 없다"[44]거나 "지금 팔도의 위급한 상황을 돌아보면 거의 장차 백성이 없어지고 난 다음에야 그칠 것 같다"고 지적할 정도로 심각한 수준이었다. 박회수에 이어 우의정에 임명된 조두순(趙斗淳)도 "온갖 일이 모두 타락하여 모발까지도 모두 병이 들었다"[45]고 개탄할 정도였다.

민생이 상당히 곤란한 상황에 정국도 혼란스러웠다. 1855년 3월 철종이 홍인한(洪麟漢)의 관작을 회복시키라는 명을 내리면서 파장이 일었다. 여기에 더해 1854년 소론 조석우(曺錫佑)가 송시열을 비판하는 내용이 담긴 조부 조하망(曺夏望) 문집을 간행한 것을 계기로 후폭풍이 생겼다. 1855년 8월부터 노론 측 유생들의 상소가 이어지고 태학 유생들이 권당에 나서는 등 집단행동에 나서면서 소란스러웠다. 철종은 쟁변하는 것이 나라를 위해서도 아니고 백성을 위해서도 아닌 단지 자신들의 당을 위해서라고 지적하면서 진화에 나섰으나 역부족이었다. 정국은 소용돌이치고 있었지만 1855년 11월 영의정 김좌근(金左根)이 사직한 후 1858년 4월 김좌근이 다시 복귀하기 전까지 영의정이 차출되지 못하였다. 그야말로 총체적인 난국이었는데 아마 최성환도 이러한 상황을 모르지는 않았을 것이다. 혹시 문제의 심각성을 느끼고 있었기 때문에『고문비략』을 다시 정리하려는 생각을 갖게 되었던 것이 아닐까 짐작된다.

최성환은 초고에 새로운 항목을 추가하는 등의 작업을 진행하여『고문비략』의 정리를 마쳤다. 장지완은『고문비략』서문에서 책의 구성에 대해 다음과 같이 요령 있게 설명하였다.

---

44 『비변사등록(備邊司謄錄)』 242책, 철종(哲宗) 6년(1855) 12월 10일.

45 『비변사등록(備邊司謄錄)』 244책, 철종(哲宗) 8년(1857) 5월 11일.

> 당시의 정령과 법제 가운데 세월이 오래되어 말폐가 있는 것과 임금께 미처 진달되지 못한 백성들의 고충을 서술하되, 경전과 사서에서 근거를 원용하고, 몸소 경험한 인정을 바탕으로 하여 폐단을 바로잡을 방법을 대략 첨부해서 올리려고 하였다.[46]

장지완의 설명처럼 최성환은 각종 현안과 관련된 중국 측의 역대 자료를 시기 순으로 열거한 후에 조선의 상황을 분석하고 최종적으로 자신의 견해를 제시하는 방식으로 『고문비략』을 구성하였다. 그러면 다음에서는 『고문비략』의 구성 방식을 검토함으로써 책의 성격을 살펴보기로 한다.

먼저 『고문비략』에서 다루고 있는 사안에 대해 살펴보기로 하자. 장지완이 설명한대로 최성환은 제도적 문제와 백성들에게 폐를 끼치는 사안을 선정하였는데 최종본으로 추정되는 국립중앙도서관본에서 다룬 주제는 모두 28가지이다.[47] 이 가운데 주요한 부분은 행정구역, 인재 선발, 인사 평가, 부세, 녹봉 등 제도적 문제였다. 반면 백성들의 고충과 직접 관련된 문제는 군포, 환곡, 준천 등 상대적으로 분량이 적다. 따라서 『고문비략』은 기본적으로 제도 정비를 통한 체제 안정에 주안점을 둔 저술이라고 평가할 수 있다.[48]

체제 안정을 중시하였기 때문에 최성환은 체제를 불안하게 하는 요소

---

46 『고문비략(顧問備略)』 서(序), "崔君惶恐辭謝而退 乃敍述當時政法 所以年久而爲弊者 及民隱之未及上徹者 援據經史 體驗人情 略附矯救之方 書未成而龍馭賓天 廢閣者久矣".

47 현재 『고문비략』은 필사본으로 국립중앙도서관본과 일본 동경대학교도서관본 2종이 존재한다. 동경대학교본에는 '준천'·'사치' 두 조항이 빠져 있다.

48 한편 『고문비략』에서 다룬 사안과 관련하여 잘 이해되지 않는 점이 한 가지 있는데 그것은 전정 문제에 대한 언급이 없다는 사실이다. 1848년 우의정 권돈인은 삼정 가운데 민생의 뼈에 사무치는 절실한 폐막은 田政이라고 지적하면서 각 도의 양전 사업이 120년 동안 시행되지 않아 경계의 문란함과 농간으로 인한 폐단이 점차 심각해질 것이라고 지적한 바 있다.(『備邊司謄錄』 232책, 憲宗 11년 1월 11일) 이처럼 전정의 폐단은 심각한 문제였는데 왜 그에 대한 대책은 없었는지 의문이다.

에 대해서는 상당히 부정적인 반응을 보였다. 최성환은 하층민이 무리를 짓는 것을 대단히 위험한 행위로 간주하여 이를 철저히 막고자 하였다. 걸인에 대해서도 그들은 구걸을 가탁하여 무리를 지어 약탈을 일삼는 자들이라 무슨 짓을 저지를지 알 수 없기 때문에 철저하게 관리해야 한다고 강조하였다.[49] 또한 도적에 대해 언급하면서 도적은 국가의 가장 큰 우환거리이고 인류에게 가장 큰 해악이 되기 때문에 도적을 살인범보다 무겁게 처벌해야 한다고 주장하였다.[50] 그의 일차적인 관심은 체제를 안정시키는 데 있었다고 할 수 있다.

다음은 개혁안의 이론적 근거로 제시한 전거에 대한 검토이다. 최성환은 『예기』 등의 경서와 『한서』·『신당서』·『송사』 등의 사서에서 주제와 관련된 자료를 시대 순으로 열거하는 방식으로 개혁안의 이론적 근거를 제시하였다. 『고문비략』의 성격을 이해하기 위해서는 어떤 서적들을 근거로 자신의 주장을 펴고 있었는가를 검토해 볼 필요가 있다.

최성환이 『고문비략』에서 많이 인용한 서적으로는 구준(丘濬, 1419~1495)의 『대학연의보(大學衍義補)』, 고염무(顧炎武, 1613~1676)의 『일지록(日知錄)』을 들 수 있다.[51] 『대학연의보』는 송의 진덕수(眞德秀)가 편찬한 『대학연의』에 빠져 있는 두 조목인 치국과 평천하의 요점을 보충한 서적이다. 진덕수는 『대학』의 목표인 치국·평천하는 격물·치지, 성

---

49 『고문비략(顧問備略)』 권4, 「당여(黨與)」, 294~296쪽.

50 『고문비략(顧問備略)』 권4, 「도적(盜賊)」, 302~303쪽.

51 『고문비략』에 인용된 서적을 열거하면 다음과 같다. 『周禮』·『書經』·『孟子』·『詩經』·『論語』·『春秋左氏傳』·『管子』·『周書』·『史記』·『戰國策』·『漢書』·『後漢書』·『舊唐書』·『新唐書』·『宋史』·『自治通鑑』·『宋名臣奏議』·『歷代名臣奏議』·『鶴林玉露』(羅大經)·『大學衍義補』·『日知錄』(顧炎武)·『通典』(杜佑)·『文獻通考』(馬端臨)·『續文獻通考』(王圻)·『歷代兵制』(陳傅良)·『路史』(羅泌)·『元城語錄』(劉安世)·『古今事文類聚』(祝穆)·『卻掃編』(徐度)·『困學紀聞』(王應麟)·『皇明經世文編』(陳子龍·徐孚遠)·『春明夢餘錄』(孫承澤)·『圖書編』(章潢)

의 · 정심, 수신, 제가의 요체만 실천하면 달성될 수 있다고 보아 치국과 평천하를 『대학연의』에서 제외했지만 구준은 치국 · 평천하는 별도로 고찰해야 할 분야라고 판단하여 그것을 달성할 수 있는 구체적인 방법론을 제시하였다.

『대학연의보』는 기본적으로 주자학과 맥이 닿아 있는 저술이다.[52] 『고문비략』에서 주목되는 것은 『대학연의보』에 들어 있는 섭적(葉適, 1150~1223)의 글을 매우 많이 인용했다는 사실이다. 섭적은 남송 대 인물로 사공학(事功學)을 주창했던 영가학파(永嘉學派)의 핵심 인물이다. 주자가 심신의 수양을 강조했던 것과 달리 영가학파의 인물들은 현실 문제의 해결에 관심을 집중하였다. 이들은 초기에는 주자학을 존중하고 정치적으로도 주자를 옹호하였지만 학계에서 영향력이 확대되자 주자의 견제를 받았다. 그러자 영가학파도 주자학을 정면 비판하고 나섰는데 이때 주자학 비판의 선두에 섰던 인물이 바로 섭적이다. 섭적은 『태극도설』을 비현실적인 주장이라고 비판하면서 경서도 국가의 제도나 정책에 도움을 될 수 있는 방향으로 해석하고자 하였다.[53] 주자학에 비판적이었기 때문인지 조선 지식인들 사이에 섭적은 그다지 주목받지 못하였다. 유형원(柳馨遠) · 이익(李瀷) · 정약용 등이 단편적으로 섭적의 개혁안에 대해 언급하였을 뿐인데 최성환은 『고문비략』에서 섭적의 글을 적극적으로 인용하였다. 경세를 학문의 중심으로 삼았던 영가학파는 『주례(周禮)』를 매우 중시하였는데 최성환 역시 『주례』를 자주 언급하였다. 최성환이 영가학파에 대해 이해하고 있었는지는 알 수 없지만 사공학에 관심이 많았

52 『대학연의보』의 성격에 대해서는 徐仁範, 「丘濬의 政治改革論 : 大學衍義補를 中心으로」, 동국대학교 석사학위논문, 1987 참조.

53 주자학과 사공학의 관계에 대해서는 李範學, 『宋代 朱子學의 成立과 發展」, 『講座 中國史』, 지식산업사, 1989, 226~231쪽 참조.

던 것은 분명하다.

최성환이 『대학연의보』 가운데 가장 많이 인용한 것은 관중(管仲)의 설이었다. 관중은 본래 공자규(公子糾)의 신하였는데 공자규를 죽인 제나라 환공(桓公)의 조정에 나가 부국강병에 매진하여 환공을 패자로 만들었던 인물이다. 관중은 환공을 섬긴 행적과 패도(霸道)를 구사한 일로 의리학을 중시하던 지식인들에게 비판을 받았지만 경세에 관심이 많았던 학자들에게는 인정을 받았다. 예를 들어 박지원은 인의보다 공리를 앞세웠다는 점을 관중의 한계로 지적하면서도 관중과 상앙의 공리와 실용을 추구하는 학문은 진실로 취할만한 점이 있다고 평가하였다.[54] 정약용은 박지원과 달리 관중이 인의를 적극적으로 실천했다며 더욱 적극적으로 평가하였다.[55] 최성환의 경우 관중 자체에 대해 언급하지는 않았지만 관중의 설을 많이 인용한 것은 관중의 경세직 능력을 인정했기 때문일 것이다. 결국 최성환은 경세와 관련되는 것은 주자학파와 사공학파를 구분하지 않고 폭넓게 활용하였다고 할 수 있다.

『일지록』은 19세기 조선 지식인들 사이에서 관심을 받았던 책이다. 고염무를 주목한 것은 그가 명에 의리를 지켰고 그가 세운 고증학적 방법론이 후기의 고증학과는 달리 경세적 성격을 강하게 띠고 있다는 점 때문이었다. 남병철과 박규수는 특히 고염무를 존숭하였다. 박규수는 남병철의 문집 서문에서 두 사람이 "문장이 경술정리(經術政理)와 관계가 되지 않는다면 부족하다"라는 고염무의 말에 크게 공감하였다고 밝힌 바도 있다.[56] 박규수는 1826년 자제군관으로 연행하는 홍양후(洪良厚, 1800~1879)에게 고염무의 『천하군국이병서(天下郡國利病書)』가 금서라는 사실

54 박종채(朴宗采), 『과정록(過庭錄)』 권4.

55 정약용의 관중에 대한 인식은 곽신환, 「정약용의 管仲觀」, 『동양철학』 19, 2003 참조.

56 박규수가 고염무를 존숭했던 사실은 김명호, 앞의 책, 267~268쪽 참조.

을 알면서도 찾아 구입해 보기를 청할 정도로 고염무의 저술에 대한 관심이 많았다.[57] 최성환이 『일지록』에 관심을 갖게 된 데 남병철과 박규수 등의 영향이 있지 않았을까 짐작이 된다.

최성환은 중국의 여러 서적을 인용하였지만 특이하게도 국내 서적은 전혀 언급하지 않았다. 그는 노론 학자들 사이에서도 널리 읽혔던 『반계수록(磻溪隨錄)』이나 『성호사설(星湖僿說)』과 같은 책도 전혀 거론하지 않았다. 예를 들어 최성환은 조세금납화를 역설하였는데 이는 일찍부터 여러 학자들에 의해 꾸준히 제기되어 온 문제였다. 유형원은 조세의 절반을 화폐로 수납할 것을 제기한 바 있고,[58] 정약용도 『목민심서(牧民心書)』에서 아전들의 농간이나 조운의 어려움 등을 이유로 들면서 쌀로 거두는 것보다 돈으로 거두는 것이 타당하다고 주장하였다.[59] 정통 유학자였던 유신환과 같은 이도 돈으로 거두는 것이 쌀이나 포보다 편하다고 하여 조세의 금납화를 주장한 바 있다.[60] 이처럼 여러 인물들이 조세금납화를 주장하였지만 『고문비략』에서 그에 대해 전혀 언급하지 않았다. 도량형의 경우에도 이익이 도량형을 표준화해야 한다고 주장한 바 있지만 그에 대한 이야기는 없다.[61]

최성환이 국내 서적을 전혀 인용하지 않은 이유를 알 수는 없다. 단 한 편도 인용하지 않을 것을 보면 국내 서적의 내용을 몰랐기 때문이 아닌 의도적인 배제라고 밖에 생각할 수 없다. 막연한 추측이기는 하지만 이러한 최성환의 태도는 그의 지향성과 관련이 있지 않을까 생각된다.

---

57 박규수(朴珪壽), 『장암문고(莊菴文稿)』 권1, 「여홍일능양후서(與洪一能良厚書)」.

58 정성철, 『실학파의 철학사상과 사회정치적 견해』 상, 백의, 1989, 148~149쪽.

59 정약용(丁若鏞), 『목민심서(牧民心書)』 권6, 「호전(戶典) : 평부조(平賦條)」.

60 유신환(兪莘煥), 『봉서집(鳳棲集)』 권5, 「시무편(時務篇)」. 김용섭, 『증보판 韓國近代農業史研究』下, 일조각, 59쪽 참조.

61 이익(李瀷), 『성호사설(星湖僿說)』 권5, 「만물문(萬物門) : 권량(權量)」.

후술하겠지만 최성환은 중국의 옛 제도를 높이 평가하여 가능한 한 그것을 수용하려는 의식을 지니고 있었는데 그 때문에 굳이 국내 서적을 이용할 필요를 느끼지 못했던 것이 아닌가 생각하는 것이다.

다음은 조선의 현실에 대한 설명 부분이다. 조선 사회의 현실에 대한 서술은 『고문비략』에서 가장 돋보이는 부분이라고 할 수 있다. 최성환은 당시의 실상을 매우 상세하게 기술하였다. 예를 들어 군정(軍政)의 폐단에 대해 설명하면서 그는 법전의 제반 규정이 전혀 지켜지지 않고 있는 실상을 지적하였다. 『대전통편』에는 부자 세 사람이 군오에 편성된 경우 아비의 군역을 면제해 주고, 형제 사람이 군오에 편성되면 형의 군역을 면제해 주도록 규정되어 있지만 실제로는 한 사람도 그러한 혜택을 받고 있지 못하다고 비판하였다. 또한 60세 이상 된 사람은 면역하고, 70세 이상일 경우는 아들 한 사람, 90세 이상일 경우 모든 아들을 면역시켜주도록 되어 있지만 90세 넘은 노인조차도 면제받지 못하고 있는 상황이라고 지적하였다. 심지어 여자 아이도 군역에 차출되는 상황이라면서 관동지방에서 있었던 실제 사례를 거론하기도 하였다. 군포와 관련해서는 가난한 백성들이 군포의 부담을 견디지 못함에도 불구하고 군역을 담당하지 않으려고 하는 현실을 지적하였다. 사족이 군역을 기피하기 때문에 사람들은 군역을 담당하는가의 여부로 지벌을 판단하고 있고 그로 인해 군역을 부담하면 사람들이 천하게 여겨 조금이라고 능력이 되면 온갖 방법을 동원하여 군역에서 빠지려고 한다는 것이다.[62]

19세기 가장 큰 문제였던 환곡과 관련해서는 환폐(還弊)의 실상을 분명하게 드러내고 있다. 예를 들어 봄에 환곡을 나누어 줄 때 모두 쭉정이로 속을 채워 분량만 맞추기 때문에 실제 수령액은 1~2말에 불과하여

62 『고문비략(顧問備略)』 권1, 「군오(軍伍)」, 71~77쪽(쪽수는 金聖才 譯, 『어시재 최성환의 고문비략』, 사람의무늬, 2014의 쪽수를 가리킴).

운반비가 아까워 아예 읍내에 사는 사람에게 대신 받아 가지라고 하는 이도 있다고 한다. 억지로 환곡을 배분하여 잘 사는 사람 가운데 80~90석을 받았다가 가을에 수백 석을 갚은 사람이 있다는 사실도 전한다. 작환(作還)·작전(作錢)·가작(加作)·부탁환(付托還)·첨환법(添還)·와환(臥還)·방환(防還) 등 최성환이 거론한 환곡의 비리는 실로 다양하였다.[63] 정약용은 수령이나 이서에 의해 자행되었던 환폐의 유형으로 와환·가분(加分)·허류(虛留)·입본(立本)·증고(增估)·가집(加執)·암류(暗留)·반백(半白)·분석(分石)·집신(執新)·탄정(呑停)·세전(稅轉)·요합(徭合)·사혼(私混)·책륵(債勒) 등을 들면서 그 실상을 자세히 지적한 바 있다.[64] 최성환의 언급은 비록 정약용이 파악한 수준에는 미치지 못하지만 환폐의 실상을 상당히 정확히 드러낸 것이라고 할 수 있다.

도량형 문제에서도 그의 관찰력은 빛을 발한다. 그는 서울 시장의 쌀 1되 가격이 9푼이고 시골 장시는 7푼이어서 겉으로 보면 서울 시장의 가격이 비싼 것처럼 보이지만 시골 장시의 되 크기가 서울 시장의 되에 비해 10분 6정도 밖에 되지 않아 실제로는 시골 장시의 쌀값이 더 비싸다고 설명한다. 그는 되를 비롯하여 자, 저울 등의 길이나 무게가 제 각각인 것을 구체적인 수치를 제시하면서 지적하고 있다.[65]

장지완은 최성환이 직접 경험한 사실을 바탕으로 『고문비략』을 기술하였다고 밝혔다. 몸소 경험했다는 것은 『고문비략』을 저술하기 위해 각종 문제점들을 직접 파악했음을 말하는 것으로 생각된다. 중인 집안에서 출생한 최성환은 양반가의 인물에 비해 아무래도 하층민과 접촉할 기회가 많았을 것이므로 당시 사정에 관해서도 많은 정보를 얻을 수 있었을

63 『고문비략(顧問備略)』 권1, 「조적(糶糴)」, 83~93쪽.

64 정약용(丁若鏞), 『목민심서(牧民心書)』, 「호전(戶典) 육조(六條) : 곡부(穀簿) 상(上)」.

65 『고문비략(顧問備略)』 권2, 「도량형(度量衡)」, 160~161쪽.

것으로 보인다. 물론 책을 저술하기 위해 새롭게 확인한 내용도 있었을 것이다.

문제를 정확히 파악하고 있었기 때문에 최성환은 현실성 있는 여러 대책을 제시할 수 있었다. 우선 환곡과 관련해서는 환곡이 가장 고질적인 폐단이 되었기 때문에 구차하게 폐단을 고치기보다는 환곡제 자체를 영구히 혁파하는 편이 낫다고 주장하였다. 그러면서 한편으로는 폐지하지 못할 경우 취할 수 있는 몇 가지 방안에 대해서도 언급한다. 마을 단위로 환곡을 운영하며 10%의 모조만 거두는 방법, 환곡 분을 돈으로 환산한 후에 전답 주인에게 분급하여 10%의 모조만 거두는 방법, 환곡을 혁파하고 둔전을 설치하여 운영하는 방법 등이다. 이는 모두 환곡을 재정 보충 수단으로 인정한 위에 마련한 대책인데 모두 모곡률(耗穀率)을 10%로 한다는 점에 강조점이 있다. 정약용이 환곡 제도의 존속을 전제로 모곡률을 20%로 하는 타협적인 개혁안을 제안했던 것과 비교가 된다.[66] 어쩔 수 없는 대안이기 때문에 문제는 있지만 최성환의 대책은 환폐의 실상에 대한 이해 위에서 도출된 것이었다.

'준천'에서는 개천가에 사는 백성들의 호역(戶役)을 면제해 주거나 담당 구역의 길이에 따라 임금을 차등 지불하여 준천을 하자는 견해를 언급하며 그 실효성에 의문을 제기하였다. 도성 안에 사는 백성들은 이미 온갖 방법을 동원해 호역에서 빠져 있고, 임금을 지불하는 것도 정확히 산정하기 어려우며, 갑자기 장정을 차출하는 것 또한 곤란하다는 이유에서였다.[67]

조식(曺植)이 "우리나라는 반드시 서리의 손에서 망할 것"이라고 이야

66 정약용의 환정 개혁안에 대해서는 愼鏞廈, 「丁若鏞의 還上制度改革思想 : 茶山의 福祉觀의 一單面」, 『社會科學과 政策硏究』 3-2, 1981 참조.

67 『고문비략(顧問備略)』 권2, 「준천(濬川)」, 132쪽.

기할 정도로 고질적이고 심각한 병폐였던 이서 문제에 대해서도 최성환은 적절한 해결책을 제시하였다. 최성환은 백성들이 살 수 없는 지경에 이르게 된 것은 모두 이서들 때문이지만 근본적인 이유는 국가에 있다면서 봉록이 적은 것, 인원이 지나치게 많은 것, 관의 가렴주구가 심한 것, 지나치게 천시하는 것 등의 네 가지를 그 원인으로 지적하였다.[68] 이러한 분석을 근거로 최성환은 이서의 인원을 줄이고 녹봉을 후하게 주며, 능력이 있는 자를 조정에 기용할 수 있도록 법제화할 것을 건의하였다.

이처럼 최성환은 중국의 서적을 이론적 기초로 삼고 조선 사회의 현실을 정확히 파악하여 당면한 여러 문제를 해결하고자 하였다.

2) 최성환의 개혁 구상과 성격

최성환은 『고문비략』에서 다양한 사안에 대해 개혁안을 제시하였다. 이들 개혁안의 구체적인 내용과 성격에 대해서는 머리말에서 언급한 것처럼 선행 연구에서 이미 검토된 바 있다. 다음에서는 선행 연구를 바탕으로 『고문비략』을 통해 확인할 수 있는 개혁안의 특징과 그 한계에 대해 살펴보기로 한다. 먼저 개혁안의 특징에 대해서인데 그것은 크게 다음의 세 가지로 정리해 볼 수 있다.

첫째, 중국의 제도, 특히 고제(古制)를 모범으로 삼고 있다는 점이다. 이는 『고문비략』 전체를 관통하는 주요한 특징이었다. 최성환은 「준천(濬川)」이나 「당여(黨與)」 등의 몇 조항을 제외하고는 중국에서 관련 제도를 운영한 방식을 폭넓게 검토한 후에 개선안을 도출하였다. 그가 제시한 개혁안은 기본적으로 중국의 고제를 현실에 맞게 개선하는 방식을 띠고 있었다.

---

68 『고문비략(顧問備略)』 권3, 「이서(吏胥)」, 239~241쪽.

중국 고제에 대한 최성환의 인식은 「도량형」조에 소개된 '지우전(摯虞傳)'의 내용을 통해 확인할 수 있다. '지우전'은 『진서(晉書)』에 들어 있는 이야기로 대체적인 줄거리는 다음과 같다. 진협(陳勰)이라는 인물이 땅을 파다가 우연히 고척(古尺)을 발굴하였는데 고척이 당시 쓰고 있는 자와 길이에 차이가 있었다. 그러자 신하들 사이에서 자를 고척에 맞추어야 하는지 아니면 그대로 쓸 것인가의 문제를 놓고 의견이 갈라졌다. 이러한 논란에 대해 지우는 "헌장(憲章)과 성식(成式)은 옛 사람들이 정해 놓은 제도를 잃지 않아야 하고, 말세에 구차히 영합한 제도와 이단의 혼란스러운 기용(器用)은 마땅히 시의에 맞게 고쳐서 기준을 통일시켜야 한다."면서 고척에 맞추어야 한다는 견해를 제시하였다.[69] 최성환이 「지우전」에 자신의 의견을 덧붙이지는 않았지만 「지우전」을 소개한 것은 지우의 견해에 동의했기 때문일 것이다. 옛 제도를 시의에 맞게 수정해야 한다는 지우의 언급은 최성환의 인식과도 상통하는 것이었다. 일단 도량형기의 문제에서 최성환은 『서경』에 나와 있는 제도에 따라 5년 마다 한 번씩 국가적 차원에서 대대적으로 도량형기의 규격을 바로잡고, 또 『예기』의 제도를 본받아 매년 2차례씩 각 고을에서 교정할 것을 제안하였다. 경서에 나와 있는 옛 제도이기 때문에 따라야 하는 것이다.

고제를 적용하려는 의식은 여러 개선안에서 드러나는데 우선 들 수 있는 것인 통갑제(統甲制)이다. 통갑제는 5가(家)를 통(統), 10통을 리(里), 10리를 면(面)으로 고을을 편제하는 방식이다. 즉 가－통－리－면－군(郡)·현(縣)－부(府)－도(道)의 구조로 행정 체계를 정비하는 것이 골자인데 최성환은 이러한 통갑제를 바탕으로 행정을 운영할 것을 건의하였다. 세금이나 요역 등은 관에서 면, 면에서 리, 리에서 통, 통에서 가를

---

69 『고문비략(顧問備略)』 권2, 「도량형(度量衡)」, 157~158쪽.

관리하는 방식으로 이루어진다. 가는 통에, 통은 리에, 리는 면에, 면은 관에 납부하는 방식이다. 옥송(獄訟)의 경우에는 5가의 공의를 통에 건의하여 통수가 판결하는데 이에 불복할 경우 10명의 통수가 리에 건의하여 이존이 판결하고 그에 불복할 경우 10명의 이존이 면에 건의하여 면정이 판결하며, 그에 불복할 경우 면정이 고을에 건의하여 수령이 판결하게 된다. 군대도 통갑법에 의해 조직할 것을 주장하였다. 그는 "통갑의 제도만 이루어진다면 민심은 집결되고 병력을 얻을 수 있어 수백 년 동안 내려온 고질적인 폐단이 하루아침에 모두 혁파될 것"이라고 자신할 정도로 통갑제에 대해 확신하고 있었다. 최성환이 통갑제의 시행을 주장한 근거는 주나라 대부터 다스리는 대상은 5인을 넘기지 않았다는 점에 있었다. 주나라에서 통제할 수 있는 적정 인원을 5인으로 하였다는 점에 주목하여 통갑제를 구상하였던 것이다.

최성환은 관원의 임기 문제에서는 9년 동안의 치적을 평가하여 관리를 출척하는 법은 요·순 대부터 시작되었고, 송 대에 들어 6년이 지나야 관리의 거취를 결정했기 때문에 관리가 구차하게 모면하지 않고 백성들은 의지할 데가 생겨 전국이 평안 무사하고 인구가 불어났다면서 관리들의 임기를 9년으로 하고 6년이 지나지 않으면 천전(遷轉)시킬 수 없게 해야 한다고 주장하였다.[70]

고제와 현실의 조화를 중시하였던 최성환은 기존 제도를 폐지하기보다는 고제를 참조하여 운영상의 문제점을 개선하는 방식을 선호하였다. 그러다보니 그가 제시한 개혁안은 다분히 개량적인 성격을 띠게 되었다. 이러한 점은 학교와 서원 문제의 해결책을 통해 엿볼 수 있다. 최성환은 각 부와 현의 학교 내에 큰 원무(院廡)를 지은 후 경내의 서원에 있는

70 『고문비략(顧問備略)』 권3, 「구임(久任)」, 205쪽.

모든 위판을 옮겨 봉안할 것을 주장하였고, 학교는 옛날 학교 제도를 본받아 학문이 밝고 덕이 높은 이를 스승으로 삼고 재주와 식견이 있는 이들을 학생으로 선발해 교육을 시켜 문제점을 개선할 것을 건의하였다.[71] 학교와 서원의 폐단에 주목한 것은 평가할 만하지만 그가 제시한 방안은 근본적인 대책이 되기에는 부족한 것이었다.

당시 서원의 문제점에 대해 지적한 인물은 물론 최성환뿐만이 아니었다. 성대중(成大中, 1732~1809)이나 홍한주(洪翰周, 1798~1868)도 서원이 심각한 문제라고 보았던 이들인데 이들의 경우는 최성환과는 다른 대책을 제시하였다. 성대중은 퇴계의 공이 크지만 서원을 창설한 것만은 후세에 큰 폐단을 만들었다고 지적하여 서원의 존재 가치 자체를 부정하였고,[72] 홍한주는 서원의 폐단처럼 심한 것이 없고 학교 역시 마찬가지라면서 이러한 폐단을 없애기 위해서는 서원과 학교 모두 없애야 한다는 과감한 주장을 폈다.[73] 물론 학교와 서원의 폐지만이 근본적인 대책이라고 볼 수는 없지만 성대중이나 홍한주의 경우가 최성환에 비해 좀 더 문제점을 심각하게 느끼고 있었던 것만은 분명하다.

둘째, 인재 선발 과정에서 나타나는 특징으로 덕행을 중시하였다는 점이다. 최성환은 여러 곳에서 경세 능력과 인품을 갖춘 인물을 발탁해야 한다고 주장하였다. 「과거」조에서 그는 아래에서 사람들을 천거하면 부관(部官)이 덕행·기국(器局)·신(身)·언(言)·서(書)·판(判)을 시험해야 한다고 주장하였다.[74] 덕행을 판단하는 것이 과연 가능한 것일까 하는 의문이 들기도 하지만 최성환은 덕행을 인재 선발의 중요한 조건으로 설

71 『고문비략(顧問備略)』 권4, 「학교(學校)」, 286~287쪽.
72 성대중(成大中), 『청성잡기(青城雜記)』, 권3, 「성언(醒言)」.
73 홍한주(洪翰周), 『지수념필(智水拈筆)』, 권6, 「학교서원(學校書院)」.
74 『고문비략(顧問備略)』 권4, 「과거(科擧)」, 262쪽.

정하였다. 「막료」조에서도 막료의 필요성을 역설하면서 감사와 부사에게 선발권을 부여하되 반드시 문학이 있고 행실이 뛰어난 자를 추천하게 하자고 주장하였다.[75]

과거와 천거를 병행하는 인재 선발 방식을 구상하였던 최성환은 덕행을 선발 요소에 포함시켰다. 덕행을 중시하였던 그의 태도와 관련하여 주목되는 것은 앞서 살핀 것처럼 도가의 '권선(勸善)'을 중시하였다는 점이다. 최성환의 인식에서 '선(善)'은 매우 중요한 부분이었다. 「학교」조에서 그는 재주와 식견이 밝고 통달하여 선으로 나아갈 수 있는 사람을 입학생으로 선발해야 한다고 주장하였다. 그런 학생을 선발하여 수업을 받게 하고 매년 그 가운데 인품이 훌륭한 자와 능력이 뛰어난 자를 조정에 천거하여 후일 국가를 위해 쓸 수 있는 인재로 삼아야 한다는 것이다.[76] 최성환이 제도적 개선과 함께 중시한 것은 권선이었다.

셋째, 관의 역할을 축소하고 민간 내지 향촌 사회의 자율성을 중시하였다는 점이다. 이 점은 다른 지식인들의 개혁론과 비교되는 최성환의 독특한 주장이다. 최성환은 여러 문제에서 관의 개입을 줄이고 대신 민간에 맡기는 방식의 개선안을 제시하였다. 이러한 점이 가장 잘 드러나는 부분은 준천이다. 1760년(영조 36) 대대적인 청계천 준설 작업이 시행하고 개천의 상시적인 관리를 위해 준천사를 설치하였다. 1833년(순조 33)에도 8만 여 냥의 자금을 투입하여 영조 대 수준의 청계천 준천 작업을 시행한 바 있다.[77] 그러나 준천 사업은 제대로 추진되지 못해 항상 근심거리가 되었다. 1852년(철종 3)에 영의정 김흥근(金興根)이 도성 안

75 『고문비략(顧問備略)』 권3, 「막료(幕僚)」, 196쪽.

76 『고문비략(顧問備略)』 권4, 「학교(學校)」, 287쪽.

77 조선 후기의 준천 사업에 대해서는 廉定燮, 「조선후기 漢城府 濬川의 시행」, 『서울학연구』 11, 1998 참조.

의 개천이 막히는 막혀 범람되는 문제를 지적하며 준천을 건의하여 준천이 이루어졌지만 몇 년 후 또 다시 막혔다.[78] 사실 준천은 매년 해야 할 작업이었지만 몇 년 동안 이루어지지 않았기 때문이다. 준천의 간기와 함께 문제가 된 것은 부실한 공사였다.

준천 작업은 훈련도감·금위영·어영청에서 임노동자를 고용하여 시행하였는데 최성환은 준천의 폐단이 발생하는 근본적인 이유가 바로 이러한 공사 방식에 있다고 보았다. 임노동자들이 비효율적으로 일을 하고 관리 감독도 이루어지지 않아 재정만 축나고 공사도 문제가 많다는 것이다. 실제로 1858년에 시행된 준천에서는 어영청에서 담당한 구간의 공사가 제대로 이루어지지 못해 어영대장이 파면되기도 하였다.[79] 최성환은 이러한 문제를 해결하기 위한 방안으로 민간 위탁 방식을 제안하였다. 서울에 거주하는 근실한 사람 수십 명을 선발하여 공계(貢契)를 조직하게 한 후 준천사에서는 공계에 비용을 지불하고 일체의 사무를 위임하자는 것이다. 이렇게 하면 공인들이 자신들의 이익을 위해 철저하게 관리 감독할 것이기 때문에 관에서 주관할 때보다 10배는 더 효율적이라고 주장하였다.[80]

사창과 상평창 운영에서도 최성환은 민간 자율에 맡길 것을 제안하였다. 그는 환곡 문제의 본질은 향이 아닌 현에 설치하고 향인이 아니라 관리가 주관하였기 때문이라며 사창을 통해 환곡을 운영해야 한다고 주장하였다. 각 면에 사창을 설치하고 면정이 관리하는 방식으로 운영해야 한다는 것이다.[81] 상평창의 운영 방안과 관련해서는 고을에서 근면하고

78 『비변사등록(備邊司謄錄)』 239책, 철종(哲宗) 3년(1852) 2월 10일.

79 『비변사등록(備邊司謄錄)』 245책, 철종(哲宗) 9년(1858) 5월 9일.

80 『고문비략(顧問備略)』 권2, 「준천(濬川)」, 127쪽. 최성환이 제의한 것과 같은 위탁 방식은 1897년에 안경수(安駉壽)가 설립한 마차회사에서 서울의 준천 사업을 주관하게 됨으로써 시행되었다. 廉定燮,, 앞 논문, 110쪽 참조.

성실한 은호(殷戶) 10여 인을 선발하여 창주인(倉主人)으로 정한 후에 일정한 수수료를 제공하고 그들에게 곡식의 매매를 전담시킬 것을 건의하였다.[82]

최성환은 변경 방비책에서도 일종의 위탁 방식을 구상하였다. 토호에게 임시 변장의 직함을 주어 세습하게 하고 각각 스스로 지키게 하자는 것이다.[83] 그는 군제에서도 관의 역할을 조금 줄이고 독자적으로 상벌 규정을 만들게 해야 한다고 주장하였다.[84] 그는 1880년대에도 곡물 운송에서 기존의 조운제도를 폐지하고 민간에 위탁할 것을 주장하고, 양전사업도 관에서 일절 관여하지 말고 지역의 두민(頭民)에게 집총을 전담케 해야 한다고 강조하는 등 일관되게 민간 혹은 향촌에 맡기는 방식을 지지하였다. 이처럼 민간 위탁 방식을 주장한 것은 「준천」조에서 단적으로 나타나듯 업무 추진의 효율성을 높이기 위한 목적이었다. 일단 위탁하면 정부가 해당 업무의 책임에서 벗어날 수 있다는 점도 위탁 방식을 선호한 중요한 이유 가운데 하나였다.

『고문비략』으로 대표되는 최성환의 경세책은 분명히 중요한 의미를 지니고 있다. 하지만 그의 개혁론은 한계도 내포하고 있었는데 그 몇 가지 점에 대해 지적하고자 한다.

첫째, 새로운 시대에 대비하는 전망을 담은 대책을 제시하지 못하였다는 점이다. 고제를 모범으로 삼았던 최성환의 개혁안은 제도에서 노출되는 문제점을 개선하는 방식을 취하고 있었다. 그러다보니 과감한 개혁을 구상하지는 못하였다. 그런 점에서 특히 아쉬운 것은 대외 교류에 대한

81 『고문비략(顧問備略)』 권1, 「사창(社倉)」, 103~104쪽.
82 『고문비략(顧問備略)』 권1, 「상평창(常平倉)」, 99쪽.
83 『고문비략(顧問備略)』 권3, 「외관(外官)」, 193쪽.
84 『고문비략(顧問備略)』 권1, 「군오(軍伍)」, 71쪽.

언급이 전혀 없다는 사실이다. 대외 교류는 경제적으로나 문화적인 측면 모두에서 반드시 필요한 것이었다. 특히 19세기 중반 성균관 강예당이 비가 새고 서까래가 썩는데도 국용 부족으로 수리하지 못하다고 할 정도로 재정 부족이 심각한 수준이었다.[85] 따라서 재정 확충을 위한 획기적인 대책이 필요한 상황이었지만 최성환이 재정 안정을 위한 최우선책으로 제시한 것은 절용이었다.

인재 양성책에서도 같은 문제가 드러난다. 최성환은 옛날에 학교를 세워 선비를 양성하던 의리에 따라야 한다고 하여 유가적 인재 양성을 목표로 하였다. 학생들로 하여금 인륜에 근본을 두고 사물의 이치를 밝히며, 소학의 쇄소응대로부터 나아가 효제충신을 닦고 예악을 주선하여 성취하게 만들어야 한다는 것이다.[86] 그는 경세를 중시하였지만 어떻게 경세에 대한 지식을 갖게 할 것인가에 대한 고민은 별로 없었다. 최성환은 신분에 상관없이 능력을 갖춘 인재를 선발해야 한다고 역설하였는데 그가 생각한 인재는 기본적으로 전통적인 인재이다. 『고문비략』의 내용으로 본다면 그가 추구한 경세적 지식은 전통적인 개혁론의 범주를 탈피할 수 없다.

물론 『고문비략』이 척사론이 비등했던 19세기 중반의 상황에 기술된 것임을 고려해야 한다. 그런 상황에서 북학론자처럼 해외 통상을 주장하거나 서양 선교사를 초빙하여 조선의 젊은이들에게 새로운 학문을 가르쳐야 한다고 역설하는 것은 쉽지 않은 일이었을 것이다. 그런데 『고문비략』은 최성환이 관직을 그만두고 재야에 있던 시기에 재정리한 것이다. 따라서 만약 통상에 대한 관심이 있었다면 최한기나 이규경이 그랬듯이 『고문비략』에 관련 내용을 포함시킬 수 있었을 것이다. 후술하겠지만 최

85 『헌종실록(憲宗實錄)』 권15, 14년(1848) 2월 갑인(甲寅).

86 『고문비략(顧問備略)』 권4, 「학교(學校)」, 285~287쪽.

성환은 1880년대에 고종에게 올린 소에서도 통상과 관련된 내용은 전혀 언급하지 않았다. 이를 보면 최성환은 해외 통상에 대해서는 관심이 없었던 것으로 보아야 할 것이다.

둘째, 신분제의 폐지에 적극적이지 못했다는 점이다. 최성환은 신분에 상관없이 생업에 종사할 수 있게 해야 한다고 주장하였다. 양반도 관리가 되지 못한 사람은 농사나 장사 혹은 기술에 종사하게 해야 하며 농사나 장사를 하는 사람도 능력이 되면 관리가 될 수 있게 해야 한다는 것이다.[87] 또한 능력만 된다면 관직에 기용해야 한다고 보았다. 이는 분명 의미 있는 제안이었지만 북학론자들의 주장에서 더 나아가지 못한 것이었다.

최성환은 신분제 자체는 그대로 용인하였다. 그로 인해 개혁론에도 문제가 보이는데 이러한 점이 가장 분명하게 드러나는 부분은 군포 개혁론이다. 그는 벼슬아치와 사족들이 신역을 면제받을 뿐만 아니라 가포(價布)도 부담하지 않는다고 적절하게 지적하였지만 제시한 대책의 방향은 문제가 있었다. 그는 '군자는 마음을 쓰고 소인은 힘을 쓰며, 군자는 사람을 부리고 소인은 사람들에게 부림을 당한다'는 전통적인 군자소인론을 근거로 귀족은 돈을 납부하고 천민은 신역을 지게 하는 방식으로 군역의 폐단을 해결할 것을 건의하였다.[88] 그의 사고 속에서 귀족과 천민은 질적으로 다르고 구분되어야 하는 존재였다.

셋째, 하층민에 대한 차별적인 시선을 가지고 있었다는 점이다. 예를 들어 「당여」조의 다음과 같은 언급을 보기로 하자.

아래에서 당여를 결성하는 것은 국가에서 당연히 금해야 할 일이다.

---

87 『고문비략(顧問備略)』 권4, 「인재(人才)」, 280~281쪽.

88 『고문비략(顧問備略)』 권1, 「군오(軍伍)」, 79~81쪽.

> 아래에서 당여가 결성되면 위로 임금의 위세가 떨어지고 국법은 수시로 굽혀지게 되며, 심하면 기강을 어지럽히고 부당한 짓을 하는데도 윗사람이 어쩔 수 없는 지경에까지 이른다.[89]

최성환이 당여의 예로 든 것은 서울의 궁중과 관부의 조례, 반촌인, 사촌계, 지방의 부상청, 고공청, 화랑(花郎)[90], 재인, 역촌, 백정촌 등이었다. 실제 하층민들은 최성환이 지적한 것처럼 자신들의 이익을 관철시키기 위해 집단적인 움직임을 보이고 있었다.[91] 이와 관련하여 성대중의 『청성잡기(青城雜記)』에 실려 있는 백정에 관한 두 가지 사례가 참고 된다. 하나는 문경의 백정이 관아에 소속된 종에게 구타를 당해 죽자 관아에서 종의 편을 들 것을 염려하여 자신들이 직접 종을 처벌하겠다고 소란을 피웠다는 이야기이고, 다른 하나는 백정을 망나니로 쓰려고 하자 이에 불만을 품고 백정들이 남산에 모여 봉화를 올리며 억울함을 호소하였다는 이야기이다. 사실 하층민의 움직임은 자신들의 입장을 대변하기 위한 자연스러운 행동인 경우가 적지 않았지만 최성환은 그를 매우 위험시하여 하층의 당여가 어디까지 갈지 알 수 없다며 법령을 제정하여 공적인 일 이외에 함께 모이는 자들을 처벌해야 한다고까지 주장하였다.[92]

최성환은 사치 풍조에 대해 언급하면서도 사치 풍조가 아래에서 위로 영향을 미친다고 설명하였다. 사치 풍조에 대한 언급은 다른 이들도 많이 하였지만 지배층의 사치 풍조를 지적하는 것인 일반적인데 최성환은 반대로 사치 풍조 유행의 주요인은 하층에 있다고 주장하였다. 창기(娼

89 『고문비략(顧問備略)』 권4, 「당여(黨與)」, "有國之所當禁者 下之黨與也 夫黨與之成於下 則主勢降乎上 而國法有時而絀 甚則犯紀亂綱 作爲非宜 而上之人莫如之何", 293쪽.

90 화랑은 남자 무당을 가리킨다.

91 성대중(成大中), 「청성잡기(青城雜記)」 권4, 「성언(醒言)」.

92 『고문비략(顧問備略)』 권4, 「당여(黨與)」, 295쪽.

妓)와 한량과 같은 부류가 사치 풍조를 주도하여 상층을 감염시키고 있다는 것이다.[93] 그는 도적의 경우에 도적의 위험성만을 부각시킬 뿐 그들이 왜 도적이 될 수밖에 없었는가 하는 점은 고민하지 않는다. 걸인에 대해서는 그들이 의탁할 바 없는 가여운 사람이 아니라 세상사를 싫어하는 자들이라고 단정하면서 논의를 시작한다. 서얼 차별을 비판하였지만 서얼을 양산하는 축첩 제도 자체에 대해서는 전혀 고민이 없었다. 그는 오히려 양가의 딸을 선택하고 예의범절을 가르친다면 자녀를 낳으면 반드시 총명하고 효성스러운 자식이 될 것이라고 강조하였다.[94]

4. 1870~80년대 전반 최성환의 활동과 경세론

1) 도교에 대한 관심과 경세 인식

최성환은 42세 되던 1854년(철종 5)에 관직에서 물러나 남양주 가릉산(嘉陵山)으로 옮겨갔다. 은퇴 이후 최성환은 여러 차례 별간역(別看役)으로 차출되기도 하였다. 1863년 2월에는 익종비 신정왕후와 헌종 계비 효정왕후(孝定王后)에게 존호(尊號)를 가상(加上)하기 위해 설치된 가상존호도감의 별간역에 임명되었고,[95] 12월에는 철종의 국장을 치르기 위해 설치된 산릉도감의 별간역으로 차출되었다.[96] 또 고종 대인 1865년에는 친우 장지완과 함께 『대전통편』 교식찬집소(教式纂輯所)의 별간역에 임명되었고 그 공으로 외직에 기용되는 포상을 받기도 하였다.[97] 별간역에

93 『고문비략(顧問備略)』 권4, 「사치(奢侈)」, 311~312쪽.
94 『고문비략(顧問備略)』 권4, 「사치(奢侈)」, 313쪽.
95 『가상존호도감의궤(加上尊號都監儀軌)』
96 『일성록(日省錄)』 철종(哲宗) 14년 12월 임오(壬午).

자주 차출된 것은 실무 능력도 있고 정계에 그와 친분이 있던 관료들이 남아 있었기 때문일 것이다.

철종 대에 관직에서 물러난 이후 최성환의 주요 관심사는 선서의 편찬과 교육에 있었는데 이는 1882년 고종에게 올린 소를 통해 확인할 수 있다.

> 신은 관직을 그만둔 이래 30여 년 동안 시골에 살며 문도들에게 『효경(孝經)』 한 권을 가르쳐 왔습니다. 그리고 그 장구(章句) 아래에 경사(經史)의 중요한 단어 및 고인들의 선행을 첨가하여 『효경대의(孝經大義)』라 명명하고, 또 귀감이 될 만한 옛 군신들의 선악을 채록하여 『고감(古鑑)』이라 이름 하였습니다.[98]

문인들에게 『효경』을 가르치는 한편 『효경대의』와 『고감』을 편찬하였다는 것이다. 『효경대의』는 『효경』에 고인들의 선행을 첨가한 것이고, 『고감』은 옛 군신들의 선악을 기록한 것이라고 밝혔다.[99] 『효경대의』와 『고감』 모두 선서 계열의 서적이었음을 알 수 있다. 1848년에 도교서인 『태상감응편정문』을 간행한 일이 있었던 것을 생각하면 『효경대의』와 『고감』 편찬도 기본적으로 도교에 대한 관심에서 비롯된 것으로 짐작된다.[100]

---

97 『승정원일기(承政院日記)』 고종(高宗) 2년 11월 신묘(辛卯).

98 『승정원일기(承政院日記)』 고종(高宗) 19년 8월 기묘(己卯), "臣自解官以來 三十餘年鄉居 授徒以孝經一書 凡於章句之下 附以經史要語及古人善行者 名曰孝經大義 又集古來君臣善惡可以爲鑑者 名曰古鑑 願廣示中外 以爲敎化之一助".

99 선악을 대비하여 선을 드러내고자 했다는 점에서 『고감』은 선서류 계통의 서적으로 분류할 수 있다. 현재 『고감』이라는 같은 이름의 책이 규장각한국학연구원 · 국립중앙도서관 · 장서각에 각각 소장되어 있다. 박지숙은 선행 연구에서 이들 3종의 책이 최성환의 『고감』과 관계없는 것으로 보았는데(朴志淑, 앞 논문, 31~32쪽) 좀 더 자세한 고찰이 필요할 것으로 생각된다.

최성환은 1870년대에 들어 결사 활동에 적극 참여하였다. 우선 1872년에는 정극경(丁克慶)·유성종(劉聖鍾) 등과 함께 묘련사(妙蓮社)를 결성하였다. 묘련사는 승려가 아닌 한양 부근의 거사들이 중국 동진(東晋)의 백련사(白蓮社)를 모방하여 조직한 염불결사이다. 묘련사는 관음신앙을 위주로 한 불교 결사였지만 도교적 성격도 띠고 있었다.[101]

묘련사를 주도한 거사들은 1872년 겨울부터 1875년까지 삼각산의 감로암(甘露庵)과 화계사 뒤편에 위치한 삼성암(三聖庵) 등의 사찰과 불자들의 집에서 대중을 모아 법회를 열었다. 장소를 옮긴 것은 다양한 계층에게 불교를 전파하기 위해서였는데 1874년 봄에 열린 법회에서는 143명의 신도들에게 법명을 내려주었다. 묘련사 법회에서 강설한 내용은 『관세음보살묘응시현제중감로(觀世音菩薩妙應示現濟衆甘露)』라는 경(經)으로 편찬되었다. 강설에서는 일체 중생이 모두 평등한 존재라는 점을 강조하여 유교적 신분질서와는 다른 인간관을 제시하였고, 또 기존의 관음신앙이 현세 기복적인 데 반해 인간 구제를 위한 사회적 실천을 중시하였다.[102] 앞서 최성환의 한계로 신분제를 극복하지 못하고 하층민에 차별적인 시선을 가지고 있던 것을 들었다. 따라서 묘련사의 불교 운동은 최성환의 인식 전환에 영향을 끼쳤을 가능성도 있다. 자료가 없어 최성환의 인식 변화를 확인할 수는 없지만 관심을 가지고 주의 깊게 살펴볼 문제이다.

---

100 『효경』을 13경 가운데 하나인 『효경』이 아니라 도가서인 『문창제군효경(文昌帝君孝經)』일 것으로 추측한 연구도 있다. 김윤수, 「高宗時代의 鸞團道敎」, 『동양철학』 30, 2008, 70~71쪽 참조.

101 이능화는 『조선도교사』에서 묘련사의 활동을 도불(道佛) 행사로 소개하였다. 이능화 저·이종은 역, 『朝鮮道敎史』, 보성문화사, 1977, 303~317쪽 참조.

102 박소연, 「19세기 후반 서울지역 신앙 결사의 성립과 특징-불교·도교 결사를 중심으로-」, 동국대학교대학원 석사학위논문, 2016, 4~19쪽 참조.

최성환은 1877년부터는 도가 교단인 무상단의 결성에 참여하고 이곳에서 핵심적인 역할을 하였다. 무상단은 최성환을 비롯하여 정극경·서정 등의 주도로 결성되었다. 조선 후기의 관제 신앙이 관우를 중심으로 하는 구복 신앙적인 성격을 가지고 있었던 데 비해 무상단은 나름의 교단 형태를 갖춘 우리나라 최초의 민간도교 단체로 평가되고 있다. 무상단을 주도한 인물들은 대부분 묘련사에서도 중요한 역할을 맡고 있었기 때문에 무상단은 묘련사와도 관련이 깊었다. 차이가 있다면 묘련사가 도·불 융합적인 성격을 가지고 있던데 반해 무상단은 도교를 표방하였다는 점이다. 무상단 결성을 계기로 최성환은 도교적 입장을 분명히 했던 것으로 볼 수 있다. 조직상으로 무상단은 좌반(左班)과 우반(右班)으로 구분되어 있었는데 최성환은 좌반의 영수를 맡고 있었고 도사의 최고 존칭인 진인(眞人)으로 불릴 만큼 비중 있는 위치에 있었다.[103]

무상단은 도교에서 숭상하는 관성제군(關聖帝君)·문창제군(文昌帝君)·부우제군(孚佑帝君)의 삼성제군(三聖帝君)을 숭배하면서 난서(鸞書)와 선서를 편찬하고 보급하는 데 주력하였다.[104] 본래 선서 편찬에 관심이 많았던 최성환은 무상단의 핵심 구성원으로 활동하면서 선서 보급 활동에 주력하였다. 유학이 기본적으로 사대부를 위한 윤리체계였던 데 반해 도교의 선서는 상인이나 공인 등 유교적 규범에 포섭되지 못했던 일반민들의 윤리규범 역할을 한 것으로 평가받고 있다.[105]

한편 고종 대의 도교는 체제 유지적 성격도 내포하고 있다는 점도 유의해야 한다. 무상단의 결성과 활동은 고종의 지원을 받고 있었던 것으

103 무상단에 대해서는 김윤수, 앞의 논문 ; 김윤경, 「조선 후기 민간도교의 발현과 전개 -조선 후기 관제신앙, 선음즐교, 무상단」, 『한국철학논집』 35, 2012 참조.

104 난서는 경전을 만드는 방법 가운데 하나로 신과의 감응 상태에서 신의 계시를 받아 경전 내용을 기술하는 것을 말한다.

105 최혜영, 「조선후기 선서의 윤리사상연구」, 한국교원대 박사학위논문, 1997, 40쪽.

로 추정되고 있다. 고종이 도교에 많은 관심을 가지고 있었음은 잘 알려진 사실이다.[106] 고종은 1873년 친정을 시작하면서 삼성신앙을 강조하고 새로운 관왕묘를 건립하는 등 도교를 선양하는 작업을 벌었다. 무상단의 주도 인물 가운데 한 사람인 서정은 1874년 서장관 이건창(李建昌)을 따라 중국에 가서 문창제군과 부우제군의 초상화와 삼성제군과 관련된 서적을 수집해서 돌아왔고 연행에서 돌아온 후 1876년『관성제군성적도지전집』을 간행한 바 있다. 앞서 언급하였듯이 전집의 서문을 박규수가 썼는데 박규수는 고종이 친정을 담당하면서 고종에 의해 우의정에 발탁되어 활동하였다. 이러한 일련의 과정을 살펴보면 무상단 결성에 고종이 관여하였던 것은 아닐까 생각되기도 한다. 고종은 집권 기간 내내 도교 진흥을 위한 작업을 추진하였는데 고종이 관왕 신앙을 강조한 것은 국왕에 대한 충의와 충절을 강조하기 위해서였다.[107]

고종은 국왕에 대한 충성심을 강조하고 체제의 안정을 위해 도교 활동을 지원하였다. 고종의 지원을 받고 있었으므로 도교 활동이 친왕적 성격을 띠게 되는 것은 당연하다. 이는 1880년에 고종의 명으로 최성환이 재간행한『태상감응편도설(太上感應篇圖說)』을 통해 확인할 수 있다. 1880년의 재간행본은 그 이전의 판목을 그대로 사용하여 간행한 것이기 때문에 형태나 내용 및 표기상의 차이점은 없다. 다른 점은 책의 표지 안쪽에 주상전하의 명령으로 간행하니 덕화(德化)가 만방에 두루 퍼질 것을 빈다는 내용의 축원문이 실려 있고 책의 마지막 면에 주상전하와 중궁전하,

106 이능화에 따르면 고종은 광무 년간에 유·불·도 삼교의 정족지세를 이루어야 한다는 건의를 수용하여 지운영(池運永)과 최시명(崔時鳴) 등을 중국에 보내 강서성 용호산에서 장천사상(張天師像)을 얻어 양주 용문산에 도관을 짓고 숭봉하게 하였다고 한다.(이능화 저·이종은 역, 앞의 책, 346쪽). 당시 수용한 도교의 성격에 대해서는 안동준,「『수심정경』의 도교적 연원」,『원불교학』8, 2002, 139~140쪽 참조.

107 박소연, 앞의 논문, 46~47쪽.

세자저하의 만수무강을 비는 기원문과 간기를 덧붙였다는 것이다.[108]

이처럼 최성환은 관직에서 물러난 후에 선서의 편찬과 보급에 주력하였고 1877년에는 도교 교단인 무상단에서 핵심적인 역할을 하였다. 도교는 민간신앙적 성격이 강한 것이지만 고종 대의 도교는 고종의 적극적인 지원을 받고 있었다. 고종은 도교를 통해 체제 안정과 왕권 강화를 도모하였고 최성환은 그러한 고종의 의도에 일정 정도 부응하였던 것으로 보인다.

그의 도교 활동과 관련하여 궁금한 것은 도교에 대한 관심이 최성환의 경세 인식에 어떤 영향을 끼쳤을까 하는 점이다. 도교는 기본적으로 사회 문제를 구조적인 것이 아니라 개인적인 차원의 것으로 인식하는 경향이 강하다. 예를 들어 최성환도 간행한 바 있던 『도수부선생증손당관공과격』와 같은 공과학 계열의 시적은 사회 문제를 관료 개인의 양심 차원의 것으로 규정한다. 관료 개인의 자질과 양심은 물론 중요한 것이지만 도교적 교화론에 집착할 경우 경세적 인식은 약화될 가능성이 다분하다.[109] 이와 관련해서는 공과학이 유행하는 데 대한 최한기의 다음과 같은 비판이 주목된다.

> 공과학이 요사이 성행하여 복선화음(福善禍淫)으로 어리석은 자를 권선징악하는데, 이것이 비록 도움이 있을 것 같지만 실지는 해가 된다. 어리석은 자가 부귀를 흠모하고 죄악을 두려워 회피하는데, 여기에는 자연

---

108 박소연, 위의 논문, 91쪽.

109 최성환과 함께 무상단에서 주도적인 역할을 하였던 정극경의 경우 갑오개혁 이후 개화활동에 적극 참여하였다. 정극경은 일본박람회를 시찰하기 위해 1895년 5월 견습생으로 도일하여 약 2주간 일본을 돌아보았으며(『관보』 개국 504년 5월 4일), 1895년 12월에는 내부주사(內部主事)에 임명되었고 1898년에는 독립협회 보조금을 내기도 하였다.(『독립신문』 1989년 1월 18일) 앞으로 무상단을 주도했던 인물들이 추후 어떤 활동을 하였는지에 대한 검토가 이루어져야 할 것으로 생각된다.

> 왕정의 상벌과 운화의 순역이 있다. 이것으로 교도하면 화복이 밝게 나타나고 선악이 표준이 있게 되건만, 이 광명(光明)한 태도를 버리고 억지로 외도의 명보(冥報)와 방술의 알 수 없는 것을 인용하여 공과를 입증하려고 하니, 이것은 허무를 이끌어 실행을 권면하고 망탄(妄誕)을 말하여 일용(日用)을 징계하는 것이다. 그 본원이 이미 허무 망탄에 빠져 마침내 일용과 실행으로 하여금 허무 망탄으로 돌아가게 하니, 공과의 의리는 과연 어디에 있다는 말인가.[110]

최한기는 관리의 인사는 이부에서 종합적으로 성적을 판단하여 처리해야 한다며 공과학을 비판하였다. 최한기에게 공과학은 비이성적이고 비합리적인 태도로 이해될 뿐이었다. 최성환도 『고문비략』에서 관리의 평가가 공정하게 이루어지지 못하는 현실을 비판한 바 있다. 최성환이 『도수부선생증손당관공과격』을 간행한 해가 1853년이고 『고문비략』을 다시 정리한 때가 1858년이다. 이를 보면 공과격에 대한 최성환의 관심이 최한기가 비판한 것과 같은 비합리적 태도라고 하기는 어려울 듯하다. 적어도 1850년대 당시에는 공과격으로 대표되는 도교적 교화책과 『고문비략』에 표출된 경세적 인식이 상호 보완적인 관계로 작용을 하고 있었다고 볼 수 있다. 하지만 시간이 지나며 무게 중심은 점차 도교 쪽으로 기울어져 갔다. 최성환은 1858년 『고문비략』을 다시 정리한 이후 1870년대까지 선서 간행에 주력하였을 뿐 경세적 관심을 표명한 일은 없었다.

선서 간행 작업에 주력했다고 해서 최성환이 현실 문제에 대한 관심의 끈을 완전히 놓았던 것은 아니다. 이는 1882년 8월, 1885년 11월, 1886년

110 최한기(崔漢綺), 『인정(仁政)』 권12, 「교인문(教人門)」5. 「공과학(功過學)」, "功過之學 從近熾行 以福善禍淫 勸懲愚迷 雖若有補 其實有害 愚迷之人 歆慕富貴 畏避罪惡 自有王政之賞罰 運化之順逆 擧此教導 禍福昭著 善惡有準 捨此光明大道 强引外道之冥報 方術之晦昧 以證功過之意 是乃引虛無而勸實行 說妄誕而懲日用 其所本源 已陷虛無妄誕 竟使日用實行 歸于虛無妄誕 功過之義安在 功過格之名".

1월 세 차례에 걸쳐 고종에게 개혁소를 올렸던 데서 확인할 수 있다. 최성환은 1882년 고종에게 올린 소에서 홍재희(洪在羲, ? ~1895)와 부강을 위한 대책을 강구하고, 홍재희가 쓴 전진지서(戰陣之書)를 보았으며, 또 그로부터 전지(田地)의 부세에 관한 방략에 대해 들었는데 대단히 볼 만하였다고 언급하였다.[111] 최성환은 선서 발간 작업에 주력하면서도 한편으로는 경세 문제에도 여전히 관심을 견지하고 있었음을 알 수 있다.

1880년대 최성환의 경세적 관심이 어떠하였는가를 구체적으로 확인하기 위해서는 그가 올린 소의 분석이 필요하다. 최성환이 올린 세 차례 개혁소가 모두 남아 있다면 1880년대 최성환의 경세적 면모를 살피는 데 큰 도움이 될 텐데 1885년과 1886년에 올린 소는 내용이 전해지지 않는다. 그래도 다행히 1882년의 상소가 『승정원일기』에 실려 있어 아쉬운 대로 당시 그의 경세적 인식을 엿볼 수 있다. 다음에서 그의 경세 인식이 어떻게 전개되어 갔는지 살펴보기로 한다.

2) 1882년 상소에 나타난 개혁안

1880년대 초반 최성환의 경세 인식을 보여주는 1882년 8월의 소는 임오군변이 수습된 직후인 8월 26일에 올린 것이다. 여기서 잠시 그가 소를 올린 1882년 8월을 전후한 시기의 상황에 대해 살펴보기로 하자. 고종은 1880년 12월에 통리기무아문을 설치하면서 본격적으로 개화정책을 추진하였다. 그러나 이러한 개화정책은 국민적 합의에 기초한 것이 아니었기 때문에 필연적으로 반발을 초래할 수밖에 없었는데 임오군변이 그

---

111 『승정원일기(承政院日記)』 고종(高宗) 19년 8월 기묘(己卯). 홍재희(洪在羲)는 무인으로 임오군변 당시 명성황후를 궁에서 탈출시켰던 홍계훈(洪啓薰)이다. 홍재희는 본래 조사시찰단 조사 조준영(趙準永)의 수행원으로 따라갈 예정이었지만 병으로 참여하지 못하였다. (이헌영, 『일사집략(日槎集略)』 지(地) 1881년 3월 10일)

대표적인 사건이었다. 임오군변이 발생한 표면적인 이유는 구식 군인들의 불만이었지만 큰 틀에서 보면 정부의 일방적 개방 정책에 대한 보수층의 불만이 주요한 원인이라고 할 수 있다.

임오군변으로 고종의 측근들이 살해되었고 군변 주도세력에 의해 은거하고 있던 흥선대원군이 추대되는 등 사건의 파장은 컸다. 고종은 임오군변과 대원군의 등장에 크게 당황하지 않을 수 없었다. 특히 대원군이 추대된 것은 고종으로서는 큰 충격이었을 것이다. 군변이 수습되자 고종은 난국을 타개하기 위해 국정 쇄신 작업에 나섰다. 고종은 먼저 7월 20일에 유지를 내려 정사의 잘못을 열거하며 모두 자신의 잘못이라고 자인하였다. 그런데 이때 잘못된 정사로 열거한 것은 토목 공사를 크게 일으킨 것, 화폐를 자주 고친 것, 서원을 철폐한 것, 다른 나라와 우호관계를 갖지 못한 것 등이었는데 내용을 보면 알 수 있듯 대부분 흥선대원군 집정기에 추진된 것들이었다.[112] 자신의 잘못으로 돌렸지만 사실은 대원군의 책임을 물은 것이었다. 대원군의 정책을 실정으로 규정하여 대원군의 영향력을 차단하고자 했음이 분명하다. 고종은 이어 8월 5일에 교서를 통해 다음과 같이 새로운 정책 방향을 제시하였다.

> 서양의 종교는 사악하니 음성(淫聲)이나 미색(美色)처럼 여겨 멀리해야겠지만 그들의 기(器)는 정교하여 이용후생 할 수 있으니 농상(農桑)·의약(醫藥)·갑병(甲兵)·주거(舟車)의 제도를 무엇을 꺼려서 하지 않겠는가. 그들의 종교는 배척하되 그들의 기를 본받는 것은 실로 어그러지지 않고 병행할 수 있다. 하물며 강약의 형세가 이미 현격한데 진실로 저들의 기를 본받지 않으면 어떻게 저들의 모욕을 막고 저들이 엿보는 것을 방어할 수 있겠는가?[113]

---

112 『승정원일기(承政院日記)』 고종(高宗) 19년(1882) 7월 갑진(甲辰).

서기(西器)를 수용하지 않고서는 외국의 침략을 막아낼 수 없다는 현실론을 들어 동도서기 정책을 추진하겠다는 뜻을 밝힌 것이다. 고종은 조약을 체결하고 통상하는 것은 세계 만국의 통례라면서 서양과 이미 수호 관계를 체결하였으므로 척사비를 모두 뽑으라고 명령하였다. 대원군이 추진해왔던 외교정책을 전면적으로 폐기하고 개화정책을 추진할 것임을 공식적으로 천명한 것이다.

동도서기 정책을 추진해야 한다는 견해는 이전에도 있었는데 고종의 교서를 통해 공식적인 방침으로 자리 잡았다. 고종의 교서에 자극을 받아 8월 23일 지석영(池錫永)의 소를 시작으로 동도서기 정책을 지지하는 상소가 이어졌다. 수용해야 할 서기의 범위에 대해서는 논자에 따라 견해의 차이가 있었지만 서기의 수용을 주장한 점에서는 동일하였다. 한편 동도서기를 주장한 것은 아니지만 다양한 개혁안을 제시하는 상소도 많았다. 이들 개혁안은 대부분 전통적인 개혁론의 연장선상에 위치한 것이었다. 두 가지 성격의 상소 가운데 최성환의 소는 후자의 범주에 속하는 것이었다.

최성환이 소를 올린 1882년 8월은 『고문비략』을 정리한지 24년이나 지난 시점이다. 시간적 격차도 격차지만 당시는 헌종·철종 대와는 상황 자체가 크게 달랐다. 이러한 시기에 제기된 최성환의 개혁안은 과연 『고문비략』과 차이가 있었는지 궁금하다. 최성환이 소에서 주장한 내용은 크게 네 가지로 정리해볼 수 있다.

첫째는 인재 선발책인데 최성환은 다음과 같은 대책을 제시하였다.

---

113 『승정원일기(承政院日記)』 고종(高宗) 19년(1882) 8월 병오(戊午), "其教則邪 當如淫聲美色而遠之 其器則利 苟可以利用厚生 則農桑醫藥甲兵舟車之制 何憚而不爲也 斥其教而效其器 固可以竝行不悖也 況强弱之形 旣相懸絶 苟不效彼之器 何以禦彼之侮而防其覬覦乎".

지금 내외 관원들에게 각자 자신이 아는 사람을 천거하도록 하셨는데, 신은 과시(科試)로 취하는 것을 한결같이 이 방식에 따라야 한다고 생각합니다. 충효와 문장이 있는 자를, 서울에서는 부관(部官)이 채택해 올리면 경조(京兆)에서 면대하여 시험해서 이들을 '거인(擧人)'이라 하고, 경외에서는 읍재(邑宰)가 채택해 올리면 관찰사가 면대하여 시험해서 이들을 '향공(鄕貢)'이라 합니다. 무거(武擧)도 이와 같이 한다면 재야에 버려진 어진 인재가 없게 되어 성상께서 인재를 구하시는 실효에 부응할 수 있을 것입니다.[114]

천거제를 기본으로 한 인재 선발책으로 이는 『고문비략』에서도 역설한 바 있는 대책이다. 『고문비략』에서 최성환은 우리나라가 고려 이래로 중국의 제도를 수용하여 과거제도를 시행하고 있지만 부문(浮文)만으로 선발할 뿐 덕행이나 치도에 대해서는 묻지 않았다고 문제점을 지적하면서 그 대안으로 공거(貢擧)와 과거(科擧)를 병행할 것을 건의하였다. 『고문비략』에서 그가 제시한 과거개혁안은 대개 다음과 같이 정리해볼 수 있다. 경시의 경우 각 방(坊)의 방장이 해당 방의 인사 가운데 일정 사람을 천거하여 부(部)로 보내고 그러면 부관(部官)이 그 사람의 덕행·기국(器局)과 신(身)·언(言)·서(書)·판(判)을 시험한 후 합격자들을 한성부에 보내며 한성부에서는 이들을 부에서 하는 것과 마찬가지 방법으로 시험하고 다시 경세제민의 기량과 재주를 시험하여 선발한다. 향시는 면(面)－군(郡)·현(縣)－부(府)－도(道)의 단계를 거쳐 경시와 같은 방식으로 선발한다. 서울에서 80명, 경기도 40명, 충청도와 전라도 각각 50명, 경상도 60명, 강원도·황해도·함경도·평안도 각각 30명 등 400명을 선

114 『승정원일기(承政院日記)』 고종(高宗) 19년(1882) 8월 기묘(己卯), "今使內外之官 各擧所知 臣愚謂科取一依於此 其有忠孝文章者 內則部官 採升京兆 面試之 是謂擧人 外則邑宰 採升巡閫 面試之 是謂鄕貢 武擧亦如之 則野無遺賢 可以副聖上求才之實效也".

발하고 여기에 각 관사의 관원과 8도 도신이 직접 100명을 천거하여 총 500명을 선발한다. 이렇게 선발한 인원을 국자시에 응시하게 하는데 경세제민의 기량과 재주를 시험하여 200명을 뽑은 후 다시 이들을 주공거가 면접하여 33명을 최종 선발한다. 이상이 과거제 개혁안의 골자였는데 최성환은 과거 시험은 시정의 득실, 경세제민의 편의 여부에 대해 대책을 묻되 할 말을 다하게 하고 한 말에 책임을 묻지 말아야 한다고 강조하였다. 또한 천거가 실효를 거둘 수 있도록 하기 위해 거인의 이름 아래 천거하는 사람의 이름을 밝혀 만약 거인이 잘못을 저지르면 그 책임을 천거한 이에게도 물어야 한다고 주장하였다.

천거와 과거를 병행하여 덕행과 경세적 능력을 겸비한 인재를 선발하자는 것이 『고문비략』에서 제시한 인재 선발책의 요점이었다. 1882년의 상소 내용은 『고문비략』에서 주장했던 인재 선발론의 연장선상에 있는 것이었다. 최성환은 특히 천거를 중시하였는데 최성환이 상소에서 밝혔듯이 1882년 7월에 고종은 민심 수습책의 일환으로 천거제의 시행을 지시한 바 있다.[115] 최성환은 고종의 조치에 당연히 환영의 뜻을 표하였다.

둘째는 향촌 사회의 운영과 관련된 조치로 최성환은 좌수·별감제를 재정비할 것을 주문하였다. 그가 주장한 내용은 다음과 같다.

> 옛날 군현에는 반드시 영(令)과 승(丞)을 설치하였습니다. 지금의 좌수와 별감은 유명무실하니 원컨대 이 제도를 다시금 밝히소서. 좌수의 임명은 관리가 직접 추천하여 쓰는 것입니다. 재능과 덕행이 있는 사람을 취

115 고종은 그간의 인재 선발이 공평하지 않았다고 지적하면서 앞으로는 서북인·송도인·서얼·의원·역관·서리·군오(軍伍)들도 모두 현직(顯職)에 기용하겠다고 밝혔다. 그리고 중앙은 공경과 백관들이, 지방은 감사와 수령들이 특별한 재능이 있는 사람을 천거하여 이조에 보내면 자신이 직접 선발하겠다고 약속하였다. 『고종실록(高宗實錄)』 권19, 19년(1882) 7월 병오(丙午).

> 하여 고을의 정사를 맡겨 그 득실을 살펴, 훌륭한 공적이 있으면 수신(守臣)이 천거하여 음사(蔭仕)에 올려 공효를 세우도록 권장할 것이니, 이렇게 한다면 서경(西京 : 필자 주 前漢)의 성대함을 어렵지 않게 이룰 수 있을 것입니다.[116]

영과 승의 제도를 참작하여 지방 행정 조직을 재정비하자는 것이다. 『고문비략』 저술 당시와 마찬가지로 1880년대에도 역시 고제를 복구하려는 의식을 지니고 있었음을 볼 수 있다. 최성환이 주목한 영과 승은 전한의 관직으로, 전한에서는 만 호 이상의 대현에는 영을 두고 현의 행정을 관장하게 하고 영 아래에 승을 설치하여 영을 보좌하게 한 바 있다.[117] 최성환은 영과 승의 관계처럼 좌수를 수령의 보좌역으로 두어 지방 행정을 보조하게 하려고 했던 것으로 보인다. 『고문비략』 「막료」조에서 감사와 부사 아래 막료를 두어야 한다고 주장한 바 있는데 그 연장선상에 있는 제안이라고 할 수 있다.

셋째는 재정의 확보 방안에 대한 내용인데 최성환은 두 가지를 제시하고 있다. 하나는 양전의 실시인데 이에 대해 그는 다음과 같이 주장하였다.

> 오늘날의 급선무는 축적하는 것보다 더 시급한 것이 없습니다. 옛날에 양전은 따로 기한을 정해 두었는데, 이제 거행하지 않은 지가 백여 년이 되었으니 어떤 간사한 것이 생기지 않고 어떤 폐단이 발생하지 않겠습니까. 옛 양안에 실린 것을 살펴 두민(頭民) 등으로 하여금 스스로 집총(執

116 『승정원일기(承政院日記)』 고종(高宗) 19년(1882) 8월 기묘(己卯), "古之郡縣 必置令丞 今之座首別監 有其名而無其實 願申明此制焉 座首之任命 吏之所自辟也 取才行 授以邑政 考其得失 有奇績則守臣登薦 通籍于蔭仕 勸其立效 如此則西京之爲盛 不難治也".

117 徐連達 · 吳浩坤 · 趙克堯 저 · 중국사연구회 역, 『중국통사』, 청년사, 1989, 147쪽.

> 摠)하게 하고 관리들이 손대지 못하게 하면, 흉년에 재면(災免)해 주지 않아도 저절로 보충이 되고 전결이 크게 늘어 전국적으로 계산하면 배가 될 것입니다.[118]

『고문비략』에서 최성환은 전정과 관련해서는 아무런 언급도 하지 않았는데 1882년 상소에서는 양전을 시행해야 한다고 주장하였다. 양전을 해야 한다는 주장은 오래전부터 계속 제기되어 왔던 문제이고 특히 임술민란 이후 많은 이들이 거론하였다. 임술민란 후 철종의 구언 교지에 응해 「삼정의」를 제출했던 남병철도 양전의 시행이 전결 문제를 해결할 수 있는 최선의 방안이라고 주장한 바 있다.[119] 최성환도 임술민란 후의 상황을 지켜보면서 양전의 필요성을 느끼게 된 것이 아닐까 짐작된다.

양전 자체가 특별한 주장은 아니지만 최성환의 양전론에서 주목되는 것은 양전 사업을 두민 등에게 일임하고 관리들은 관여하지 못하게 해야 한다고 주장한 점이다. 최성환이 『고문비략』에서 관의 역할을 축소시키고자 했던 것은 앞서 언급한 바 있는데 양전도 그러한 방향에서 추진해야 한다고 보았던 것이다. 두민은 조선 후기에 존재했지만 실체가 명확하지 않은 부류이다. 두민은 향임 층에 속하지는 않았지만 보통 경제적으로 부유한 자들 중에서 선발되어 향촌의 각종 업무를 담당했던 것으로 추정되고 있다. 향촌 사회의 상당한 세력가였던 것으로 보이는 두민 등에게 양전의 임무를 맡겨야 한다는 주장은 상당히 파격적인 것이 아닐 수 없다.

---

118 『승정원일기(承政院日記)』 고종(高宗) 19년(1882) 8월 기묘(己卯), "今之所急 莫過於蓄積 古之量田 自有限年 今不擧者百餘年 何奸不作 何弊不生 取考古量案之所載 使頭民等自執摠 勿使官吏措手 則儉年不頒災 而自可塡補 田結大加 國計可倍矣".

119 남병철은 성실하고 숙련된 사람을 뽑아 수령으로 파견하여 양전 사업을 주관하게 해야 한다고 주장하였다. 노대환, 앞의 논문, 182~183쪽.

최성환의 건의가 받아들여진 결과는 아니지만 두민은 실제 동학농민운동으로 양안이 소실되어 토지 등급을 새로 매길 때 실무를 담당한 바 있다.[120] 그런데 이때 두민들이 아전과 결탁하여 농간을 부려 문제를 야기하고 있었다.[121] 사실 공적으로 추진되어야 할 양전 사업에 관이 개입하지 말아야 한다는 주장에는 이해하기 힘든 부분이 있다. 최성환은 두민에게 집총을 맡기면 흉년에 재면을 해 주지 않아도 저절로 보충이 되고 전결이 크게 늘어나게 된다는 했는데 어떻게 그런 효과가 생기는지도 부연 설명이 없어 확인하기 어렵다. 어쨌든 분명한 것은 최성환은 『고문비략』에서 지향하였던 민간 위탁의 방식을 여전히 선호하고 있었다는 사실이다.

재정 확보를 위한 또 다른 조치로 제안한 것은 조운 제도의 개선이었다. 이에 대해 최성환은 다음과 같이 주장하였다.

> 또 축적은 다만 결(結)에서 수확하는 곡식에 달려 있는데, 관리들이 횡령하고 뱃사람들이 농간을 부려 고의로 파선시키니, 말을 하자니 통탄스럽습니다. 강가의 은호(殷戶) 30~50인을 가려 공물주인(貢物主人)으로 삼아 그들로 하여금 스스로 마련하도록 하되 반드시 먼저 쌀을 살 돈을 지급해 주어야 하니, 삼남의 양세(兩稅)로 거둘 쌀의 값을 정하여 백성들에게 돈을 받아 공물주인에게 지급해서 그들로 하여금 그 돈으로 스스로 쌀을 사게 합니다. 그리고 선운(船運) 비용을 경강의 시가보다 조금 후하게 쳐서 지급한다면, 그들에게 지급된 돈은 50~60만 석 값에 해당되는데

---

120 두민은 1895년 10월 내부대신서리(內部大臣署理) 내부협판으로 있던 유길준이 「향약시행을 위한 규정 및 향회조규의 제정에 관한 청의서(請議書)」를 제출하고 그에 따라 1895년 11월 향회조규(鄕會條規)와 그 부속법령이라 할 수 있는 향회판무규정(鄕會辦務規程)이 공포되면서 공식적으로 설치되었다. 리(里)·촌(村)·동(洞)에 존위(尊位)·서기(書記)·두민·하유사(下有司)를 각각 1명씩 설치되었다. 내각 편록과 편, 『내부청의서(內部請議書)』 2(奎17721), 청의서 205호(1895). 송만오, 「조선 후기 頭民에 관한 몇 가지 검토」, 『대동사학』 4, 2005, 115~116쪽 참조.

121 송만오, 위의 논문, 130쪽.

> 쌀로 받아들이는 것은 백만 석 가량 될 것이며, 공인들은 기꺼이 생업으로 삼아 지성스럽게 하지 못할까를 염려하게 될 것입니다. 그리고 비록 파선되는 일이 있더라도 관과는 무관하여 아무런 타격이 없을 것입니다. 경외 관리들에게 으레 들어가는 것은 값을 적절히 지급해 주고 절대로 곡물이 그들의 수중에 들어가지 않도록 한다면 국가의 수익은 배가 되고 공사 모두 편리해질 것입니다.[122]

조운 제도의 개선을 통한 조세 확보책인데 조운의 폐단에 대해서는 『고문비략』에서 이미 상세히 언급한 바 있다. 『고문비략』에서 최성환은 공부와 미곡을 전적으로 선운에 의지하기 때문에 선박의 개삭·건조 및 조군의 운용비 등이 많이 들어가고 조창에 소속되지 않은 고을은 선박의 임대에 상당한 돈이 필요하며 또한 조운 과정에서 배가 전복되어 발생되는 피해나 색리와 선인들의 협잡에 따른 손실 역시 적지 않다고 지적하였다.[123] 그는 이러한 조운의 폐단을 조세금납화를 통해 해결할 수 있을 것으로 기대하였다. 세법을 다시 정비하여 잡다한 명목을 모두 없애고 모든 조세를 돈으로 받아들여야 한다고 주장하였다. 1결에 대한 세액을 분명하게 정해 누구나 세금을 정확히 알 수 있게 하여 관리들이 농간을 부릴 여지를 완전히 차단하자는 것이다.[124] 위 인용문의 주장 역시 『고문비략』에서 제시한 조세금납화를 전제로 한 곡물 확보책이다. 즉 조세와 대동세를 돈으로 징수한 후 그 돈을 공물주인에게 주어 곡물 구

---

122 『승정원일기(承政院日記)』 고종(高宗) 19년(1882) 8월 기묘(己卯), "且蓄積只在於結收之穀 而官吏乾沒 船人偸弄 臭載故敗 言之痛心 臣愚謂罷漕運 爲京作貢 擇取江上殷戶三五十人 作貢物主人 使之自備 必先給貿米之需 使三南兩稅米定價 民捧之錢 移給於貢物主人 使之自行貿米 船運以京江時價 稍厚以計給 則所移給錢之五六十萬石價 而米捧者可百萬石矣 貢人則樂爲生業 猶恐不勤 雖有致敗 不關於官 京外官吏之例食 價爲裁給 勿許穀之入手 則國收加倍 公私兩便也".

123 『고문비략(顧問備略)』 권2, 「조전(漕轉)」, 120~121쪽.

124 『고문비략(顧問備略)』 권2, 「공부(貢賦)」, 113~117쪽.

입을 전담시키자는 것이다. 이는 국가의 개입을 최소화하고 사업을 민간에 위탁하려는 의도이기도 하였다.

이상에서 살핀 것처럼 1882년의 상소에서 제기한 개혁안은 『고문비략』의 그것과 별로 다르지 않다. 그런 점에서 최성환의 개혁안이 개화론과 직접 연결된다고 보기는 어렵다. 물론 기존의 연구에서 이미 지적되었던 것처럼 최성환의 개혁론이 개화론자들에게 영향을 미친 부분은 있다. 그 대표적인 것이 유길준(兪吉濬, 1856~1914)에 의해 높이 평가된 조세 금납화론이다.[125] 유길준은 1891년에 쓴 「세제의(稅制議)」에서 "모든 세금의 납입은 순전히 돈을 써서 거두는 것이 옳다"고 금납화의 필요성을 제기하면서 『고문비략』의 관련 내용을 길게 인용하였다.[126]

최성환이 『고문비략』에서 주장한 조세금납화론이 유길준에 의해 재평가되기는 했지만, 아쉽게도 『고문비략』 저술 당시의 문제 인식은 더 이상 발전하지 못하였다. 『고문비략』이 저술된 지 20년 이상의 시간이 흘렀고 1880년대가 국내외적으로 급격한 변화를 겪던 시기였음을 생각하면 개혁론에 어떠한 변화가 있어야 했다. 역관 김경수(金景遂) 같은 인물은 중국 신문에 실린 논설을 모아 1879년 『공보초략(公報抄略)』을 편찬하였다. 시대적 변화를 감지했기 때문에 관심의 방향을 서양의 동향이나 서양의 과학기술의 수용 등의 문제에 집중하였던 것이다.[127] 1880년대 초반에 많은 이들이 고종의 의도에 부응하여 동도서기 소를 올렸지만 최

---

125 유길준은 최익현을 단발시키기 위해 내부주사 정극경을 보낸 바 있다.(최익현, 『면암집(勉庵集)』 부록 제2권 연보 을미년 12월 3일) 앞서 언급한 것처럼 정극경은 무상단에서 최성환과 함께 활동했던 인물이다. 이를 보면 유길준은 혹시 정극경을 통해 최성환에 대해 알게 되었던 것이 아닐까 추측되기도 한다.

126 김용섭, 『증보판 한국근대농업사연구』下, 일조각, 1984, 67쪽. 유길준이 인간되지 않은 필사본 『고문비략』을 어떻게 구해보았는지 알 수 없다.

127 김경수의 『공보초략』에 대해서는 宋萬午, 「金景遂의 『公報抄略』에 대하여」, 『전남사학』 9, 1995 참조.

성환의 의식에서 동도서기적인 면모는 발견하기 어렵다.

최성환의 경세 인식이 발전하지 못한 데는 여러 가지 원인이 있겠지만 여기에서는 두 가지 점을 지적하고자 한다. 하나는 고제를 복구하려는 의식이다. 이러한 의식은 『고문비략』에서 강하게 표출된 바 있는데 1880년대까지도 이어지고 있었던 것으로 보인다. 이는 영과 승을 설치하자는 주장을 통해 엿볼 수 있다. 최성환의 사고가 동도서기적 단계로 진입하지 못한 데는 복고적 의식이 큰 영향을 미친 것으로 짐작된다. 다른 하나는 도교에 대한 깊은 관심이다. 최성환은 관직에서 물러난 이후 전적으로 도교에 관심을 집중하였고 1870년대는 도교 활동을 전개하였다. 경세 문제에 대한 관심도 유지하기는 했지만 적어도 도교 활동이 경세적 관심을 고양시키는 방향으로 작용하기는 힘들었을 것으로 보인다. 이러한 이유로 『고문비략』을 저술할 당시에만 해도 그의 문제의식은 예리하였지만 1880년대 초반 단계에서는 의미 있는 것으로 평가받기 어려운 것이 되었다.

한편 흥미로운 것은 최성환과 달리 그의 아들 최규집(崔圭輯, 1837~?)이 동도서기소를 올렸다는 사실이다.[128] 최규집은 1882년 최성환이 소를 올리고 나서 며칠 후에 상소하여 다음과 같은 주장을 폈다.

> 신은 일찍이 역학(譯學)에 종사하여 여러 나라의 정세에 대해 대략 듣고 중국과 서양이 연합하여 하나의 대국이 된 것을 본 뒤에야 오늘날 천하의 대세가 이렇게 하지 않으면 나라를 이룰 수 없다는 것을 알았습니다. 어째서 나라를 이루지 못한다고 하는가 하면, 자기 나라 혼자만의 힘으로는 천하의 병력을 당할 수가 없기 때문입니다. 오늘날 여러 나라들은 병력을 가지고 그 강약의 기준을 삼고 있습니다. 병력이 강한 나라는 기

128 최규집은 백부 최영환에게 입양되었다.

계가 정밀하고 재화도 풍족하여 각기 그 기술을 보유하고 있는데, 우리나라는 그 기술을 얻은 적이 없습니다. 그래서 그 이익을 다하지 못하였고, 그 이익을 다하지 못한 까닭에 자강할 수가 없습니다. 문로를 넓게 열어 놓고 각국의 견문을 수용해서 그 기술을 얻어 부강을 이루도록 해야 할 것입니다. 계획을 크게 하게 하여 화란을 이겨 내고 안정을 찾아 건곤(乾坤)이 다시금 정돈되는 것은 천조(天朝)가 은혜롭게 길러 주고 제국들이 밖에서 보호하여 주선하는 데 달려 있으니, 제국과 교통하는 효과에 이런 것들이 있습니다. 엎드려 바라건대, 성상께서는 이처럼 시작 단계에서 그 끝마무리까지 도모해야 한다는 것을 염두에 두소서.[129]

중국이 서양과 연합하여 대국이 되었다면서 조선이 부강하기 위해서는 여러 국가와 교통해야 한다는 것이다. 최규집은 자신이 역학을 전공하여 세계 정세와 관련된 정보를 파악할 수 있었다고 이야기하였다. 최규집은 본래 23세 되던 1859년에 생원시에 합격하였지만 사역원의 관생(官生)으로 들어가 왜어 역관을 길을 걸었다. 그가 문과에 응시하지 않고 사역원에 들어간 계기가 무엇이었는지는 알 수 없다. 최성환 가문은 최성환의 7대조 대부터 중인 가문으로 편입되었지만 역과 출신은 별로 없었다. 가까운 친척 가운데는 최성환의 동생 최진환(崔璡煥)이 1848년 역과에 급제한 정도였다.[130] 그런 점에서 보면 최규집의 행보는 특이하다

129 『승정원일기(承政院日記)』 고종(高宗) 19년(1882) 8월 계미(癸未), "臣曾從事於舌學 略聞諸國之情 見中西聯比之一大國而後 知今天下大勢 不如是則不成國 何謂不成國 以不能以獨力 當天下之兵也 見今諸國之所以爲國者 以兵力爲强弱 其爲强者 械精財足 各有其術 我國則未嘗得其術 故未能盡其利 未能盡其利 故未能自强矣 廣開門路 容受各國之聞見 將欲得其術 以致富强 宏圖大略 勘定禍亂 乾坤復整者 天朝之恩育 而諸國之外護以周旋也 通諸國之效有如此 伏願聖明 念此始而圖厥終焉".

130 최규집이 1864년에 사역원 관생 신분으로 관상감의 관생과 함께 자명종(自鳴鍾)과 일영윤도(日影輪圖) 등을 사 가지고 와 관상감에 바쳤고, 산릉에서 인봉(因封)할 때 각 절차의 시간을 재는 데 쓸 수 있게 하였다고 하여 상을 받은 일이 있다. 『승정원일기(承政院日記)』 1년(1864) 1월 병인(丙寅).

고 할 수 있는데 이에 대해서는 별도의 고찰이 필요하다.

5. 맺음말

최성환은 헌종 대에 주로 집필한 『고문비략』을 통해 자신의 경세책을 제시하였다. 그는 『고문비략』에서 당시의 다양한 문제점을 분석하고 대안을 내놓았다. 『고문비략』의 성격을 단정적으로 규정하기는 힘들지만 실학에서 개화론으로 넘어가는 과도기적인 성격의 것이라고 평가하기는 어렵다. 『고문비략』에 보이는 개혁안에서 가장 특징적인 것은 오히려 고제를 지향했다는 점이다. 고제의 기본틀을 고수하면서 현실에 적용한다는 원칙을 내세웠기 때문에 최성환의 개혁안은 보수적인 측면도 내포하고 있었다.

최성환의 인식에 여러 가지 한계가 있지만 세도정치기라는 상황을 고려한다면 『고문비략』에 녹아 있는 최성환의 문제 의식은 예리한 것이었다고 할 수 있다. 무엇보다 그는 당시의 현실을 잘 파악하고 있었으며 그렇기 때문에 실효성 있는 대안을 제시할 수 있었다. 최성환의 『고문비략』은 조세금납화론이 유길준에 의해 평가받는 등 후대에 영향을 끼치기도 하였다.

철종 대에 들어 최성환은 관직에서 물러나 이후 도교 활동에 전념하였다. 헌종 대에도 도교에 대한 관심은 있었지만 철종 대 이후에는 거의 도가와 관련된 일에 매달렸다. 한국 최초의 도교 교단으로 평가받는 무상단의 창설을 주도하였고 무상단에서도 핵심적인 역할을 하였다. 최성환은 도교 활동을 하면서도 비록 『고문비략』을 저술할 당시만큼은 아니었지만 경세에 대한 관심도 여전히 지니고 있었다. 이는 1880년대 초반에 몇 차례 개혁소를 올렸던 데서 확인된다.

1880년대에 들어 최성환의 개혁론이 『고문비략』 저술 당시와 달라졌는가는 궁금한 문제인데 현재 남아 있는 1882년의 상소를 통해 보는 한 양전 실시를 주장한 것 외에 그의 경세책에 별다른 변화는 없었다. 1880년대 초반이 급격한 변화가 나타나고 있던 시점이었음을 생각하면 좀 의아한 느낌마저 들기도 한다. 도교에 심취하면서 그의 문제 의식이 더 이상 발전하지 못했던 것이 아닐까 짐작된다. 대신 그의 아들 최규집이 동도서기를 주장하는 소를 올려 시대적 변화에 부응하는 모습을 보였다.

參考文獻

『朝鮮王朝實錄』, 『承政院日記』, 『日省錄』.

金永爵, 『邵亭文稿』.

河百源, 『圭南集』.

李裕元, 『嘉梧藁略』·『林下筆記』.

崔瑆煥, 『顧問備略』.

朴珪壽, 『莊菴文稿』.

趙斗淳, 『心庵遺稿』.

南秉哲, 『圭齋遺藁』.

朴宗采, 『過庭錄』.

兪莘煥, 『鳳棲集』.

李瀷, 『星湖僿說』.

丁若鏞, 『牧民心書』.

成大中, 『青城雜記』.

崔益鉉, 『勉庵集』.

洪翰周, 『智水拈筆』.

李鐫永, 『日槎集略』.

『藥師琉璃光如來本願功德經』.

곽신환(2003), 「정약용의 管仲觀」, 『동양철학』 19.

권오영(1998), 『崔漢綺의 學問과 思想 硏究』, 집문당.

奇宇東(1993), 「崔瑆煥의 生涯와 思想」, 한양대학교 교육대학원 석사학위논문.

김명호(2008), 『환재 박규수 연구』, 창비.

김용섭(1984), 『증보판 한국근대농업사연구』下, 일조각.

김윤경(2012), 「조선 후기 민간도교의 발현과 전개 -조선후기 관제신앙, 선음즐교, 무상단」, 『한국철학논집』 35.

김윤수(2008), 「高宗時代의 鸞團道敎」, 『동양철학』 30.

노대환(2010), 「19세기 중반 南秉哲(1817~1863)의 학문과 현실 인식」, 『이화사학연구』 40.

노대환(2005), 『동도서기론 형성 과정 연구』, 일지사.

문숙자(2009), 『조선의 일상사, 68년의 나날들』, 너머북스.

朴盛鍾(2012), 「太上感應篇 및 그 圖說類 이본에 대한 管見」, 『민족문화논총』 51.

박소연,(2016), 「19세기 후반 서울지역 신앙 결사의 성립과 특징-불교·도교 결사를 중심으로-」, 동국대학교대학원 석사학위논문.

박은숙(2005), 『갑신정변연구』, 역사비평사.

박지숙(2016), 「조선후기 최성환의 편간서적 연구」, 중앙대학교 석사학위 논문.

朴贊殖(1983), 「申櫶의 國防論」, 『역사학보』 117.

白賢淑(1984), 「최성환의 人物과 著作物」, 『역사학보』 103.

徐秀晶(2016), 「19세기 佛書刊行과 劉聖鍾의 『德新堂書目』 연구」, 동국대학교 불교학과 박사학위논문.

徐連達·吳浩坤·趙克堯 저·중국사연구회 역(1989), 『중국통사』, 청년사.

徐仁範(1987), 「丘濬의 政治改革論 : 大學衍義補를 中心으로」, 동국대학교 석사학위논문.

宋萬午(1995), 「金景遂의 『公報抄略』에 내하여」, 『전남사학』 9.

송만오(2005), 「조선 후기 頭民에 관한 몇 가지 검토」, 『대동사학』 4.

愼鏞廈(1981), 「丁若鏞의 還上制度改革思想 : 茶山의 福祉觀의 一單面」, 『社會科學과 政策硏究』 3-2.

심노숭 지음·안대회 등 옮김(2014), 『자저실기』, 휴머니스트.

안동준(2002), 「『수심정경』의 도교적 연원」, 『원불교학』 8.

廉定燮(1998), 「조선후기 漢城府 濬川의 시행」, 『서울학연구』 11.

오수창(1990), 「정국의 추이」, 『조선정치사 1800~1863』상, 청년사.

이경구(2014), 「18세기말~19세기초 지식인과 지식계의 동향」, 『한국사상사학』 46.

李光麟(1976), 「姜瑋의 人物과 思想-實學에서 開化思想으로의 轉換의 一斷面」, 『동방학지』 17.

이능화(1977) 저·이종은 역, 『朝鮮道敎史』, 보성문화사.

李範學(1989), 『宋代 朱子學의 成立과 發展」, 『講座 中國史』, 지식산업사.

李佑成(1972), 「崔瑆煥과 顧問備略」, 실학공개강좌.

李佑成(1998), 『實學思想의 開化思想으로의 轉廻—崔瑆煥의 『顧問備略』을 中心으로」, 『대한민국학술원 논문집』 37.

정성철(1989), 『실학파의 철학사상과 사회정치적 견해』 상, 백의.

최진욱(2010), 「申櫶(1811~1884)의 생애와 활동」, 『역사와 담론』 57.

최혜영(1997), 「조선후기 선서의 윤리사상연구」, 한국교원대 박사학위논문.

崔孝軾(1991), 「總衛營 硏究」, 『동국논집』 10.

어시재 최성환의 현실인식과 국가개혁 구상

—『고문비략』을 중심으로

송양섭 | 고려대학교 한국사학과 교수

1. 머리말

2. 통치체제 개혁과 지방제도 개편

3. 부세제도 인식과 삼정론의 제기

4. 맺음말

1. 머리말

19세기 조선사회는 세도정치와 '삼정(三政)의 문란' 등으로 대표되는 심각한 사회모순과 변화의 소용돌이에 휩싸이고 있었다. 하지만 왕조 정부는 그때그때 상황에 맞추어 대처하는데 급급했을 뿐 장기적인 안목에서 근본적인 대책을 마련하는 데까지 나아가지는 못하였다. 많은 조야의 지식인들이 당시 사회 문제의 해결을 위해 골몰했고 이러한 움직임은 하나의 흐름으로 자리 잡아 다양한 개혁론의 갈래를 이루었다.[1]

이러한 문제의식이 사족이나 문관관료층에 국한된 것은 아니었다. 지식과 교양의 확대로 전통적인 지식인의 언저리에 위치한 중인그룹의 자기정체성이 크게 제고된 상태였고 이들도 사족 못지않은 문필활동으로 스스로 지식사회의 일원임을 과시하고자 하였다.[2] 중하급 실무관료인 최성환과 같은 인물이 독자의 저술을 통해 국가와 사회에 대한 체계적인 개혁론을 개진할 수 있었던 것도 이러한 점이 배경으로 작용했을 것이다.

최성환의 자는 성옥(星玉), 호는 어시재(於是齋)로 순조 13년(1813)에 첨지중추부사겸오위장(僉知中樞府事兼五衛將)을 지낸 광식(光植)의 둘째 아들로 태어나 고종 28년(1891) 79세를 일기로 충청도 청원군(淸原郡) 다락리(多樂里)에서 세상을 떠났다. 고향은 양주이고 부친과 함께 서울 남부(南部) 대평방(大坪坊)에서 거주했다. 최성환은 충주최씨 전서공(典書公; 濆)파로 그의 12대조 언해(彦海)까지 세계(世系)가 추적된다. 최성환의 집안은 그의 7대조부터 역관(譯官)·율관(律官)·운관(雲官) 등과 같은 잡과 급제자를 다수 배출하면서 중인가문의 면모가 뚜렷해지기 시작한다.

---

1 이와 관련해서는 임술민란기의 응지삼정소의 내용을 통해 그 흐름을 단적으로 살필 수 있다. 이에 대해서는 박광성(1968); 김용섭(1984a); 송양섭(2012b)을 참고할 것.

2 정옥자(2003).

최성환 당대에 가까워지면 무관들이 많이 나타나는데, 그 또한 헌종 4년(1838) 무과에 급제한 후 효력부위(效力副尉) 수문장(守門將)으로 발령받은 이래 약 16년간 무임직 위주로 관력을 채우고 있다. 최성환은 어려서부터 책읽기를 좋아하여 만년이 되어서도 학문을 게을리 하지 않았다고 한다. 그의 명성은 국왕의 귀에도 들어가 말단무관에 불과한 최성환은 여러 차례 헌종의 소대(召對)에 응해야했다. 헌종은 최성환과 장시간의 접견 끝에 '시무(時務)와 경세제민(經世濟民)의 방도'에 대해 보고할 것을 명하였고 바로 그것이 계기가 되어 『고문비략』의 저술이 시작되었던 것이다.[3] 하지만 집필이 끝나기도 전에 헌종이 사망했고 이 때문에 작업은 더 이상 진척되지 못한 듯하다.

철종 5년(1854) 42세의 나이로 은퇴한 최성환은 초고를 토대로 작업을 재개하였고 그 결과 철종 9년(1858) 마침내 『고문비략』을 완성하였다. 『고문비략』은 이후에도 수정·보완작업이 꾸준히 이루어졌다.[4] 고종 때

---

3 『고문비략』 서문.

4 『고문비략』은 필사본 형태로 국립중앙도서관(이하 '국중본')에 1부가, 일본 동경대 도서관(이하 '동대본')에 1부가 소장되어 있는데, 두 가지 판본 사이에 큰 차이가 없으나 세부항목에서는 몇 가지 다른 점이 있다. 동경대본과 비교해보면 최종판본인 국립중앙도서관본은 권1의 都鄙·統甲·軍伍·糶糴의 4개 항목에 권2의 常平倉과 社倉 두 항목이 옮겨와 6항목으로 1권을 구성하는 형태로 수정되었다. 권2는 상평청과 사창을 권1로 편제한 대신 濬川 항목이 새롭게 추가되었다. 나머지는 국립중앙도서관본 권4에 奢侈 항목에 추가된 것 외에 차이가 없다. 『고문비략』이 앞 시기 경세가들의 개혁론과 구별되는 것은 토지문제에 대한 언급이 전혀 없다는 점이다. 이같은 경향은 19세기 다른 지식인들에게도 나타나는데 최성환의 경우도 토지개혁론을 중심으로 하는 총체적인 체제구상보다는 현실의 제도와 관행을 어느 정도 인정한 위에 자신의 주장을 펼치는 형식을 취하고 있다. 행정체계와 이를 기반으로 운영되는 군정·환정의 부세 제도, 상평청·사창이 처음 권1에 있었던 것은 조적과의 친연성 때문이겠으나 권2로 옮겨 배치한 것은 사실상 고리대적 부세로 변질된 환곡을 진휼과 구분하기 위해서가 아닌가 생각된다. 권2에서는 주로 국가재정 문제를 중심으로 조운제도와 도량형을 다루고 있으며 이와 관련된 관제와 녹과도 포함되어 있다. 동경대본에서 상평청과 사창이 옮겨온 것은 국가재정을 통해 새롭게 복구해야할 진휼제도를 재정운영의 중요한 부문으로 판단했기 때문이 아니었나 생각된다. 권3은 주로 지방행정제도와

영의정을 지낸 이유원(李裕元, 1814~1888)은 '명공거경에서부터 일반 선비와 하인들까지 모두 최성환을 문인(文人)으로 지칭한'다고 하면서 '6개 조항으로 천거하는 반열에 두어 마땅한 사람[端合六條遷擧之列]'으로 최성환을 평가하고 그의 명성이 잊혀져가는 것을 안타까워했다.5

최성환이 학계에 주목을 받게 된 것은 백현숙의 선구적 연구에 힘입은 바 크다. 그는 관련 자료를 정력적으로 발굴하여 최성환의 가계·관력·주요 저작 등을 구체적으로 밝혀냈으며 그 사상을 유교적 바탕 위에 도교·불교 등 기타사상을 폭넓게 받아들인 개방적이고 현실적인 성격을 가진 것으로 평가하였다. 『고문비략』에 대한 본격적인 분석까지 나아가지는 못하였지만 이 연구는 향후 최성환 연구의 초석을 놓았다는 점에서 높이 평가할 만하다.6

한편, 최성환에 대해 일찍이 주목했던 이우성은 『고문비략』의 체재와 내용을 항목별로 살펴보고 최성환의 사상을 실학에서 개화사상으로 넘어가는 과도기로 이해하였다. 그는 최성환을 개화기 중인들의 사상적 선구로 종래 원리 위주의 실학자들이 제기한 거대한 경륜과 구별되는 다분히 관방학(官房學)적 성향을 가지고 있지만 그 자체가 실효성과 즉시성을 띠고 있을 뿐 아니라 탈중세적·탈성리학적 경향 속에서 '상업자본을 배경으로 한 절대주의에의 지향'을 가지면서 '시민적 사고'에 한층 가까워지고 있다고 평가하였다. 아울러 규범이나 원칙에 얽매이지 않고 사회

관련된 항목을 배치하고 있으며 여기에는 외관직제와 이와 관련된 인사·상벌·감찰 등을 담고 있다. 이서 항목도 독립적으로 다루어지고 있다. 권4는 과거를 중심으로 한 인재선발과 관련된 내용을 담고 있으며 이와 밀착된 교육·교화 관련 항목이 법률 문제와 함께 배치되고 있다.

5 李裕元, 『嘉梧藁略』, 韓國文集叢刊 316집, 민족문화추진회, 2003.

6 백현숙(1984a) ; 백현숙(1984b). 최성환의 가계, 관력, 저술 등에 대한 서술은 위의 두 연구에 전적으로 의존하였음을 밝혀둔다.

문제를 '종시제의(從時制宜)', 즉 때와 형편에 따라 합리적으로 처리한다는 방편적 태도가 최성환 사상의 특징이라고 하였다.[7] 최근 김성재는 최성환과 『고문비략』을 완역하고 그 내용을 개괄하면서 핵심내용을 ① 행정제도과 관제의 정비, ② 신분과 직업의 분리, ③ 관의 역할축소와 민의 역할 강화, ④ 화폐사용의 확대 등 네 가지로 요약한 바 있다.[8]

이상에서 보는 바와 같이 최성환에 대한 연구는 그가 남긴 저작의 중요성과 연구의 연륜에 비추어 본격적인 연구가 이루어졌다고 보기 힘들다. 특히 그가 살았던 19세기 사회의 시대적 배경과 사회모순에 대한 면밀한 검토를 바탕으로 최성환의 주장이 가지는 역사성이 적극적으로 평가되지 못한 채 실학담론의 틀 속에 가두진 점은 연구의 성과이자 한계로 생각된다.

『고문비략』은 중인 출신 무관이라는 저자 최성환의 개인사적 배경, 그리고 그 구상의 구체적이고 실질적인 측면을 특징으로 지적할 수 있다. 장지완은 서문에서 '당시의 정령과 법제 가운데 세월이 오래 되어 말폐(末弊)가 있는 것과 임금께 미처 진달되지 못한 백성들의 고충을 서술하되, 경전과 사서(史書)에서 근거를 원용하고, 몸소 경험한 인정을 바탕으로 폐단을 바로잡을 방법을 대략 첨부해서 올리려 하였다'[9]라고 『고문비략』의 저술의도를 정리하였다. 중국 고제의 이상과 역대제도에 대한 광범위한 조사를 바탕으로 최성환 자신이 경험한 사회현실이 어우러져 구상된 것이 바로 『고문비략』이었던 것이다. 이러한 점은 최성환 스스로 '고금을 절충하여 형편에 맞게 조절하는 한 가지 방법'[10]으로 '여러 법을

7 이우성(1972) ; 이우성, (1981) ; 이우성(2010).

8 金聖才(2013), 이외에 최성환을 다룬 연구는 奇東宇(1993) ; 구교현(2009) 등이 있다.

9 『고문비략』 서문.

10 『고문비략』 권1, 統甲.

함께 취하여 합당한 것을 선택하고 잘못된 것을 바로잡아서 요도(要道)를 얻는 데 힘썼다'는 언급[11]에서도 확인된다.

'경세제민의 경륜을 가진 선비(經濟士)'[12] 최성환의 『고문비략』은 다루고 있는 내용이 대단히 포괄적이지만 그 초점이 재정·부세를 중심으로 한 국가운영의 문제였다는 점에서 그의 구상이 현실과 밀착되어 있음은 물론 당대 사회개혁론의 커다란 흐름에 규정되고 있음을 보여준다. 『고문비략』이 완성된 철종 9년(1858)은 같은 왕 13년(1862)년 발발한 임술민란의 불과 4년 전으로 이 시기는 '삼정문란'으로 지칭되는 왕조의 사회모순이 사실상 임계치에 달한 시점이라 해도 과언이 아니었다. 『고문비략』도 이 문제를 피해갈 수 없었다.[13]

이 글은 이러한 점을 종합적으로 고려하여 『고문비략』을 통해 최성환이 파악한 당대의 사회 문제에 대한 진단과 처방을 살펴보고자 한다. 이를 바탕으로 당시 각 부문 별로 사회모순의 소재를 최성환이 어떻게 인식하고 있는지 19세기 사회변동의 장기추세 속에서 구체적으로 살펴보는 한편, 그의 구상이 당시 사회개혁론의 커다란 흐름에서 어떠한 위상을 차지하는지 모색하는 기회로 삼고자 한다.[14] 최성환의 개혁구상은 국

---

11 『고문비략』 권1, 軍伍.

12 유길준전서편찬위원회, 『유길준전서』 VI, 일조각, 1971.

13 『고문비략』 외에도 최성환은 많은 서적을 편찬했다. 이덕무의 『士小節』, 중국시 모음인 『性靈集』, 우리나라 역대 시모음집인 『東國雅集』, 대민교화와 관련된 『太常感應篇圖說』·『覺世新編八鑑常目』·『孝經大義』, 관리의 자세를 논한 『視民要訣』, 군신관계의 모범이 될 만한 사례를 모은 『古鑑』, 지리지의 일종인 『輿圖備志』, 친구 정지윤의 시집인 『夏園詩鈔』 등이 그것이다.

14 『고문비략』의 국중본과 동대본은 1984년 서강대학교 인문학연구소에서 하나로 묶어 영인 출간하였다. 두 판본은 모두 乾·坤 2책으로 묶여 있고, 각 책은 다시 2권으로 모두 2책 4권으로 구성되어 있다. 국중본은 반흘림체로 매 면 10행 20자, 총 28개 항목으로 모두 323면이다. 동대본은 楷字로 정서되어 있고, 역시 매 면 10행 20자이나 국중본 권2의 「濬川」과 권4의 「奢侈」 두 항목이 누락되어 총 26개 항목으로 모두 295면이다. 또 목차 부분이 국중본은 처음 상하 2단으로 구성되었다가 붓으로 지우고 상중하 3단으로 수정되어

가재정 및 관료제, 그리고 기간 통치조직인 군현제에 이르기까지 광범위한 분야에 걸쳐있으며 당시 첨예한 사회문제였던 전정·군정·환정의 이른바 삼정의 문제에 대해서도 저작의 많은 부분을 할애하였다. 그 서술은 항목별로 문제점을 진단하고 처방을 내리는 방식이지만 내적으로는 일관된 제도적 원리가 관철되고 있었다. 그의 주장이 가지는 독창성이 두드러지는 대목이다.

2. 통치체제 개혁과 지방제도 개편

1) 재정 쇄신과 관제의 정비

조선왕조는 각 부문 별 수취제도를 운영하여 국가운영의 물적인 토대로 삼고자 했다. 이 시기 왕조의 부세제도는 전정·군정·환정 등 각 부문으로 나누어져 운영되었으며 이로부터 거두어진 재원은 왕실 및 각급 기관의 운영과 민의 재생산 기반 보호를 위한 중요한 바탕이 되었다. 애초부터 넉넉할 리 없었던 왕조의 재정은 제한된 물자를 통치의 목적에 맞게 어떻게 효율적으로 분배할 것인가의 문제가 항상 쟁점이었다. 재정의 문제는 국정 전반의 현안으로 거의 일상적인 논의거리였다. 더구나 이 시기 왕조정부의 재정을 둘러싼 대내외적인 환경은 그리 우호적이라고 할 수 없었다. 많은 지식인들이 국가재정과 관련된 문제를 고민하고 나름의 대책을 강구한 것도 이 때문이었다.

있는데 동대본은 수정 이전의 상하 2단 형태로 되어 있다. 두 본 모두 '序－顧問備略目錄－본문' 순으로 배열되어 있다(김성재, 앞의 글, 15~18쪽). 이글은 최성환 저·김성재 역, 『어시재 최성환의 고문비략』, 사람의 무늬, 2014을 대본으로 활용하였다.

최성환은 국가재정 운영의 주요 원칙으로 ① 절용(節用), ② 시적의 제도[市糴之制], ③ 관문과 시장에 대한 과세[關市之征], ④ 염철의 이익[鹽鐵之利] 네 가지를 제시하고 이에 대한 고제의 근거를 정리하였다. 이 가운데 그가 가장 중요한 원칙으로 꼽은 것이 바로 ① 절용이었다.[15] ② 시적의 제도가 물가조절 및 물자유통과 관련된 것이고 ③ 관문과 시장에 대한 과세와 ④ 염철의 이익은 세원의 확충 및 독점과 관련된 것이었다면 ① 절용은 국가가 과세원을 확대하거나 증세를 도모하지 않고 정해진 수입에 맞추어 지출을 최대한 줄이도록 한 이념이었다. 최성환은 예산 총량을 미리 갖추고 지출규모, 재정현황, 비축 실태 등을 파악, 보고하여 양입위출(量入爲出)의 원칙을 지키는 것을 국가재정의 중요한 원칙으로 강조했다.

특히 그는 재정 주무 관서인 호조와 선혜청의 수지구조가 포흠, 차대(借貸), 선하(先下: 기일 전 지출) 등의 요인으로 악화되고 있음을 지적하고 '수량을 갖추어 위에 보고하는 법[具數上達之法]'을 시행하여 수입과 지출을 감독하고 허위 장부를 없앤다면 국가재정의 건전성을 높일 수 있을 것이라고 하였다. 이는 재정의 중간누출을 막기 위해 절용의 이념과 양입위출의 원칙에 충실하면서 재정운영에 대한 관리와 감독을 철저히 하는 것으로 모아진다.[16] 이같은 최성환의 주장은 조선왕조의 국가재정 운영의 기본원리를 재확인한 것으로 그다지 새로운 것은 아니었다. 그는 이 시기 국가재정의 문제가 제도자체에 있는 것이 아닌 운영상의 문제에서 비롯된 것으로 이해하고 그 이념과 원리를 새삼 환기한 것으로 생각된다.[17]

---

15 『고문비략』 권2, 財用.

16 『고문비략』 권2, 財用.

17 18세기를 중심으로 민본이념에 입각한 국가재정의 운영원리와 실상에 대해서는 송양섭

다음, 최성환은 중앙 관료조직의 정비를 주장했다. 그는 조선의 관료조직이 명나라의 것을 차용했다는 점을 지적하면서 관직진출을 선호하는 풍조가 사회적으로 만연하기 때문에 녹봉이 없는 산관(散官)이 지나치게 많고 인사적체 또한 심각한 상태라고 하였다. 왕조정부는 인사적체를 완화하기 위해 잡다한 군직을 설치했지만 관직이 많아질수록 적체는 더욱 심해지는 악순환에 놓여있다고 하였다. 그는 필요 없는 관직을 모두 줄이고 제도운영을 시의에 맞추어 조금만 바로잡는다면 이러한 문제는 완화될 것이라고 하면서 나름의 방안을 제시하였다.[18]

우선, 최성환은 관료조직의 통폐합과 겸직제도의 활용을 통해 관원수의 감축을 이룬 후 관료들에 대한 적극적인 처우개선을 주장했다. 각 능(陵)·원(園)·묘(墓)와 영희전(永禧殿)의 관원은 겸직으로 매 소(所)에 2명씩 배치하고 임기는 1년으로 하도록 하였다. 그가 존치시켜야한다고 꼽은 대표적 관서는 '기무가 중대한' 비변사·선혜청·승문원, '제사를 담당하고 시호(諡號)를 의정(議定)하는' 봉상시, '선원보첩(璿源譜牒)을 찬록(撰錄)하는' 종부시, '어선(御膳)을 담당하는' 사옹원, '어약(御藥)을 담당하는' 내의원, '왕의 의복을 담당하는' 상의원, '여마(輿馬)를 담당하는' 사복시, '궁중 물품을 조달하는' 내자시·내섬시·사도시, '인재를 시취(試取)하는' 장악원·관상감·전의원·사역원, 그리고 '기타 중요부서인' 종묘서·사직서·경모궁 등이었다. 그 외에도 종친부·충훈부·의빈부·돈녕부·상서원·사옹원·상의원·사복시·내자시·내섬시·예빈시·군자감·제용감·선공감·사재감·장악원·전설사·종묘서·사직서·경모궁·평시서·의영고·장흥고·빙고·장원서·사포서·전생서·조지서·전옥서·활인서·와서 등은 그대로 두어야한다고 주장했다. 나머지는 모두 통

(2015) 참조.

18 『고문비략』 권2, 관제.

폐합한 후, 속관을 6조에 소속시켜 직무를 담당케 하였다.

관원의 임기에 대해서도 당시 관료들이 스스로의 직임에서 성과를 내기보다는 승진에 급급한 현실을 지적하고 이에 대한 대책을 제시하였다. 그는 지방관을 거쳐야 중앙관직에 임명되는 규정을 폐지하고 임지에서 승진을 허용하고 성과가 뚜렷할 경우에는 시상을 하거나 품계를 넘어 특별승진을 시키는 등의 파격적인 인사 혜택을 부여하고 정상적으로 직무를 수행한 관료들에 대해서는 9년 임기를 기본으로 6년 이상이 되어야 다른 직임으로 천전(遷轉)하는 방안을 제시하였다.[19] 또한 지방관을 역임하지 않으면 중앙관직에서 승진요건을 충족하지 못하는 인사규정을 문제삼고 그러한 자격에 구애받을 것 없이 적합한 인재를 뽑아쓸 것을 주장하였다.[20] 봉조하(奉朝賀)는 원래 통정대부(通政大夫) 이상으로 실직(實職)에서 물러난 사람을 대상으로 부여되었으나 최성환은 여기에 당상관 정3품 이상~정1품에 5등급의 품계를 부여하여 'ㅇㅇ관 봉조하'의 형태로 만들고 정원은 없애도록 하였다.[21]

문관의 경우 별다른 언급이 없는 것으로 보아 기존의 관직체계를 그대로 준용하도록 한 것으로 생각된다. 그는 각종 군직체계를 중앙군제의 개편을 통해 재배치하고 이를 문관의 직임과 연계시켜 인사를 운영하도록 하는 방안을 마련하였다.[22] 중앙군제의 경우, 새로 오위도총부(五衛都摠府)의 제도를 증설하여 친수시위(親隨侍衛)에 보태 주고, 여러 군영에서 혁파된 군병을 엄격하게 선발, 예속시켜 별시위친군(別侍衛親軍)을 만들며, 도총부(都摠府)를 총관부(摠管府)로 고치도록 하였는데 이에 대한

19 『고문비략』 권3, 久任.
20 『고문비략』 권3, 자격.
21 『고문비략』 권2, 관제.
22 『고문비략』 권2, 관제.

구체적인 언급이 부족해 그 전모는 알 수 없다.

〈표1〉 中央軍職의 직임과 인원

직임(품계)	인원	직임(품계)	인원
都摠管(정1)	1	上摠管(종1)	4
大摠管(정2)	5	摠管(종2)	10
副摠管(정3)	15	上護軍(정3)	10
		大護軍(종3)	10
護軍(정4)	15	副護軍(종4)	15
司直(정5)	20	副司直(종5)	20
司果(정6)	25	副司果(종6)	25
司正(정7)	30	副司正(종7)	30
司猛(정8)	35	副司猛(종8)	35
司勇(정9)	40	副司勇(종9)	50

당상관은 도총부 관원의 승진자와 종친부·충훈부·의빈부·돈녕부의 당상 중에서 임명하도록 하였다. 아울러 2품 이상 당상관 중 1명을 뽑아 구관당상(勾管堂上)으로 별시위친군을 통솔하는 대장의 업무를 수행하도록 하였다. 도총관이 도제거(都提擧: 도제조)의 업무를 행하며, 그 나머지 당상들은 모두 제거(提擧: 提調)의 업무를 겸하여 수행하도록 하였다. 근무는 1년을 기준으로 결원이 생길 경우 승진시키도록 하였다.

군직의 가장 말단인 종9품 부사용에는 종친(宗親)·충훈(忠勳)·의빈(儀賓)·돈녕(敦寧)과 '훈로재신(勳勞宰臣)'의 자손 중 음직을 받은 사람을 선발하여 임명하도록 하였다. 이들이 근무 기간 1년을 채우면 정 9품 사용에 의망하고, 이들이 다시 근무 기간 1년을 채우면 종8품에 의망하는 식이었다. 이들을 오위군의 군직과 합쳐서 관원 395명을 두도록 하였다(〈표1〉 참조). 당하관의 경우 본직과 외사(外司)의 낭서(郎署: 郎官)를 겸직하도록 하였다. 낭관은 관서별로 2명씩 임명되어 본직을 담당한 채 직

무를 수행하도록 하였다(임기는 1년).[23]

다음으로 최성환이 주안점을 둔 것은 녹봉제도의 정비이다. 그는 당시 정1품의 연간 늠료(廩料)가 미 환산 38석 남짓(월 미 2석 8두 + 황두 1석 5두)으로 이는 명나라의 1/30, 한나라의 1/2에 불과하다고 하면서 당시 관료사회의 만연한 부정은 녹봉이 생계를 유지할 수 없을 정도로 적은데서 기인한다고 하였다. 이 때문에 작은 고을의 수령직이라도 임명되면 한몫 잡기 위해 온갖 가렴주구를 자행한다는 것이다.[24] 그가 내놓은 대책은 다음과 같다.

> 지금의 급선무는 녹봉을 조금 올려 먼저 염치를 배양할 길을 열어 주는 것이다. 그렇게 한 뒤에 청렴하지 못한 실상을 문책한다면 거의 가능할 것이다. 우리나라의 작록(爵祿) 제도는 정1품의 2석 8두에서부터 품계에 따라 줄여 나가 종9품은 9두이다. 이러고서 어떻게 탐욕스럽지 않기를 요구하겠는가.[25]

최성환 주장의 요점은 관료들에게 넉넉한 녹봉을 지급하여 생활을 보장해준 후 이들에게 도덕성을 요구하도록 하는 것이었다. 조선왕조의 녹봉제는 세종 21년(1439) 3개월 단위로 연 4회 지급하는 '사맹삭반록제(四孟朔頒祿制)'로 정비되어 『경국대전』에 수록되었는데 이는 녹봉을 18과로 나누고 각종 곡물·현물·화폐를 적정하게 섞어 지급하는 형태를 띠고 있다. 16세기에 접어들어 녹봉과 함께 지급되던 과전(科田)이 사라지고 임진왜란을 거치면서 왕조의 녹봉제는 악화된 재정 형편과 각종 전후복구 사업의 전개로 종래 '사맹삭반록제'와 매월 지급하는 방식인 '월별산료

---

23 『고문비략』 권2, 관제.

24 『고문비략』 권2, 祿科.

25 『고문비략』 권2, 祿科.

제(月別散料制)' 두 방식이 번갈아 채택되는 제도적 변개를 겪게 된다. 월별산료제가 채택된 것은 '사맹삭반록제'가 일시에 석 달 치 급여를 지급하는 것이 재정적으로 부담이 되었기 때문이었다. 반면 월별산료제는 매달 급여를 나누어 지급하여 한꺼번에 많은 재정을 지출하지 않아도 되었을 뿐 아니라 지급총액의 감축이 병행되어 재정압박을 덜 수 있었다.

정부의 재정상태가 좋지 않을 경우 월별산료제로 돌아가기 십상이었는데 숙종 21년(1695)을 전후한 극심한 기근으로 재정상태가 나빠지자 정부는 곧바로 월별산료제를 채택하게 된다. 하지만 이 때의 산료제는 일시적인 방편이 아니었다. 숙종 21년의 산료제는 이후 변경되지 않고 『속대전』에 수록되어 왕조말까지 유지되었던 것이다. 그런데 이 때 산료제의 녹봉액은 『경국대전』과 비교하여 정1품 기준으로 반 이상, 인조 25년(1647)에 비해 20% 이상 삭감된 수준이었다. 관료들의 보수는 계속 열악해져 갔으며 이로 인해 문제는 필연적일 수밖에 없었다.[26] 최성환이 녹봉제를 개편해야한다고 주장한 것은 이러한 문제 때문이었다. 그가 개략적으로 제시한 품계 별 녹봉지급액을 앞 시기와 비교, 정리한 것이 〈표2〉이다.

26 조선후기 녹봉제에 대해서는 임성수(2014)에 의거, 서술하였다.

〈표2〉 품계별 연간 녹봉액의 개편방안

품계	『경국대전』								인조 25년(1647)			현종 11년(1670)				『속대전』		『고문비략』
	中米	糙米	田米	黃豆	小麥	紬	正布	楮貨	米	田米	黃豆	米	田米	紬	正布	米	黃豆	미
정1품	210	720	30	345	150	6	15	10	660	120	240	660	360	8	8	456	240	5400
종1품	180	645	30	315	135	5	15	10	600	120	180	600	240	4	4	384	240	4500
정2품	180	600	30	270	135	5	14	8	540	120	180	540	240	4	4	384	240	3600
종2품	180	555	30	255	120	5	14	8	480	120	180	480	240	4	4	312	240	2700
정3품 당상	165	480	30	225	105	4	13	8	420	120	180	420	240	4	4	288	240	1800
정3품 당하	150	450	30	225	105	4	13	8	420	120	120	420	240	4	4	240	204	1350
종3품	150	405	30	210	105	3	13	6	360	60	180	360	240	4	4	240	204	1260
정4품	120	375	30	195	90	2	12	6	300	60	180	300	240	4	4	204	156	1170
종4품	120	345	30	180	90	2	11	6	300	60	180	300	240	4	4	204	156	1080
정5품	90	315	30	165	75	1	11	4	300	60	120	300	180	4	4	192	120	990
종5품	90	300	30	150	75	1	10	4	300	60	120	300	180	4	4	192	120	900
정6품	75	270	30	135	60	1	10	4	240	60	120	240	180	4	4	192	120	810
종6품	75	255	30	120	60	1	9	4	240	60	120	240	180	4	4	192	120	720
정7품	45	225	30	75	45	0	7	2	180	60	120	180	180	4	4	156	72	594
종7품	45	210	30	60	45	0	6	2	180	60	120	180	180	4	4	156	72	540
정8품	30	180	15	60	30	0	4	2	180	60	60	180	120	4	4	144	60	450
종8품	30	150	15	60	30	0	4	2	180	60	60	180	120	4	4	144	60	360
정9품	0	120	15	45	15	0	3	1	120	0	60	120	120	4	4	120	60	270
종9품	0	120	15	30	15	0	2	1	120	0	60	120	120	4	4	120	60	180

* 자료 : 『고문비략』 권2, 祿科 ; 『경국대전』; 『증보문헌비고』; 『속대전』
** 단위 : 中米 · 糙米 · 田米 · 黃豆 · 小麥은 斗, 紬 · 正布는 匹, 楮貨는 張

〈표2〉는 최성환의 녹봉제 개편안을 『경국대전』 · 『속대전』을 비롯한 법전 및 각종 규정과 함께 시기별로 정리한 것이다. 조선왕조의 녹봉은 『경국대전』 이래 17세기를 거치면서 지속적으로 감소하는 추세였다. 인조 25년(1647)의 경우 환산식을 적용하지 않더라도 한눈에 녹봉액수가 『경국대전』의 반 이상 격감하고 있음을 알 수 있다. 현종 11년(1670)의 녹봉체계에서는 액수의 소폭 상승이 포착되는데 이 정도로는 관료의 처우개선을 기대하기 힘들었다. 『속대전』의 규정은 앞서 언급했듯이 숙종

21년(1695)에 채택된 산료제가 그대로 수록된 것인데 지급품목이 미와 황두로 단순화되었고 액수도 현종 11년과 비교해 상당한 폭으로 줄어들고 있다.

이같이 박한 녹봉으로 인한 관료생활의 궁핍함은 항상적인 논란거리였다. 최성환이 방안은 바로 이같은 문제에 대한 나름의 처방이었던 것이다. 그의 방안은 『속대전』과 비교해 한눈에 녹봉이 대폭적인 증액이 이루어지고 있음을 볼 수 있다. 그런데 『속대전』과 최성환의 방안을 곡물간 가격차를 무시하고 총량만으로 단순비교했을 때 품계별로 인상폭이 다르게 나타나고 있음을 알 수 있다. 즉 1품은 약 7배 이상, 2품은 약 4~5배, 3~5품은 약 3배, 6~8품은 약 2배, 9품은 약간 높거나 같은 수준이었다. 최성환은 당시 녹봉체계가 가진 상 · 하위 품계 간의 불균형과 하급관료의 생계에는 그리 관심을 가지지는 않았던 듯, 주로 상위품계의 처우개선에 중점을 둔 '상후하박(上厚下薄)'을 특징으로 한 개선책이었다. 마지막으로 최성환이 관심을 가졌던 분야는 도량형의 문제였다.

> 지금 우리나라의 되[量]와 재[尺]와 저울[衡]은 전혀 통일성이 없다. 고을마다 다르고 집집마다 다르며, 심지어 한 집안에서도 대소 서너 가지로 다른 것을 사용하는 경우까지 있다. 향읍(鄕邑)의 관부(官府) 역시 모두 이와 같다. 제도가 통일되지 못하고 정령(政令)이 불신을 받는 것이 모두 여기에서 비롯된다. 백성들은 일상생활의 온갖 일에서 모두 이것을 필요로 하는데, 간교한 장사치와 모리배들이 그로 인해 비리를 저지른다.[27]

최성환은 지역은 물론 한 집안에서조차 통일된 도량형을 쓰지 않기 때문에 정부의 정책이 제대로 집행되기 어렵고 불신감이 커진다고 하면서

---

27 『고문비략』 권2, 도량형.

부세수취는 물론 일상생활의 온갖 비리가 여기에서 말미암는다고 비판하였다. 그는 서울시장과 근기 지역 장시의 예를 들었다. 가령 미 1승 값이 서울 시장은 9푼으로 장시의 7푼보다 비싼 듯 하지만 실제로는 장시에서 사용하는 되의 크기가 서울 시장의 60% 정도에 불과하기 때문에 오히려 장시가 더 비싼 셈이었다.

포(布)의 경우도 마찬가지였다. 전 1냥으로 서울시장에서는 11자, 장시에서는 10자를 살 수 있으나 장시에서 사용하는 자가 20% 정도 길기 때문에 실제로는 서울장시가 더 비싸다고 할 수 있었다. 이 때문에 '물화를 교역하여 있는 것과 없는 것을 상호 유통시키고 민용(民用)을 우선시해야 할 사시(司市)는 어떤 물건이 많고 어떤 물건이 부족한지 알 수가 없고 무엇이 이롭고 무엇이 괴로운지 분별하기가 어려'운 현실이었다.[28] '수십 가지가 있어 크기가 일정하지 않으니' '아무리 셈에 밝은 사람이라도 방법이 없었'다.[29]

최성환이 이에 대한 대책으로 제시한 것은 국가에서 표준 도량형을 제정하여 이를 일률적으로 시행하도록 하는 방안이었다. 재[尺]는 호조에서 만든 것을 표준으로 삼고 두곡(斗斛)의 경우는 관두(官斗) 1석=15두를 1석=10두로 바꾸어 고제의 취지에 부합하도록 하면 관민이 모두 편리할 것이라고 하였다. 저울도 그 양식을 각 부·군현·면·리·통과 각 가호까지 사용하게 하였다. 정부는 도량형이 제대로 지켜지고 있는지 5년 단위로 전국차원에서 대대적인 점검과 교정 과정을 거치도록 하였다. 이같은 방안은 이미 유형원이나 정약용에 의해 주장된 것으로 최성환도 이같은 흐름에서 두곡제의 10진법 적용을 주장하고 있는 것으로 생각된다.

요컨대 통치체제 개혁의 일환으로 최성환이 구상한 방안은 크게 국가

28 『고문비략』 권2, 도량형.

29 조선후기 도량형 문제에 대해서는 하원호(1987) 참조.

재정운영 방식을 쇄신하고 관료제를 정비하는 것으로 모아졌다. 국가재정에 대해서는 '절용'의 이념으로 양입위출의 수입지출 원칙을 재확인함으로써 재정의 중간누출을 막고 국가재정의 건전성을 높이도록 하였다. 이를 위해 관료조직의 통폐합과 겸직제도를 활용해 관원수를 감축하고 기타 불합리한 인사규정을 고치도록 하였다. 여기에 녹봉제의 정비를 통해 관료들의 처우를 개선함으로써 이들이 도덕적 해이에 빠지지 않도록 하였다. 아울러 그는 국가적 차원에서 표준 도량형을 제정, 시행하여 물류의 합리성과 효율성을 높이도록 하였다.

2) 군현제 개편과 운영방안

지방제도는 조선왕조의 지역지배를 위한 실질적인 운영체계로서 기간 행정망을 중심으로 군사기구와 교통·통신기관이 복잡하게 얽혀 있었다. 방대한 관료제의 기반으로서 지방제도는 농민과 사족이 어우러진 지역사회의 권력 관계를 바탕으로 하였고 군현제(郡縣制)와 면리제(面里制)는 그 두 축이었다. 왕조 정책과 이념의 구동조직으로서 중요한 위상을 차지하고 있는 지방제도는 국가운영의 물적 토대인 부세·재정 운영과정에서 그 본질적 기능이 두드러지게 나타났다.

최성환은 조선왕조의 지방제도 중 읍제(邑制)가 대체로 중국을 모방했고 그중에서도 관제(官制)는 명나라의 제도와 유사하다고 전제하면서도 실제 운영과정에서 많은 문제를 안고 있다고 하였다. 그가 지적한 군현제 운영의 문제점은 크게 세 가지로 대별된다. 첫째, 주·부·군·현의 읍격(邑格)과 무관하게 모든 군현이 아무런 연계없이 독립적인 행정단위로 편제되고 있는 점이다. 최성환은 이것이 중국의 부(府)가 소속 주현(州縣)을 종적으로 통할(統轄)하는 형태와 크게 대조된다고 하면서 다음과 같이 비판하였다.

대저 큰 고을은 주(州)가 되고 부(府)가 되며 작은 고을은 군(郡)이 되고 현(縣)이 되어, 작은 고을은 큰 고을의 예하(隸下)에 들어가고 큰 고을이 작은 고을을 통할하는 것이 고제(古制)였다. 그런데 지금은 목사·부사·군수·현감이 각기 자신이 맡은 지역을 다스리고 있을 뿐 서로 통섭(統攝)이 되지 않고 있다.[30]

규모에 따른 주·부·군·현의 행정편제에 소읍의 대읍에 대한 예속, 대읍의 소읍에 대한 통할이 고제에 따른 군현운영의 기본원칙임에도 조선의 지방관인 목사·부사·군수·현감은 각기 해당지역을 맡아 다스릴 뿐 상호 간 아무런 통섭관계가 없다는 것이다. 물론 영장제를 기반으로 한 지방군의 진영편제에서 영장 소재읍이 소속 군현에 대한 명령권을 행사할 수 있었지만 행정체계에 관한 한 규모나 읍격의 차이에도 불구하고 상호간의 업무 연계성이 사실상 전무한 상태였다. 가령 군사적으로는 영장소재읍인 양주진(楊州)이 예하 고양(高陽)과 교하(交河)를 군사적으로 관할하지만, 행정적으로는 세 읍이 전혀 연계되지 않은 독립적인 단위로 편제되어 있었던 것이다. 요컨대, 부와 그 이하 주현이 상호예속관계에 놓여 지휘·감독을 받고 있는 중국에 비하여 조선은 행정적으로 어떠한 읍이든 예외없이 독립적이고 대등한 관계였던 것이 최성환이 파악한 차이이자 문제점이었다.[31]

두 번째, 감사가 관할하는 지역이 지나치게 넓고 소속 군현이 너무 많아서 행정적 비효율이 초래되는 점이다. 도내의 군현들이 업무상 개별적으로 감사에게 예속되어 있기 때문에 감사는 모든 군현을 일대일로 상대해야 하는데 감사 개인의 능력과 제한된 인력으로는 이것이 사실상 어렵기 때문에 행정업무가 형식적으로 이루어질 수밖에 없다는 것이다. 도내

30 『고문비략』 권1, 都鄙.

31 『고문비략』 권1, 都鄙.

군현에 대한 순시가 어려운데다가 특히 감영에서 멀리 떨어진 지역의 경우, 범죄자를 체포하더라도 상부보고 등 행정처리 절차에만도 많은 시간이 소요되어 치안을 유지하기 힘들다고 지적하였다. 이는 군현내부에서도 마찬가지라서 동일한 관내라도 치소와 멀리 떨어져 외곽에 소재한 면리는 역시 같은 문제를 안고 있다고 하였다.[32]

세 번째는 읍격과 군현의 규모가 비례하지 않는 점이었다. 군보다 큰 현이 있는가 하면 현보다 작은 부도 존재했다. 동일한 현 혹은 동일한 부끼리도 규모가 서로 달랐다. 예컨대 동일한 부(府)인 함경도 무산과 평안도 강계는 각각 동서 340리 남북 305리와 동서 440리 남북 770리였고 전라도 여산부는 동서 40리 남북 25리, 평안도 함종부는 동서 35리 남북 40리, 함경도 덕원부는 동서 37리 남북 41리에 지나지 않았다.

동일한 도내에서도 사정은 마찬가지였다. 경기 지역을 예로 들면, 양주목이 동서 120리 남북 130리인 데 반해 부평부는 동서 45리 남북 35리에 불과했다. 충청도의 경우, 충주목이 동서 140리 남북 93리인 데 반해 청풍부는 동서 55리 남북 80리에 지나지 않았다. 동서 45리 남북 45리인 봉화현과 동서 80리 남북 70리인 의성현이 함께 경상도에 있었으며 동서 60리 남북 70리인 안악군이 동서 35리 남북 70리인 풍천부와 같은 황해도에 속해있고 동서 20리 남북 110리인 홍양현이 동서 40리 남북 25리인 여산부와 같이 충청도에 속해있었다. 부·목·군·현의 읍격과 면적이 서로 무관한 경우가 허다했던 것이다. 더구나 행정적으로 대등한 관계지만 군사적으로 지휘·예속관계가 있을 경우 이에 걸맞는 면적의 비례관계가 성립하지 않는 것은 더욱 불합리하다는 것이 최성환의 판단이었다.

최성환은 이상과 같은 지방제도의 문제점을 해소하고 보다 효율적인

---

32 『고문비략』 권1, 都鄙.

통치를 실현하기 위해 자신만의 방안을 강구하여 제시하였다. 그가 제시한 군현제 개편안은 우선 군현의 면적에 따라 부·목·군·현을 각 등급에 맞도록 재획정하는 것이었다. 그것은 구준의 주장을 차용하여 '부에는 부의 제도를 두고 현에는 현의 제도를 두어 부·현·진관의 제도를 거듭 밝'히는 것으로 이같이 '강역을 바르게 한 뒤에야 모든 폐해진 것들을 부흥시킬 수 있'다는 취지였다. 그 핵심은 서울의 경우 한성부를 주진(主鎭)으로 5부를 관할토록 하고 지방군현은 도내에 중간기구로 부(府)를 두고 예하에 군현을 소속시켜 이를 관할하는 형태였다. 부는 서울의 한성부가 5부를 관할하는 것과 마찬가지로 5개 군현을 통괄하도록 하였다. 부에는 부사, 군에는 군수, 현에는 현감이 파견되었다. 이를 최성환은 다음과 같이 요약했다.

> 여러 현은 부에 예속되고 여러 부는 도에 예속되어 행정은 가까운 데서 먼 데로 미쳐가며, 관장(官長)은 날마다 백성을 가까이 하여 백성에게 무엇이 이롭고 무엇이 괴로운지 알기가 쉬워진다.[33]

최성환의 주장은 중국의 제도를 차용, 부·군·현을 유기적으로 연계시켜 도-부-군현 간의 통섭관계를 이루도록 하는 것에 주안점이 두어졌다. 부의 책임자인 부사는 감사의 지휘통제 하에 예하 군현은 물론 기존에 군현제의 외곽에서 별도로 운영되었던 역참·목장·진보 등까지 총괄하면서 행정·군사·사법 등 주요 업무에 대한 지휘·통제의 임무를 부여받았다. 따라서 각읍 수령은 물론 찰방(察訪)·감목관(監牧官)·첨사(僉使)·만호(萬戶)·별장(別將)들까지 각기 관할 지역이 지정되어 일반 군현과 마찬가지로 부에 예속되었던 것이다.[34] 이를 바탕으로 재

33 『고문비략』 권1, 都鄙.

편된 8도의 군현제를 제시한 것이 〈표3〉이다.

〈표3〉 군현제 개편의 내역

도(府數)	부(개편전읍격)	속읍	비고
경기(8)	楊州府(목)	加平郡·永平郡·抱川縣·積城縣	
	坡州府(목)	高陽郡·交河郡	원래 楊州鎭 관할이었던 것을 이속.
	長湍府	朔寧郡·麻田郡·漣川縣	
	喬桐府		
	驪州府(목)	利川郡·楊根郡·砥平縣	이천은 부에서 군으로 개정.
	竹山府	果川縣·陽智縣·陰竹縣	죽산부는 驪州鎭 관할에서 鎭으로 승격하고 소속 군현도 모두 죽산부에 이속.
	南陽府	安山郡·安城郡·陽城縣·振威縣·龍仁縣·始興縣	
	通津府	富平郡·仁川郡·金浦郡·陽川縣	남양진 관할 통진부를 진으로 승격. 부평과 인천은 부에서 군으로 개정. 남양진 관할이었던 김포군과 양천현 이속.
충청(8)	公州府(목)	林川郡·韓山郡·定山縣·全義縣·燕岐縣·扶餘縣	
	連山府(현)	恩津縣·石城縣·魯城縣·鎭岑縣·懷德縣	공주진 관할 연산현을 鎭府로 승격하고 은진·석성·노성·진잠을 이속.
	洪州府(목)	沔川郡·瑞山郡·泰安郡·海美郡·唐津縣·德山縣	해미는 현에서 군으로 승격.
	靑陽府(현)	舒川郡·庇仁縣·藍浦縣·保寧縣·結城縣·鴻山縣	홍주진 관할 청양현을 진부로 승격하고 소속 군현을 이속.
	溫陽府(군)	大興郡·禮山縣·新昌縣·牙山縣·平澤縣	홍주진 관할 온양군을 진부로 승격하고 소속 군현을 이속.
	忠州府(목)	淸風郡·丹陽郡·槐山郡·延豊縣·陰城縣·永春縣·堤川縣	청풍은 부에서 군으로 개정.
	淸州府(목)	天安郡·稷山縣·木川縣·鎭川縣·淸安縣	
	沃川府(군)	報恩郡·文義縣·懷仁縣·靑山縣·黃澗縣·永同縣	청주진 관할 옥천군을 진부로 승격하고 소속 군현을 이속.

34 『고문비략』 권1, 都鄙.

경상 (12)	大邱府	密陽郡·清道郡·靈山縣·昌寧縣·玄風縣·慈仁縣·慶山縣	밀양은 부에서 군으로 개정.
	柒谷府	仁同郡·河陽縣·新寧縣·義興縣	대구진 관할 칠곡부를 진으로 승격하고 소속 군현 이속. 인동은 부에서 군으로 개정.
	安東府	禮安縣·奉化縣·英陽縣·眞寶縣	
	榮川府(군)	順興郡·豊基郡·龍宮縣·醴泉縣	안동진 관할 영천군을 진부로 승격하고 소속 군현을 이속. 순흥은 부에서 군으로 승격.
	義城府(현)	青松郡·寧海郡·盈德縣·軍威縣·比安縣	안동진 관할 의성현을 진부로 승격하고 소속 군현 이속. 청송·영해는 부에서 군으로 개정.
	慶州府(군)	蔚山郡·興海郡·永川郡·清河縣·延日縣·長鬐縣	
	東萊府	梁山郡·彦陽縣·機張縣	경주진 소속 군현 이속.
	尙州府(목)	善山郡·開寧縣·聞慶縣·咸昌縣	선산은 부에서 군으로 개정.
	星州府(목)	金山郡·知禮縣·高靈縣	상주진 관할 성주목을 부진으로 승격하고 소속 군현 이속.
	晉州府(목)	河東郡·昆陽郡·咸陽郡·泗川縣·丹城縣·安義縣·南海縣	하동은 부에서 군으로 개정.
	居昌府	陜川郡·草溪郡·宜寧縣·三嘉縣·山清縣	진주진 관할 거창부를 진으로 승격하고 소속 군현 이속.
	金海府(군)	昌原郡·巨濟郡·咸安郡·柒原縣·鎭海縣·固城縣·熊川縣	창원·거제는 부에서 군으로 개정
전라 (11)	全州府	礪山郡·益山郡·珍山郡·錦山郡·高山縣·龍安縣·金溝縣	여산은 부에서 군으로 개정
	金堤府(군)	咸悅縣·臨陂縣·沃溝縣·萬頃縣	전주진 관할 김제군을 진부로 승격하고 소속 군현 이속.
	古阜府(군)	扶安縣·興德縣·井邑縣·泰仁縣	전주진 관할 고부군을 진부로 승격하고 소속 군현 이속.
	羅州府(목)	靈巖郡·南平縣·咸平縣·務安縣	
	光州府(목)	長城郡·靈光郡·高敞縣·茂長縣	나주진 관할 광주목을 부진으로 승격시키고 소속 군현 이속. 장성은 부에서 군으로 개정.
	南原府	潭陽郡·淳昌郡·雲峯郡·谷城縣·玉果縣·昌平縣	담양은 부에서 군으로 개정. 운봉은 현에서 군으로 승격.

	茂朱府	龍潭縣·任實縣·鎭安縣·長水縣	남원진 관할 무주부를 진으로 승격하고 소속 군현 이속.
	順天府	樂安郡·興陽縣·光陽縣·求禮縣	
	綾州府(목)	寶城郡·和順縣·同福縣	순천진 관할 능주목을 부진으로 승격하고 소속 군현 이속.
	長興府	珍島郡·康津縣·海南縣	
	濟州府(목)	大靜縣·旌義縣	
황해 (6)	海州府(목)	延安郡·白川郡·金川郡·康翎縣.	연안은 부에서 군으로 개정.
	豊川府	長淵郡·松禾縣·殷栗縣	해주진 관할 풍천부를 진으로 승격하고 소속군현을 이속. 장연은 현에서 군으로 승격.
	瓮津府		
	黃州府(목)	鳳山郡·瑞興郡·遂安郡	서흥은 부에서 군으로 개정.
	安岳府(군)	載寧郡·信川郡·文化縣·長連縣	황주진 관할 안악군을 진부로 승격하고 소속 군현 이속.
	平山府	谷山郡·新溪縣·兎山縣	황주진 관할 평산부를 진으로 승격하고 소속 군현 이속. 곡산은 부에서 군으로 개정.
강원 (5)	原州府(목)	寧越郡·旌善郡·平昌郡·橫城郡·洪川縣	영월은 부에서 군으로 개정. 횡성은 현에서 군으로 승격.
	鐵原府	淮陽郡·伊川郡·平康縣·安峽縣·金化縣·金城縣	회양은 부에서 군으로 개정.
	春川府	狼川縣·楊口縣·鐵原鎭·麟蹄縣	철원진 소속 낭천현과 양구현, 원주진 소속 인제현을 이속.
	江陵府	三陟郡·平海郡·蔚珍縣	삼척은 부에서 군으로 개정.
	襄陽府	高城郡·通川郡·扞城郡·歙谷縣	강릉진 관할 양양부를 진으로 승격하고 소속 군현을 이속.
함경 (17)	咸興府		
	永興府	定平郡·高原郡	정평은 부에서 군으로 개정.
	安邊府	德源郡·文川郡	덕원은 부에서 군으로 개정.
	北青府	洪原縣·利原縣	
	鏡城府	明川郡	명천은 부에서 군으로 개정.

	端川府		
	甲山府		
	三水府		
	厚州府		
	茂山府		
	吉州府(목)		
	會寧府		
	鍾城府		
	穩城府		
	慶源府		
	慶興府		
	富寧府		
평안 (21)	平壤府	中和郡·咸從郡·龍岡縣·甑山縣·順安縣·江西縣	중화·함종은 부에서 군으로 개정.
	成川府(군)	慈山郡·祥原郡·殷山縣·三登縣·江東縣·陽德縣	자산은 부에서 군으로 개정.
	德川府	价川郡·順川郡·孟山縣	성천진 관할 덕천군을 진부로 승격하고 소속군현을 이속.
	安州府(목)	肅川郡·永柔縣	숙천은 부에서 군으로 개정.
	寧邊府	雲山郡·熙川郡·博川郡·泰川縣	
	江界府	閭延郡·慈城郡·虞芮郡·茂昌郡	여연은 부에서 군으로 개정. 폐지되었던 소속 4군현을 복설.
	義州府		
	楚山府		
	定州府(목)		
	昌城府		
	朔州府		
	龜城府		
	渭原府(군)		
	碧潼府(군)		
	寧遠府(군)		
	嘉山府(군)		
	鐵山府		
	龍川府		
	郭山府(군)		
	三和府		
	宣川府		

* 전거 : 『고문비략』 권1, 都鄙.

〈표3〉은 최성환이 읍격의 승강·관할처의 이동 등의 조정을 거쳐 구상한 전체적인 행정편제의 구체적 내역이다. 기존의 8개 도를 그대로 둔 채 그가 구상한 행정·군사운영의 핵심인 '부'를 경기 8개, 충청 8개, 경상 12개, 전라 11개, 황해 6개, 강원 5개, 함경 17개, 평안 21개로 총 88개 설치하고 그 밑에 100개 군, 145개 현을 소속시켰다. 부는 대부분 같은 읍격[부]을 승계한 가운데 19개는 목, 14개는 군, 3개는 현에서 승격되었음이 확인된다. '목'의 등급은 폐지하였다. 부당 군현 수는 도마다 다르다. 경기의 경우 8개부에 25개 군현으로 부당 군현수가 3.1개이고, 교동부 1곳에 관할군현이 없다. 경상도는 12개 부에 59개 군현으로 부당 군현수가 4.9개이고, 충청도는 8개 부에 47개 군현이 편제되어 부당 군현수는 5.9개이다. 전라도는 11부에 45개 군현이 소속되어 부당 군현수가 4.1개이다. 충청·경상·전라 세 도는 관할 군현이 없는 부가 없다. 황해도는 6개부에 17개 군현이 예속되어 부당 군현수가 2.8개이며 옹진부 한 곳의 관할 군현이 없다. 강원도는 5개부에 22개 군현이 소속되어 부당 군현수가 4.4개이고 관할 군현이 없는 부는 없다. 함경도는 17개부에 7개 군현이 소속되어 부당 군현수는 0.4개에 불과하고 12개 부는 소속 군현이 없다. 평안도도 비슷하게 21개부가 25개 군현을 통솔하여 부당 군현수가 1.2개 정도이며 15개부에 소속 군현이 없다. 부당 군현수는 아무래도 인구밀도가 높은 삼남지역이 높게 나타나며 북부지역의 2개 도는 상당수의 부가 편제된 군현없이 독립적으로 운영되도록 했다.

한편, 부는 '진부(鎭府)'라고 지칭되는데서 보듯 행정의 중심이면서 지역방어의 거점으로 군사적 기능도 가지고 있었다. 이는 기존의 영장 소재지인 진영읍에 비견된다. 경기 지역의 경우, 종래 파주방어영이 독자적으로 설치된 가운데 양주중영·장단우영·광주전영·죽산후영·남양좌영 등 5개 진영으로 이루어졌는데 최성환은 양주·장단·죽산·남양

등을 독립시켜 '진부(鎭府)'로 삼고 방어영 소재지인 파주를 부로 만들어 양주 진영 소속 고양·교하의 2개 군현을 이속시켰다. 그 외에 교동·여주·통진 3개 부를 별도로 편성하여 적절하게 군현을 이속시키고 있다. 충청도의 경우도 충주후영·청주중영·홍주전영·공주우영 4곳의 진영이 그대로 부진(府鎭)이 되었고 새로이 청양·온양·옥천이 새롭게 부진으로 독립하였다.

부의 편성은 기존의 영장제를 중심으로 한 진영편제보다 규모가 일정하게 축소 조정된 것으로 이는 「진부－속읍」의 단위를 기본으로 행정구역을 균질화하는 과정이었다. 부가 종래의 군사거점을 충분히 고려한 위에서 구상되고 있음은 앞서 살핀 바와 같다. 경기 지역에는 개성부·강화부·광주부·수원부를 4도(都)로 삼도록 하고 경관직(京官職)으로 유수(留守)를 파견하도록 하였다. 군사적 중요성을 감안, 유수에는 특별히 '귀대신(貴大臣)의 후예'를 임명하도록 하였다. 유수 예하에는 경력(經歷)과 판관(判官)의 직을 두어 행정 업무를 담당하도록 하였다.

하지만 읍격과 면적을 비례관계에 놓이도록 한 최성환의 군현제 개편안은 중대한 문제가 있었다. 그것은 토지와 호구 등 실질적으로 읍세(邑勢)를 결정짓는 요소에 대한 고려가 전혀 이루어지지 않은 채 면적만을 기준으로 행정구역을 획정했다는 점이다. 군현세의 평가는 자연적 환경과 인문지리적인 요소를 기본으로 여러 가지 조건이 감안될 수 있지만 여기에는 호구수와 토지결수를 빼놓을 수 없었다. 최성환이 군현제를 재편하면서 이를 전혀 고려하지 않았다는 것은 그의 구상이 대단히 피상적인 수준에서 이루어졌다는 비판을 면하기 힘들다. 이는 앞 시기 유형원이나 정약용과 같은 대표적인 지방제도 개혁론자들이 호구수와 토지결수를 기본으로 군현제 개편을 구상했던 것과 대비된다.[35]

한편, 도의 책임자인 감사(정1품~종2품)는 도내의 여러 부를 총괄 감독했고, 부의 부사(종2품~정3품 당상관)는 관할 군현(군수는 정3품 당상관~ 종5품, 현감은 정3품 당하관~ 종6품)을 안찰(按察)하는 임무를 부여받았다. 감사는 월 1회 도내의 관할 부를 순시하고, 부사는 부 예하 군현에 대한 순시의 임무를 맡도록 하였다. 부사의 순시는 횟수의 제한없이 상시적으로 이루어지도록 하였다. 군현의 수령은 관내 면 단위까지 순시를 맡았다. 순시가 있을 경우 양식을 스스로 부담하도록 하여 접대로 인한 민폐를 없애도록 하였다.

순시의 내용은 주로 해당 지역의 안찰(按察), 관원들에 대한 인사고과, 재난구휼, 부세운영, 농상(農桑) 장려, 민원 청취 등이었다. 일원화된 행정조직은 군제·관방과도 표리를 이루도록 하여 운영의 효율성을 높이도록 하였다. 최성환은 이를 '말에 올라서는 군대를 통솔하고 말에서 내려서는 백성을 가까이 한다[上馬管軍 下馬親民]'는 말로 요약하면서 '상황에 맞게 하는 방책[方便之術]'이 '만세의 이익[萬世之利]'이 될 것이라고 하였다.[36] 또한 고제의 취지에 따라 감사와 부사가 '막료'의 선발권을 가지고 '문학이 있고 행실이 높은 자[文學高行者]'를 추천하도록 하였다. '막료'의 인원은 지역의 규모에 따라 감사는 5~6인, 부사는 2~3인을 두고 군현에서는 지역민 중 향소(鄕所)의 소임 1명을 엄선하여 후일 선발에 응하여 사적(士籍)에 올릴 계제로 삼도록 하였다.[37]

이상의 내용을 요약해보자. 최성환은 왕조의 기간 행정망인 군현제의 문제점으로 읍간에 아무런 통섭 관계가 없는 점, 감사의 관할 지역이 지나치게 넓고 소속 군현이 많아서 행정적 비효율이 초래되는 점, 읍격과 군현의 규모가 비례하지 않는 점 등을 지적하였다. 그는 이러한 문제를

35 유형원과 정약용의 지방제도 개혁안에 대해서는 송양섭(2014) ; 강석화(1991)을 참조할 것.
36 『고문비략』 권1, 都鄙.
37 『고문비략』 권3, 막료.

해결하기 위해 중국의 제도를 참고하여 군현제를 읍격에 맞게 재획정하도록 하고 '부'에 5개 군현을 예속시켜 지역지배의 중간 거점으로 삼도록 하였는데 이는 통섭관계를 가지는 부와 소속 군현을 기본으로 행정 단위를 균질화하는 방안이었다. 그는 전국의 군현을 대상으로 자신의 방안을 적용한 구체적인 시안을 제시하였지만 읍세를 결정하는 가장 중요한 요소인 호구와 전결을 고려하지 않은 점은 한계였다. 도의 감사는 도내의 여러 부만을 총괄 감독했고 부는 소속 군현을 안찰하는 임무를 부여받았다. 새롭게 조직된 행정조직은 군사조직으로서의 기능도 부여해 행정과 군사를 일원적으로 운영하도록 하였다.

3) 통갑법의 채택과 운영원리

다음은 군현내부의 통치조직 및 그 운영과 관련된 문제이다. 군현내부로 들어오면 「면(面)—리(里)—통(統)—호(戶)」로 행정라인을 조직하도록 했는데 이는 표면적으로 당시 제도와 별 차이가 없다. 하지만 군현 이하 면리 조직의 개편과 운영 문제는 최성환 지방제도 개혁안의 핵심이라 해도 좋을 정도로 중점을 둔 부문으로 앞서 군현 편제의 재편도 이를 위한 사전 작업이라해도 좋았다. 이는 민을 실질적으로 접촉하면서 통치가 이루어지는 현장이라는 점에서 지역지배의 구체적인 내용을 구성하며 여기에서 최성환이 일관되게 주장한 것은 바로 통갑제의 채택이었다. 통갑제에 입각한 행정조직은 도 차원의 거점인 부의 기능과 유기적으로 구성되어 있었다. 이를 도시한 것이 바로 〈그림1〉이다.[38]

---

38 『고문비략』 권1, 統甲.

〈그림1〉 통갑법에 의한 서울과 지방의 통치조직 구상

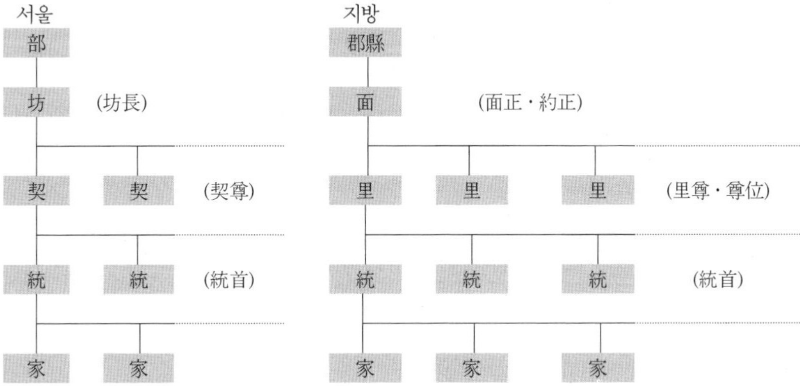

최성환의 통갑법은 5가=1린, 5린=1리, 5리=1당으로 편제했던 중국 후위의 지방 제도가 가진 취지를 살려 조선의 현실에 맞게 바꾼 것이었다. 우선 서울과 지방의 군현 내 행정조직에 통일성을 기하도록 하였다. 서울은 부내(部內)에 방(坊)－계(契)－통(統)으로, 지방은 군현내에 면(面)－리(里)－통(統)으로 조직의 명칭은 다르지만 부는 군현에, 방은 면에, 계는 리에 조응하면서 동일한 기능과 임무를 가지도록 짜여졌다. 편제의 단위는 1면[방]=10리[계], 1리=10통, 1통=5가였다.

서울의 경우 '왕기(王畿) 내의 모든 정사를 다스리'기 때문에 '각 도 감사의 직임과 같아야 하고', 5부(部)는 '백성을 직접 대하는 관서'이므로 '수령의 직임과 같아야 할 것'이라고 하면서[39] 통갑법에 따라 한성부의 5부(部) 예하에 '방장(坊長)→계존(契尊)→통수(統首)'로 행정계통을 조직하였다. 5부의 관원(부당 1명)에게는 수령에 준하는 품계를 주고 실무를 담당한 요속(僚屬)을 배치하였다. 여기에는 군정권도 부여되었다(다음

39 『고문비략』 권2, 관제.

장에서 상술). 이는 '서울과 지방의 관원을 한 가지 예(例)로 하여 다름이 없게 하는 취지[內外一例 無有異同]'로 서울의 행정체계를 지방군현의 그것과 동일하게 만든 것이었다. 서울 5부의 책임자에게 지방의 수령과 같은 품계를 주는[階視守令秩] 한편 향리와 같은 행정실무자들을 배치하고[具僚屬如郡縣吏] 군사적 권한까지 부여했다[治兵丁如郡縣].40

지방의 경우, 각 행정단위별 책임자로 '향인(鄕人) 중 강건하고 성실한 사람'을 선발하여 면(面: 서울은 坊)에 면정(面正: 서울은 坊長), 리에 리존(里尊: 서울은 契尊), 통에 통수(統首)를 두도록 하였다. 면정에게는 3부(夫), 이존에게는 2부, 통수에게는 1부에 해당하는 면세혜택을 부여하였다. 직임과 상벌은 모두『관자』「수헌」에서 제시한 제도를 따르도록 하였다.41 각종 지방행정은「중앙→도→부→군현→면→리→통→가」와 같이 부를 중심으로 한 단일계통을 통해 이루어지도록 하였다.

통갑법에 입각한 행정조직은 옥송의 처결과 같은 사법절차의 기능도 수행했다. 옥송(獄訟)은 일차적으로 5가의 '공의(公議)'를 통에 건의하여 통수가 판결하고, 여기에서 승복하지 못할 경우, 10개 통 통수의 '공의'를 리에 건의하여 리존이 판결하도록 하였다. 리 단계에서도 종결되지 않을 경우, 10개 리 리존의 '공의'를 면에 건의하여 면정이 판결하도록 하고 여기에서도 끝나지 않으면 각 면 면정의 '공의'를 군현에 건의하여 수령이 판결하도록 하였다.

계속해서 판결에 승복하지 않을 경우, 도 단위에서 감사가 판결하고 마지막까지 불복할 경우 중앙정부로 올려 조정에서 판결하도록 하였다. 아울러 이들 단계마다 당사자들이 다음 단계로 소청하는 통로를 열어줌으로써 민원의 소지를 줄이고 오판을 최소화하도록 하였다. 최종 단계인

40 『고문비략』 권2, 관제.

41 『고문비략』 권1, 統甲.

조정에서 판결에 오류가 발견될 경우, 해당 단계의 판결책임자를 문책하도록 하였다. 또한 상습적으로 부당한 송사를 일으키는 자는 판결이 끝난 후 2배로 가중 처벌하도록 하였다.[42]

최성환은 수령이 '백성을 직접 다스리는 관리[親民之官]로서 민생의 고통이 매여있다'고 하면서 이에 대한 엄정한 인사를 강조하였다.[43] 하지만 연 2회 수령에 대한 인사평가[考績]는 형식적이고 허술하게 이루어지고 있을 뿐 아니라 가문적 배경이 좋은 수령의 경우 실적과 무관하게 좋은 평가를 얻어내는 것이 현실이었다. 그는 그 이유를 관료집단이 소수의 유력가문에 의해 독점되기 때문이라고 하면서 이에 대한 대책을 제시하였다.

우선, 각도에 어사대(御史臺)를 설치하여 도내 군현의 문제점과 감사의 직무수행·인사실태를 감시하도록 하였다. 이는 공직사회의 기강확립을 위한 것으로 암행어사 제도를 개선한 것이었다. 어사의 직임은 각 도의 도사(都事)가 담당하였다(임기 1년). 어사는 상설직이었으며 결원이 생기는 대로 채워 넣도록 하고 반드시 '좋은 평판이 있고 공정·청렴한 사람[雅望公廉者]'을 선발하도록 하였다. 어사는 매년 정월 초부터 관내를 순시하여 6월 15일에 복명(覆命)하고 다시 7월 초부터 관내를 순시하여 12월 15일에 복명하도록 하였다. 도사의 서계(書啓)는 암행어사와 동일

---

42 『고문비략』 권1, 統甲.

43 조선왕조의 대민지배는 수령을 중심으로 이루어졌고 18세기 중엽 이래 국가의 지역 지배방식의 변화와 이와 관련된 각종 시책으로 향촌사회 내에서 수령의 위상과 권한은 더욱 강력해져갔다. 대민지배의 첨병으로서 수령의 위상은 국왕의 대리인으로서의 역할뿐만 아니라 지역사회를 보호하고 민원을 들어주는 목민관으로서의 위상이 두드러지는 것도 이 시기 나타난 하나의 특징이었다. 우수한 인재를 선발, 수령으로 임명하는 것은 王化를 펼치고 원활한 지방통치를 위한 관건이었다. 그럼에도 불구하고 당시 수령의 임명과 인사관리는 제도적 틀에 입각하여 공정하게 이루어졌다고 할 수 없었다. 당시 많은 논자들이 이에 대한 대책에 골몰하였고 최성환의 견해도 이러한 흐름에 예외가 아니었다.

했다.[44]

수령에 대한 인사평가는 어사제와 연계되었다. 수령에 대한 인사평정이 실시되는 6월·12월의 한달 전인 5월과 11월에 부사가 관내수령과 변장들에 대한 평가 단자(單子)를 작성, 밀봉하여 6월 1일과 12월 1일 감영에 제출하면 감사는 부사의 평가서를 기초로 스스로 취합한 정보를 참작하여 다시 인사평가 계목(啓目)을 작성하도록 하였다. 인사평가를 집약한 8자의 포폄구 하단에는 해당 부(府)가 평가한 8자의 제목(題目)을 주석으로 부기하여 참고할 수 있도록 하였다. 감사의 계목은 중앙으로 올려보내 각각 6월 15일, 12월 15일 개봉하도록 하였다.[45]

어사에게는 감사가 보고한 인사등급을 조정하는 권한이 부여되었다. 이는 원래 이조와 병조의 소관이었다. 서울의 인사권자가 감사의 수령에 대한 평가가 공정한지 여부를 검증하기 힘들기 때문에 도내 각군현의 순시를 통해 현지사정에 정통한 어사로 하여금 담당하도록 한 제도적 취지였다.[46] 결국, 도내 수령들의 업무를 어사대를 통해 현지에서 감시하도록 하고 통감제의 중심인 부사가 연 2회 관할 수령의 인사에 대한 예비평정을 한 후, 그 평가서를 토대로 감사가 최종평가서를 작성·제출하면 현지사정을 잘 알고 있는 어사가 이를 다시 조정하는 형태였다. 이는 수령에 대한 인사평가가 특정 평가자의 주관에 좌우되는 것을 방지하고 여러 단계의 검증과 조정절차를 거치게 함으로써 인사관리에 최소한의 객관성과 합리성을 갖추도록 의도한 것이었다.

마지막으로 최성환은 관료를 보좌하고 실무를 담당하는 이서들의 역할이 매우 중요하다고 하면서 이에 대한 대책을 제시했다. 그는 대민통

---

44 『고문비략』 권3, 어사.

45 『고문비략』 권3, 상벌.

46 『고문비략』 권3, 어사.

치의 실질적인 담당자라는 점에서 '좋은 이서를 얻으면 그 정사가 다스려지고 그 백성이 편안하며, 좋지 못한 이서를 얻으면 그 정사가 혼란해지고 그 백성이 고통스럽다'고 말하였다. 그는 좋지 못한 이서들로 인해 백성들에게 많은 폐해가 미친다고 비판하면서 이서들이 해독을 끼칠 수밖에 없는 요인을 ① 과중한 업무를 수행하면서도 생계를 이어갈 봉록이 없는 점, ② 이액(吏額)의 과다, ③ 좋은 직임을 차지하기 위한 뇌물공여와 이를 위한 대민 수탈, ④ '아전붙이'에 대한 멸시로 인한 자존감 결여와 이에 따른 부정·농간의 자행 등 네 가지로 정리하였다.[47]

최성환은 이같은 문제에 대한 대책으로 우선 이서의 인원수를 군현별 법정액수(영·부 34명, 대도호부·목 30명, 도호부 26명, 군 22명, 현 18명)를 준수하도록 하고 나머지는 모두 농업에 종사하도록 하였다. 다음, 성실하고 품행이 우수한 사람을 이서에 임명하고 일단 이서가 되면 이들에게 생계가 가능하도록 녹봉을 후하게 지급하고 사적인 친분을 개입시키거나 뇌물을 수수하는 관행을 뿌리 뽑도록 하였다. 이서가 일정기간 근무한 후 성과가 있을 경우, 조정에 추천하여 사로(仕路)에 나아갈 수 있도록 길을 터주도록 하였다. 이같이 최성환의 이서에 대한 대책은 생계가 가능하도록 적정한 보수를 지급하여 부정의 유혹에 빠지지 않도록 하는 한편, 이서직과 사로(仕路)를 연계, 이들의 직임을 반(半)관임화하여 업무의욕을 고취함으로써 실무과정에서 나타나는 문제를 최소화하는데 집중되었다. 이같은 방안은 전술한 바 중앙관직 개혁을 통해 필요 없는 관서와 관원을 대폭 줄인 것과 일정하게 상충한다는 점에서 모순적이지만 이에 대한 대책은 제시하지 않고 있다.

이상의 내용을 요약한다. 최성환의 지방제도 개혁안의 핵심은 군현내

47 『고문비략』 권3, 이서.

부의 통치조직 및 그 운영방안에 대한 것이었다. 통갑법은 이를 위한 핵심적인 제도로 군현 내 행정편제를 1면[방]=10리[계], 1리=10통, 1통=5가로 조직하여 지역지배의 거점인 '부'의 기능과 유기적으로 연계하여 운영하도록 하였다. 그는 서울의 '부－방－계－통'과 지방의 '군현－면－리－통'의 계통이 명칭은 일부 다르지만 동일한 위상과 기능을 가지도록 행정조직에 통일성을 부여하였다. 서울 5부의 책임자와 군현의 수령은 군사적 임무까지 겸하도록 하였고 옥송과 같은 사법 기능도 부여되었다. 수령의 업무는 새롭게 설치한 어사대가 감독하도록 하였고 인사평가는 부사의 예비평정을 바탕으로 감사가 최종평가서를 제출하면 현지사정에 정통한 어사가 이를 조정하도록 해 최소한의 공정성을 보장할 수 있도록 하였다. 아울러 수령 예하의 행정실무자인 이서의 직임도 법정액수를 준수하도록 히고 우수한 인재를 임명하여 녹봉을 시급하도록 하는 한편 이서직을 사로와 연계, 업무의욕을 고취하도록 한다면 실무과정에서 나타나는 이서들의 부정과 농간을 뿌리 뽑을 수 있다고 하였다.

3. 부세제도 인식과 삼정론의 제기

1) 전정 : 전결세의 화폐납

조선후기의 전결세 수취방식은 18세기 비총제(比摠制)의 실시로 풍흉에 대한 현지 조사없이 호조에서 산출한 과세총수와 당해년의 풍흉을 감안하여 수세실총과 재결(災結)의 총수를 산출하여 이를 각도에 나누어주면 이를 감사가 다시 각읍에 분배하여 수취하는 형태로 바뀌었다. 비총제로 중앙의 경차관(敬差官) 파견이 중지되자 지방차원에서 전결세 수취

과정에서 수령을 중심으로 이서와 향촌사회의 주요 세력들의 영향력이 커지는 결과를 가져왔다. 여기에 다양한 명목의 부가세가 토지로 집중되는 경향이 가속화하였다. 삼수미(三手米)의 부과, 대동법의 시행, 균역법의 결전(結錢) 징수 등은 그 결정적인 계기였고 창작지미(倉作紙米), 공인역가미(貢人役價米), 가승미(加升米), 선급(船給), 치계시탄가(雉鷄柴炭價), 낙정미(落庭米), 고마조(雇馬租) 등 각종 잡역세·부가비용도 토지로 집중되었다. 19세기에 접어들면 군포·환곡 등 감축·결손분까지 도결(都結)이라는 이름으로 토지에 부과되었다. 아울러 전결세 수취 과정에서도 작부제(作夫制)를 이용하여 실제 수취액과 관에 납부하는 액수의 차감분을 호수가 차지하는 양호방결(養戶防結)이 자행되어 많은 문제를 야기하고 있었다.[48]

최성환의 전정 부문에 대한 견해는 수세(收稅) 문제에 집중하고 있는 점이 특징이다. 그는 과중한 수취가 담세자의 건실함을 해쳐 끝내 국가재정의 악화로 이어진다고 말하였다.[49] 우선 그는 대동법을 높이 평가하면서도 이로 인해 나타나는 전결세의 부과와 수취과정의 문제점을 지적하였다. 예컨대, 충청도 지역의 경우, 중중전(中中田) 기준 결당 부과액이 전세(미 4~20두)·대동(미 12두)·삼수미(미 1두2승)와 각종 부가세를 합해 총 25두 2승인데 각 항목의 납부기한을 맞추기 위해 민이 이를 수송하는 과정에서 문제가 심각하다고 하였다.

수취가 미곡 단일 품목만으로 이루어지는 것이 아니어서 소미(小米)·황두(黃豆)를 일정비율 섞거나 면포(綿布)·마포(麻布)로 바꾸어 받아들이기도 하며, 심지어는 황두로 바꾼 것을 다시 면포·마포로 만들어 거

48 한영국(1976) ; 이영훈(1980 ; 김옥근(1984) ; 김용섭(1984) ; 박종수(1993) ; 이철성(1993) ; 정선남(1990) ; 고동환(1991).

49 『고문비략』 권2, 貢賦.

두기도 하였다. 여기에 미곡을 화폐로 바꾸는[作錢] 경우도 있었다. 그에 따르면 미 1석=황두 2석은 목 3.5·3·2.5필로, 목 1필의 경우 미 7·8두로 환산되었다. 황두 1석의 경우 목 2.5·2·1.5필로, 마포의 경우 3.5필이나 2.5필이 미 1석으로, 황두의 경우 1석이 마포 2.5필, 2필, 1.5필 등으로 다양하게 환산되었다. 절전식(折錢式)은 미 1석이 전 4.5냥 또는 5냥, 황두 1석이 전 1.7냥이나 2.5냥, 소미 1석이 전 3.5냥이나 4냥, 면포 1필이 전2.3냥이나 2.5냥 정도였다. 이같이 환산식이 복잡한 것은 각곡(各穀)의 작황이 해마다 다를 뿐 아니라 같은 해라 하더라도 계절적 곡가의 차이 또한 무시할 수 없기 때문이었다. 각 품목의 환산식은 동일한 지역 내에서도 일률적인 적용이 어려울 정도였다. 여기에 납세단위가 결 이하로 쪼개져 부－속 등으로 세분화되면 수세과정은 더욱 복잡해졌다. 실무자들은 이틈을 이용해 갖가지 부정과 농간을 부리기 일쑤였다.[50]

> 비록 계산을 잘하는 사람이라도 손쓰기가 어려운데 하물며 향촌의 순박한 백성들이 현혹되지 않을 수 있겠는가? 이런 까닭에 아전들이 그것을 이용하여 끝 간 데 없이 농간을 부리고 문서를 조작한다. 가령 1석에 대한 세금을 수삼석으로도 전부 납부할 수가 없으니 지금 이른바 부세가 무거워 백성이 고통스럽다는 것은 모두 여기에서 말미암는다. 그러나 국가에서 부과하는 것은 한푼도 더 거둔 적이 없으니, 이는 오직 관리들이 농간을 부리는 바탕이 되기에 족할 뿐이다.[51]

최성환은 중앙정부에서 부과하는 수세의 절대액수는 늘어나지 않는데도 민의 부담이 갈수록 무거워지는 것은 복잡한 세액산정과 행정절차를 기화로 여겨 이서를 비롯한 실무자들이 갖가지 농간을 부리는데서 비롯

50 『고문비략』 권2, 貢賦.

51 『고문비략』 권2, 貢賦.

된다고 파악하고 있다. 그가 해결책으로 제시한 것은 전결세를 모두 화폐로 납부하도록 하는 방안이었다. 그는 결당 세액을 15냥으로 정한다면 1부에 1전 5푼, 1속에 1분 5리로 세액 산정이 간편해지기 때문에 부정이나 농간의 소지를 크게 줄일 수 있다고 하였다.

아울러 복잡하고 유동적인 각 품목별 절전가를 일률적으로 확정하도록 하였다. 절전가는 원래의 상정가에 부가적으로 소요되는 비용을 더해 다소 높게 잡도록 하였다. 미 1석은 원래의 상정가(詳定價) 6냥에 1냥 5전을 더해 7냥 5전으로, 목(木) 1필은 원래의 상정가 2냥에 2냥을 더해 4냥으로, 황두의 경우도 1석 당 원래의 상정가 3냥 외에 1냥을 더하여 4냥으로 정하도록 하였다.

그가 제시한 결당 수취액 15냥이 어떤 기준에 의한 것인지 좀더 따져봐야 하겠지만 1석=7냥5전의 환산식을 따른다면 대략 결당 미 30두 정도로 앞에서 언급한 충청도 중중전(中中田)의 결당 전결세액 미 25두2승을 약간 상회하는 수준임을 알 수 있다. 하지만 여기에는 수취과정에 소요되는 일체의 잡비가 포함된 것으로 부담액 자체가 높아졌다고 할 수는 없었다. 최성환은 화폐납으로 단일한 품목에 대한 세액산정이 간편해지기 때문에 수취과정의 문제가 크게 줄어들 것으로 내다봤지만 이러한 방안이 타당한 것인지는 논란의 여지가 있다. 세액 산정과 수취 상의 편의와는 별도로 그것이 각 품목별 시가변동이나 지역별 작물의 특성, 토지의 비옥도 등을 제대로 반영하지 못하기 때문에 수취과정에서 나타날 수 있는 복잡한 변수에 탄력적으로 대응할 수 있을지 미지수였기 때문이다. 시가를 도외시하고 관령에 의한 일방적 가격통제가 실제 수취과정에서 제대로 먹혀들 수 있을지도 알 수 없었다.

한편, 결당 수취액 매 30두 중 10냥은 중앙재정분으로 서울에 올려 보내고 나머지 5냥은 수미(需米)를 비롯한 지방재정분으로 남겨놓도록 하였다.[52] 이는 대동법의 상납(上納)과 유치(留置)를 전결세 전반에 확대 적용한 것으로 '먼 길을 달려서 수송하는 수고를 줄이고, 지방 고을에서는 허다한 잡비를 줄'일 수 있는[53] 합리적인 방안이라고 자평했다. 최성환이 정한 절가식에 따른다면 전15냥=미30두의 전결세 총액 가운데 6냥=12두는 대동에 해당하는 부분으로 이해할 수 있다. 대동은 원래 미 12두 중 6두는 선혜청에 상납하고 나머지 6두는 지방재정으로 유치하는 것이 원칙이었다. 최성환은 이보다 많은 전결세 총액 15냥의 1/3에 해당하는 5냥=10두를 지방재정분으로 배정하였는데 이는 아마도 당시 지방재정의 어려움을 감안했기 때문이 아닌가 생각된다.

그는 자신의 구상이 채택된다면 '국가의 조세 수입은 전보다 배로 늘어나고 여러 가지 번잡하고 소요스러운 현상은 줄어'들어 '이른바 백성이 그 이익을 누린다는 [民受其利]' 고제의 취지에 부합하는 효과를 볼 수 있을 것이라고 하였다. 추수기에 곡물로 화폐를 사들이는 것이 곤란할 수 있다는 지적에 대해서도 상평청의 대대적인 곡물매집(이에 대해서는 후술)으로 화폐를 확보하는데 별다른 어려움이 없을 것이라고 하였다. 서울지역의 곡물수요를 맞추기 힘들 것이라는 우려에 대해서도 전세와 대동세의 명목으로 거둔 돈으로 창주인이 지방의 곡물을 사들여 공급할 것이므로 걱정할 필요가 없다고 하였다.[54]

아울러 그는 전결세의 화폐납이 당시 조운제도 운영과정에서 나타나는 문제를 크게 줄일 수 있다고 하였다. 당시 상납미곡을 조선(漕船)·수참선(水站船) 등 관선(官船)만으로는 감당하기 어려워 민간으로부터 선박을 임대하여 서울로 올려보내는 실정이었다. 또한 조운선을 유지보수하

52 『고문비략』 권2, 貢賦.
53 『고문비략』 권2, 貢賦.
54 『고문비략』 권2, 貢賦.

고 선박을 임대하는데 막대한 비용이 들어갈 뿐 아니라 각종 해상사고로 인한 인적·물적 피해와 실무담당자들의 농간으로 많은 문제가 드러나고 있었다. 최성환은 전세·대동 등 전결세에 대한 전면적인 화폐납을 통해 조운제도 운영과정에서 나타나는 갖가지 부정과 막대한 세수 감축을 줄일 수 있다고 하였다. 그는 자신의 말대로 한다면 정부가 조운제도에만 매달리지 않아도 재정을 넉넉하게 확보할 수 있을 뿐 아니라 대량으로 보유한 화폐를 바탕으로 여러 가지 새로운 시책을 펼 수 있을 것이라고 하였다.[55]

최성환이 주장한 전결세의 화폐납은 갑오개혁기에 제도화된다. 결호세(結戶稅) 제도의 성립과 함께 취해진 이 조치로 전세·대동·삼수미·포량미·결작 등은 결세로 통합되어 탁지부에 납부되었고 일체의 잡세는 폐지하도록 하였다. 결세는 육운읍(陸運邑) 30냥, 산군(山郡) 25냥으로 정해졌다. 이는 당시 부세의 화폐납과 지세화의 추세를 적극적으로 추인하여 조운으로 인한 폐단과 중간수탈을 막고 안정된 조세수입을 확보하고자 한 것이었다.[56] 그런데 전과 비슷한 수준에서 결세가 책정되었음에도 이로 인한 문제는 끊이지 않았다. 결당 지세가 육운읍과 산군으로 단순하게 책정되어 당시 엽전·당오전·백동화의 가치가 가변적인 상태에서 혼란이 야기되었고 지역이나 토지의 비옥도, 전답의 차이 등에 대한 고려가 없었기 때문이었다.[57] 최성환이 예시한 결세 30냥은 육운읍에 해당하는 것으로 금납화의 추세를 적극적으로 인정하고 이를 제도론으로 제기했다는 점에서 의미가 있지만 갑오개혁의 금납화 조치에서 보듯 이로부터 초래될 수 있는 문제점에 대한 보완장치가 미비했다는 점은 한계로

55 『고문비략』 권2, 漕轉.

56 유정현(1992) ; 왕현종(1992).

57 이윤상(2002), 241~244쪽.

지적할 수밖에 없다. 더구나 당시 세수감축의 주범이었던 궁방전·둔전 등 면세결에 대한 대책을 전혀 제시하지 않은 점도 문제였다. 그럼에도 불구하고 당시 화폐납의 추세를 적극적으로 받아들여 제도화하자는 최성환의 주장은 당시 개혁론의 큰 틀과 흐름을 같이하고 있다는 점에서 나름의 의의를 가지고 있다고 평가할 수 있다.

최성환의 전정에 대한 대책을 요약해보자. 최성환은 전결세에 대한 대책은 수세문제에 집중되어 있다. 그는 전결세의 수취가 미·면포·황두·마포·소미 등 다양한 곡물과 화폐가 뒤섞여 이루어지기 때문에 복잡한 환산가가 적용되고 여기에 수취과정에 농간이 끼어드는 등 갖가지 문제가 발생해 민의 부담이 늘어난다고 하면서 전결세를 모두 화폐로 납부할 것을 주장했다. 화폐납을 채택하고 환산식을 일률적으로 적용할 경우 세액산정이 간편해져 농간의 소지가 줄어들고 조운제도 운영상의 문제도 크게 줄일 수 있을 것으로 내다봤다. 결당 30냥 정도의 전결세 중 중앙상납분 10냥을 제외하고 20냥은 유치분으로 남겨놓도록 하여 지방재성에 대한 대폭적인 보강을 기하고자 했다. 하지만 화폐납에 수반될 여러 가지 문제에 대한 보완장치가 미비했던 점은 한계로 지적된다.

2) 군정 : 통갑법의 적용과 사족의 군역세 부담

호적대장을 토대로 파악된 16~60세의 남정(男丁)을 대상으로 부과한 군역은 조선후기에 접어들어 사족세력이 부담층에서 이탈함에 따라 신분제에 입각한 특권적 부세인 양역(良役)으로 변모하였다. 왜란·호란을 겪으면서 국방체제 정비의 일환으로 대규모 군영이 속속 창설되고 여기에 맞추어 폭증한 군액은 군역제 운영에 심각한 모순을 드러내기에 이른다. 이 시기 급격히 진행된 군역의 물납화로 군액(軍額)은 군사력이 아닌 사실상 군포수취 대상자라는 의미가 강해졌다. 17세기 후반부터 활발히 제기된 양역변통론은 논란 끝에 영조 27년(1751) 균역법(均役法)으로 귀결되어 양역 부담은 1필로 감필균일화(減疋均一化)되었다.

아울러 비슷한 시기 간행된 『양역실총(良役實總)』으로 중앙군과 지방군 상당부분의 군역이 정액화됨으로써 공식적인 군액은 더 이상 늘어나지 않도록 규제되었다. 하지만 재정난에 시달리던 지방관아는 중앙의 파악에서 벗어난 각종 명목의 잡다한 역종, 즉 사모속(私募屬)을 만들어 재원을 충당하고자 하였다. 이로 인해 야기된 군역자원의 부족, 즉 '군다민소(軍多民少)' 현상은 거의 전국적인 것이었고 이제 군역의 문제는 삼정(三政)의 한 부문을 구성하면서 심각한 사회문제를 야기하기에 이른다.[58]

최성환은 군정부문에 대해서도 통갑법을 적용한 개혁안을 제시하였다. 그는 중국의 역대 군제 가운데 둔병(屯兵)·부병(府兵)·채병(寨兵)·보갑 등의 제도를 절충하여 시의(時宜)에 맞게 적용하는 것을 제도개혁의 기본 방향으로 삼았다.[59] 그는 당시 지방의 역종만 하더라도 속오군(束伍軍)·상번군(上番軍)·정병(正兵)·아병(牙兵)·승호군(陞戶軍)·보인(保人) 등 잡다한 명목이 넘쳐난다고 하면서 다음과 같이 말하였다.

> 다만 그 명목에 따라 군포(軍布)를 납부할 책임을 질 뿐 애당초 군정(軍政)이나 무비(武備)를 갖추기 위한 의도가 없었다. 그러므로 불행히 만일의 사태가 발생할 경우 징발할 근거가 없어 그 자리에서 와해될 것은 임진왜란과 병자호란의 사태에서 보았으니 어찌 한심하지 않은가?[60]

이 시기 누누이 지적되는 것이었지만 군제가 국방이라는 본연의 기능

58 정만조(1977) ; 김용섭(1982a) ; 김용섭(1982b) ; 정연식(1985) ; 차문섭(1961) ; 송양섭(1995).
59 『고문비략』 권1, 軍伍.
60 『고문비략』 권1, 軍伍.

을 상실하고 사실상 군포 수취를 위한 도구로 전락하고 말았다는 것이다. 여기에는 18세기 이후 군역제의 변동과 이로 인한 지방재정의 변화라는 구조적인 요인이 개재되어 있다. 균역법으로 줄어든 군포수입을 보전하기 위해 색출한 급대재원의 상당부분은 지방관청의 중요한 수입원이었다. 수입원의 많은 부분을 균역청에 빼앗긴 지방관청은 자체적으로 사모속(私募屬)을 만들어 재정을 충당하고자 하였다. 군역민이 상대적으로 부담이 약한 사모속으로 몰림에 따라 중앙의 군문·각사와 지방의 영진급 기관의 군포수취는 더욱 어려워질 수밖에 없었다.

궐액(闕額)·허액(虛額)이 급격히 늘어나 군적(軍籍)에 기재된 이름과 역명(役名)도 점차 무의미해져 갔다. 여기에는 18세기초 실시한 이정법(里定法)이 중요한 계기로 작용했다. 이정법은 광범위하게 전개된 피역을 촌락내부의 공동체적 규율에 의해 방지하고 안정적 군포수입을 꾀하기 위한 것으로 군역결손분을 면·리 단위로 나누어 부담시키는 면리분징(面里分徵)의 확산을 가져왔다. 면리분징과 광범위한 피역으로 19세기 군적(軍籍)은 사실상 허위장부가 되다시피 했다.[61]

최성환은 이에 대한 대책으로 우선 통갑법을 바탕으로 한 대폭적인 군사제도 개편을 구상했다. 우선 중앙군은 통갑법에 의해 조직된 한성부의 5부 행정편제를 군제와 일치시키도록 했다. 통갑법의 「방장(坊長)-계존(契尊)-통수(統首)」의 계통은 행정조직이자 군사 징발·지휘체계였다. 위에서 명령이 하달되면 통갑의 계통을 통해 통내에서 돌아가면서 병력이 징발되었다. 이같이 부를 중심으로 병력을 동원, 운영할 경우 각부(各部)가 사실상 하나의 군문이 되는 셈으로 별도의 군사기구를 설치할 필요가 없었다. 이 때문에 훈련도감을 어림군(御林軍)으로 개편하여 존치

61 이정법과 그 이후의 추이에 대해서는 김준형(1984); 백승철(1990) ; 송양섭(1995).

시키는 외에 나머지 영문들은 모두 혁파하도록 하였다. 지방으로부터의 상번(上番)이 사라지기 때문에 정번전(停番錢)을 거둘 필요도 없었다.[62]

지방군제도 통갑법에 따라 부사를 중심으로 새롭게 개편되었다. 우선, 병영과 수영이 부실할 대로 부실해져 국방이나 치안 기능을 기대하기 힘든데다가 재정만 낭비하고 무관의 이력만 도와주는 실정이라고 하면서 이를 과감히 혁파할 것을 주장했다. 병영과 수영을 혁파하면 민의 형편이 나아질 뿐 아니라 군수를 줄이고 군사력을 강화할 수 있다고 하였다.[63] 병영과 수영의 지휘권도 모두 부사에게 이관하도록 하였다. 감사에게는 도내 부사를 통할하는 절도사의 역할이 부여되었다.[64]

또한 연해·국경지역의 작고 부실한 진보(鎭堡)를 통폐합하고 군량을 대대적으로 비축하여 백성을 들어가 살게 함으로써 운영상의 폐단을 없애도록 하였다.[65] 그 운영은 '봉건'의 '구임시켜 세습하게 하는 [久任世襲]' 취지가 핵심이라고 하면서 지방의 영향력 있는 토호에게 임시 변장의 직함을 부여해 세습이 가능하게 하여 방어를 담당시킨다면 방비를 굳건히 할 수 있다고 하였다.[66] 특히, 이 시기 군정부문에서 가장 문제였던 군역의 폐단에 대해서도 통갑법은 중요한 해법 중 하나였다.

> 이른바 군역(軍役)·군포(軍布)·군전(軍錢)을 모두 제거하여 옛날의 군사 양성 제도와 같이 하여 지급하는 것이 넉넉하지 못할까 염려해야 할 것이지만 또한 관에 의지하여 지급할 필요도 없이 각자 스스로 보호하게 하면 될 것이다. 통갑(統甲)의 제도만 이루어진다면 민심은 집결되고

62 『고문비략』 권1, 軍伍. ; 『고문비략』 권2, 관제.
63 『고문비략』 권3, 外官.
64 『고문비략』 권3, 外官.
65 『고문비략』 권3, 外官.
66 『고문비략』 권3, 外官.

> 병력을 얻을 수 있어 수백 년 동안 내려온 고질적인 폐단이 하루아침에 모두 혁파될 것이고, 백성들은 평소에는 임금의 은혜를 즐거워하고 난에 임해서는 나라를 지키려는 충성을 발휘하여 모두가 죽음으로 달려가기에도 겨를이 없을 것이다.[67]

최성환은 당시 군역 수취의 관행을 모두 폐지하고 통갑제로 바꾸도록 했다. 통갑제를 채택하여 자율적으로 병력을 징발한다면 군역의 폐단이 해소됨은 물론 국방력도 크게 제고될 것이라고 하였다. 국가가 부담할 별도의 재원도 필요없었다. 최성환은 통갑법을 통한 군사훈련이야말로 영농에의 지장을 최소화하고 군사를 정예화할 수 있기 때문에 둔전법의 취지에 부합하는 대안이라고 하였다. 군사는 10개통을 2통씩 5개 그룹으로 나누어 그룹(2통)별 차례대로 징발하였다. 통은 항상 함께 움직여 최소 부대단위로서 결속력을 유지하도록 하였다.

최성환은 노제(老除)가 제대로 되지 않고 병자나 죽은 사람까지 군역에 충정[白骨徵布]되고 황구(黃口)·아약(兒弱), 심지어 여자 아이까지 군적에 집어넣는 현실을 지적하면서 이에 대한 근본적인 대책이 필요함을 역설하였다.[68] 이에 따라 통내의 가 단위에서 군역 징발은『대전통편(大典通編)』「병전(兵典)」면역조(免役條)의 규정을 준용하도록 하였다. 규정은 3부자가 군역에 편성될 경우 아비의 군역을, 4형제의 경우에는 형의 군역을, 4부자의 경우 누구든 1명의 군역을 면제해주도록 되어 있었다. 또한 60세 이상자, 독질(篤疾)이나 폐질(廢疾)이 있는 사람, 독질이나 폐질이 있는 사람 및 나이 70 이상자의 아들 1명, 90세 이상자의 아들 전원을 면제해주도록 하였다. 최성환은 사실상 사문화된 이러한 조항을

67 『고문비략』 권1, 軍伍.
68 『고문비략』 권1, 軍伍.

되살려 가(家) 단위 군역징발의 원칙으로 삼도록 하였다. 이를 지키지 않을 경우, 국법을 위반한 것으로 간주하여 엄중히 처벌하도록 하였다.[69]

최성환은 군역문제의 대부분은 군포를 징수하는데서 비롯된다고 하였다. 군적에 한번 들어가 군포를 부담하기 시작하면 다시 빠져나오기 힘든데다 군역부담자를 천시하는 풍조가 사회적으로 만연했다. 갖가지 형태의 피역은 이 때문이었다. 특히 '조금이라고 능력이 되는 사람'은 '군포전의 몇 십 배가 되는 비용이 들더라도' 군역에서 벗어나고자 했다. 이 때문에 실제 군역부담자는 '빈궁하고 호소할 데 없는 백성'이 대부분으로 이들은 처자를 팔거나 마을을 떠나고 심지어 범죄를 저지르거나 자살까지 기도한다고 하였다. 최성환은 이러한 현실을 '아득히 푸른 하늘이여, 이것이 누구 때문이란 말인가'라고 통탄해마지 않았다.[70]

최성환은 무엇보다도 '관에서 군을 양성하는 것이 정상임에도 관의 비용을 군에게 의지하는' 왜곡된 현실이 문제라고 하였다. 막대한 경비를 투입하여 군사력을 유지하는 것은 유사시 이들의 충성심을 이끌어내 나라를 지키기 위함인데 현실은 거꾸로 군졸에게 돈을 거두어들인다는 것이다. 유사시에 이들이 국가를 위해 힘써 싸울 리 만무했다.[71] 이같이 최

---

69 최성환이 군역을 둘러싼 폐단으로 다음과 같은 일화를 기록하고 있는데 정약용의 「애절양」과 매우 흡사한 서사를 가지고 있기에 여기에 소개해 둔다. "근래 관동의 어느 고을에서 한 백성이 아이를 낳았는데 관에서 군정으로 채워 넣으라고 명하였다. 그 백성이 갓난아이를 안고 관아에 와서 '이 아이는 태어난 지 사흘도 지나지 않았습니다.'라고 호소하였다. 그러자 관에서 '딸인가?'라고 물었고, 백성이 '아들입니다.'라고 하자, 관에서 "아들이면 그만이지 사흘을 따질 게 무에 있는가?'라고 하였다. 백성이 '그렇다면 아들인 게 잘못이군요. 아들이 아니면 됩니까?'라고 하고는 갓난아이의 음낭을 떼어서 관에 바쳤다. 이에 대해 말하는 사람이 '모질고 독하다. 이 백성의 죄는 용서하지 말고 주벌해야 한다.'라고 하였다. 그러나 자식을 사랑하는 마음은 천성인데 누군들 유독 자식을 사랑하는 마음이 부족하겠는가. 그런데도 차마 스스로 죽였으니 그 원한이 자식을 사랑하는 마음보다 깊었던 것이다(『고문비략』 권1, 軍伍)".

70 『고문비략』 권1, 軍伍

71 『고문비략』 권1, 軍伍

성환은 군사를 지원해주고 사기를 높여주기는커녕 이들을 수탈의 대상으로 삼는 현실이 문제의 본질이라고 파악했다.

특히 최성환은 동일하게 왕의 신하임에도 군역자는 '세 계절 동안 돌아가 농사를 짓고 한 계절에는 무예를 익히며, 또 유방(留防)·점고(點考)·제반 부역이 있고, 또 군포와 군전을 책임져야 하'는 처지인데 반해 관료와 사족은 '신역을 면제 받는데다가 또 가포(價布)도 부담하지 않아서 누호(漏戶)나 마찬가지'인 불공평한 현실을 통렬히 비판하였다. 이 문제에 대하여 그는 우선 '군자는 마음을 쓰고 소인은 힘을 쓰며, 군자는 사람을 부리고 소인은 사람에게 부림 당한다'라고 하면서 '사람을 부리는 자는 다른 사람을 고용하여 자기 대신 힘을 쓰게 하고 사람에게 부림당하는 자는 값을 받고 다른 사람을 대신하여 힘을 쓰'도록 하는 원칙을 제시하였다.

그는 사람들이 남이 기피하는 일을 마다하지 않고 기꺼이 종사하는 것은 그에 합당한 대가를 받기 때문이라고 하였다. 따라서 신분적으로 우위에 있는 관료와 사족이 자신의 노동력을 사용하지 않고 '존귀한' 정신노동에 종사하는 대신 이에 상응하는 대가를 지불하면 '비천한' 자는 그 값을 받고 육체노동에 종사해야한다고 하였다. 공평하게 '귀한 자와 천한 자가 모두 본분에 맞는 일을 하게 되'는 해결책은 다음과 같았다.

> 여기에서 지난날의 습관을 뒤집어 말해 보면, 값을 내는 자는 귀족이고 역에 응하는 자는 천한 무리이니, 그렇다면 사람들은 모두 값을 내는 것을 영광으로 여길 것이다. 이렇게 하고서 군포와 군전을 거둔다면 모두가 납부하기를 바라며 즐거이 돈을 내고 오직 돈을 납부하는 것을 허락하지 않을까 두려워할 것이다. 백성들이 이렇게 즐거이 납부하려는 풍속이 있다면 누가 다시 슬프고 괴로운 기색을 띠며 납부 기한을 어길 염려가 있겠는가?[72]

최성환은 군역부담에서 이탈해 있는 사족층을 지목하여 이들에게 군포·군전을 거두어 군역을 부담하는 농민들에게 지원하는 방안을 제시하였다. 정신노동에 종사하는 사족층 대신 육체노동에 종사하는 농민들은 이들로부터 정당한 대가를 받고 군역을 부담해야 한다는 것이다. 최성환은 종래 군역부담에서 제외되고 있던 사족층을 끌어들이는 명분으로 '귀족은 돈을 납부하고 천민은 신역을 지게 하는' 일종의 군자야인론(君子野人論)을 원용하였다.[73] 최성환의 방안은 당시 향촌사회 내부의 군역제 변동과정에서 나타나는 관행과 관련이 있었다. 바로 19세기 접어들어 본격화한 동포·호포의 수취관행이었다.

이정법 이후 공동납의 전개로 종래 군역을 지고 있지 않던 사족이나 이에 준하는 부류들도 동포·호포 형태로 군포를 부담했던 것이 당시 향촌의 관행이었다. 군역의 공동납 과정에서 분쟁이 적지 않았지만 대부분의 지역에서 종래 군역 부담에서 제외되었던 사족층도 '분조지의(分助之義)'나 '반민조급조(班民助給條)'의 명분으로 출포(出布)하였다. 사족층의 동포·호포부담 역시 군자야인론으로 합리화되었다. 실역형태 띤 얼마간의 상번군이나 속오군은 여전히 하민(下民)이 담당했다. 이같은 관행은 마침내 고종 8년(1871) 정부에 의해 법제화의 길을 걷게 된다.[74] 최성환의 방안은 이렇게 당시 향촌사회에서 광범위하게 진행되던 공동납의 추세를 통갑법에 의해 보다 정교하게 조직함으로써 군역의 문제를 해소하

---

72 『고문비략』 권1, 軍伍.

73 최성환은 가난한 사족이 이러한 부담을 견디기 어려울 수도 있다는 지적에 대해 가난하다 해도 이들이 '의지할데 없는 백성'이 풍년에도 1년 내내 고생을 하고 흉년에는 죽음을 면치 못하는 처지보다는 낫기 때문에 크게 우려할 필요가 없다고 일축하였다. 그는 선비라도 가난하면 農·雇·工·商 등을 생업으로 삼아도 무방하며 여기에 관직에 나가 있는 친인척의 도움도 기대할 수 있으므로 일반농민보다는 수월하게 생계를 꾸려갈 수 있다고 하였다(『고문비략』 권1, 軍伍).

74 송양섭(2012a).

고 국방력을 강화하는 방향으로 구상되었던 것이다.

최성환의 군정개혁안을 요약하면 다음과 같다. 한성부의 5부와 지방의 부를 중심으로 한 행정단위는 군정부문에서는 군사징발·지휘체계였다. 부사는 절도사인 감사의 관할 하에 소속 군현을 거느렸고 여기에는 병영과 수영의 기능도 이관되었다. 군역의 부과도 통갑제에 의해 자율적으로 징발하도록 하고 군역대상자의 선정도 법전의 규정을 준수하도록 하였다. 또한 기존에 군역부담에서 제외되었던 사족층에게 군포와 군전을 거두어 군역부담자에게 지원하도록 하였다. 이는 당시 널리 확산되고 있었던 동포·호포 등 군역의 공동납을 적극적으로 수용해 통갑법을 통해 제도화하는 것을 의미했다.

3) 환정 : 환곡의 부세화와 사창·상평창의 도입

전통사회의 농민은 기근과 재난의 위험에 항상적으로 노출되어 있었다. 흉년이나 재해로 농민들은 굶어죽거나 생활기반을 잃고 유민(流民)으로 떠도는 경우가 다반사였다. 환곡제는 국가적 차원에서 곡물을 비축하여 대출함으로써 농민의 재생산기반을 돕기 위한 제도적 장치였다. 또한 환곡은 국가적으로 불시의 재정수요에 응하고 재해나 흉년에 대비한 예비재정으로서의 성격이 짙었다.

하지만 환곡의 농민진휼적 성격은 시간이 지남에 따라 변질되기 시작하였다. 원래 환곡운영 과정상 불가피한 결손·자연감모분을 충당하기 위하여 대출한 곡물의 10%를 이자로 거두어들이도록 규정되어 있었다. 환곡의 만성적인 부족현상이 계속되는 가운데 그 대책의 일환으로 16세기 일분모회록(一分耗會錄)을 거쳐 인조 15년(1637) 빈번해진 청사(淸使) 접대비를 마련하기 위해 환곡이자의 30%를 회록토록 하는 삼분모회록

(三分耗會錄)이 실시되었다. 삼분모회록은 원곡의 부족을 메우기 위해서가 아니라 처음부터 재정보용을 목적으로 한 것이었다.[75]

18세기 접어들어 환곡은 점차 각 기관의 재정원 확보를 위한 부세의 한 부문으로 자리 잡기에 이른다. 중앙의 각군영, 아문은 물론 지방의 영진과 각읍 등은 저마다 새로운 명목의 환곡을 설치하여 운영하였다. 특히 균역법으로 지방재정의 상당수가 중앙으로 이속됨에 따라 환곡운영을 통한 수입은 지방관청의 새로운 재원으로 떠올랐다. 18세기 초 약 500만석에 불과하던 환곡총수가 18세기말~19세기초에는 약 1,000만석까지 상승하여 불과 1세기만에 2배 가량 늘어났으며 지역별 환곡총수의 폭증은 '환다호소(還多戶少)', '환다민소(還多民少)' 현상의 전국화를 가져왔다. 회록율(會錄率)은 90~100%까지 치솟았고 반은 비축해두고 반은 대출하는 반류반분(半留半分)의 원칙을 어기고 전량을 나누어주는 진분(盡分)의 일상화되었다.[76]

19세기에 접어들어 이러한 양상은 더욱 격화되었는데 여기에 지방관의 횡포나 향리들의 농간이 겹치면서 문제는 더욱 심각한 방향으로 치달았다. 환곡의 운영방법도 다양하게 나타났다. 환곡의 분급·징수가 호단위로 이루어지는 호환(戶還), 촌락이나 통조직에 맡긴 이환(里還)·통환(統還), 그리고 토지에 부과하는 결환(結還) 등이 그것이다. 19세기에 접어들어 구조화된 포흠(逋欠)으로 환곡은 장부상으로만 존재하는 허류곡(虛留穀)이 급증하였고 이를 메꾸기 위하여 몇 년에 걸쳐 포흠분을 수취하도록 하는 방식[限年排捧]이나 토지에 부과하는 방법[都結] 등이 행해졌다. 이는 주로 이서들에 의해 자행되었던 환곡포흠에 대한 책임을 민에게 전가시키는 것으로 민의 불만은 쌓여만 갔다. 이와 같은 환곡운영

---

75 송찬식(1965).

76 오일주(1992).

의 변화는 예비곡 확보와 대민 구휼이라는 본연의 제도적 취지에 크게 어긋나는 것이었다. 이는 환곡제가 사실상 해체되고 부세화 과정을 걷고 있음을 여실히 보여준다. 물론 환곡이 가진 국가재정이나 예비곡으로서의 의미가 매우 컸던 만큼 왕조정부는 환총을 정비하고 허류곡을 채워 넣는 등 환곡제를 유지, 강화하려는 시도를 멈추지 않았다.[77]

최성환의 구상은 민의 부담을 줄이고 환곡 본연의 진휼기능을 여하히 회복할 것인가에 초점이 맞추어졌다. 그는 일단 봄에 각종 곡물을 빌려주고 가을에 1/10일 모조를 쳐서 거두는 환곡의 제도적 취지를 부정하지는 않았다.[78] 하지만 운영과정에서 '백성들에게 이롭던 법'이 끝내 '백성들에게 뼈에 사무치는 고질적 폐단'이 되어 이제는 백성들이 환곡을 극도로 기피하는 현실이었다.[79] 반류반분(半留半分)의 원칙이 무시되는데다가 이자율이 원곡을 웃돌 정도로 오르는 등 심각한 문제를 드러내고 있었다.[80] 최성환은 이를 다음과 같이 묘사했다.

> 오늘날 환자를 받는 민호는 모두 호소할 데 없는 백성들이고 조금만 세력이 있는 자는 온갖 방법으로 벗어날 꾀를 써서 벼슬아치의 집에 투탁하여 행랑 지기, 산지기·묘지기, 향교나 서원의 소속, 뇌물을 바쳤다고 일컬으며, 혹은 반호(班戶)라고 칭하는데 이런 부류가 곳곳에서 모두 면제받고 있다. 그러므로 그 피해는 약간의 잔호(孱戶)에 집중되어 백성이 지탱할 수가 없고 관에서도 분배하기가 어려운 것이다.[81]

77 송찬섭(2002).

78 『고문비략』 권1, 糶糴.

79 『고문비략』 권1, 糶糴.

80 『고문비략』 권1, 糶糴.

81 『고문비략』 권1, 糶糴.

당시 환곡을 분급받는 부류는 대부분 '호소할 데 없는 백성'으로 그 외에 조금이라도 능력이 있는 부류들은 갖가지 방법으로 분급대상에서 벗어나고자 한다는 것이다. 환곡이 '잔호'에 집중되기 때문에 관에서도 어려움을 겪을 수밖에 없었다. 이 역시 당시 지적되던 환곡 부담의 편파성을 잘 묘사하고 있다.

최성환은 이 시기 환곡을 운영하는 과정에서 나타나는 갖가지 부정과 농간, 편법을 여덟 가지로 나누어 설명하였다. 이를 살펴보면 다음과 같다. 첫째, 곡물을 분급할 때는 실제 액수보다 적게 지급하고 추수기가 되어 환곡을 상환할 때는 늘려 받아 차액을 착복하는 형태이다. 이 때문에 환곡을 부담하는 민은 '봄에 1석을 얻고 가을에 납부할 때는 으레 2석을 마련하여 갚아도' 부족할 지경이었다. 그런데 봄에 분급하는 곡물이란 것도 실제로는 상당 부분 쭉정이에 불과하기 때문에 실제 알곡은 1석 중 1~2두 정도였다. 하지만 가을에는 이를 알곡으로 상환하기 때문에 민의 부담은 10배 이상 되는 셈이었다. 여기에 환곡을 받아 옮기는 비용과 인정(人情)이 추가되어 부담은 크게 늘어났다. 가령 80~90석의 환곡을 강제로 배당받은 대호(大戶)의 경우 가을에 무려 수 백 석을 백징(白徵)당하는 셈이었다.

두 번째, 화폐의 형태로 제반 비용을 선공제하여 석당 1~2전을 나누어주고 가을에는 1석의 가격을 온전히 갚도록 하는 작환법(作還法)이다. 세 번째, 환곡을 돈으로 바꾸어 상환하도록 하면서 시가보다 훨씬 높은 가격으로 받아들이는 작전법(作錢法)이다. 이는 극히 적은 금액만 곡물값으로 지급하거나 한 톨의 곡식도 지급하지 않고 장부상에만 기록된 것을 가을에 곡물의 시가보다 훨씬 높게 가격을 매겨 상환토록 하는 방식이다. 네 번째, 서울의 아문에서 환곡의 모조(耗條)를 돈으로 바꾸기 위해 지방에 곡물 연례작전(年例作錢)·별작전(別作錢)의 형태로 내려보내면 도내 모곡(耗穀)의 해당액수를 정해진 가격보다 높은 가격으로 발매(發賣)하고 중앙에는 그보다 낮은 상정가로 바꾸어 상납한 후 나머지를 착복하는 가작법(加作法)이다.[82]

다섯 번째, 이서들이 자신의 포흠분을 민호에게 이록(移錄)하여 채워 넣는 부탁환법(付托還法)이다. 이는 애초에 곡물을 분급하지 않고 이서들의 포흠분을 민간에 떠넘겨 강징(强徵)하는 형태였다. 포흠분을 배정받은 민호는 아전의 위협과 횡포를 피하기 위해 이를 감수할 수밖에 없었다. 여섯 번째, 부강한 아전과 호족이 자신들의 자금을 얹어 규정액수보다 늘려 환곡을 분급하고 가을에 분급한 액수보다 더많은 알곡으로 거두어들이는 첨환법(添還法)이다. 환곡에 민간의 곡물(이나 이에 해당하는 돈)을 섞어 사리(私利)를 취하는 형태였다.

일곱 번째, 원곡(元穀)은 해당 면리에 그대로 두고 가을에 모곡(耗穀)만을 납부하도록 하는 와환법(臥還法)이다. 와환법은 폐단의 하나로 거론되고 있음에도 환곡을 주고받기 위해 오가는 비용을 절감하고 아전의 농간을 막을 수 있다는 장점이 특별히 지적되었다. 마을 가운데는 와환을 원하는 경우도 적지 않았는데 이는 와환으로 석당 3~5냥을 내더라도 다른 방식보다는 부담이 상대적으로 낮기 때문이었다. 심지어는 뇌물이나 청탁을 하여 와환이 허용되면 해당 마을 사람들은 '생을 보전할 수 있게 되었다'라고 기뻐하기까지 했다. 고육책이기는 했지만 이점에 주목하여 최성환은 갖가지 환곡의 폐단을 언급하면서도 와환에 대해서만은

82 가령 도내 곡물 10만 석 중 1만석을 作錢하도록 했다면 1만석을 추가로 작전하여 2만석을 높은 값으로 작전하고 서울로 상납하는 1만석의 가격 10만냥을 제한 나머지를 착복하고 또 추가로 작전한 1만석의 값 10만 냥을 차지하는 형태이다. 추가로 작전한 1만 석의 결손은 인근 도의 곡물을 옮겨와 채우고 그 만큼의 액수를 앞서 언급한 작환법을 통해 메꾸는 것이 일반적이었다. 이는 '移民移粟'의 명분으로 정당화되면서 거의 해마다 되풀이되었다(『고문비략』 권1, 糶糴).

상당히 호의적인 평가를 내리고 있었던 것이다(뒤에서 상술).

여덟 번째, 이서들이 뇌물을 받아먹고 해당마을의 분급 액수를 줄이거나 심지어는 전감(全減)해주기까지 하는 방환(防還)의 형태이다. 하지만 방환이 일반화되자 이제는 뇌물을 주더라도 분급되는 환곡의 양이 더 이상 줄어들지 않았다. 하지만 뇌물이 없을 경우, 해당 마을은 엄청난 양의 환곡을 떠안는 불이익을 감수해야만 했기 때문에 뇌물을 중단할 수는 없었다.[83]

이상과 같이 최성환은 여덟 가지 정도로 환곡의 폐단을 나열하면서 더 이상의 개선이 어려운 환곡제도를 ① 영구히 혁파하는 것이 가장 근본적인 해결책이라고 하였다. 그는 환곡을 통해 재정을 충당하는 방안 자체가 유례가 없는 것으로 '삼대의 성대한 시절과 한·당 시대까지 어찌 일찍이 한 푼이나마 이런 것에 의지했던 적이 있었는가?'라고 반문하고 오직 '재용(財用)을 절약하여 재정을 넉넉하게 하는 방법'이 있을 뿐이라고 하였다. 하지만 최성환 자신도 이것이 비현실적인 원칙론이라는 점을 잘 알고 있었다. 그것은 환곡제 폐지로 인한 재정결손에 대한 대책마련이 쉽지 않았기 때문이었다.

최성환이 차선책으로 제시한 것은 ② 와환의 양성화를 통한 환곡관리의 민간 이관 방안이었다. 이는 각 군현에 비축되어 있는 곡물을 전량 민간에 나누어주고 그 관리를 해당 리에 맡기고 관에는 그 모조(耗條)만을 납부하도록 하는 형태였다. 관은 면리별 민호에 대한 환곡책정 액수 현황만을 파악하고 환곡의 운영과 관련된 사안은 마을에서 자체적으로 결정할 일이었다. 이것은 전술한 와환과 사실상 동일한 것으로 앞서 최성환이 환곡운영에서 나타나는 폐단을 하나하나 지적하면서도 와환에

83 『고문비략』 권1, 糶糴.

대해서만큼은 크게 문제 삼지 않았던 점을 상기할 필요가 있다. 와환은 당시 향촌에서 관행하면서 많은 문제를 드러내고 있었지만 최성환은 이를 차용, 문제가 되는 인정(人情) 등의 징수를 금지하고 모조만을 거두는 형태로 양성화하고자 했다.[84] 최성환은 그 장점을 다음과 같이 정리했다.

> 리(里)에서 분급하게 되면 마을의 계인(契人)들이 공론(公論)을 모아서 민호의 규모에 따라 분배하되 모두 공평하게 하기에 힘쓸 것이다. 그러므로 마을의 백성들도 감히 면제받을 꾀를 내지 못할 것이고 위에서 말한 반호와 투탁하여 피하기를 꾀하는 사람들도 아무도 딴 마음을 먹지 못하고 모두가 그 절제를 받을 것이다. 관에서 분급하게 되면 사람들이 각자 요행히 면하는 것을 능사로 여기지만 마을에서 분급하게 되면 의리상 혼자만 면제받을 수는 없기 때문이다.[85]

환곡운영을 마을이 담당하여 '계인의 공론'이라는 형태로 향촌내 자율적 영역에 맡긴다면 관에서 주관하면서 발생하는 불공평한 문제를 크게 개선할 수 있다는 것이다. 이는 환곡의 분급을 촌락의 공동체적 유대에 입각하여 이루어지도록 함으로써 효율성과 공정성을 높여 수령과 이서가 환곡을 운영하는 과정에서 발생하는 갖가지 협잡과 농간을 근절하고자 한 것이었다.

한편, 최성환이 구상한 세 번째 방안은 ③ 환곡의 전답부과였다. 이는 해당 군현의 환총을 작전(作錢)한 후, 전답의 결총으로 나누어 그 이자를 토지세의 형태로 납부토록 하는 것이었다. 1/10 모조에 해당하는 결당 이자는 결전(結錢)에 첨록(添錄)되었고 분급한 돈은 지주에게 그대로 남겨두었다. 최성환은 이들 지주층이 상대적으로 건실한[稍能有力] 부류임

84 『고문비략』 권1, 糶糴.
85 『고문비략』 권1, 糶糴.

을 감안할 때 종래 잔약한 백성에게 억지로 배정하여 환곡을 받지도 않은 사람에게 모조를 거두거나 징수할 곳이 없어지는 등의 문제는 크게 완화될 것이라고 내다봤다.[86]

네 번째는 ④ 공전(公田)의 조성이었다. 마을 단위로 해당 지역의 토지를 사들여 일종의 공유지로서 공전을 조성하여 동중(洞中)에서 정한 작인(作人)에 의한 지주경경을 통해 확보한 지대수입으로 1/10 모조를 충당하도록 하였다. 여기에는 마을의 규모를 감안한 환곡 액수의 균평한 배정 작업이 선행되어야 했다. 모조를 납부한 나머지는 식리활동을 하거나 전답을 추가로 구입하여 흉년으로 인한 지대감축에 대비하거나 동중(洞中)의 호역(戶役)에 충당하도록 하였다. 네 번째 방안도 마을 내부의 자율적인 운영을 핵심으로 하고 있음은 앞서 ③ 환곡의 전답분급 방안과 마찬가지였다.[87]

이를 통해 볼 때 최성환은 사실상 부세제도로 자리 잡은 환곡제에 대한 ① 환곡제도의 영구 혁파, ② 외환의 양성화를 통한 환곡의 민간관리, ③ 환곡의 전답부과, ④ 공전 조성 등 네 가지 대책 중 사실상 ①을 배제한 채 나머지 ②③④의 방안을 통해 관의 재정수입을 해치지 않으면서 폐단을 최소화하고자 했음을 알 수 있다. 최성환이 제시한 환곡제에 대한 네 가지 대책은 사실상 당시의 광범위하게 이루어지던 관행을 토대로 제시한 것이었다. 최성환 당대의 많은 문제를 드러내고 있었던 환곡에 대하여 지역민들은 이미 다양한 운영방식을 채택하여 대응하고 있었는데 이는 이후 환곡제 변동의 가능성을 암시한다는 점에서 중요한 의미를 가지고 있었다.

---

86 『고문비략』 권1, 糶糴.

87 『고문비략』 권1, 糶糴. 19세기 향촌사회의 공유재 조성과 이를 통한 부세대응양상에 대해서는 송양섭(2016) 참조.

실제로 환곡제는 임술민란을 거치면서 그 기능이 사실상 정지되고 부세로 책정되는 와환취모(臥還取耗)와 파환귀결(罷還歸結)의 형태가 꾸준히 확대되었다. 가령 경상도에서는 정부의 정책과 무관하게 자체적으로 이러한 관행이 점차 자리를 잡아갔으며 함경도에서도 정부의 승인 하에 1883년 '계미사례(癸未事例)'를 통해 환곡이 완전히 정지되고 그 재정분은 토지와 호구에 부과되었다. 이러한 움직임은 다른 지역도 마찬가지였다. 갑오개혁기 결호세(結戶稅) 제도가 성립되자 환곡으로 충당되던 재정비용은 결전(結錢)에 포함된다. 이제 환곡은 완전히 부세화되어 재정보용의 기능은 사실상 사라졌던 것이다.[88]

이같이 최성환의 방안은 환곡제도가 장기적으로 소멸의 길을 걷고 있음을 내다보고 그 운영과정에서 관행화된 와환(臥還)과 환곡의 전답분급[罷還歸結]이라는 대세를 대안으로 받아들인 것이었다. 환곡을 포함한 당시 부세납부과정에서 다수의 촌락이 전답이나 계전(契錢) 등 공유재를 조성하여 대응하는 형태가 일반화되었음을 감안할 때 이 또한 당시 관행을 수용한 것이었음을 알 수 있다. 이같이 최성환은 당시 환곡이 더 이상 본래의 진휼기능을 기대하기에 어렵다는 점을 인정하고 그 재정적 기능만을 부세화 하는 방향으로 자신의 구상을 구체화한 것으로 평가할 수 있다.

한편, 최성환은 환곡제가 가진 제도 본래의 취지인 진휼기능을 회복하기 위한 별도의 방안을 제시하였다. 환곡을 부세화할 경우 후 별도의 진휼제도를 강구할 수밖에 없는데 사창의 방안이 바로 그것이었다. 최성환은 환곡제가 문제를 일으킬 수밖에 없는 가장 큰 요인을 '현에다 설치하고 향에 설치하지 않으며 관리가 주관하고 마을 사람이 주관하지 않기'

88 송찬섭(2002).

때문이라고 하였다.[89] 말하자면 군현단위의 광역화된 운영과 관이 운영 주체가 된 점이 문제의 핵심이라는 것이다.

그는 군현별로 환곡총액을 모두 사창곡으로 바꾸어 원래의 제도적 취지대로 조적(糶糴)토록 하였다. 사창은 면 단위로 설치하고 면정(面正)이 관리책임을 맡도록 하였다. 매년 11월 그믐에 면정은 각리의 이존(里尊)과 함께 20%에 해당하는 모조와 함께 환곡을 거두어들이도록 하였다. 또한 되와 말의 규격, 곡물의 품질, 수납시기에 일정한 기준을 두고 엄수하도록 하였다. 여기에서도 통갑법이 활용되었다. 추수가 끝난 후 납부 기일이 되기 전 통호는 곡식을 준비하고 이를 통수에게 보고하면 통수가 이를 다시 이존에게 보고하도록 하였다. 규정을 성실히 지키지 않을 경우 이존－통수－통호의 순으로 처벌하도록 하였다. 곡물을 다 거둔 후 사창에 수납할 때는 곡물을 해당면 예하의 각리, 각리 밑의 10개 통, 다시 통밑의 5개로 나누고 표식을 하여 보관하도록 하였다. 면정은 이존들과 창고를 봉하고 단자를 작성하여 관에 보고하였다. 이듬해 3월 말에 면정은 리존들과 함께 창고를 열어 실제 액수를 확인하고 각리에 곡물을 분급하면 리에서는 통－호 순으로 분배되었다. 면－리－통－호를 표기하여 보관하였기 때문에 혼란이 생길 우려는 없었다.[90]

가을이 되어 곡물상환 기일이 되면 면정과 이존들이 모두 창고에 모여 곡물을 받아들이는데 20%의 모조 중 10%는 시가대로 군현에 납부하고 나머지 10%는 사전(社錢)을 만들도록 하였다. 시가는 각면에 면정과 이존이 협의하여 보고한 가격을 향소에서 취합하여 각면 면정과 함께 검토한 후 절충하여 결정하되, 후술하는 연례창의 곡물매입가와 동일하게 맞추도록 하였다. 수령은 관에 납부하는 10%에 대하여 그 5%는 호조에 회

89 『고문비략』 권1 사창.
90 『고문비략』 권1 사창.

록하고 나머지 5%는 지방관청의 재정[官用]으로 남겨두도록 하였다. 사전(社錢)의 경우, 연 20%의 이율로 식리운영을 하되 모조를 관에 납부할 필요는 없었다. 사전을 운영하면서 여유가 생길 경우 호역을 보조하도록 하였다.[91]

최성환의 사창제는 면정과 이존 등 사실상 민간에 맡겨 운영하도록 하는 것으로 이미 많은 관료·지식인들에 의해 비슷한 주장이 제기된 바 있었다. 실제로 환곡이 점차 '파환귀결(罷還歸結)'의 방향으로 나아가면서 사창제는 대원군 집권기에 접어들어 실행되는데 이 때의 사창제는 관에서 운영에 관여하거나 모조가 중앙재정으로 활용되는 등 오히려 환곡제를 유지·강화하려는 시도가 드러나고 있었다. 이때의 사창제는 민씨 정권이 들어서면서 별비곡(別備穀) 원곡을 모두 써버리는 바람에 사실상 소멸되고 만다. 이후 갑오개혁으로 환곡이 완전히 부세화되면서 환곡의 진휼기능을 살리기 위해 다시 사환제(社還制)가 실시된다. 사환제 단계에서는 사환곡 이외에 어떠한 환곡도 남아있지 않았고 모조로 각사의 재정으로 활용하던 제도도 사라진 상태였다. 앞의 사창제와 다른 점이었다. 사환제는 민간에서 운영한다는 점이 중요한 특징이었지만 이것도 완전히 지켜지지는 않았다. 사환의 원곡부터 국가에서 강제로 마련하도록 하였고 그 운영과정에도 관이 간여하는 등 폐단의 조짐이 있었으나 그 분급은 대부분 진휼의 용도로 쓰였던 것은 사실이었다.[92]

사창제와 사환제로 이어지는 제도적 변화를 감안할 때 최성환의 방안도 당시 일반론에서 크게 벗어난 것은 아니었다. 당시 환곡의 진휼기능을 복구하는 방안으로 조야에서 가장 많이 거론된 것이 사창제였으며 최성환의 생각도 이와 다르지 않았다.[93] 환곡의 부세화에 대한 대책으로 필연적

---

91 『고문비략』 권1 사창.

92 송찬섭(2002).

으로 취해져야 할 대책으로 사창제는 당시 많은 논자의 주장과 같은 흐름이었지만 통갑의 조직을 활용한 보다 일관되고 구체적인 형태였다는 점에서 최성환의 방안은 독자적인 성격을 가지고 있었다. 다만 회록을 통해 그 일부가 중앙재정과 지방재정으로 활용되는 길을 터놓았다는 점에서 순수한 진휼제도로서는 한계를 안고 있었다고 지적할 수밖에 없다.

한편, 최성환은 민생을 위한 곡가의 조절과 안정을 위한 방안도 제시하였다. 상평창과 연례창이 바로 그것이었다. 그는 '오직 상평법이 백성을 이롭게 하고 농민을 이롭게 하려는 이회의 뜻을 깊이 체득한 것'이라고 전제하고 '평적법이 가장 핍절하니 오늘날 반드시 시행해야 할 방법'이라고 강조하면서 그 시행의 골격을 제시했다.[94] 우선 각 군현마다 연례창(年例倉)과 상평창(常平倉)을 하나씩 지어 매년 추수가 끝날 때 관전(官錢)을 풀어 흔한 곡물을 시가대로 사들여 비축해놓았다가 이듬해 봄 발매하여 곡가를 안정시키도록 하였다. 창고의 관리는 관임(官任)이 아닌 향소(鄕所)에서 차정(差定)한 주부(主簿) 1명을 정하여 맡기도록 하였다. 해당 군현에서는 '근면하고 성실한 은호[殷戶勤實者]' 10인을 뽑아 창주인(倉主人)에 임명하여 곡물의 매입과 발매 등의 업무를 담당하도록 하였다.

연례창의 경우 창주인은 10월 이전에 곡물을 매입하여 11월 1일에 창고에 들여놓고 발매는 3월 1일에 하도록 하였다. 아울러 되질과 곡식의 품질에 대한 일정한 기준을 마련하고 이에 맞추어 값을 지급하도록 하였다. 매입시에는 시가 외에 1석당 돈 1전을 추가로 주도록 하였다. 이듬해 3월 1일이 되면 주부와 각면의 면정이 함께 창고를 열어 비축된 곡물의 실수

---

93 예컨대 임술민란기의 삼정책을 보면 김윤식은 환곡을 혁파한 후 '社倉之規'를 채용하여 각면·각동에서 이를 관리하도록 하였고 강진규도 각종 명색의 곡물 중 상진곡만 남기고 200만 석의 원총을 만들어 이를 사창의 원리에 의해 운영하는 안을 제시하였다 유중교도 동리에 사창을 세워 운영할 것을 주장하였다(송양섭, 앞의 논문, 2012b, 31~33쪽).

94 『고문비략』 권1 상평창.

를 조사한 후 출급하도록 하였다. 발매가는 시가에 비해 석당 1전을 저렴하게 하고 받은 돈은 창고에 보관하도록 하였다. 이 자금은 11월에 곡물을 사들일 때 주부와 각면의 면정이 함께 조사하여 지급하도록 하였다.

상평창과 연례창은 운영원칙이 대부분 동일하지만 다른 점도 있었다. 상평창은 연례창과는 달리 곡물의 매입과 발매 기일을 특정하지 않고 창주인의 보고에 따라 정하도록 하였다. 발매는 곡가가 등귀할 때 1석당 5전을 낮게 시행하도록 하였다. 상평창은 포를 매입하는 일[貿布]도 담당하였는데 포 1필을 사들일 때는 시가보다 1전을 더 쳐주고 팔 때는 시가보다 2전 낮게 값을 받도록 하였다. 창주인은 곡물과 포 등의 물가 동향을 예의주시하다가 적절한 시기라고 판단하면 이를 보고하여 관과 주부·면정이 매입·발매하도록 하였다. 실무자인 주부와 면정 등은 간검(看檢)반을 남낭하고 기일을 정하는 등 주요 업무에는 간여하지 못하도록 하였다. 관에서는 주부 이하 실무자를 총괄 감독하여 그 실적만을 매기도록 하였다.

서울의 상평창은 그 운영방식이 독특하다. 우선, 서울 한강변에 강변에 창고를 설치하고 '도하(都下) 강변의 근실한 은호' 10여 인을 뽑아 창주인에 임명하여 곡물의 매입·발매 등의 업무를 전담시키도록 하였다. 창주인은 지방 군현에 나가 곡물을 사들여 강변의 창고에 비축하도록 하였다. 호조와 선혜청은 각기 연간 소요 곡물 액수를 받아들이고 값은 시가에 1전을 얹어서 지불하도록 하였다(선혜청은 大同錢으로 지급). 곡물을 들이는 기일은 매년 10월 그믐, 3월 그믐, 4월 그믐으로 정하고 관전(官錢)의 액수에 맞추어 곡가가 낮을 때 사들이도록 하였다. 곡물을 발매할 때는 지방과 마찬가지로 가격을 석당 5전 싸게 하도록 하였다. 서울의 연례창은 운영방식이 사실상 지방군현과 동일했다.

이상과 같이 상평창·연례창의 제도는 곡물의 수급을 조절함으로써 곡가의 안정을 꾀하기 위한 방안으로 고려시대 시행되었다가 조선후기에 접어들어 사실상 사라진 상평창의 제도를 시의에 맞게 새롭게 정비하고자 한 것으로 당시 많은 논자들이 주장하던 것이었다.[95] 이는 곡가 안정을 통해 농민의 재생산 기반 보호라는 취지를 되살린다는 제도적 의미가 있었거니와 여기에서도 관의 역할은 관전(官錢)을 지급하는 선에서 그치고 실질적 운영은 민간에 맡겨 운영의 공정과 효율을 기하도록 한 점을 특징으로 지적할 수 있다.

최성환의 환정에 대한 대책을 요약한다. 최성환의 환곡제 개혁 구상은 민의 부담을 줄이고 본연의 진휼기능을 어떻게 회복할 것인가에 집중되었다. 최성환은 원칙적으로 환곡제는 혁파되어야하지만 현실적 조건을 감안하여 차선책을 제시했다. 그것은 와환을 양성화함으로써 곡물을 민간에서 자율적으로 관리하여 모조를 내는 방안, 환곡의 전답에 부과하여 토지세로 납부토록 하는 방안, 마을 단위로 공전을 조성하여 지대수입으로 모조를 납부하는 방안 등이었다. 이는 최성환의 방안이 당시 환곡이 더 이상 본래의 진휼기능을 기대하기에 어려운 상황을 현실로 인정하고 당시 환곡운영의 관행을 적극적으로 검토한 위에 그 재정적 기능만을 부세화 하는 방향으로 구상되었음을 보여준다. 본래의 진휼기능은 새롭게 사창제를 실시하여 회복하고자 했는데 이는 군현단위로 사창곡을 비축하여 운영하는 방안으로 나타났다. 사창제의 운영에도 통갑의 조직이 활용되었다. 곡가안정을 위해서는 상평창·연례창을 설치하여 운영하도록 하였다. 군현 단위로 설치한 상평창과 연례창은 추수기에 곡물을 사들여

95 이 또한 임술민란기 삼정책에서 찾아볼 수 있다. 가령 남병철은 官穀에 대해 '상평'을 채용할 것을 주장하였고 최상순은 환곡의 취모기능을 없애고 상평제적 곡가조절 기능만 남기자고 하였다. 신석우도 은결을 조사하고 영읍의 봉름을 확보하여 환곡액수를 채운 뒤 곡물을 각읍에 나누어 비축하고 '상평의 예'에 의해 운영할 것을 주장하였다 민주현·허전과 같이 상평제와 사창제를 병행하자는 주장도 있었다(송양섭, 앞의 논문, 2012b, 32쪽).

비축해놓았다가 이듬해 봄 발매하여 곡가를 안정시키는 기능을 가지고 있었다. 이들 창고는 모두 관에서는 감독만을 하고 그 실질적인 운영은 민간에 맡겨졌던 것이 또 하나의 특징이었다.

4. 맺음말

19세기 중엽 중인출신 지식인인 최성환은 당대의 사회현실을 심각하게 인식하고 이에 대한 나름의 대책을 내놓았다. 이를 체계적으로 개진하고 있는 『고문비략』은 국왕 헌종의 명에 따라 저술되었으며 여기에서 다루고 있는 내용은 국가재정·관료제·군현제로부터 당시 첨예한 사회문제였던 전정·군정·환정의 '삼정'의 문제에 이르기까지 방대한 분야에 걸쳐있다.

최성환이 통치체제 개혁의 일환으로 구상한 방안은 크게 국가재정운영 방식을 쇄신하고 관료제를 정비하는 것으로 모아졌다. 국가재정에 대해서는 '절용'의 이념을 재확인하고 양입위출의 원칙에 충실하면서 그 운영에 대한 관리와 감독을 철저히 하는 것으로 모아진다. 그는 국가재정의 문제가 제도자체에 있는 것이 아닌 운영상의 문제에서 비롯된 것으로 파악하고 그 이념과 원리를 새삼 환기함으로써 재정의 중간누출을 막고 국가재정의 건전성을 높이고자 하였다.

그는 또한 관료조직의 통폐합과 겸직제도를 활용해 관원수를 감축하고 기타 불합리한 인사규정을 고치도록 하였다. 왕실과 정부 운영을 위해 필수적인 관서는 그대로 두되, 기타 잡다한 기관과 관서는 통폐합한 후 속관을 6조에 소속시켜 직무를 담당하도록 하였다. 각종 군직체계를 중앙군제의 개편을 통해 재배치하고 이를 문관의 직임과 연계시켜 인사를 운영하도록 하였다. 아울러 당시 녹봉수준이 지나치게 낮아 관료사회의 부정과 부패가 만연하다고 하면서 녹봉제의 정비를 통해 관료들의 처우를 개선함으로써 이들이 도덕적 해이에 빠지지 않도록 하였다. 또한 그는 국가적 차원에서 표준 도량형을 제정, 일률적으로 시행하도록 하여 물류의 합리성과 효율성을 높이도록 하였다.

최성환은 왕조의 기간 행정망인 군현제의 문제점으로 읍간에 아무런 통섭 관계가 없는 점, 감사의 관할 지역이 지나치게 넓고 소속 군현이 많아서 행정적 비효율이 초래되는 점, 읍격과 군현의 규모가 비례하지 않는 점 등을 지적하였다. 그는 이러한 문제를 해결하기 위해 중국의 제도를 참고하여 군현제를 면적에 따라 읍격에 맞게 재획정하도록 하였다. 서울의 경우 한성부를 주진(主鎭)으로 5부를 관할토록 하고 지방군현은 도내에 중간기구로 부(府)를 두고 예하에 군현을 소속시켜 이를 관할하도록 하였다. 부는 서울의 한성부가 5부를 관할하는 것과 마찬가지로 5개 군현을 통괄하도록 하였다. 결국 최성환 군현제 개편의 핵심은 '부'와 여기에 예속된 5개 군현을 기본으로 지역지배의 중간 거점으로 삼도록 하는 것으로 통섭관계를 가지는 부와 소속 군현을 기본으로 행정 단위를 균질화하는 방안이었다. 부의 책임자인 부사는 예하군현은 물론 기존에 군현제의 외곽에서 운영되었던 역참·목장·진보 등까지 총괄하면서 행정·군사·사법 등 주요 업무에 대한 지휘·통제의 임무를 부여받았다.

그는 전국의 군현을 대상으로 자신의 방안을 적용한 구체적인 시안을 제시하였는데 기존 8개 도를 그대로 둔 채 행정·군제운영의 실질적인 단위인 '부'를 경기 8개, 충청 8개, 경상 12개, 전라 11개, 황해 6개, 강원 5개, 함경 17개, 평안 21개로 총 88개 설치하고 그 밑에 100개군, 145개 현을 소속시켰다. 부당 군현수는 아무래도 인구밀도가 높은 삼남지역이 높게 나타나며 북부지역의 2개 도는 상당수의 부에 군현이 편제되지 않았다. 다만 최성환 군현제 개편에 읍세의 가장 중요한 요소인 호구와 전결을 고려하지 않은 점은 한계였다. 도의 감사는 도내의 부만 총괄 감독했고 부사는 소속 군현을 안찰하는 임무를 부여받았다. 감사는 부를 순시하고 부사는 예하 군현을 순시하였다. 순시의 내용은 지역 안찰, 관원들의 업무근태, 부세운영, 농상장려, 민원청취 등이었다. 새롭게 조직된 행정조직은 군사조직으로서의 기능도 부여해 행정과 군사를 일원적으로 운영하도록 하였다.

군현 이하 면리 조직의 개편과 운영 문제는 최성환 지방제도 개혁안의 핵심이라 해도 좋을 정도로 중점을 둔 부문으로 앞서 군현 편제의 재편도 이를 위한 사전 작업이라해도 좋았다. 면리운영은 민을 실질적으로 접촉하면서 통치가 이루어지는 현장이라는 점에서 지역지배의 구체적인 내용을 구성하며 여기에서 최성환이 일관되게 주장한 것은 바로 통갑제의 채택이었다. 통갑제에 입각한 행정조직은 도 차원의 거점인 부의 기능과 유기적으로 구성되어 있었다. 최성환의 통갑법은 5가=1린, 5린=1리, 5리=1당으로 편제했던 중국 후위의 지방 제도가 가진 취지를 살려 조선의 현실에 맞게 바꾼 것이었다. 우선 서울과 지방의 군현 내 행정조직에 통일성을 기하도록 하였다. 서울은 부내(部內)에 방(坊)–계(契)–통(統)으로, 지방은 군현내에 면(面)–리(里)–통(統)으로 조직의 명칭은 다르지만 부는 군현에, 방은 면에, 계는 리에 조응하면서 동일한 기능과 임무를 가지도록 짜여졌다. 편제의 단위는 1면[방]=10리[계], 1리=10통, 1통=5가였다.

서울의 5부의 책임자와 군현의 수령은 군사적 임무까지 겸하도록 하였고 옥송과 같은 사법 기능도 부여되었다. 아울러 새롭게 어사대를 설치하여 도내 군현의 문제점과 감사의 직무수행·인사실태를 감시하도록 하였다. 이는 암행어사 제도를 개선하여 공직사회의 기강확립을 기하기 위한 것이었다. 수령에 대한 인사평가는 통갑제의 핵심인 부사가 예비평정을 한 후 이를 토대로 감사가 최종평가서를 작성하여 제출하면 현지사정에 정통한 어사가 이를 검증하여 조정하도록 하는 형태였다. 이는 수령에 대한 평가를 여러 단계의 검증과 조정절차를 거치도록 함으로써 인사관리에 최소한의 객관성과 합리성을 담보하고자 한 것이었다. 아울러 수령 예하의 행정실무자인 이서들에 대해서도 법정액수를 준수하도록 하고 우수한 인재를 이에 임명하여 녹봉을 지급하도록 하는 한편 이서직을 사로와 연계하여 반(半)관임화함으로써 업무의욕을 고취하도록 한다면 실무과정에서 나타나는 이서들의 부정과 농간을 뿌리 뽑을 수 있다고 하였다.

최성환은 이상의 통치체제와 지방제도 개혁안을 토대로 당시 사회적으로 심각한 모순을 드러내고 있던 전정·군정·환정의 삼정 문제에 대해서도 자산의 견해를 피력했다. 이를 각부문으로 나누어 살펴보자. 우선 전정부문에 대한 최성환의 대책은 주로 수세문제에 집중되어 있다. 그는 전결세의 과중한 수취가 담세자의 건실함을 해쳐 끝내 국가재정의 악화로 이어질 수밖에 없다고 비판하였다. 그는 수취의 절대액수가 늘어나지 않음에도 민의 부담이 갈수록 무거워지는 것은 복잡한 세액산정과 행정절차 때문이라고 하였다. 특히 미·면포·황두·마포·소미 등 다양한 곡물과 화폐가 뒤섞여 이루어지기 때문에 복잡한 환산가가 적용되고 여기에 수취과정에 이서들의 농간이 끼어들면서 갖가지 문제가 발생하는 것으로 인식했다.

그 대책으로 최성환은 전결세를 모두 화폐로 납부할 것을 주장했다. 화폐납을 채택하고 환산식을 일률적으로 적용한다면 세액산정이 간편해져 농간의 소지가 줄어들고 조운제도 운영상의 문제도 크게 줄일 수 있을 것으로 내다봤다. 또한 화폐를 통해 넉넉히 확보한 재정을 바탕으로 여러 가지 새로운 시책을 펼 수 있을 것이라고 하였다. 결당 30냥 정도의 전결세 중 중앙상납분 10냥을 제외하고 20냥은 유치분으로 남겨놓도록 하여 지방재정을 대폭 보강하고자 했다. 하지만 이후 제도적 추이에서 나타나듯 화폐납에 수반될 여러 가지 문제에 대한 세심한 보완장치가 미비했던 점은 한계로 지적된다.

다음은 군정부문이다. 최성환은 군정에 대한 대책으로 우선 통갑법을 바탕으로 한 대폭적인 군사제도 개편을 구상했다. 우선 중앙군은 통갑법에 의해 조직된 한성부의 5부와 지방의 부 중심의 행정체계를 군제와 일치시키도록 했다. 통갑법의 계통은 행정조직이자 군사 징발·지휘체계였다. 위에서 명령이 하달되면 통갑의 계통을 통해 통내에서 돌아가면서 병력이 징발되었다. 서울의 각부와 지방의 부는 사실상 하나의 군문이 되기 때문에 별도의 군문을 설치할 필요가 없었다. 지방의 경우, 병영과 수영을 혁파하고 그 지휘권은 모두 부사에게 이관하도록 하였다. 감사에게는 도내 부사를 통할하는 절도사의 역할이 부여되었다. 또한 연해·국경지역의 작고 부실한 진보(鎭堡)를 통폐합하고 군량을 대대적인 비축하는 한편 영향력있는 토호에게 임시 변장의 직함을 부여, 세습하도록 하여 방어를 담당시키도록 하였다.

최성환은 이같이 통갑의 조직을 통해 군사를 징발한다면 군역의 폐단이 해소됨은 물론 국방력도 크게 제고될 것이라고 하였다. 국가가 부담할 별도의 재원도 필요 없었다. 군역대상자의 선정도 법전의 규정을 준용하도록 하였다. 한편, 최성환은 군사를 지원해주고 사기를 높여주기는 커녕 이들을 수탈의 대상으로 삼는 것이 군역문제의 본질이라고 파악하면서 기존에 군역부담에서 제외되었던 사족층에게 군포와 군전을 거두어 군역부담자에게 지원하도록 하였다. 군역을 부담하는 농민들에게 지원하는 방안을 제시하였다. 정신노동에 종사하는 사족층 대신 육체노동에 종사하는 농민들은 이들로부터 정당한 대가를 받고 군역을 부담해야 한다는 것이다. 이는 군자야인론으로 정당화되었다. 이는 당시 널리 확산되고 있었던 동포·호포 등 군역의 공동납을 적극적으로 수용해 통갑법을 통해 보다 정교하게 조직함으로써 군역의 문제를 해소하고 국방력을 강화하고자 했던 것이다.

마지막으로 환곡의 문제이다. 환곡은 농민의 재생산기반을 돕기 위한 진휼제도이자 불시의 재정수요에 대비한 예비재정으로서의 성격도 가지고 있었다. 하지만 17세기를 거치면서 재정보용의 측면이 점차 짙어진 환곡제도는 19세기에 접어들어 심각한 문제점을 드러내기에 이른다. 최성환의 환곡제 개혁 구상은 민의 부담을 줄이고 본연의 진휼기능을 어떻게 회복할 것인가에 집중되었다. 최성환은 원칙적으로 환곡제는 혁파되어야한다고 말했지만 현실적 조건을 감안하여 차선책을 제시하지 않으면 안 되었다.

그것은 와환을 양성화함으로써 곡물을 민간에서 자율적으로 관리하여 모조를 내는 방안, 환곡의 전답에 부과하여 토지세로 납부토록 하는 방안, 마을 단위로 공전을 조성하여 지대수입으로 모조를 납부하는 방안 등이었다. 이는 당시 환곡이 더 이상 본래의 진휼기능을 기대하기에 어려운 상황을 현실로 인정하고 당시 환곡운영의 관행을 적극적으로 검토한 위에 그 재정적 기능만을 부세화 하는 방향으로 구상되었음을 보여준다. 최성환은 환곡제도가 사실상 소멸의 길을 걷고 있는 상황에서 지역별로 관행화된 와환(臥還)과 환곡의 전답분급[罷還歸結]이라는 대세를 대안으로 받아들인 것이었다. 공유재를 통한 환곡의 충납도 당시 일반화된 관행이었다.

본래의 진휼기능은 새롭게 사창제를 실시하여 회복하고자 했는데 이는 군현단위로 사창곡을 비축하여 운영하는 형태로 나타났다. 사창제의 운영에도 통갑의 조직이 활용되었다. 아울러 곡가 안정을 위해 군현마다 상평창·연례창을 설치하여 추수기에 곡물을 사들여 비축해놓았다가 이듬해 봄 발매하여 곡가를 안정시키도록 하였다. 다만 이중 일부의 재원이 중앙과 지방의 재정분으로 활용되도록 고안되었다. 상평창과 연례창은 운영원칙이 대부분 동일하지만 곡물의 매입과 발매 기일을 전자가 특정하고 후자는 그렇지 않다는 점에서 차이가 있었다. 상평창은 미곡 외에 포를 매입하는 업무도 담당했다.

서울의 상평창은 한강변에 강변에 창고를 설치하고 창주인에 임명하여 그로 하여금 곡물을 매집하게하고 운영을 전담시키도록 하였다. 이들 창고는 모두 관에서는 감독만을 하고 그 실질적인 운영은 민간에 맡겨졌던 것이 또 하나의 특징이다. 사창과 상평창·연례창의 구상은 이후 대원군 집권기 사창제를 거쳐 갑오개혁기 사환제의 시행으로 이어지는 변화를 통해 제도적으로 실현된 것으로 보아 이 시기 환정부문의 개혁방향을 일정하게 암시하고 있었다.

參考文獻

서강대 인문학연구소(1984), 『고문비략』(국학자료 제4집).

金聖才 譯(2013), 『어시재 최성환의 고문비략』, 사람의 무늬.

李裕元(2003), 『嘉梧藁略』, 韓國文集叢刊 316집, 민족문화추진회.

유길준전서편찬위원회(1971), 『유길준전서』VI, 일조각.

김옥근(1984), 『조선왕조재정사연구』Ⅰ, 일조각.

송양섭(2015), 『18세기 조선의 공공성과 민본이념－손상익하의 정치학, 그 이상과 현실』, 태학사.

강석화(1991), 「조선후기 지방제도의 운영과 정약용의 개혁안」『한국학보』65.

고동환(1991), 「19세기 부세운영의 변화와 그 성격」『1894년 농민전쟁연구』1.

구교현(2009), 「袁枚의 性靈說이 조선 후기 문단에 미친 영향 연구—著我論을 중심으로」『중국어문학논집』59.

奇東宇(1993), 「최성환의 생애와 사상」, 한양대 교육대학원 석사논문.

金聖才(2013), 「해제」『어시재 최성환의 고문비략』, 사람의 무늬.

김용섭(1982a), 「조선후기 군역제 이정의 추이와 호포법」『성곡논총』13.

김용섭(1982b), 「조선후기 군역제의 동요와 군역전」『동방학지』32.

김용섭(1984a), 「철종조의 응지삼정소와 '삼정이정책'」『한국근대농업사연구』상, 일조각.

김준형(1984), 「18세기 이정법의 전개」『진단학보』58.

박광성(1968), 「진주민란의 연구－이정청의 설치와 삼정교구책을 중심으로」『인천교대논문집』3.

박종수(1993), 「16·17세기 전세의 정액화 과정」『한국사론』30, 서울대 국사학과.

백승철(1990), 「17·18세기 군역제의 변동과 운영」『이재룡박사환력기념한국사학논총』.

백현숙(1984a), 「최성환의 고문비략 해제」『고문비략』(국학자료 제4집), 서강대학교 인문학연구소.

백현숙(1984b), 「최성환의 인물과 저작물」『역사학보』 103.

송양섭(1995), 「19세기 양역수취법의 변화—동포제의 성립과 관련하여」『한국사연구』 89.

송양섭(2012a), 「균역법의 실시와 균역제 운영」『한국군사사』 8.

송양섭(2012b), 「임술민란기 부세문제 인식과 삼정개혁의 방향」『한국사학보』 49.

송양섭(2014), 「반계 유형원의 지방제도 개혁론」『한국실학연구』 27.

송양섭(2016), 「19세기 부세운영과 '향중공론'의 대두」『역사비평』 116.

송찬섭(2002), 『조선후기 환곡제 개혁 연구』, 서울대 출판부.

송찬식(1965), 「이조시대 환자취모보용고」『역사학보』 27.

오일주(1992), 「조선후기의 재정구조의 변동과 환곡의 부세화」『실학사상연구』 3, 무악실학회.

왕현종(1992), 「한말(1894~1904) 지세제도의 개혁과 성격」『한국사연구』 77.

유정현(1992), 「1894~1904년 지방재정제도의 개혁과 이서층 동향」『진단학보』 73.

이영훈(1980), 「조선후기 팔결작부제에 대한 연구」『한국사연구』 29.

이우성(1981), 「김추사 및 중인층의 성령론」『한국한문학연구』 5.

이우성(2010), 「이조말엽 중인층의 실학사상과 그 개화사상으로의 지향」『高陽漫錄』(이우성저작집 권8), 창작과 비평.

이우성, 「최성환의 『고문비략』」, 연세대 동방학연구소 제6회 실학공개강좌 발표문(조선일보, 1972년 12월 5일 기사)

이윤상(2002), 「갑오개혁기 근대적 조세제도 수립 시도와 지방사회의 대응」『한국문화』 29.

이철성(1993), 「18세기 전세 비총제의 실시와 그 성격」『한국사연구』 81.

임성수(2014), 「조선후기 녹봉제 연구」『동방학지』 169.

정만조(1977), 「조선후기의 양역변통론에 대한 검토」『동대논총』 7.

정선남(1990), 「18, 19세기 전결세의 수취제도와 그 운영」『한국사론』 22, 서울대 국사학과.

정연식(1985), 「17·18세기 양역균일화정책의 추이」『한국사론』 13, 서울대 국사학과.

정옥자(2003), 「시사를 통해서 본 조선말기 중인층」『조선후기 중인문화 연구』, 일지사.

차문섭(1961), 「임란이후의 양역과 균역법의 성립」상 · 하,『사학연구』 10 · 11.
하원호(1987), 「조선후기 도량형 '문란'의 원인 연구」『한국사연구』 59.
한영국(1976), 「대동법의 실시」『한국사』 13, 국사편찬위원회.

『어시재 최성환 연구』 집담회

- 일시 : 2017년 1월 23일(월) 오후 2시~6시

- 장소 : 한국학중앙연구원 장서각 1층 소회의실

- 참석자 : 권오영(사회), 김선희, 노대환, 송양섭

권오영 재단법인 실시학사 어시재 최성환 연구과제 집담회를 시작하도록 하겠습니다. 오늘 날씨도 매우 추운데 이렇게 멀리 와주셔서 감사합니다. 저를 포함해서 네 사람이 연구를 수행했는데, 최성환에 대한 새로운 연구 성과를 많이 거두었던 것 같습니다. 아마 오늘 집담회가 연구하시면서 그동안 새로 밝히신 내용이라든지 그런 것들을 중심으로 얘기가 이루어지면 좋을 것 같습니다. 그러면 우선 전체적으로 최성환의 생평, 가문이라든지, 신분문제, 교유관계를 얘기해보고 이어 그의 저작물, 또 학풍이나 사상의 내용, 그리고 조선 사상사에서 최성환이 지니는 사상사적 의미와 위상이라든지, 그간 연구하신 내용을 중심으로 이야기를 진행해볼까 합니다.

최성환의 『고문비략』에 대해서는 벽사 이우성 선생님이 연구를 하셨고, 인물과 저작물에 대해서는 백현숙 씨가 연구를 하셨지만 우리가 연구를 하면서 새롭게 얘기가 될 수 있는 부분이 더 있지 않을까 싶습니다. 그런 문제에 대해서 먼저 얘기를 했으면 합니다. 김선희 선생님께서 최성환의 가문 문제에 대해서 좀 말씀해주시지요.

김선희 사실 최성환이라는 인물은 학계에서조차 낯선 인물이잖아요. 벽사 선생님이 발굴하시고 학계에 보고하신 것은 꽤 오래전 일이지만 엄밀히 말해 재단법인 실시학사에서 실학번역총서를 내는 과정에서 공식적인 저술이 처음으로 번역되면서 본격적인 연구가 시작되었다고 볼 수 있을 것 같은데요. 그러나 역시 단일한 연구 주제로 포착하려고 하면 활동이라거나 저술에서 집약적인 성격이 약해서 저뿐만 아니라 다른 선생님들도 연구하시면서 어려움이 있지 않았을까 싶습니다. 곳곳에 산발적으로 드러난 것을 여러 경로로 확보해서 하나의 논점을 만들어 내야 하니까요. 제가 하고자 했던 것은 최성환의 내부에 들어가서 개별적인 측면을 역사적으로 추적해 그 정확성을 따지는 방식이라기보다는 이 사람이 속했던 19세기라고 하는 지식장, 혹은 사상적 세계를 보는 창으로 최성환이라는 인물을 살펴보는 쪽에 가까운데요. 최성환이 19세기 조선의 지적, 사회적 상황을 보여주는 통로 역할을 할 수 있지 않을까 하는 기대로 연구를 시작했다고나 할까요. 그렇지만 어떤 부분에서 저에게 흔쾌하고 명확한 답이 나온 연구였다고 보기 어렵고 도리어 더 많은 숙제가 주어진, 상당히 어려운 연구였다고 생각합니다.

그럼에도 불구하고 19세기의 중인 가운데 이런 정도로 지적인 활동을 하고 또 국가적인 제도 개혁을 논하는 등 큰 그림을 그리는 인물이 나올 수 있었다는 점이 흥미로웠습니다. 게다가 활동 분야 역시 문학, 경세, 도교식 선서 출판, 지리서 출판 등 여러 영역에 걸쳐있었다는 점도 특이하고요. 이런 활동을 최성환 개인의 독특한 사례로 보아야 할지 아니면 시대적 조건에서 나올 수 있는 사례였는지를 정확하게 진단하기가 어려웠습니다. 특히 저는 교유 관계에 주목했는데 최성환이 여러 계층, 무엇보다 여러 분야의 사람들과 교류한다는 점도 특이하게 느껴졌어요. 이 흥미를 실제로 연구사적으로 풀어나가려면 다양한 분야의 다른 연구와 연결하면서 19세기라는 하나의 지식장을 맞추는 모자이크의 조각으로 만들어야 할 텐데 최성환 연구가 개별적인 조각이 되려면 이 사람과 동일한 비중이거나 유사한 작업을 했거나 혹은 대척점에 있는 다른 조각들을 같이 발굴해서 끼워 넣는 일련의 작업이 있어야 할 듯합니다. 이게 쉽지는 않을 듯 합니다만 저로서는 최성환이라는 인물을 발굴했다는 것 자체가 19세기 중후반 이후의 조선 사회를 다시 보아야한다, 다른 각도에서 보아야 한다는 숙제를 얻은 것과 마찬가지라고 생각됩니다.

권오영 그럼 자유롭게 이야기 해 보도록 하죠. 노대환 선생님께서 얘기를 해주시면 어떨까요.

노대환 저는 조선후기 사회는 그간 조선사회를 지배했던 주자학에서 탈피하려는 원심력과 주자학에 그대로 묶어두려는 구심력 간의 갈등이나 긴장감 그런 것들에 관심을 가지고 있습니다. 주자학에서 탈피하려는 측에도 다양한 움직임이 있었고, 주자학에 묶어두려는 측에도 또 전통 주자학을 고수하는 부류와 주자학을 변용하려는 부류가 있었죠. 상당히 다양한 움직임이 포착될 수 있겠는데 19세기에는 그동안 잠복되었던 여러 사상적 흐름이 좀 더 분명한 모습을 드러내는 것이 아닌가 그렇게 봅니다. 유학과 대척점에 있던 천주교 신자는 급속히 늘어나고 있었고 반면 변화를 거부하고 유학의 심성론에 더욱 집착하는 유학자들도 있었고. 또 그 중간에서 새로운 변화를 시도하는 이들도 있었는데 일단 새로운 변화를 시도했던 부류에 대해 좀 이야기를 해보죠.

18세기 후반 정조대는 최소한 북학론이 제도권 내에서 용인될 수 있었던 그런 분위기였지만 19세기 세도정치기에는 북학을 꺼내는 것도 조심스러운 상황으로 바뀌었습니다. 특히 북학론의 일부였던 서학 수용은 도저히 입 밖으로 꺼낼 수도 없을 만큼 분위기가 경색된 것은 다 아시는 내용입니다. 그래서 19세기는 기본적으로 제도권이 아닌 비제도권에서 어떻게 움직이는가를 살펴봐야 하는데 그런 점에서 이규경이라든지 최한기 이런 인물들의 동향을 그간 많이 주목해 왔죠. 이 사람들은 완전 재야 지식인이었기 때문에 누구 눈치를 볼 것 없이 자기가 하고 싶은 이야기를 할 수 있었고 실제로 여러 가지 새로운 주장을 많이 폅니다.

국가가 나아가야 할 새로운 방향을 나름대로 제시했다고 보는데 이규경이나 최한기 말고도 재야에 새로운 생각을 갖고 있는 사람들이 적지 않았을 겁니다. 그래서 앞으로도 이런 인물들을 발굴하는 작업이 계속 이루어져야 한다고 봅니다. 제도권과 비제도권으로 구분하는 것이 지나치게 도식적인 게 아닌가 그런 생각이 들기도 하지만 어쨌든 편의상 좀 나누어 말씀을 드리는데 이제 제도권에 대해서도 좀 이야기가 필요할 것 같습니다. 제도권은 이게 세도가 집단이다 이런 일종의 선입견이랄까 고정관념 때문에 그냥 제쳐두기 쉬운데 저는 이 부분도 면밀하게 좀 고찰할 필요가 있다고 봐요.

19세기에도 시기별로 차이가 있고 제도권 내에도 문제 의식을 가진 인물도 분명 있었는데 그런 점에서 헌종대는 좀 주의 깊게 살펴볼 시기라는 생각이 들어요. 헌종이 집권 후반부터 국정을 주도하기 위해서 자기 사람을 열심히 찾는데 그렇게 해서 헌종 측근에 있게 된 인물이 박규수와 남병철이죠. 이들은 중앙 정계의 여러 인물들과 관계를 맺고 있었고 바로 우리 주제인 최성환과 같은 무신 또 중인들과도 관계를 맺고 있었습니다. 박규수나 남병철은 중앙 정계 인물 가운데는 그래도 좀 새로운 생각을 갖고 있던 이들이라고 보는데 이러한 인물들에게도 관심을 가져야 하겠구요. 마지막으로 제도권과 비제도권의 중간적인 존재가 있는데 바로 중인이나 최성환과 같은 무신 이런 사람들입니다. 최성환도 그렇지만 중인 가운데도 물론 관직자가 있으니 제도권에 속해 있었지만 양반 관료와는 확연한 차이가 있기 때문에 제도권의 인물과는 좀 분리시켜 중간적인 존재로 표현한 건데 상당히 독특한 면모를 지닌 부류라고 할 수 있을 것 같아요. 중간 부류는 크게 보면 양반 지향의식을 강하게 지니고 있던 이들과 그런 사람과는 다르게 중인으로서의 정체성을 지니고 있던 이들로 구분해볼 수 있을 텐데 최성환과 관련지어 이야기하자면 최성환의 경우는 기본적으로는 전자 쪽에 가까운 인물이었다는 생각이 듭니다. 제도권에 자리를 잡고 싶은 의식이 강했다고 보는데 그래서 최성환의 개혁론을 살피면 최한기라든지 이규경 같은 재야 지식계가 보여줬던 것과는 다른 면모가 드러나는 것 같아요. 어쨌든 저는 최성환의 경우는 재야 지식인이나 제도권의 관료와도 구분되는 제3의 인식을 보여준다는 점에서 주목을 해야 한다고 봅니다. 무신이라 하면 오랫동안 양반 주도 사회에서는 차별적 대우에 시달렸던 층인데 그런 무신이 자신의 이야기를 당당하게 풀어냈다는 자체가 굉장히 의미 있기도 하고 흥미도 있어요.

권오영 그래서 19세기의 중인, 중인가문에 대해서 우리가 주목을 해야하지 않나 그런 생각이 드는데, 조선사회에서 예를 들면 임진왜란이라든지 병자호란이라든지 이런 기회를 통해서 신분상승을 할 수 있는 기회가 있었지만, 그 이후로는 사실 중인 가문에서 신분상승이라는 것이 쉽지는 않았다고 생각이 드는데, 최성환이 살던 19세기에 예를 들어 향리들의 역사서인 『연조귀감』이 나오고 서얼들이 『규사』라고 하는 책을 내는 것들이 자기들의 정체성을 찾으려고 하는 그런 현상들이 일어나고 있는 것에 대해 우리가 주목해야 하지 않나 그렇게 생각합니다.

최성환의 경우 12대조부터 충주최씨족보에 입록이 되는 것으로 나타나고 있고, 실질적으로 이 가문이 중인 가문으로 얘기가 될 수 있는 것은, 7대조 최예남, 이 분이 서리를 지냈대요. 그 때부터 중인 가문이 되는데, 여기서 중요한 것은 최성환의 7대조 예남부터 최성환 자신까지는 단 한 명의 잡과 급제자도 없다는 겁니다. 직계로는 말입니다. 그런데 최성환의 조부 최윤상의 후손으로 15명의 잡과 급제자가 있다는 것이거든요. 그래서 최성환의 가문은 중인 가문이지만, 최성환 자체만 보면 최성환도 무과 급제자이니 이제 무과로 벼슬을 하는 그러한 인물이다 이 말입니다. 사실 최성환 개인적인 인물로만 보면 문과와 무과에 급제하여 벼슬길에 나가면 양반이라고 본다면 그는 분명 새로운 양반이라는 의식도 자기는 가질 수 있지 않았나 싶고, 그래서 이규경이나 이러한 분들이 최성환을 가리킬 때는 무인 최성환이라 표현을 하지, 중인이라는 말은 전혀 없고, 또는 최 도사라고 합니다. 최 도사는 중추부도사라는 직을 지냈기 때문입니다. 그래서 최성환 나름의 생각과 집안의 중인 분위기 이러한 것들이 어우러져 있는, 그래서 아마 백현숙 씨의 연구에서도 그를 중인가문 내의 무인으로 얘기를 했던 것이 아닌가 싶습니다.

그래서 아까 노 선생님도 말씀하셨지만, 최한기 가문의 경우에는 제가 생각할 때 개성에 8대조까지 산소가 확인되고 있고, 고조부가 효자이고, 그다음 증조부 조부 아버지까지 무과 급제자고, 본인은 생원이고 아들은 문과에 합격을 했습니다. 무과에서 생원으로, 다시 아들이 문과로 나아가는 그러한 패턴이거든요. 김동인의 소설 「운현궁의 봄」에도 나옵니다만, 조선후기에서 무과라는 것이 상놈의 등용문이다라는 말이 있잖아요. 무과를 통해서 신분상승을 해 나아가는 그런 케이스가 있는데 최성환도 제가 볼 때 최성환 개인은 직계로는 잡과 급제자가 한 명도 없고 조부와 아버지가 둘 다 무과 급제자이고 자기도 무과급제자여서 무과, 무인으로 생각을 하지 않았나 그런 생각을 해 보았습니다.

송양섭 최성환 저작들이 사실 독창적인 저작이라고 할 만한 것들 보다는 편찬 그러니까 컨필레이션식의 책들이 많습니다. 그래도 제가 담당한 『고문비략』이 사실 가장 독창적이고 체계적으로 최성환의 생각을 담고 있는 것 같아서 다행입니다. 『고문비략』이 여러 가지 특징을 가집니다만 일단 왕명으로 편찬되었다는 점을 전제로 17세기말부터

18세기에 걸쳐 이어지고 있는 사회개혁론, 국가 쇄신론 그런 흐름 속에서 어떤 성격을 가지느냐 이런 문제를 놓고 살펴야할 것 같습니다. 그런데 지금 말씀하신 최성환이라는 사람이 어떠한 형태로든 가지고 있을 무인내지는 중인으로서의 가문적 특징이나 자기 정체성이 저작 속에는 별로 찾아보기 힘들다는 느낌이 듭니다. 좀 전 노대환 선생님께서도 말씀 하셨지만, 중인이 스스로 자기를 드러내는 방식이 중인으로서 정체성을 표현하기 보다 오히려 자신들이 양반과 비슷한, 혹은 양반과 비교해서 자기가 결코 뒤떨어지지 않는다는 점을 과시하는 형태로 나타나는 것도 한 가지 경향인 것 같습니다. 이러한 점을 생각해본다면 『고문비략』에서 중인적 요소를 찾아내기가 쉽지 않을 듯 한데요. 중인적 정체성의 검출이 불가능하거나 찾아내기가 쉽지 않다고 한다면, 실학이 만개했다고 하는 18세기, 그리고 그 이후인 19세기 개혁론의 흐름 속에서 이것이 어떠한 점에서 독창적인 부분이 있는가하는 점을 고민해 봐야한다고 생각합니다.

『고문비략』의 저술 시점이 임술민란과 시간의 격이 얼마 되지 않습니다. 가령 임술민란기에 제시된 응지소의 삼정문제를 포함한 여러 가지 논의와 비교해 보면 최성환의 주장도 그러한 흐름에서 별로 벗어나지 않는 모습을 보입니다. 더구나 당시 조선사회가 처한 상황이나 사회 밑바닥의 변동을 감안하면서 최성환이 다루고 있는 중앙재정이나 지방제도개혁론, 그리고 삼정론을 보면 그러한 점은 더욱 두드러집니다. 최성환도 당시의 현실을 적극적으로 인정하고 이를 바탕으로 자신의 주장을 펴고 있는 모습을 보입니다. 가령 통갑법(統甲法) 의 경우를 본다면 이 또한 당시 면리제(面里制)나 오가작통제(五家作統制)의 운영방식과 크게 다를 바 없는 부분입니다. 더 논의가 진행되면서 구체적으로 말씀드리겠지만 사실 이러한 점 때문에 최성환의 주장은 오히려 당시 현실과 괴리되지 않은 실용적인 성격의 주장을 펴고 있다고 평가해도 좋을 것 같습니다. 최성환의 다른 저작들을 보면 도가적인 냄새도 물씬 풍기는데 『고문비략』의 개혁론이 개진되는 과정에서 인용되는 전거나 이를 바탕으로 한 국가와 사회에 대한 변통론은 유가적인 사유체계에 극히 충실한 모습을 보이고 있습니다. 이러한 점들도 일단 짚어놓고 다음 논의를 이어가야 되지 않을까 생각합니다.

권오영 　최성환의 저작에서 아마 그의 신분과 연결되어서 검토할 수 있지 않나 그런 말씀을 하셨는데, 최성환은 직접 저술은 하지는 않았고 그의 저술이 대부분이 편저이잖아요. 그의 저술이 방대하게도 81권 55책으로 얘기가 되는데 그중에서도 『성령집』이라는 것이 20책에 달하는 시선집인데 성령이라는 용어를 통해서 자기가 속한 중인, 또는 평민, 당시 민중을 대변할 수 있는 그런 것들을 우리가 추출해 낼 수 있지 않나 그런 생각이 듭니다. 문학에서 다루어야 할 소재이지만 저는 최성환의 학풍이나 사상 경향이 18세기나 그 이전의 조선사회의 학풍과의 차별성을 그의 『성령집』을 통해서 이야기할 수 있지 않나 그런 생각을 해봅니다. 특히 정조의 경우 『시관』을 편찬하여 그 전 시기의 모든 시를 집대성하면서 주자학과 관련된 시를 굉장히 높이 평가하고 명나라 시까지 읽어줄 수 있지만 청나라 시는 너무나 천박하고 해서 읽을 필요도 없다고 하고 있거든요. 아직 주자학적 관점에서 정조는 시집을 편찬했어요. 정조나 최성환이 같은 시선집을 편찬하면서 최성환은 성령이라는 주제를 통해서 자기 시대인 청대의 시를 많이 소화하고, 초동, 목부, 승려, 여인의 시까지 수록하면서 주자학에 관한 시는, 특히 주희의 시는 하나도 싣지 않았어요, 아마 제가 알기에 정호·정이, 장재의 시도 실려 있지 않는 것 같습니다. 이것은 바로 최성환이 갖는 신분적 처지나 그 당시에 민중의 생각을 대변한 게 아닌가 생각합니다. 그래서 저는 최성환의 사상·학풍 경향은 정조로 대표되는 주자학의 경향과 확연하게 다른 새 시대를 시선집을 통해서 나마 제시한 게 아닌가 그런 생각을 가졌습니다. 이것은 최성환뿐만 아니라 최한기도 마찬가지이고, 특히 무과 출신이나 중인 계통이나 19세기 당시의 진보적 지식인이랄까, 특히 서울 경기지역의 진보적 지식인들이 갖는 사상이나 학풍 경향으로 이야기할 수 있지 않을까 생각해봅니다. 이제 어떻게 보면 제도권 내에서는 주자학이 거의 생명을 잃어버린 그런 상황이 시작되었다는 얘기이고, 19세기는 서울학계의 최성환을 중심으로 하는 새로운 중인 위항 문학인들이 중심이 돼서 새로운 학풍, 저작물 등을 생산하고 있다고 봅니다.

김선희 저는 그런 의미에서 사실은 『고문비략』하고 『성령집』 사이의 어떤 긴장이 있다고 봐야 하는가 하는 점이 궁금한데요, 우선 『고문비략』에 나타나는 최성환의 자기 의식, 자기 인식은 자기가 하고 있는 일에 대해 자기 스스로에 부여하는 사명과 관련해서 보면 상당히 상층부의 의식에 가깝게 느껴지지요. 일종의 탑-다운 식 즉 국가 수준의 개혁을 통해 사회적 문제를 해결한다는 거고요. 물론 지적하신 것처럼 실용적인 제안들을 드러내는데 그건 그만큼 현실을 이해하는 안목이 있다는 의미일 것 같습니다. 그 점이 중인으로서 일반 사대부들과 다른 점이라고 볼 수도 있겠지만 전체적인 태도나 기획 방향 그리고 거기에 세부를 채우는 방식은 밑에서 구축해 올리는 제안이 아니라 위에서 기획하는 방식이라는 점에서 사회 지도층 같은 수준의 의식을 보여주는 건데요, 다시 말하면 양반으로서 문화자본을 가진 사람들하고 차이가 나지 않는다고 할까요. 그렇다면 『성령집』에서 지금 말씀하신 것처럼, 중인이든 하층민의 시들을 포함시키고 그들의 심정을 일부라도 글로 남기고자 할 때의 이 의식을 중인으로서의 자부심이나 중인으로서의 자기 정체성 속에서 나온 것으로 보아야 할지 아니면 『고문비략』에서 보여준 정체성의 일환으로, 문화자본을 가진 지식인으로서 중인과 그 하층민의 시들을 끌어낸 것인지 여기에 대해서 제가 딱 답을 내리지 못하겠습니다.

송양섭 그런 사실은 시나 여타 문헌을 인용하는 방식을 통해 특징을 살필 수 있지 않을까요? 권오영 선생님 글을 보니 전거 자체에 대한 보다 면밀한 검토가 필요하지 않나 하는 생각이 들었습니다. 가령 『반계수록』 그중에서도 주로 고설(攷說)에서 가져오는 전거들, 성호나 다산 같은 사람이 자기주장을 펴고 정당화하기 위해 끌어오는 중국고제의 전거들이 매우 의미심장하다고 보이는데 최성환이 『고문비략』에서 가져오는 전거에도 자신이 현실을 바라보는 관점이나 자신의 주장을 정당화하기 위한 독특한 방식이 있을 것이라고 생각합니다.

노대환 저는 궁금한 것이 최성환이라는 인물을 중인 신분으로 규정할 수 있을까 하는 점입니다. 집안으로 보면 중인 가문이라고 할 수 있겠지만 최성환 개인으로 보면 어쨌든 무과에 급제한 무신이니까 양반의 지위에 올랐다고도 볼 수 있지 않을까 생각합니다. 제가 볼 때 최성환은 굉장히 성취 욕구가 강한 사람이에요. 나중에 불경을 재간행하면서 쓴 글을 보면, 10년 동안 무관으로 별다른 역할을 하지 못한 것을 상당히 아쉬워하면서 아들이 잘되기를 기원하는 내용이 있습니다. 부처님 앞에서 자기 아들이 잘되게 해달라고 기원하는 이런 것을 보면 자기 혹은 집안을 일으키려는 의식이 강했던 거죠. 그런 의식을 갖고 있었기 때문에 남병철이나 박규수 이런 인물들과도 교유하면서 자기 지위를 높일 수 있는 방법을 찾았던 것은 아닌가 생각합니다. 결국 헌종을 알현할 수 있는 그야말로 절호의 기회를 잡게 되었고 그를 통해 헌종의 인정을 받게 되었습니다. 이것을 보면 매우 현실감각도 뛰어난 인물이라는 생각이 듭니다. 저는 최성환이 개혁론을 제시할 때 어떤 전거를 끌어들여서 어떻게 얘기를 풀어나갔는가 하는 문제에도 관심을 가지고 좀 봤습니다. 그는 기본적으로 삼대 고학에 상당히 신뢰를 갖고 있었던 것으로 생각되는데 혹시 이런 의식이 남인 학문과 관련이 있을 수도 있겠지만 최성환은 노론도 중요하게 여겼던 『성호사설』이나 『반계수록』 같은 책에 대해 전혀 언급이 없습니다. 다산에 대해서도 그렇고요. 이런 선배 지식인의 논리를 끌어들여 자기 이야기를 했다면 『고문비략』의 내용이 더욱 풍부해질 수 있었을 텐데 전혀 그렇지 않았습니다. 최성환은 중국 사서를 주로 인용하였는데 공리주의적 성격을 강했던 관중(管仲)이나 주자와 반대편에 서 있던 섭적(葉適)같은 인물의 설을 대폭 인용하고 있습니다. 중국 책은 그렇게 다양하게 인용하면서 조선 지식인의 이야기는 하나도 언급하지 않아 완전 대비가 되는데 특이하다고 할 수 있죠. 경세론을 전개하는 데 필요하다면 거리낌 없이 끌어들이려고 했던 것이 바로 최성환의 특징적인 면모라고 할 수 있을 것 같아요.

송양섭 최성환이 섭적이나 관중 같은 사람을 높이 평가하고 있는데 이러한 점은 어떻게 봐야할지 모르겠습니다. 19세기 지식인들과 비교해볼 때 최성환의 전거활용이 조금은 돌출적인 것인지 아니면 당시 어떤 트렌드가 있어서 그러한 것인지…… 『고문비략』도 주자학만 가지고는 자신의 주장을 펴기가 부족했다고 생각한 것은 아닌지 궁금합니다. 그래도 이것을 주자학에 대한 배척이라고 하기에는 무리인 듯하고요. 오히려 이 시기 주자학은 많은 사람들에게 상식수준의 교양이 된 듯하기도 합니다. 이미 18세기 남인들에게도 고학적(古學的) 요소를 채용하려는 움직임이 보이는데 아마 19세기에 접어들면 사람마다 지향은 제각각이라 하더라도 이러한 추세는 계속 이어져서 전거의 폭이 더욱 분방해지는 분위기를 반영하는 것은 아닌지요. 엄숙한 성리학자라 하더라도 승려와 교유하고 절에 시주하는 모습을 어렵지 않게 볼 수 있는데 도가도 이러한 측면이 있는 것은 아닌지 생각됩니다. 심신수양이나 일종의 낭만적 취향과 같은 형태로 양립한 것은 아닌지 좀 더 검토가 필요하다고 봅니다.

김선희 도가적인 것을 수용했다는 점에 대해 곧바로 최성환의 의식이 민중적이었다고 보기는 어려울 것 같은데요. 일단 관제 신앙 자체가 왕실에서 왕권 강화를 위해 전략적으로 채택한 부분이 많으니까요. 숙종 때부터 명과의 관계를 과시하고 관제 신앙에 담긴 충효 같은 이념을 활용하기 위해서 국가적으로 관제신앙을 강조했다는 것은 주지의 사실이지요. 고종이 도교 신앙을 활용한 것은 조금 다른 각도로 보입니다만 적어도 왕실에서 도교 신앙을 적극적으로 교화나 계도에 활용하려고 했다는 점에서 최성환의 접근 역시 유사한 맥락에서 평가해야 하지 않을까 생각됩니다. 사대부들은 여러 가지로 반대했겠지만, 적어도 왕실차원에서는 그 기층민중과도 통하게 하기 위해서 관제 신앙을 어느 정도 인정하면서 활용한 부분이 있을 것입니다. 왕실에서 그런 흐름이 있었다면 최성환의 도교 활동 역시 왕실에서 국가통치를 위해 활용했다는 점에서 시작되었을 가능성이 있지요. 그런데 저는 궁금한 게 있었어요. 이 사람이 무반으로서 이런 정도의 학식으로 여러 가지 일을 하잖아요. 그런데 당시 다른 무관들도 이러한 최성환 정도의 학식을 갖는 것이 일반적이었나요?

전원 신헌도 그쪽이죠. 신헌도 그렇지 않습니까? 신씨들이 무관…… 많지는 않겠죠. 케이스가 너무 부족하죠.

노대환 저는 개인적으로 제일 관심 가는 부류가 무신입니다. 최성환의 성격을 규정하는 가장 중요한 요소 가운데 하나도 바로 이 무신이라는 배경이라고 보고 있어요. 중인에 관한 연구가 많이 되어 있는데 중인 이야기를 할 때는 보통 중인 집단의 동류의식이나 그들의 정체성 같은 것에 주목을 합니다. 무신의 경우는 중인과 비슷하면서도 또 다른 상당히 애매한 위치에 있던 사람들입니다. 무과에 합격했다는 점에서 보면 분명 양반이라 할 수 있는데 그렇다고 양반에 들어가기도 어중간하죠. 또 중인 집단에 소속되기도 어중간하고. 무신은 주변부 관료 집단이기 때문에 정치적 지향성은 분명합니다. 이 사람들은 이렇게 해서든 기회만 되면 정치권에 본격적으로 진출하고 거기에서 무엇인가를 해보고자 하는 의식이 굉장히 강하다는 생각이 들어요. 중앙정계에서 끌어만 준다면 적극적으로 활동한 의지들이 있는 사람들인데 별로 그럴 기회를 갖지 못했죠. 헌종대에 가면 헌종이 왕권 강화를 위해 무신들에게 관심을 보이고 또 발탁했는데, 그때 발탁된 인물이 신헌과 최성환입니다. 나중에 대원군대에 가면 대원군이 본격적으로 무신을 끌어들이고 고종도 무신을 중시하죠. 좀 길게 보자면 무신 집단은 현대사에 이르기까지 굉장히 흥미로운 연구 대상이라는 생각이 들어요. 다시 본론으로 돌아가 이야기하자면 무신 가운데 최성환이나 신헌처럼 지적 능력이 출중한 인물이 많지는 않았을 것 같아요. 최성환 같은 인물이 말단임에도 불구하고 헌종의 눈에 들 수 있었던 것도 무신 가운데는 좀 특별한 존재로 보였기 때문이겠지요. 신헌의 경우는 유장(儒將)이라는 평가를 받았는데 무신임에도 불구하고, 학문적 능력을 갖추고 있다는 것이죠. 유장이라는 용어는 따지고 보면 무신은 학문적 능력이 부족하다는 기본 인식이 깔려 있는 데서 나오는 용어라고 할 수 있죠. 어쨌든 신헌은 중앙 관료들로부터 학문적인 능력을 인정을 받았고 헌종과도 연결이 될 수 있었어요. 이렇게 본다면 최성환이나 신헌은 무신 가운데는 좀 특별한 인물이라고 해야 하지 않을까 그런 생각이 듭니다.

송양섭 18세기 무렵이 되면 무반벌열(武班閥閱)이라는 형태로 하나의 자기 정체성을 가진 무과 출신 집단들이 생겨납니다. 아마 그러한 것이 이어지는 분위기가 있었던 것 같아요. 중인이라고 하면 무반과는 약간 뉘앙스가 다른데, 무반은 양반으로 자기 정체성을 갖기가 쉽겠죠. 무반벌열들이 형성되어가는 18세기를 거쳐 19세기에 접어들면 상당수준의 지식과 교양을 갖춘 인물들을 배출할 수 있는 일종의 풀(pool)이 형성되어 있었고 거기서 발신한 사람들이 몇몇이 있었는데, 신헌이나 최성환 같은 인물이 그런 케이스가 아닐까 하는 생각이 들었습니다. 많은 연구자들이 최성환의 중인적인 정체성을 찾으려는 노력을 기울이고 있는 것 같은데 『고문비략』을 일독한 감으로는 오히려 양반지향성이 더 강하다는 느낌이 들어요. 18세기 능성구씨와 같은 유수한 무반벌열과 비교해보면 최성환의 집안은 가격(家格)이 좀 빠지는 것 같은데, 어쨌든 그런 급으로 자기를 위상 짓고 싶어 하는 욕망이 강하지 않았나 하는 생각은 듭니다.

김선희 그러면 누구한테서 이런 것들을 배울 수 있죠?

노대환 글이야 중인 집안이니 배우는 것이 어렵지 않았을 것 같아요.

김선희 학풍이라는 표현을 쓰셨잖아요. 학풍이라고 하면 이 시기의 학풍일 수도 있고, 최성환의 학풍이라고 할 수 있는데. 최성환의 학풍이라고 하면 가계 말고 이 사람이 어디서 누구로부터 무엇을 배웠는가를 못 찾겠더라구요. 드러나면 좋을 것 같다는 생각이 들어요. 누구로부터 무엇을 배웠는지 궁금했습니다.

권오영 예를 들면 최한기도 마찬가지잖아요. 자기가 열심히 노력해서 새로운 독자적인 학풍을 만들어 가는 것이지요. 당시에는 거의 중국으로부터 들어오는 신서들을 구입하여 독서와 연구를 통해서, 학술적 자료를 통해서 자신들의 학문적 세계를 구축해 간다고 보아야지요.

송양섭 서당같은 곳에서 문리 터질 때까지 배우고, 그 다음 자기 동력으로 학문적 색깔을 내는 것이 아닐까 싶습니다.

김선희 만약 그렇다고 한다면 지금 지적하셨지만 이 사람이 당시에 조선에 형성되어 있던 다양한 학문의 흐름들이나 계보들과 다른 각도에서 독자적으로 움직이는 것이 분명하잖아요. 이규경이나 최한기 같은 사람은 서양 지식까지 포함하여 굉장히 박학을 추구하는 과정에서 독자적인 영역을 연 분들이잖아요. 그런데 최성환은 박학을 추구하지도 않았고 조선의 지식을 정리하려는 의도도 없었지요. 그렇다면 조선 전거를 쓰지 않은 것도 의도적이라고 봐야 되지 않을까요.

권오영 그 부분과 관련하여 최한기도 마찬가지거든요. 최한기의 주저가 『기측체의』인데 최한기가 30대에 『신기통』과 『추측론』을 합하여 『기측체의』라고 했어요. 그리고 오십대에 들어가서는 또 주요 저서가 『기학』과 『인정』인데, 특히 『인정』은 이제 사람을 헤아리고, 가르치고, 선발하고, 등용하는 것에 관한 내용입니다. 그런데 거의 국내외 자료의 전거를 인용하거나 밝히고 있지 않거든요. 30대에 쓴 『소모』라는 책이 있는데 2000년대에 새로 발굴된 경세서이거든요. 최성환의 『고문비략』과 비슷한 느낌이 들어요. 제가 검토해보니까 국내 선배 학자들의 글이 거의 인용되지 않고 있어요. 최한기의 경우에 저는 대강령을 제시한 학자라고 봐요. 최성환의 『고문비략』의 경우에 전거는 중국의 전거지만 구체적으로 조선사회의 문제를 거론하고 있기 때문에 최성환이 최한기보다 더 조선사회의 현실에 토대를 두고 개혁론을 제시하고 있지 않나 그런 생각이 듭니다. 19세기 학자의 학풍은 전거를 잘 밝히지 않는 부분이 있는 것 같아요. 언젠가 홍경모 학술회의 할 때 이종묵 교수가 얘기하는 것을 들었는데 홍경모의 저술의 경우도 거의 편집이랍니다. 자기 할아버지 홍양호나 박지원 등의 글을 전재하고 있었어요. 최성환도 그런 경우로 보아야 할 것 같습니다. 최한기 같은 경우는 편집하는 책들도 많지만 단독 저술도 많아요. 그런데 비해서 최성환은 저술이 거의 편집입니다. 그러나 편집이 그 시대의 하나의 학문 트렌드로 본다면 이것이 단순한 것이 아니고 자기의 학풍이나 사상을 담고 있다는 생각이 들거든요. 그래서 아까 성령론 이야기도 했지만, 성령이라는 키워드를 통해서 추사 김정희하고는 다르다고도 연구가 되어 있잖아요. 격조론, 신운론, 성령론 등이 있는데, 최성환은 격조보다는 성령을 더 강조하고, 추사는 성령보다는 격조를 더 강조하는 그런 측면이 있고, 시중유아(詩中有我), 시속의 유아 곧 내가 있어야 한다는 자아의식이 굉장히 강하게 투영되어 있다는 것입니다. 이 최성환의 『성령집』 편찬에는, 원매, 주정진 등의 청대 학자의 시에 대한 인식이 투영되어 편집되어 있기 때문에 비록 편집된 책이지만 최성환의 학풍이나 사상경향 등을 끄집어낼 수 있지 않겠느냐 하는 생각이 들었습니다.

송양섭 19세기 경세론 연구가 얼마나 되어 있는지는 잘 모르겠습니다만 조선후기 경세가들이 당색을 불문하고 통상 율곡에서 시작하여 반계로 이어져 내려오는 방식이 하나의 흐름으로 포착됩니다. 19세기도 그러한 패턴이 이어지는지 잘 모르겠습니다. 19세기에 접어들면 다산과 같은 인물이 매우 두드러지는데 강위(姜瑋) 같은 인물은 요즘 눈으로 보면 거의 표절이라고 해도 좋을 정도로 『목민심서』를 자기 글에 전재해놓고 전거조차 밝히지 않습니다. 어떤가요? 중국의 경세론자든 조선의 경세론자든 현실의 필요에 의해 불러내지기 마련인데 19세기에 주로 활용되는 경세론적 전통에서 손꼽을 수 있는 학자는 누가 있었는지 궁금하기는 합니다.

권오영 글쎄요. 유학자들 같은 경우 이항로, 송병선, 기정진 이런 학자들에서도 경세론을 찾을 수는 있겠지요. 특히 송병선의 『동감강목』 같은 책에는 『반계수록』의 내용도 가져오고 있어요. 그러나 19세기 학자들이 아주 급신석인 개혁을 제시한 학자가 드러나지 않고 있죠. 김옥균이나 그 이후 학자면 몰라도. 이 19세기 전반기의 경우 연구에서 다산 정약용은 1836년까지 살았으니까 다산을 조선 사회 개혁의 말미로 본다면 그 뒤에는 개혁론을 제시한 학자를 찾아내기가 어려울 것 같아요. 이규경, 최한기, 최성환, 신헌 이런 학자들이 주목되는데 중국이든 한국이든 전근대의 연결고리 속에서 개혁론이 계승된다는 것은 쉽지 않지 않았나 생각을 해봅니다. 송병선에서 보듯 19세기 유학자들이 반계의 설을 받아들이는 것은 봤습니다만, 기정진의 삼정책이라든지 이런 글들을 깊이 있게 분석하면 어떨지 모르겠습니다.

송양섭 가령 최성환이 도량형에 십진법을 채용하자고 한 것은 이미 반계가 누누이 이야기한 바 있고 다산도 비슷한 주장을 합니다. 최성환도 여기에 영향을 받은 느낌이 물씬 나는데, 거기에 대해서는 아무런 코멘트가 없어요. 그건 다산도 마찬가지이긴 합니다. 지방제도 개혁론에서도 중국의 제도가 군현 간 통섭관계가 있는데 반해 조선은 없기 때문에 이것이 문제라는 식의 주장은 이미 반계가 대단히 상세하고 체계적인 주장을 펴고 있거든요. 그런데 그러한 선유(先儒)에 대한 언급은 전혀 없어요. 최성환은 조선학자들은 거의 인용 안 하는데 그것이 나름의 원칙이었는지는 아니면 상식적인 공감대가 형성되어서 그냥 넘어간다는 것인지 알 수 없습니다. 가령 한주(寒洲) 이진상(李震相) 같은 경우는 『묘충록(畝忠錄)』을 저술하면서 『반계수록』의 주요 수치까지 인용하고 있어서 가히 유형원의 19세기 버전이라고 해도 좋을 정도입니다. 그런데도 이를 적극적으로 밝히지는 않고 있습니다. 이러한 모습은 다른 학자들에게도 언뜻언뜻 보이는데 이러한 것을 보면 이 시기에 학자들 사이에 어떤 지식장 같은 것이 형성되어 있었던 것은 아닌지 하는 생각도 듭니다. 어쨌든 이러한 문제를 성급하게 판단내리기는 참 어려운 것 같습니다.

김선희　제 상상이긴 한데, 이 사람이 외곽에 자기의 독자적 요소를 세우고 싶지 않았을까 해요. 예를 들어 반계를 인용하거나, 성호를 인용하거나 하는 것들은 기존 학계의 유력한 학자군들이 형성되어 그 계보 내에서 계승되어 온 거잖아요. 지금으로 치면 이 사람은 강단 밖에 있는 것인데 강단 학자, 주류 학자들에 대해 심리적인 거리감이 있을 수 있을 것 같아요. 일부러 주류 학자들이 인용한 것은 배제하고 더 원조가 되는 중국을 바로 직접적으로 연결한 것 같다는 인상을 받거든요. 눈 앞에 있는 것은 조선의 현실이지만 이를 개선할 제도는 고제에서 찾는다는 점이 어떤 면에서 조선의 기득권층 혹은 보수적인 학계 밖에서 독자적인 길을 찾기 위한 방법일 수 있다는 것이지요.

송양섭 내용은 철저하게 순속적(順俗的)이에요. 레퍼런스는 멀리서 가져오는데 결론은 극히 순속적이라는……

노대환 저도 비슷한 생각을 했는데, 이것이 기본적으로 헌종의 요청으로 시작되고 헌종에게 보이기 위한 것이기 때문에 최성환은 당연히 『고문비략』을 쓸 때 헌종에게 자신의 능력을 어떻게 보여줄 것인가 상당히 고민을 했을 것 같아요. 헌종이 다음에 만날 때 하고 싶은 이야기 다 해봐라 이렇게 이야기를 했으니 이건 정말 특별한 대접이죠. 그러니 헌종에게 올릴 이야기를 만드느라고 얼마나 신경을 썼겠습니까? 어떻게 해서든 자기 능력을 유감없이 보여줘야 하는 거거든요. 자기가 돋보이려면 자기 이야기가 새롭고 독창적이라는 것을 강조할 필요가 있고 그러려면 국내 지식인 이야기는 하지 않는 편이 유리하겠죠. 선배 지식인들의 이야기를 끌어들이면 아무래도 자기가 제시한 개혁책의 독창성이 반감될 테고 그래서 헌종으로부터 제대로 평가받지 못할까 그런 우려를 하지 않았을까. 그냥 순전히 추측입니다. 어쨌든 중국 책에서는 이것저것 근거를 끌어들이면서 조선 지식인들의 이야기에 대해서는 전혀 언급하지 않았던 것은 참 재미있어요.

권오영 김선희 선생님이 말씀하시기도 했는데, 최성환은 학통이나 당파가 없잖아요. 아마 학통이나 당파가 없다는 것이 오히려 최성환이 독자적인 목소리를 낼 수 있지 않았나 싶어요.

송양섭 헌종이 만약 죽지 않고 이 『고문비략』을 읽고 감명을 받았다면 이 사람의 환로(宦路)가 상당히 좋아지지 않았을까요? 어찌 보면 최성환의 입장에서는 기회를 잡은 셈인데 헌종이 죽고 나니까 좀 기운이 빠졌던 것 같아요. 초고 형태로 가지고 있다가 이후 어떤 계기로 작업을 재개하여 마무리 지은 것이 아닌가 생각됩니다.

김선희 예를 들어서 헌종이 최성환을 발탁해서 국정에 대한 자문을 구했을 때 이를 불편한 시선으로 보는 이들이 있지 않았을까요. '시무'라는 게 무관의 임무는 아니었을 테니까요. 또 최성환의 제안을 헌종이 높이 평가할 경우 반대하는 이들이 반드시 나타났겠지요.

송양섭 최성환은 기회로 생각하지 않았을까요? 왕이 직접 명령했는데, 왕이 죽고 나니 김이 좀 빠졌을 것이고.

노대환 당연합니다. 헌종은 자기 측근의 지원을 받아 우선 왕권을 강화하고 뭔가를 새롭게 해보려고 시도를 합니다. 최성환은 말단 무신이라 국왕을 알현한다는 자체가 더할 수 없는 영광이었을 겁니다. 헌종의 측근세력과 대립하던 세력이 있었다면 역시 안동김씨였을 텐데요 그들의 입장에서 보면 말단 무신이 그것도 측근과 연결된 인물이 헌종에게 개혁책을 제시한다는 것이 당연히 반갑지 않았겠죠. 반대로 최성환에게는 평생 한 번 있을까 말까한 놓칠 수 없는 기회 아니겠어요. 헌종이 부른 것만도 감격 그 자체였을 텐데 한 번 대책을 제시해보아라 하니까 그 기분이 어땠겠습니까. 그래서 굉장히 오랫동안 열심히 준비를 했죠. 최성환을 소개했던 것으로 생각되는 측근들 역시 최성환에게 기대를 걸었을 겁니다. 능력 있는 인물을 소개한다는 것 자체가 또 역량을 보여주는 것일 테니까. 그렇게 기대가 컸는데 헌종이 갑자기 세상을 떠나니 요즘말로 멘붕 그 자체였겠죠. 다른 측근들도 다르지 않았는데 남병철은 얼마나 충격이 컸던지 충격의 후유증으로 시름시름 앓다가 세상을 떠나고 맙니다. 최성환은 낙심해서 작업에서 완전히 손을 놓았다가 철종 때 가서 마음을 다잡고 완성을 하는데 사실 그것도 좀 궁금해요. 헌종 사망 후 완전히 손을 뗐던 작업을 갑자기 또 몇 년 후에 다시 시도했을까. 그냥 묵히기가 아까워서 그랬는지 아니면 철종대 상황이 도대체 말이 안 된다고 생각해서 그랬는지 궁금해요.

권오영 최성환의 교유관계에 대해 김선희 선생님이 자세하게 도표도 그리고 했는데 좀 말씀해주시죠.

김선희 네. 사실 다른 선생님들의 연구에 나오는 인물들이 다 제 글에도 나오는 인물들입니다. 분야가 다르지만 그 교류가 이어지는 인물들이 여럿 있었구요. 제가 이 표에 구현하지 못한 것은 교류 시기의 차이에요. 젊어서 활동했을 때 이유원, 남병철 같은 사람들하고 교류를 했을 것이고 나중에 선서들을 출판했을 때는 조금 더 종교적 인물들과 관련이 있었을 것이구요. 저는 이 사람들 하나하나의 연구성과들이 조금 더 분명하게 드러나야 최성환을 중심으로 한 모자이크를 맞출 수 있을 것 같은데요. 남병철, 이유원 같은 인물들과의 연관고리는 시라거나 경세서라고 하는 일종의 문화자본 안에서 움직인 결과라고 할 수 있을 텐데요. 그리고 흥미로운 것은 최한기나 김정호와의 교유는 분명한 목적의식이 있어야 시작될 수 있는 관계가 아닐까 해요. 예를 들어서 문인들과의 교류는 굉장히 자연스러운 일인 것 같은데요. 지리서 편찬같은 문제도 사실은 행정가로서의 비전이 없이는 나올 수 없는 선택이 아닐까 싶어요. 일종의 전략적이고 특수한 관계들인 거지요. 김정호라든가 선서출판에 관련된 무상단 활동이라던가 하는 측면들은 전략적이고 선택적인 부분이 있었을 것 같아요. 그래서 이 사람이 결과적으로 장년기에 가졌던 국가적인 비전들이 이런저런 방식으로 좌절된 다음에 활동 영역을 바꾸되, 모종의 비전은 유지하면서 그 비전을 펼치는 방법과 장을 전환하는 것이 아닌가 싶습니다. 그런 의미에서 이 사람의 교유관계는 개인의 취향에서 나오는 관계라기보다는 특정한 목적 지향적인 의식, 다시 말해 자기에게 부여하는 사회적인 사명감에서 나온 교유관계라고 보는 것이 타당할 것이라고 생각됩니다.

권오영 그래서 거주지 문제도 최성환을 이해하는 데 있어서 매우 중요하지 않나 싶어요. 특히 이유원이 쓴 글을 보면 지역적으로 아주 가깝게 살아서 잘 안다고 되어 있잖아요. 최성환의 서울 거주지는 지금 남부 대평방으로 나오거든요. 그렇다면 최한기는 남촌, 창동에 살고 있고, 김정호는 만리동에 살고 있고, 이제 그런 공간들을 생각해야 하고 지금까지 최성환이 어디 출신인지 벼슬에 물러난 뒤에 동곽 밖에 가서 살았다고 얘기가 나오는데 구체적으로 양주땅으로 나와 있잖아요. 제가 볼 때에는 최성환의 조상들의 산소가 해등촌에 있다고 하고 또 일부 산소는 지금의 월계동 바로 초안산에 있었다고 해요. 초안산 자락에 각심사라는 절이 있는데 예안이씨의 산소와 사당이 있어요. 그렇다면 최성환이 혹시 서울에서 멀리 떨어진 곳이 아니라 가까운 월계동쪽에 물러나 있지 않았는지. 최성환의 조상의 산소가 있는 곳이 월계동이나 양주지역 해등촌이니 동대문 밖 가까운 곳이라고 할 수 있어요. 그리고 조상의 산소가 있는 곳으로 동정(東亭)이라는 지명도 나오는데 어디인지 잘 모르겠어요. 양주의 치소 동남쪽 3리쯤에 동정이라는 지명이 나오고 있고, 또 해주 오씨 오원이 살던 곳이 동정으로 지금 성북구 종암동 일대입니다. 앞으로 더 고구가 필요합니다. 이유원은 포천 영평 쪽인지 그쪽에 연고가 있는 거로 알고 있거든요. 그래서 서울 북쪽에서 경복궁까지 이유원의 동선이 있었다고 보면 최성환이 활동했던 지역과 연결되어서 두 사람의 교유관계에 대해 조금 이야기가 될 수 있지 않을까 생각합니다. 그래서 최성환이 30년 동안 양주에 가서 『효경』을 강의했다는 이야기가 나오니까 그중에 분명히 배웠던 학생들이 있을 텐데 그런 것들을 좀 더 조사해 보아야 할 것 같습니다. 제가 족보를 찾아보니 지금 후손들이 많이 있습니다. 아마 백현숙 씨가 1983년에 최성환을 연구할 때 후손들도 만나보고 그랬던데 구체적으로 선대의 거주지 얘기를 하고 있지 않은 것을 보면, 아마 충주에 내려간 뒤에 양주의 세거지와는 어떻게 되었는지 잘 모르겠습니다. 최성환이 살던 시기가 우리가 사는 시대와 그리 멀지도 않는데 어디에서 그가 살았는지도 궁금하고 최한기와 최성환은 실제로 서로 만났는지, 아마 만났을 거라고 다만 우리가 추측하는 것일 뿐이잖아요. 김정호를 통해서 김정호와 최성환이 같이 『여도비지』를 편찬했으니까 글은 최성환이 쓰고 그림을 김정호가 그렸다고 하니까, 최한기와 김정호가 제일 가까운 사이이니까 가장 친한 친구니까 그런 연결고리에서 김정호를 통해 최성환과 최한기의 관계도 생각해 보는 것이지요. 그리고 관료와의 관계는 예를 들어 이유원, 남병철 등과는 더 쉽게 이야기 할 수 있는 반면에 오히려 최한기라든지 당시 서울에 살았던 사람들과의 관계는 사료가 부족해서 무어라고 말하기가 더 어려운 상황이 아닌가 합니다.

김선희 아까 헌종 말씀하셔서 궁금한 게 있는데요. 만약 헌종이 살아있었으면 일종 개혁에 드라이브를 걸 수 있었을까요? 좀 오래 살았으면?

노대환 역사의 가정이니 뜬 구름 잡는 이야기밖에 드릴 수 없을 것 같은데 제 생각에는 그렇게 쉽지는 않았을 것 같아요. 헌종은 집권 10년 넘어가면서부터 자기가 한 일이 없다고 반성하면서 갑자기 의욕을 보이죠. 친위군을 만들고 자기 측근들 모으고. 최성환 같은 말단 무신까지 만나는 걸 보면 의욕은 상당했던 것 같아요. 헌종의 측근 가운데 개인적으로 가장 관심이 가는 인물이 남병철입니다. 김조순의 외손이고 헌종의 동서이니 성골이라고 할 수 있는 존재인데 저는 남병철이 무언가 큰 밑그림 같은 것을 그렸던 인물이 아닐까 그런 생각을 합니다. 최성환이 헌종을 만날 수 있었던 것도 누군가의 소개가 있었기 때문일 텐데 저는 혹시 남병철이 소개를 했던 것이 아니었을까 그런 느낌이 듭니다. 그러니까 헌종의 측근 세력이었던 남병철이나 그와 절친했던 박규수 이런 인물들이 큰 밑그림을 그리고 최성환이나 신헌과 무신까지 끌어들였다고 보는 건데 그 측근 집단이 그렇게 강하다고 보기는 어려울 것 같아요. 안동김씨가 보통 호락호락하지 않은데 풍양조씨의 지원을 받고 있던 헌종이 세력을 강화하는 것을 절대 그냥 보고 있지는 않았을 겁니다. 만약 안동김씨의 압력을 견뎌내서 강력한 왕권을 발휘할 수 있었다면 무언가 새로운 그림이 그려질 수 있는 가능성은 있었겠죠.

권오영 야사지만 윤효정의 『풍운한말비사』에 보니 헌종은 여자를 너무 좋아하고, 궁궐 안에 요정을 설치해서 그 당시에 백성들이 헌종을 야유하는 노래를 불렀대요. 헌종 자체가 아마 예술에 굉장히 뛰어난 취향을 가진 왕이 아닌가 싶어요.

송양섭 인물이 아주 잘생겼다고 하지요.

권오영 아주 인물도 잘생기고, 예술적 취향이 굉장하고 감수성이 풍부한 그런 국왕으로 좀 이해가 되고 있거든요. 저는 헌종에 대하여 연구를 안 해 보아서 잘 모르겠지만 말이에요. 그 인물이 최성환과 이렇게 서로 통할 수 있었다는 것이 좀 흥미롭고, 그래서 최성환이 선서류에서 음풍에 대해서 굉장히 경계하죠. 음풍, 음란한 풍속에 대해서, 그런 것들이 19세기에 상당히 유행하지 않았나 싶어요. 간(姦), 도(盜), 살(殺), 그 다음이 음풍인데, 왜 사람들이 간, 도, 살 이것은 굉장히 죄의식을 느끼면서 음풍에 대해서는 떳떳하게 이야기 하냐 이거입니다. 음풍은 풍류라고 떠벌린답니다. 바람피우는 것을 자랑한다는 것이지요. 그런 것들에 대해 최성환은 사회 풍기문란으로 비판하면서 제제를 해야 한다는 이야기를 하고 있거든요. 그래서 나는 그것이 혹시 헌종 때 형성된 풍기 문란에 대한 비판으로 읽었어요. 아마 헌종 때 그린 것으로 보이는 춘화도 있다지요. 정치는 세도정치로 썩어도, 예술이나 종교나 학문은 굉장히 새로운 것들이 싹트고 있잖아요. 어떻게 보면 새 시대, 여명의 시대가 열리고 있는 것이거든요. 그 시대의 바로 중심에 섰던 인물이 나는 최성환이라고 보는 거예요. 당대의 현실을 가장 정확하게 인식하고 미래의 시대를 내다본 인물이 바로 김정호, 최한기, 최성환 등이 아닌가 생각합니다. 조선 주자학의 나라에서 이제 좀 나름대로 새로운 시대를 여는 그 변동기에 최성환이 위치하고 있고, 그래서 최성환의 저작물에는 그 시대의 소리가 반영되어 있는 것이 아닌가 생각합니다. 최제우의 동학도 마찬가지고, 김대건의 서학도 그렇고 뭔가 각자의 영역에서 고민을 하다 보니 하나로 통합은 안 되었지만, 각 분야에서 자기 나름대로 하나의 체계를 세워서 아직 역량은 부족하지만, 지금까지 해

왔던 사상이나 이념으로는 안 되겠다 싶어 애쓰고 있는 모습들이 그려집니다. 그들은 어떻게 하면 자신의 저술을 통해서 자신의 학문이나 예술을 통해서 자기 시대의 문제를 극복하기 위해서 고민이 깊었다고 봅니다.

노대환 최성환은 도교를 통해서 시대 문제를 극복하려고 했다고 보시는 건가요? 유가를 대체할 새로운 사상체계를 제시해서.

권오영 예, 거기에 대해서 얘기를 해보죠. 선서류에 대해서, 그간 노 선생님이 깊이 있게 연구를 했으니까요.

노대환 깊이 있게는 아니구요.

권오영 최성환이 그런 선서류를 왜 그 시대에 편찬했을까요.

노대환 최성환이 선서에 관심을 가진 것은 상당히 오래 전부터였던 것 같아요. 이미 헌종대부터 관심을 가지고 있었고 철종대에 정계에서 물러나면서부터는 본격적으로 관심을 가지게 되는데 고종대에는 고종이 도교에 대한 관심이 많았기 때문에 고종과 연결되면서 무상단 활동으로 대표되는 도교활동을 본격적으로 벌입니다. 최성환은 본래 불교에도 굉장히 관심이 많아서 묘련사라는 결사 활동에도 참여하고 불경을 재간행 작업을 벌이기도 하고. 기본적으로 불교와 도교에 모두 관심이 많았는데 특히 도교에 심취해 있었습니다. 그렇다고 해서 유학에 관심이 없었던 것은 아닌 것 같고, 『고문비략』에 제시된 개혁책을 보면 성인의 이야기를 많이 끌어들여 기본적으로는 유교의 범위 안에서의 개혁을 구상하죠. 그렇지만 정신세계는 도교와 불교를 지향하고 있었는데 도교와 불교의 정신세계는 두 가지 측면을 함께 고려해봐야 할 것 같아요. 김 선생님께서는 주로 왕권강화적인 측면을 많이 말씀 해 주셨는데 그런 측면도 있지만 또 민간중심적인 성격도 있거든요. 묘련사 같은 경우는 이게 재가 신자들의 염불 결사에요. 기존 연구에서 이야기하는 것인데 도교에서는 유가적인 윤리와는 다르게 일반 기층민 사이에서 통용될 수 있는 윤리를 추구했다고 하죠. 그러니까 양반 중심의 유교와는 다르게 불교와 도교는 기층민과 가까이 가려는 그런 측면이 있다는 건데. 저는 최성환의 경우 경세의식하고 도덕의식이랄까 윤리의식이랄까 이것을 분리해서 좀 보는 게 어떨까 싶어요. 경세의식은 기본적으로 유가적인 경세의식을 추구한 반면에 도덕의식은 불교나 도교 특히 교도에서 찾았다고 보는 거죠. 제가 볼 때 최성환이 많이 고민했던 문제가 지배층의 도덕성 해이였던 것 같아요. 도덕 내지 심성의 타락 이것은 19세기에 살던 사람들이 많이 지적을 했던 건데 유가적인 인식을 가지고 있던 지식인들은 도덕의 타락을 유학의 쇠퇴에 따른 현상으로 이해하면서 유학을 강화해서 문제를 해결하려고 하죠. 반면에 최성환 같은 인물은 유학이 아니라 바로 도교라든지 불교에서 도덕성을 찾으려고 했고. 유학자들이 경세나 심성의 문제를 모두 유가를 통해 해결하려 했지만 최성환은 두 가지를 분리해서 생각했어요. 이건 좀 주제하고는 벗어난 이야기이기는 한데 나중에 20세기 특히 박은식 같은 인물은 정신적 부분을 양명학에서 찾기도 하고 윤치호 같은 인물은 기독교에서 찾기도 하는데 이제 더는 주자학 가지고는 안 된다고 봤기 때문이에요. 최성환도 같은 경우인거죠. 19세기 중반에 유가가 아닌 다른 데서 도덕성을 찾으려고 하는 최성환 같은 인물이 등장한 것은 전통 유가의 입장에서 본다면 정말 불쾌한 일이었을 겁니다. 유학이야말로 도덕성을 추구하는 학문이라고 생각하는데 도교 선서류 같이 엉뚱한 곳에서 도덕성을 찾으니까 이건 자존심 상하는 일이기도 하고 불안감 같은 것도 느끼지 않았을까 싶어요. 그런데 남병철이나 박규수도 도교에 관심을 가졌던 것을 보면 많은 지식인들이 이미 유학 자체로만 무엇을 할 수 있는 단계는 아니라고 보았던 것 같습니다.

김선희 그런데 이 문제는 저도 참 고민스러운 부분인데요. 통합적으로 일관되게 설명을 해야 되니까요. 이 사람에게 가장 결정적으로 문제가 되는 것은 지적하신 것처럼 도덕적 타락, 풍속의 쇠퇴, 이것이 가장 강한 문제였을 것이고, 그 문제를 해결하기 위한 방안을 찾을 때 기본적으로 유교윤리는 양반의 윤리, 양반이 탑-다운 방식으로 제안해서 따라오도록 만드는 계도의 의미일 것입니다. 그러나 방법이 무엇이던 사회적 문제를 해결하고 백성들을 도덕적으로 교화하는 것이 목표라면 사실 특정한 교학 다시 말해 유학에 한정될 필요가 없는 것이겠지요. 도움이 되기만 한다면 불교도 도교도 활용할 수 있다고 봐요.

특히 도교는 사대부들에겐 이단이었을 테지만 최성환은 일종의 교단 생활을 하면서 동시에 선서 출판을 하는 것으로 보아서 저는 이 사람이 사회의 도덕적 타락이나 음풍을 치유하기 위해서 일종의 보완적 윤리로 도교윤리를 썼다고 생각됩니다. 최성환의 학문의 목표가 도교나 불교 유교 같은 특정한 교학의 유지 자체가 아니라 실질적인 사회적 계도라고 볼 수 있다면 이를 위해서 어떤 자원도 활용할 수 있다는 것이지요. 이렇게 보면 『고문비략』에 나타난 이 사람의 서술 태도와 전략과 비교할 수 있을 것 같아요. 목표를 위해 어떤 자원을 쓸 것인가 효과적으로 선택하면서 기존의 계보나 학술 권력을 벗어나버리는 것이지요. 그런 맥락에서 저는 최성환이 유교의 도덕과는 다른 일종의 세속 윤리를 제안하고 있다는 생각을 했습니다. 세속 윤리 혹은 통속 도덕이라는 게 청나라나 일본이나 일종의 사회적 붕괴가 나타나는 시점에 유행했던 일종의 자정 노력일텐데요. 그렇다면 최성환도 조선 왕조의 레임덕 상태인 19세기 중반에서 이 분위기를 전환하기 위해서 유교 윤리와는 다른 새로운 세속윤리를 제안하고자 했던 것이 아닌가 생각됩니다.

송양섭 최성환이 지적으로나 사회적으로 고립된 존재가 아니라면 교유관계 속에서 이런 경향을 가진 사람들이 어느 정도 발견되는 것이 상식적이겠죠. 조금 결이 다른 김정호, 이유원, 최한기같은 사람들과 접촉하는 인맥에서 그런 비슷한 분위기가 어떠한 형태로든 확장되는 부분이 없는지요. 또 최성환도 중인층의 시사(詩社) 같이 자기가 속한 교유그룹들이 있었을 텐데, 그건 불교나 도교도 마찬가지였을 것 같습니다. 분야마다 어떤 인적인 네트워크가 있지 않았을까 생각됩니다.

김선희 무상단 자체가 강한 인적 구성에 기반한 결사니까요.

송양섭 최성환의 교유관계 속에서 이런 경향이 포착이 될 수 있지 않을까요?

권오영 그래서 이 선서류 계통에 관한 기사를 제가 한번 조선왕조실록에서 검색을 해봤거든요. 조선 전기에 세종 중종대까지 자료가 보이는데 세종대에 천몇백 권인지 들어오고, 위선음즐서들이 중종대 성리학의 시대가 완전히 열리면서 다 사라져 버리더라구요. 그뒤 거의 나타나지 않아요. 그러다가 김육의 『종덕신편』이라든지 그런 책들이 아주 단편적으로 조금 보이다가 19세기 최성환이 활동하는 시대에 와야 선서류가 많이 출판되고 보급되는 현상이 나타납니다. 우리가 몰라서 그런지 모르지만 사실 19세기에 민중의 동요도 많고 해서 이러한 선서류가 많이 나타나는지 아니면 민간에는 19세기 이전에도 늘 이러한 도교의 음즐서 계통이 주문으로 외워지고 있었는지는 모르겠습니다. 재미있는 것은 조선 전기에 선서류 계통이 아주 많이 절에 보급되고 있었어요. 19세기에 선이나 복이라는 것을 강조하면서 최성환이라는 인물이 선서류로 새로운 시대를 열려고 했던 것이 아닌가 생각했습니다. 최성환 자신은 동학도 아니고 또 기독교도 아니고 주자학도 아닌 자기 나름의 학문적 종교적 개혁 방안이 있어야 할 것이 아닙니까. 당시 지식인이라면 그런 생각이 최성환에게 강하게 와 닿았던 것이 아닌가 생각합니다. 그래서 자기가 선서류를 편찬하면서 얘기한 것들을 보면, 선서류 편찬의 간행 목표가 아주 분명합니다. 최성환은 이 선서류 간행을 통해서 자기를 이롭게 하고 남을 구제한다는 것입니다. 그리고 복이라는 글자가 제시되었잖아요. 최성환은 복은 그냥 주어지는 게 아니라고 말합니다. 부처님에게 하나님에게 비는 것이 아니라 이 선을 행함으로써 이제 복을 받을 수 있다는 것이지요. 19세기 전반기 캄캄한 어둠의 시기에 그 어둠을 밝히기 위해 민중이든 양반이나 왕실이든 주자학이 아닌 다른 사상적 종교적 대안이 절대적으로 필요했을 것입니다. 그런 강한 뭔가의 요구가 최성환에게 있었기 때문에 선서류의 편찬 간행을 통해, 물론 거기에는 청나라의 영향도 있었을 테고 또 기타 사회분위기도 있었을 것이지만 그런 관점에서 우리가 최성환을 이해해 줘야 하지 않겠나 그런 생각이 드는 것입니다. 좀 더 거시적으로 이야기 하자면 조선왕조가 건국된 뒤 주자학의 나라를 만들었는데, 사실 고려 이전은 불교가 계속 지배해 왔잖아요. 왕실에서부터 일반 서민에 이르기까지, 그 불교가 무너졌을 때 지식인으로서 학자로서 이제 뭔가 대안으로 제시되어야 했던 것이 주자학이었고 그것이 16세기 중반에 조선 주자학의 체계가 서서 그뒤 몇 백년 갔잖아요. 그 주자학이 19세기에는 적어도 정치제도권에서는 무너졌다는 거죠. 그것이 무너졌다면 최한기든 최제우든 김대건이든 최성환이든 자기 나름으로 주자학에 대한 대안을 세우고자 했을 겁니다. 이제 최성환은 도교의 선서류의 편찬과 간행을 통해 새로운 대안을 모색하고자 했던 것이지요. 누가 그것에 공감하는 것이 중요한 것이 아니라 최성환 자신이 생각할 때는 이제 주자학 체계로는 도저히 안 되겠고 기독교로도 안 되겠다, 자신은 하나님을 인정할 수도 없고 그래서 대신 상제, 옥황상제, 태상으로 표현됩니다만, 오히려 그것에 기대면서 1880년대에 이르면 왕실하고 연결이 되어서 자신의 이상을 실현하려고 했던 것이 아닌가 봅니다. 선서류에는 유교나 불교도 다 들어있거든요. 최성환은 효와 인륜을 굉장히 강조하지만 자기의 근본 목표는 선서류에 두고 새롭게 한번 그런 것을 통해 조선 사회를 안정시키고 새로운 시대를 열 수 있나고 생각하시는 않았을까 그렇게 생삭합니다.

노대환 저도 선생님 말씀에 전적으로 공감을 하는데. 19세기에 유불선 통합의식은 많은 지식인들에게 보입니다. 많이 언급된 남병철의 경우도 유불선 통합적인 인식을 가지고 있었거든요. 가령 가장 유학자들이 비판했던 불교의 천당지옥설 같은 것까지도 나쁜 사람들을 경계할 수 있는 논리라고 인정을 합니다. 하지만 같은 유불선 통합의식이라고 해도 차이는 있는 것 같아요. 유학자들이야 당연히 기본은 유학에 두고 아까 말씀하신 것처럼 도덕성을 회복하거나 윤리의식을 깨우치는데 도움이 되는 요소를 불교나 도교에서 끌어들이려고 했다면 최성환은 분명히 무게 중심이 도교에 있었다고 봅니다. 최성환은 처음에 묘련사에 참여하는데 묘련사 자체가 불교하고 도교하고 통합의식을 갖고 있던 결사입니다. 그 가운데 도교를 중시하던 사람들이 다시 무상단을 만들게 되는데, 그때 무상단에서 최성환이 아주 핵심적인 역할을 합니다.

이것을 보면 최성환은 처음에는 유교를 공부하다가 불교에도 좀 관심을 가졌고 최종적으로는 자신의 사상적 중심을 도교에 두게 된 것이 아니었을까 이렇게 생각합니다. 조선후기는 유교의 영향력이 점차 약화되는 과정인데 그 과정에서 중요한 계기로 된 것이 저는 바로 서학이라고 봅니다. 북학론자들은 천주교는 받아들여서는 안 된지만 유용한 서양 과학기술은 얼마든지 수용할 수 있고 수용해야 한다고 주장하는데 이런 이분법적 인식이 기본적인 사고틀입니다. 물론 천주교를 신봉하는 사람들이나 보수적인 유학자들에게는 이런 이분법적인 인식이 통하지 않지만 그렇지 않은 사람들에게는 흔히 도와 기로 이야기되는 정신적 세계와 물질적 세계의 관계를 어떻게 설정할 것인가가 큰 고민이었던 것 같습니다. 최성환의 경우는 도와 기를 구분하는 식의 인식은 없었던 것으로 보입니다. 이게 또 이분법적 인식틀을 가지고 있던 유학자와는 좀 다른 면모라고도 볼 수 있는데 최성환은 바로 이 도의 부분 그러니까 정신적인 부분을 어떻게 채울 것인가의 문제에서 그 답을 최종적으로 도교에서 찾았던 것으로 생각합니다. 그동안 유학자들이 그렇게 유학을 통해 도덕성을 추구했는데 현실은 점점 더 막막해지고 이런 것을 보면서 유학을 가지고는 안 되겠다 이런 생각을 당연히 했을 수 있겠죠.

김선희 19세기라고 하는 특수한 상황에서 왜 당시에 도가가 그렇게 기층을 중심으로 확대되고 강화됐는지는 좀 더 많은 연구가 필요한 것 같습니다.

송양섭 성리학이 구사하는 개념은 너무나 난해하죠. 천리(天理)니 이(理)니 기(氣)니 하는 말들이 지식인들에게도 쉽게 다가가지 않는 것들인데 일반 민중들이 볼 때는 알기도 힘들고 자신들과 너무나 동떨어진 이야기라는 것이죠. 그 내용이 복잡하기는 합니다만 가령 '천(天)'을 예로 든다면 성리학에서 말하는 천의 개념은 지나치게 근엄하고 심오해서 민중들의 피부에 와 닿기는 어려웠던 것이 아닌가 생각됩니다. 이 때문에 성리학이 갈수록 사변적 경향을 보이면서 그것이 가진 사회교화 기능은 반대로 크게 떨어지는 것이 아니었나 생각됩니다. '천'이 점차 인격적인 색채를 띠게 되는 것은 이러한 사회적 문제와 관련이 있는 것은 아닌지요. 상제(上帝)의 개념을 가지고 다산이 천주교인이냐 아니냐하는 논란이 있는데 아마도 이 시기 '천'이 가진 이런 복합적 성격 때문에 나타난 착시현상일지도 모릅니다. 원래 유학 안에도 어느 정도 인격적인 천의 모습이 있죠. 동중서 이래 그런 흐름이 한 갈래를 이루는 것으로 보이는데 19세기 접어들면 비기나 도참 같은 것들도 유행합니다만 민중들을 엄숙하고 경건한 천만으로는 더 이상 설득하기 힘드니까 하늘을 더 유연하게 해석해서 화도 낼 줄 알고 재앙도 주는…… 기독교에서 천당과 지옥의 개념을 통해 악행을 금지하려 했듯이 성리학에서도 무의식 중에 그러한 통치전략이 작동하고 있었던 것은 아닌지 모르겠습니다. 도가에서 착한 일 하면 복을 받는다는 등 그런 즉효적인 처방을 성리학이 흡수해 가면서 뭔가 다른 형태의 변화를 꾀하는 것이 아닌가 생각이 들구요. 최성환의 『고문비략』의 경우, 제도개혁이나 쇄신 등의 사안은 도가적 입장에서 보면 일종의 작위(作爲)에 해당하죠. 이 때문에 『고문비략』에 도가적 요소를 드러내는 것은 아무래도 어렵고 결국 철저하게 유가적인 언설로 구성될 수밖에 없었을 것입니다. 당시 분위기로 보면 그것이 모순적이라고 할 수도 없구요. 최성환 개인사를 제대로 복원하기는 쉽지 않지만 애초에 신분적인 한계도 있고 관로에서의 현달이 쉽지 않은 상황에서 개인적인 취향이나 규범이 도가 쪽으로 기울어지는 것은 이해가는 부분도 있습니다.

권오영 성리학이 지금 송 선생님이 말씀하셨듯이 사실 다산 정약용에 의해서 거의 그 이전의 주자학의 틀이 아닌 새로운 방식으로 해석이 되어 버렸잖아요. 예를 들면 성에 대해서도 다산은 성즉리가 아니라 성즉기호다 해버리고 태극도 리가 아니고 원기다 해버리고, 명덕도 주자가 『대학』에서 이기 중심으로 설명 해놓은 것을 효제자라 해버리고, 어떻게 보면 이미 주자학의 천에 대한 개념이라든지 태극에 대한 개념 이런 것들이 많이 바뀌었다고 생각이 들고 주자학은 그 정치적 사명을 다 한 것 같습니다. 그래서 실질적으로 순조 이후 이제 실록이나 기타 제도권 자료를 보면 『심경』이나 『근사록』 등 주자학에 대한 사료나 내용이 거의 보이지 않거든요. 특히 서울에 사는 지식인들의 문집을 보면 제가 알기에 이기 문자나 주자학 관련 문자가 많지 않은 것으로 압니다. 그래서 주자학은 재야학자의 몫으로 되어버렸고, 서울 경기지역의 학자들은 이제 새로운 학문, 종교 이런 것들에 깊이 관심을 가졌던 것 같습니다. 특히 최성환이 간행한 선서류들이 민중에 널리 보급되어 있을 수도 있습니다. 제 글에도 썼습니다만, 19세기에 선서류 책이 간행된 게 나오고 또 많이 읽혀지고 있었던 것 같습니다. 또 최한기가 말한 자료도 있잖아요, 『공과격』이 유행을 하고 있다고 말이지요. 그런 시대적 분위기 속에서 우리가 최성환의 선서류 계통을 이해해야 하지 않을까 싶습니다. 지금 『태산감응편』이나 『각세신편팔감상목』을 통해 그 속에 담긴 최성환의 생각을 우리가 얼마든지 추출할 수 있다는 생각을 갖고 있거든요. 특히 『각세신편팔감상목』 같은 경우에는 최성환이 각 편마다 소인(小引)이란 글을 붙여 자기 생각을 다 담아놨습니다. 그 내용은 최성환의 거의 유일한 목소리라고 할 수 있는데, 그걸 통해서 우리는 최성환이 살았던 시대의 소리를 들을 수 있을 것 같습니다. 그리고 참 제가 『당관공과격』 분석을 해봤거든요. 이 경우에도 최성환이 원황의 『당관공과격』을 수용해서 편찬했지만, 거기에 점수를 주는 게 있잖아요. 얼마를 준다고 했을 때 예를 들면 지방관이 이익을 일으키고 해를 제거해서 다 법도에 맞게 해서 백성이 영원히 실질적인 혜택을 받게 한 경우 삼천공을 준다 라고 했는데, 이것은 원황의 『당관공과격』에는 점수 배정이 아주 낮습니다. 그런데 최성환은 삼천공이라는 최고의 점수를 주거든요. 또 보갑을 행하되 수령이 직접 보갑을 편성하고 살펴 민을 동요하지 않게 하고, 사교와 간사한 도적이 절로 사라지게 하는 경우 이천공을 계산해 준다고 했어요. 이런 것들은 당시 조선의 지방제도의 부패 속에서 이해해야 한다고 봅니다. 조선사회가 1862년 임술민란으로 전국적으로 민란이 일어나잖아요. 수령의 의무를 담았기에 『당관공과격』을 『시민요결』이라고도 했어요. 그러니까 중국의 책이지만 자기가 그것을 다시 편집하면서 이런 경우는 수령에게 아주 높은 점수를 줘야 된다고 하는 것은 이 책이 도가 선서류 계통이지만 그걸 통해서 당시의 사회개혁이랄까 이런 걸 강하게 주장한 게 아닌가 생각합니다. 이것은 최한기도 마찬가지입니다. 최한기가 『해국도지』, 『영환지략』을 수용하여 『지구전요』를 편찬하면서 『해국도지』, 『영환지략』에 나오는 오랑캐 이(夷)자는 인(人)자로 다 바꾸거든요. 얼마나 자기의 생각이 강하게 들어간 것입니까. 이 지구상에는 이제 오랑캐는 없다는 거예요. 그와 마찬가지로 최성환도 조선 실정이 지금 제일 문제가 되는 것은 지방관이 문제이기 때문에 지방관이 잘 임명되어 백성들의 해를 제거하고 어떻게 하면 백성들에게 이익을 줄 수 있을까, 그리고 교화를 돕고 만물을 구제하며 자기를 이롭게 하고 남을 구제해야 한다는 것입니다. 아마 이런 뚜렷한 목적의식 속에서 선서류들을 편찬하려고 했던 것이 아닐까 그런 생각을 해봅니다.

권오영 최성환의 저작물에 대해서 좀 더 이야기를 나눌까요? 김선희 선생님이 최성환의 『여도비지』라든지 여러 저작에 대해서 쭉 많이 쓰셨던데.

김선희 내부로 들어가서 많이 보지는 못했습니다만 『여도비지』같은 경우, 목적의식이 분명한 책이고요. 제가 기존 연구들을 훑어보니까, 어쨌든 최성환이 당장 실무에 활용할 수 있는 내용을 구성하기 위해 여러 가지 편집을 한 걸로 평가할 수 있을 것 같아요. 일종의 실용서인데 특히 실제로 정보를 활용해 실무를 집행할 관료들을 위한 실용인거죠. 물론 백성들에게도 도움이 되겠지만, 행정적인 차원에서 가장 최적의 수를 찾으려고 하는 그런 태도가 보였고요. 그런 의미에서 최성환은 김정호한테 어떤 면에서 투자를 한 셈이고, 또 제안도 한 것 같고요. 저는 최성환이 실무에 필요한 다양한 자원들을 확보해나가면서 결과적으로는 기존의 부패들이나 어떤 비효율들을 조금이라도 제거해 나가는 방향에 일조하고 싶었던 것이 아닐까 생각이 됩니다.

송양섭 지도의 경우, 최성환 개인도 중요하지만 조선왕조의 지도편찬의 흐름에서 이 때가 나름 붐을 이룬 시기라는 점도 지적하지 않으면 안 된다고 생각합니다. 19세기 중후반을 거치면서 전국적 차원에서 지도나 읍지가 대대적으로 편찬되고 있습니다. 그건 왕조 정부나 민간 공히 그러했던 것 같습니다. 『여도비지』도 그러한 흐름에 가져다 놓으면 전혀 어색하지 않아 보여요.

김선희 사실 지도나 지리서에서는 기본적으로 수학적 마인드가 필요한 거잖아요. 특히 지도는 상당한 수준의 수학적인 이해가 요구되는 건데요. 실제로 남병철 같은 인물은 서양 수학에 상당히 정통했다는 것은 잘 알려져 있지요. 그런데 최성환이 적어도 지도 제작에 요구되는 수준의 수학에 대해서 충분히 이해하고 있었다고 말하기는 어려울 것 같아요. 최성환이 새로운 방법이나 자원을 활용했다기 보다는 기존의 자료들을 더 효율적으로 편집한 수준이라고 할 수 있지 않나 하는 건데요.

송양섭 남병철 같은 사람이 수학을 포함해서 자연과학적인 측면에서 좀 영향이 있지 않았을까요?

노대환 남병철하고 남병길 형제가 역시 거의 최고 수준의 전문가들이었죠. 특히 남병철의 동생 남병길의 경우는 천문, 역학, 수학에도 상당히 조예가 깊었으니까, 영향을 주었을 가능성은 충분히 생각해 볼 수 있을 것 같습니다.

김선희 수학은 특히 목표와 의도가 있어야 배우는 거잖아요. 천문 역산을 위해 배운다거나 기계 제작에 활용한다거나 말이지요. 그러나 그런 분야에 대한 관심이 없으면 일류 학자들도 굳이 배우고자 하는 분야는 아닌 것 같아요. 다산도 그다지 수학에 대한 조예가 거의 깊지 않았다고 알려져 있는데요. 최성환 역시 그다지 수학에 대한 관심은 없었던 것으로 보여요.

권오영 지도나 지지 제작이 그 당시에 아주 중요했던 것이 아닌가, 그런 생각이 듭니다. 그래서 김정호 같은 경우에 『대동여지도』 제작의 배후에는 보부상이 있었다, 그게 사실인지는 모르겠습니다만 지도에 10리마다 표시가 되어 있다고 해요. 그래서 분명히 지지의 필요성이 있었기에 편찬이 됐을 텐데 말이지요. 그래서 상업과 국방

즉 부국강병의 문제, 아마 이 두 측면이 굉장히 그 당시에 중요하게 부각되어서, 그런 흐름이 있지 않았나 그런 생각도 해보고요. 예를 들면 최한기의 저술 『기측체의』에 「지지학」이라는 항목이 있습니다. 그 글에 보면 지도, 지지 제작에 대해서 아주 강조하고 있어요. 19세기 당시에 『대동지지』, 『청구도』, 『여도비지』 등이 편찬되는 것이 아마 경제 군사 문제하고 연결되어 있어, 최성환도 김정호와 연합해서 작업을 하지 않았나, 그런 생각이 드네요. 최한기의 『지구전요』도 사실 세계지지 잖아요. 『영환지략』, 『해국도지』가 들어오고 하니 이제 전 세계에 대해서 알아야 했을 테고 상업 경제에 대해 중요하게 생각했을 겁니다. 전에 최한기 집담회 때도 잠깐 이야기 했는데, 1834년 남촌 창동의 최한기 집에서, 최한기가 김정호를 불러서 『지구전도』와 『지구후도』를 만든 것이 우리 역사에서 획기적인 사건이다, 세계관이 완전히 달라지는 상징적인 사건이 바로 1834년 최한기 집에서 일어났던 『지구전후도』 판각이다라고 얘기했거든요. 아마 그 흐름 속에서 세계 지리, 국내 지리, 이런 것에 대한 강한 관심이랄까, 그런 관심들이 최성환을 중심으로 한 서울 지역의 지식인들의 하나의 학풍으로도 이야기될 수 있지 않겠나, 그런 생각을 할 수 있을 것 같습니다.

권오영 그러면 『고문비략』에 대해서 한번 본격적으로 이야기해 볼까요. 송 선생님부터 『고문비략』에 제시된 최성환의 개혁론에 대해서 좀 말씀을 해주시면 감사하겠습니다.

송양섭 전반적으로 내용 자체가 돌출적이진 않습니다. 저 같은 경우 개인적으로 삼정책류(三政策類)를 중심으로 비슷한 시기 제기되고 있는 개혁론들을 쭉 검토해 볼 기회가 있었습니다. 당시 개혁론의 흐름은 몇 갈래로 나눌 수 있겠는데 그러한 구도에 최성환의 『고문비략』은 무리 없이 하나의 퍼즐이 됩니다. 그러면 『고문비략』의 내용이 이 실학적인 것으로 평가할 수 있는가? 이 문제에 대해서는 좀 자신이 없습니다. 사실 개인적으로 통상적인 실학 개념에는 동의하지 않는데다가 최성환의 『고문비략』을 그러한 틀에 집어넣을 수 있는지에 대해서는 솔직히 회의적입니다. 그런데 17세기 이래 18세기를 거쳐 19세기에 제기되는 경세론·개혁론을 일별해보면 대부분의 논의에서 토지제도에 대한 문제를 제기하는 경우는 찾아보기 힘듭니다. 유형원부터 이익, 정약용과 같은 인물은 물론이고 그 외에 잘 알려지지 않은 조야의 지식인들이 이 문제에 대해 적지 않은 글을 남겼습니다만 대체로 18세기까지만 해도 토지소유권이나 토지제도 자체에 대한 문제를 제기하던 분위기가 19세기에 접어들면 많이 바뀝니다. 『고문비략』은 일단 왕명에 응한다는 목적의식이 분명하기 때문에 국가운영에 즉각적으로 활용할 수 있는 일종의 매뉴얼과 같은 성격을 분명히 가졌을 것입니다. 역시 토지제도 개혁론은 전혀 찾아볼 수 있고 거기에는 19세기 대부분의 개혁론이 제기하고 있는 균부균세(均賦均稅)의 내용으로 가득 차 있습니다. 아주 전형적인 형태죠. 그런데 좀 아쉬운 것은 최성환이 궐내에서 오랫동안 근무한 것 치곤 중앙정부의 재정이나 관제 등의 문제에 대해 생각보다는 볼만한 주장이 없습니다. 녹제(祿制)와 관련된 주장 정도가 약간 고심의 흔적이 보이고 나머지 분야에서는 별로 주목할 만한 것이 없어요. 최성환이 가장 중점을 둔 것은 역시 지방제도가 아닌가 생각됩니다. 잠깐 말씀드린 바 있지만, 부(府)라는 거점을 매개로 행정은 물론 군사지휘권까지 단일화하고 그 밑에 통갑(統甲)이라는 걸 고안을 해 운영하도록 한 것입니다. 「통갑－부－도－중앙」으로 이어지는 형태의 행정라인을 만들고, 여기에 정규 행정 조직 밖에서 운영되던 각종 군사·통신 등의 기능도 합쳐 잡다하게 운영되던 행정시스템들을 모두 단일화시키는 방식입니다. 이게 아마『고문비략』의 가장 핵심적인 주장 중 하나인 듯합니다. 삼정(三政) 문제의 경우, 독립된 장절로 편성하지 않고 전정·군정·환정이 여기저기 흩어져 있는 모습을 볼 수 있는데 그럼에도 불구하고 역시『고문비략』에서는 상당히 비중 있게 다루고 있다는 생각이 들었습니다. 그런데 역시 이 부분도 임술민란기에 제기된 삼정론하고 비교해보면 당시 수많은 응지삼정소의 주장과 상당히 비슷한 방안을 담고 있습니다. 가령 군정문제의 예로 들면 군비를 투입해서 국방에 충실해야 되는 군사제도가 오히려 군사들에게 돈을 빼먹는 형태로 운영되거나 농민구제책의 일환인 환곡제도가 부세화되고 있는 전도된 현실을 바로잡고 제도본연의 취지를 어떻게 살려야할 것인지 문제를 제기하고 있습니다. 여기에 중요하게 다루어져야할 재정문제도 언급하고 있고요. 최성환 주장에서 평가해 줘야할 부분은 그것을 하나의 통합된 체계 속에서 일관된 구도를 통해 제기되고 있다는 거예요. 제가 다루어봤던 통치체제와 지방제도, 그리고 삼정의 문제도 이것이 따로 떨어져 고립분산적으로 논의되는 것이 아니고 나름의 유기적인 연관성을 가지면서 정합적인 형태의 개혁안이 구상되고 있다는 점입니다. 이러한 측면이 다른 논자들의 단편적인 주장과 구분되는 점이 아닌가 생각합니다.

권오영 그런데 최성환이 무과 출신이고 무인인데, 무과 폐지를 주장하고 있죠?

송양섭 그리 강하게 주장하지는 않습니다. 비슷한 주장은 있는데 그리 힘주어 말하는 것 같지는 않아요.

권오영 그리고 병영이나 수영이 지금 빈껍데기에 불과하다면서, 병마절도사도 폐지하자고 하지요.

송양섭 부(府)의 부사에게 다 귀속시켜 일임하자는 거죠.

권오영 최성환이 무인인데 왜 무과라든지, 병영이나 수영 이런 것에 대해서 폐지를 주장하고 병사, 수사를 목사, 부사에게 통합하려고 했는지, 그런 것들이 조금 궁금했어요.

송양섭 네. 그 외에도 몇 가지 의아한 점이 있습니다. 가령 이 시기 이양선이나 황당선이 출몰하고 천주교 문제도 있었고 멀지 않은 시기에 홍경래난도 있었습니다. 왕조정부의 입장에서 본다면 내치나 국방에서 공히 상당한 물리력, 즉 군사력의 양성이 필요한 시기임에 틀림없었습니다. 군사제도를 쇄신하고 강화해야 한다는 생각을 일단 상식일 텐데, 『고문비략』에서 이 문제가 적극적으로 다루어지지는 않습니다. 특히 수도 서울방어를 위한 중앙군제 개혁은 거의 개진하지 않고 있고 단편적으로만 언급하고 있어서 그 전모는 알 수가 없어요. 국방의 실질적인 물리력인 지방군제의 경우도 부사 중심의 행정제도와 일원화하면서 특별히 외적에 대한 방비를 강화한다는 생각은 들지 않고 행정적 효율성에만 집중을 하고 있다는 느낌을 받습니다. 최성환이 무신 출신이라는 걸 감안하면 조금 이상하긴 하죠. 이것을 아까 처음에 논의되었던 중인 또는 무신으로서의 정체성과 관련지어 생각해보면 최성환 스스로가 자신을 문신관료나 사족과 동일시하려는 관점이 투영된 것이 아닌가하는 느낌이 듭니다. 아니면 별도로 이러한 문제를 다룰 저작을 구상하고 있었던 것은 아닌지 추측할 수도 있습니다만, 일단 『고문비략』

만 놓고 보면 현실인식이나 국방문제에 대해서는 소극적인 입장이 아니었나 그런 생각이 들긴 합니다.

권오영 서울 사람이라면 실질적으로 전정 문제에 대해서 아주 전문가라고 하기는 어렵지 않나, 그런 생각이 들거든요. 실질적으로 서울은 상업도시이고, 그래서 자기가 처한 사회적 경제적 처지가 있을 테고 또 무인이므로 과연 최성환이 토지 문제에 대해서 어느 정도 얘기를 할 수 있을까, 이런 생각이 좀 듭니다. 그렇지만 그 시대가 농본사회이니 아무래도 개혁을 주장하자면 전정 문제에 대해서 어느 정도 식견은 있었을 것입니다. 최한기 같은 경우에 제일 먼저 쓰는 책은 『농정회요』예요. 그것은 주로 중국의 농서의 내용을 선별하여 펴내는 것입니다. 사실 최성환의 경우도 군제에 대해서는 그 개혁론이 좀 의외라고 보여요. 그런데 토지 문제나 환곡 문제에 있어 개혁이 어느 정도 현실적인지, 실질적으로 임술민란 이후에 전국 모든 학자에게 다 삼정책을 올리라 했잖아요. 당시 지식인들의 삼정에 대한 인식과 최성환의 『고문비략』에서 나타나는 삼정에 대한 인식, 이런 것들을 좀 더 비교해서 이야기를 해주면 최성환의 개혁이 보다 선명하게 설명이 되지 않을까, 그런 생각이 듭니다. 노대환 선생님께서 말씀해 주실까요?

노대환 어떻게 최성환의 개혁을 평가해야 될지, 개혁의 지향점이 무엇인지 사실은 정확히 파악하고 있지 못하기 때문에 평가를 하는 것은 어려운데, 송 선생님도 지적하셨듯이 최성환의 개혁에서 가장 특징적인 것은 토지개혁에 대한 논의가 전혀 없다는 겁니다. 그게 말씀하신 것처럼 서울에 사는 지식인이라는 최성환의 입장과 관련이 있을 수도 있을 것 같아요. 그런데 상업을 어떻게 촉진할 것인가에 대한 이야기가 없으니까 또 서울 지역의 분위기를 반영했다고 보기 어려운 측면이 있습니다. 18세기 이후에 여러 지식인들이 다양한 개혁론을 제기하는데 저는 그 정점에 있는 것이 18세기 후반 북학론자들이 제시한 통상론이라고 봅니다. 국내 체제에서 벗어나 세계사적 흐름에 합류해서 국가의 부를 확충해야 한다는 주장은 분명히 새로운 것인데 최성환은 이러한 부분에 대해서는 전혀 언급이 없어요. 본인의 서문은 없고 장지완이 대신 쓴 서문에 보면 장지완은 이 책의 성격을 크게 두 가지로 이야기하고 있습니다. 하나는 정령과 법제 가운데 폐단이 있는 것을 개혁하는 것, 또 하나는 백성들의 고충을 어떻게 덜어줄 것인가 하는 것 이 두 문제에 최성환이 집중을 했다. 이렇게 장지완이 평가를 하고 있는데, 『고문비략』을 읽어보면 백성들의 고충에 관한 것은 좀 부차적이고, 대부분은 정령과 법제 가운데 좀 폐단이 심한 것들을 고치는데 주력하고 있는 것으로 보입니다. 그런 점에서 본다면 최성환은 상당히 넓은 안목을 지닌 인물이고 나름의 어떤 지향점이 있었던 것 같아요. 이우성 선생님께서는 『고문비략』의 성격을 탈주자학적이고 탈중세적인 것으로 상당히 적극적으로 평가를 하고 계시죠. 그런데 제가 공부가 부족해서 그런지 모르겠지만 『고문비략』을 그렇게 탈중세적 탈성리학적인 것이라고 평가를 할 수 있을까 그런 의문이 좀 듭니다. 읽어보면 부분적으로 탈중세적인 내용이 보이기는 하지만 전체적으로 보면 기본적으로 복고적이고 중세적인 성격이 강하다는 느낌을 듭니다. 의의와 함께 한계도 분명한 것이 아닌가 그런 생각인데 그 한계란 것은 시대적인 흐름을 제대로 읽어내지 못했던 것이라고 봅니다. 이건 최성환 개인의 한계일 수도 있고 19세기 중반이라는 시대의 한계라고도 할 수 있겠죠. 우선 시대적 한계부터 말하면 19세기 중반은 서양 선박들이 가장 본격적으로 밀어닥쳤던 때가 이 헌종 때 아닙니까, 그래서 연안에 나타나는 이양선들

쫓아다녀서 일일이 보고하기가 어렵다고 하는 상황이라 더 강하게 내부를 단속하려고 하는 분위기가 강했고 그래서 천주교에 대한 탄압도 심했죠. 이런 분위기에서 중앙 정계에 속한 인물들이 자유롭게 이야기 할 수는 없었을 텐데 최성환도 그런 한계에서 자유로울 수 없었을 겁니다. 최성환 개인의 한계라면 그의 복고적인 의식을 거론할 수 있는데 그런 의식을 가지고 있으니 결국 제도적인 개혁도 시대적 추세를 따라가지 못한 채 복고적인 방향으로 나갈 수밖에 없었다고 봅니다. 19세기 중반에 이런 책이 나왔다는 것 자체는 굉장히 의미가 있지만, 그 내용을 하나하나 들여다보면 왜 좀 더 새로운 이야기를 하지 못했을까 그런 안타까운 마음이 들기도 합니다.

김선희 비슷할 것 같은데…… 이 사람 글을 보고 있으면 최성환이 여러 분야에 개입하고 있고 그 분야들이 어떤 면에서 당시 조선의 모순이 담겨 있는 영역들일 텐데요. 그렇지만 실제 문제에 대한 최성환의 진단이 날카롭다고 보기는 어려울 것 같아요. 말씀하신 것처럼 이 시기에는 이양선이 조선에서도 목격되던 때고 아편전쟁 후에 북경 함락 같은 소식들이 들어오면서 동아시아 전체에 들이닥친 위기상황이 점점 가시화되던 때였지요. 천주교 박해 말할 것도 없고요. 안팎으로 모두 위기상황이었으니까 거기에 대한 위기의식이 나타날 수밖에 없을 텐데 이게 명확하게 보이지 않는다고 할까요. 사실 모든 개혁론은 당연히 어떤 문제 상황 혹은 위기 상황에서 그 돌파구를 마련하기 위해 제안되는 것인데 지금 최성환이 보고 있는 위기라는 건 그냥 제도상의 오류들, 제도상의 불합리 정도로 보일 수 있다는 것이지요. 조선이 그 당시 닥쳐 있던 긴급한 위기상황들에 대해서 분명한 서술이 없어요. 이양선에 대한 것만 해도 이 시기 학자들 사이에서 관련된 언급들을 찾는 건 쉬운 일인데요. 그런데 제가 과문한 탓인지 최성환의 글 속에서는 분명하게 찾지 못했어요. 이 사람이 이 부분에 대해서 반응하지 않고 있다는 건 어떤 의도적인 선별이나 목표 의식 때문일 것 같은데, 그런 것 때문에 이 제도개혁론도 역시 좀 어떤 면에서 보수적이거나 조금 행정적이란 생각이 듭니다.

송양섭 어떤 문제를 중심으로 저작을 구성했는지는 굉장히 중요하죠. 그래도 『고문비략』에 제시된 내용을 보면 흥미로운 부분이 좀 있습니다. 전정에서는 작전(作錢)·작미(作米)·작목(作木)과정에서 환산가를 둘러싸고 이루어지는 실무자들의 부정을 근절하기 위해 이를 모조리 화폐납으로 통일하자고 합니다. 작전·작미·작목의 문제는 나름의 고유한 논리가 있어서 그것을 바꾸려 할 때는 많은 고려를 하지 않으면 안 되는데 최성환은 그런 부분을 무시하고 아주 단순하게 풀고 있습니다. 정교하지는 못해요. 그런데 어쨌든 조세금납화의 문제는 갑오개혁 때 실현이 되기는 합니다. 군정의 경우는 양반들에게도 동포(洞布)나 호포(戶布)의 형태로 수포를 하자라는 주장을 하는데 이건 이미 19세기 중엽 호포·동포가 향촌 내부에서 상당히 관행화되어 있었던 현실을 그대로 제도화하자는 거예요. 별로 파격적인 주장은 아니죠. 당시 지식인들이 동일한 주장을 펴는 사람도 많고. 그런데 이것도 1871년 흥선대원군의 명령으로 제도적 실현을 보죠. 환곡의 경우에는 이른바 와환(臥還)의 문제가 중요합니다. 처음에는 와환을 환곡의 폐단 중 하나로 언급하면서도 판단을 유보하고 상당히 호의적으로 평가합니다. 결국 와환의 형태로 환곡을 부세화 하자는 거죠. 그런데 이 시기 환곡제 개혁의 추이도 와환을 제도적으로 인정하자는 쪽으로 가고 있어요. 바로 파환귀결(罷還歸結)로 환곡의 결세화(結稅化)죠. 환곡의 고유한 진휼기능은 앞에서 말씀드렸다시피 사창론(社倉論)을 대안으로 제시하는데 이게 철저하게 주자적(朱子的)인 거죠. 이 사창의 제도화도 이 시기에 많은 사람들이 주장을 했고 실제 이후 실현이 되죠. 그래서 최성환이 삼정에 대한 구상은 부문별로 늦고 빠른 문제는 있지만, 이미 법인되지는 않더라도 이미 관행화되어 있던가, 아니면 정책현안으로 진지하게 논의되던 방안이 대부분이고 결국 19세기가 끝나기 전에 대부분 제도로 정착이 된다는 점에서는 하나의 정책론·제도론의 흐름을 타고 있다고 해도 좋을 것 같아요. 이건 좀 별개의 문제일 수도 있다고 봅니다만 이 시기에 만약에 지식인으로서 진보적인 개혁론을 제기했다고 했을 때, 그 기준이 도대체 뭘까라는 고민이 듭니다. 가령 다산이 정전제를 주장했다고 했을 때 이걸 과연 진보적이라고 할 수 있을까. 정전 자체는 대단히 복고적인 것인데. 또 왕조정부에서 군제를 개편하면서 종전의 군역제를 혁파를 하고 새로운 어떤 시스템을 도입한다고 했을 때 가장 중요한 것은 결국 재정문제겠죠. 외국에서 차관을 도입하는 것도 아니고 농업 이외의 부문에서 수세할만한 재정원이 있었던 것도 아니고 사실 세수의 대부분이 토지에서 나올 수밖에 없는데 이런 형편에서, 표면적으로 혹은 부분적으로 근대적인 제도와 유사한 모습이 보인다고 이것을 진보적인 것으로 평가하는 경향이 있습니다. 이러한 방식은 별로 적절한 관점도 아닌 것 같고 근본적으로는 근대주의라는 대단히 좁은 틀에 가두어질 수밖에 없기 때문에 저는 개인적으로 바람직한 방향이라고 생각하지는 않습니다. 다시 최성환으로 돌아가 보면 『고문비략』의 주장을 보수나 진보로 나누는 것이 과연 타당한 방식인지 근본적인 회의가 필요하다고 생각합니다. 최성환의 개혁론은 왕명에 답하는 형태이기 때문에 응지삼정소의 경우와 마찬가지로 제도의 실용성이나 즉효성을 염두에 두지 않을 수 없기 때문에, 그런 점에 중점을 두고 쓰여졌을 것입니다.

최성환이 그러한 전제조건 없이 『경세유표』와 비슷하게 완전히 새로운 국가를 구상하는 형태로 의견을 개진하는 형태라면 아마도 토지개혁론을 포함해서 좀 더 추상도가 높은 저술이 나왔겠지요. 다산의 예를 들었습니다만 『경세유표』와 『목민심서』가 가지고 있는 눈높이가 다르기 때문에 이를 두고 개혁과 개량을 가르고 또 그것을 시간적으로 일직선상에 놓고 사상적 진화과정을 논하는데 저는 개인적으로 그러한 방식이 좀 문제가 있다고 생각합니다. 그런 면에서 『고문비략』의 저술이 헌종의 명에 입각했다는 점, 거기에서 그 내용성이 원초적으로 규정될 수밖에 없고 따라서 그 내용이 철저하게 현실적인 모습을 가질 수밖에 없다고 생각합니다. 당연히 그것은 평지돌출한 것이 아닌 당시 개혁론의 흐름을 적절하게 타고 있음은 물론입니다. 제가 너무 냉정한지 모르겠습니다.

권오영 저도 『고문비략』을 읽으면서 처음 든 느낌은, 너무 보수적이고 좀 중세적이라 할까, 그런 느낌을 받았는데, 다시 읽어보니 실질적으로는 굉장히 개혁적인 주장이 제시되어 있는 게 아니냐 이런 생각을 했습니다. 아까 말했다시피 병영과 수영 그것을 하나로 통합한다든지, 또 무과 폐지, 문과와 무과가 예전에는 다 나눠져 있지 않았고, 명장은 명상에서 나왔다든지, 또 서원을 다 없애고 부에 있는 학교로 선현의 위패를 다 옮겨서 운영을 하면 된다고 하고 지방의 학교는 공자만 모시고 생도를 강학하는 장소로만 해야 된다는 등등. 또 이제 선부후교론, 부가 먼저이고 교육은 나중이다. 모든 관리는 선발해서 쓰고, 거기서 선발되지 않은 사람은 다 농사짓고 장사하고, 벼슬하는 사람이라 해서 반드시 다 귀족일 필요는 없고, 농사짓고 장사한다 해서 반드시 한미한 족속이라고도 말할 수 없다는 등. 어쨌든 이런 주장들이 항목 항목마다 중국의 고전을 따와서 증명을 하지만 조선사회의 토지 문제, 군제, 환곡 문제 등 여러 문제에 대해서 너무 지나칠 정도로 개혁을 요구하고 있는 게 아닌가, 이런 느낌을 저는 받았습니다. 흥선대원군 때 호포제를 실시해서 군포를 이제 양반도 다 내야 된다든지 서원 철폐라든지 그런 개혁을 추진했는데, 이미 최성환의 『고문비략』의 내용에 그런 것들이 제시되어 있다고 보면 저는 『고문비략』의 개혁 내용에 대해 적극적인 평가를 하고 싶어요. 『고문비략』을 지은 것이 1862년 임술민란이 일어나기 전이잖아요. 최성환이 헌종 대에 이미 조선 사회가 안고 있는 그런 문제점에 대해서 그 나름의 큰 그림을 『고문비략』에서 그리고 있다고 봅니다. 처음엔 저도 『고문비략』의 항목도 간단하고 해서 별 내용이 있겠나했는데 자세히 읽어보니 조선 사회를 완전히 새롭게 개조하려고 했던 것이 아닌가 하는 생각까지 하게 되었어요. 실제로 서원철폐를 생각해 보세요. 그것이 쉽지 않잖아요. 서원철폐가 쉬운 일이 아닌데 최성환은 서원 문제에 대해 자기 나름의 개혁방안을 제시해 놓았어요. 그것이 어쨌든 대원군에 의해서 방법은 다르지만 이루어지고 있었으니까요. 그래서 저는 『고문비략』의 개혁론에 대해 적극적으로 좀 평가를 할 수 있지 않겠나 싶어요. 벽사 선생님이 말씀하신 탈중세적이란 평가도 저는 『성령집』을 통해서는 그걸 확인할 수 있었습니다. 『성령집』에 주자의 시가 한 편도 안 들어가 있으니까, 이건 정말 탈주자학이고 탈성리학이 아닙니까. 『성령집』을 통해 최성환의 탈주자학이고 탈성리학적 학풍이 증명이 되더라는 것입니다. 그러니까 『고문비략』도 우리가 당시의 문제점을 좀 더 깊이 있게 읽어내고 그 개혁내용이 정말로 현실성이 있는지 없는지는 좀 더 검토해 봐야겠지만, 우선 적극적으로 평가를 해 줄 수 있는 부분도 많이 있다고 생각을 합니다.

노대환 저는 아까 말씀드린 것처럼, 19세기 중반에 이런 개혁론이 나왔다는 것 자체는 큰 의미가 있고 또 『고문비략』 안에 들어 있는 여러 가지 제도적 개혁도 중요한 내용을 담고 있다고 봅니다. 그러나 역시 중요한 것은 국가를 어떤 방향으로 장기적으로 이끌고 나갈 것인가 하는 지향점이라고 할 수 있을 텐데 그런 점에서는 아쉬운 점이 있습니다. 최성환을 동시대의 최한기나 이규경과 비교해보면 좋을 것 같아요. 최고의 경세적 성과라고 할 수 있는 18세기 후반의 북학론에서 잘 나타듯이 새로운 생각을 하는 사람들이 가장 고민했던 문제는 이 가난한 조선을 어떻게 구할 것인가 하는 점이였죠. 지금까지 심성론의 문제로 모든 것을 해결하고자 했던 프레임을 바꿔서, 국가적 부를 어떻게 창출하고 이를 기반으로 궁극적으로 도덕적인 국가를 만들어야 한다는 그런 문제의식이었던 거죠. 가장 중요한 점은 경제적 토대를 어떻게 마련해낼 것인가의 문제였고 그런 문제 의식에서 통상론이 도출되었습니다. 이규경도 그렇고 최한기도 그렇고 통상을 주장합니다. 저는 최성환도 다른 무엇보다 먼저 국가적 부를 어떻게 확충할 것인가 하는 문제에 관심을 기울였어야 한다고 봅니다. 직접적으로 이야기하자면 통상에 대한 논의가 있어야 했는데 최성환은 그러지 못했죠. 19세기 중반의 시점에서 또 하나 중요한 문제는 역시 소수에게 권력이 독점되어 있는 정치적 상황을 어떻게 바꿀 수 있을 것인가 하는 점입니다. 최성환은 권력이 독점되어 있는 현상 자체에 대해서는 명확히 인식하고 있었지만 그에 대한 해결책은 좀 미흡했던 것이 아닌가 그런 생각이 듭니다. 또 하나 새로운 사회를 지향한다면 반드시 어떤 인재를 키울 것인가 하는 문제에 대한 고민이 있어야 하죠. 이것은 18세기 후반 박제가가 고민했던 문제이기도 했는데 박제가는 서양 선교사를 초빙해서 조선 젊은이들에게 새로운 학문을 가르쳐야 된다고 주장했습니다. 최성환은 『고문비략』

에서 경세학을 가르쳐야 된다는 이야기는 여러 번 하지만, 그 경세학이라는 것이 유교적 경세론의 범주에서 벗어나는 것이 아니었다고 생각합니다. 새로운 인재상에 대한 고민은 부족했던 것이 아닌가 그런 느낌이 듭니다. 이런 몇 가지 문제를 생각하면, 최성환의 『고문비략』이 갖고 있는 긍정적인 점은 인정하지만 한계도 분명하죠. 세도정권 하에서 통상이나 정치 개혁 같은 이야기를 꺼내기 쉽지 않았을 테니 최성환 개인의 한계로 몰아붙일 수 있느냐 그런 반론도 있을 수 있겠죠. 거기에 대해서는 이렇게 답할 수 있을 것 같아요. 만약 시대적 한계가 크게 작용했다면 시대가 달라진 1880년대쯤에는 그의 생각도 변했어야 하는데 그렇지가 않습니다. 잘 아시다시피 1880년대는 세상에 많이 바뀌어 고종도 전통적인 유학 가지고는 안 되고 서양기술을 받아들일 수밖에 없다고 하는 상황이었습니다. 고종이 지식인들에게 새로운 대책을 제시하라고 촉구하니까 최성환도 3차례 상소를 올려 자기 의견을 제시합니다. 그런데 상소 내용을 보면 『고문비략』에서 했던 주장을 크게 벗어나지 못합니다. 기본적으로 최성환의 의식이라고 하는 것은 전통적인 개혁론의 연장선상에 있는 것이라고 평가를 해야 되지 않을까 생각합니다.

김선희 인재선발 같은 경우도 결국은 선발하고 천거하고 과거제하고 이렇게 절충하고 보용하는 방식 제안하는 거죠?

송양섭 천거제를 주장하는 것 같아요. 천거제는 이때 지식인이면 대부분 제기하는 것이기도 하구요.

노대환 시험을 보고, 두 가지 경우 결부가 돼야……

권오영 그런데 인재 등용부분에서 정확하게 인식을 하고 있다는 생각이 드는 게, 조선이 일천리라고 하면서 그 가운데 서북삼도는 빼버린다는 거죠. 그러고 나서 오도가 남는데 오도도 다 그냥 서울에서 흘러들어간 사람 중에 인재로 발탁되는 것이지 나머지 사람은 거의 등용이 안 되고 있다고 보고 있어요. 경기도 한 도가 중요하지만 경기도 중에서도 서울의 오부, 오부 중에서도 일리(一里)에만 인재가 다 모여 있으니, 그곳에 사는 인재만 국가에 관료로 선발되어 가지고 나라가 운영되고 있다는 거죠. 그러니까 만약 서울 북촌의 일리에 조선의 인재가 다 모여 있다면 그래도 다행이지만, 그렇지 않기 때문에, 만약에 경기도에 살더라도 한미한 집안에 태어났다면 그것은 얼마나 억울하냐 이거죠. 최성환은 이 나라 조선이 서울 북촌에서만 인재가 발탁되어서 노론 북촌 세력가 자제들만 이 나라를 운영하고 있는 이 문제가 아주 심각하고 이거는 반드시 고쳐야 된다고 생각했어요.

노대환 물론 원론적으로 최성환의 비판이 맞지만 인재 선발 시스템이 제대로 작동하지 않는 이유는 결국 정치권력을 극소수가 잡고 있기 때문 아닙니까. 이걸 어떻게 바꾸지 않고서는 폭 넓은 인재 수용이라는 건 불가능한 얘기잖아요. 그러면 어떻게 그 기득권 세력을 끌어내릴 것인가 이 문제에 대한 접근이 있어야 할 텐데 최성환은 행정제도 개편을 비롯해서 여러 가지 방법론을 제시합니다. 과연 최성환이 제시한 그런 개혁론이 현실성 있는 것이었나 하는 것은 면밀히 검토해봐야 하겠지만 상당히 복고적인 내용을 담고 있는 것이라 어느 정도 실현 가능성이 있는 것이었는지 모르겠어요.

권오영 그러니까 미리 가정을 해서 말하면 미련학파가 될 수 있지만,

어쨌든 헌종과 최성환의 그 만남이 중요했잖아요. 그 관계 속에서 개혁이 가능하다고도 얘기할 수 있다는 거죠. 만약에 헌종이 최성환을 통해 나라의 인재 등용에 문제가 있다는 것을 충분히 이해하고, 물론 관료들이 굉장히 반발은 세었겠지만 그런 관점에서 개혁을 추진했을 수도 있었다는 것이지요. 특히 헌종과의 만남에 의해서 이뤄졌다는 것이 중요해요. 최성환이 그냥 재야에서, 단순하게 시골학자로 개혁을 냈던 게 아니고, 국왕이 한번 당신이 아주 학술에 깊은 식견이 있으니까 개혁론을 내보아라해서 저술했기 때문에 그 개혁론이 다른 학자의 그런 개혁책과는 좀 다르게 평가를 해야 되지 않겠나 싶어요. 예를 들면 홍선대원군 당시에 서원이 천 개가 되었는지 몰라도 대원군이 서원철폐를 밀어붙였잖아요.

노대환 헌종이 요구하는 아니면 헌종이 수용할 수 있는 수준의 개혁안이었다고 보시는 건가요?

권오영 예를 들면, 다산 같은 경우도 마찬가지잖아요. 『경세유표』가 언제 저술되었습니까? 유배 땐가요. 그러니까 그거는 사실 늦은 거지요. 정조와 같이 정권에 가담해서 했다면 오히려 개혁이 가능한데, 오히려 다산은 최성환보다 더 개혁을 도출해 낼 수 있는 상황이 약하지 않았나 싶어요. 유배지에 있었고 당시 안동김씨 정권이 세도를 부리고 있었고 그래서 당시 다산을 거의 학자로 인정을 하지 않아요. 용한 의사로만 인정했다니까요. 제가 실록을 찾아봐도 다산은 졸기에도 나오지 않고 있어요. 최고의 학자이고 그 시대를 타계할 수 있는 그런 지성인데도 그 당시 국가에서 전혀 신경 쓰지 않았습니다. 『지수염필』을 보면 홍한주가 노론으로 다산과 당론이 다른데도 다산이 죽었다는 소식을 듣고 만 권 서고가 무너졌는데도 이 나라는 아무도 관심을 가지지 않는다고 개탄했잖아요. 그런 상황이니 『경세유표』야 말로 정말 자리 밑에서 언제 빛을 볼지 모르는 그런 책인데 비해서, 최성환의 경우는 그래도 국왕과 직접 만나서 개혁안을 한 번 내봐라, 그것이 어느 정도 채택될지 몰라도, 그런 관점에서 제시되었던 거고, 그것이 제가 생각할 때는 구체적으로 지방제도며 학교제도며 이런 것들이 하나하나 오히려 너무 과격하게 제시됐던 게 아닌가 싶어요. 그래서 사실 헌종대 개혁이 이루어졌다면 철종 대를 거쳐 대원군 대의 개혁도 어느 정도 점진적으로 될 수 있지 않았나 생각을 해봅니다.

송양섭 최성환은 청계천 준천에 대해서는 많은 분량을 할애해서 인력 동원, 공사비 조달 등에 대해서 상세하게 시술을 합니다. 다른 문제 가운데에도 중요한 것이 많은데 그런 것은 제쳐두고 청계천 준천 문제는 특이하게도 아주 깊은 관심을 표합니다. 준천 항목이 따로 설정되죠. 18세기 영조의 준천이 유명합니다만 이러한 면을 보면 최성환이 서울도성민이라는 것이 잘 드러나기는 하죠. 군역제도 개혁에서 양반에게 포를 거두는 방안도 그가 교유한 남병철 같은 인물이 같은 주장을 합니다. 그런데 남병철의 방안이 최성환의 그것보다 훨씬 체계적이고 구체적인 느낌을 줍니다. 글도 깔끔하구요. 제가 한문에 소양은 약하지만 삼정문제를 예로 들면 최성환이 구사하는 용어나 문투는 일반적으로 사용하는 용어와는 약간 뉘앙스가 다른 문자들을 구사하는 듯 한 느낌을 받았습니다. 자신 있게 말씀드리기는 어렵지만 서울의 일급학자들과는 확실히 격이 다르긴 한 것 같습니다.

김선희 문장에 아함이라는 게, 아름다움이라는 게 있잖아요. 그렇지만 능력이 안 돼서 못했다기보다는 덜 구애받는 사람들이 있는 것 같아요. 사실 최한기의 문장은 물론 성호의 글조차 거친 부분이 있다는 것이 일반적인 평인 것 같아요.

송양섭 경화사족들 쓴 글들은 깔끔하고 명쾌한 측면이 있지요.

김선희 독학으로 쌓아 온 거여서 그런 부분도 있을 것 같고…….

송양섭 권 선생님 보시기에는 어떠신지요.

권오영 최한기 같은 경우에도 이건창이 당시 최고의 문장가인데도, 『혜강최공전』을 쓰면서 최한기가 무슨 말을 하는지 서로 소통이 안 된다, 그런 표현을 했어요. 그러니까 사실 그 시대에 자기 나름의 학문 체계를 새롭게 구축해 보는 게 아닌가, 물론 최한기 같은 경우도 지금 우리는 잘 모르지만 당시에 대학자로 다 인정하거든요. 홍석주 조인영 이규경이 최한기를 인정했어요. 특히 이규경은 최한기야말로 경전, 역사에도 통하고 예학에도 통한, 속된 선비에 견줄 바가 아니라고 최고의 학자로 칭찬을 하거든요. 그렇지만 최한기의 문장이나 학풍은 매우 독특했던 것은 사실입니다. 아까 두 선생님이 말씀하신 것처럼 서울의 유신환의 경우 정말 그 문장이 아주 세련되고 깔끔해요.

송양섭 저같이 문리가 약한 사람도 그 정도는 알 수 있을 것 같기도 합니다.

권오영 최한기의 문장도 『소모』라든지 그런 책을 보면 최성환 같은 학자들하고 문투가 비슷한 그런 것을 느꼈어요. 최한기 경우에 종이를 펴면 눈 깜짝할 사이에 수천 자를 쓴다는 거죠. 그런데 그 옆에서 누가 “선생님 이 글자 틀렸습니다”라고 하면 “아 그래” 하면서 바로 고친다는 거죠. 실질적으로 최한기의 필적으로 생각되는 『명남루수록』이라든지 『소모』 등을 보면 글씨를 아주 잘 쓰시거나 그런 건 아니어요. 『기학』 같은 책은 아예 누구한테 쓰인 것 같아요. 그건 아주 글씨도 좋고 표지의 글씨도 좋습니다. 그런데, 『기학』 같은 문장은 제가 읽을 땐 마음에 굉장히 와 닿거든요. 아주 원론적인 그런 내용을 담고 있지만, 문장구조가 대구로 많이 되어 있어 읽기가 편해요. 정말 문장가다운 문장으로 저는 생각이 됩니다. 최한기는 『기학』을 집필하여 그 자신의 학문을 전 세계에 기학이라고 선언했잖아요. 제가 혜강 최한기 연구 집담회 때 『기학』책의 학계의 출현을 소개하고 그 원본의 행방이 묘연하다고 언급했는데, 얼마 전에 그 책이 고려대학교에 소장되어 있다는 것을 알았습니다. 요즘 각 기관의 도서목록에 대한 정보화가 잘 되어 있어 내가 고려대학교 도서목록에 『기학』이 있다는 것을 알고 얼마 전에 유시건 선생에게 말씀을 드렸더니만 유 선생이 바로 확인을 하여 1980년대에 연구원에 팔러 왔던 그 책이 맞다고 알려주었습니다. 권오제라는 분이 1990년대 말에 고려대 도서관에 기증을 했답니다.

최한기와 최성환은 동시대를 살면서 섬부한 학문적 성과를 남겼어요. 최성환은 『고문비략』을 제외하고는 현재 전하는 책은 모두 편저인 반면, 최한기 같은 경우는 자기 나름의 학문체계를 이룬 학자로 우리나라 역사에서 적어도 퇴계 이황이나 율곡 이이가 자기의 학문체계를 세웠듯이 기학이라는 학문 체계를 이룬 학자가 아닌가, 그런 생각을 개인적으로 하고 있어요.

노대환 최한기하고 비교해 보면 어떤가요? 10년 정도 나이 차는 있기는 하지만 동시대의 인물이지 않습니까.

권오영 그러니까 예를 들면 최한기와 최성환이 『공과격』을 놓고 각자 이해하는 것을 보면 많이 다르잖아요. 최한기는 『공과격』에 대해 굉장히 비판적이잖아요. 최한기는 성령론에 대해서도 비판적인 것 같아요. 그게 최한기의 기학에는, 이 우주에는 공(空)이 없고 허(虛)가 없고, 하여튼 자기의 독특한 기준이 있기 때문에 불가사의라는 말을 쓰고 싶어 하지 않습니다. 공(空)이나 허(虛)는 실(實)이나 유(有)로 다 고쳐버리고 있어요. 최성환은 도교 불교를 다 인정하므로 공(空)이나 허(虛)를 최한기처럼 이해하지는 않는 것 같아요. 두 사람을 비교하기는 쉽지는 않지만 다만 윤리적인 문제, 그 문제에 있어서는 서로 잘 통하는 게 있지 않나 생각합니다. 최한기든 최성환이든 19세기에 살았던 인물들에 대해 저는 유교의 제사 문제로 접근하고 싶어요. 그러니까 다산이 천주교 신자냐 아니냐고 할 때, 그가 제사를 지냈냐 안지냈느냐, 다산이 제사를 만약에 지냈다면 조상신을 믿는 거고, 그거는 끝까지 유학자로 봐야 된다고 생각하거든요. 제사 문제는 효의 문제잖아요. 최성환도 『효경』을 30년동안 강의하고 오직 인륜과 효를 매우 강조해요. 그러니까 옛말에 사람도리를 못하면 금수에 가깝다라는 표현이 있는데, 최성환은 사람으로서 윤리를 범하면 금수에 가깝다고 하는 말은 너무나 오히려 범범한 얘기라는 거죠. 금수보다 못하다 그렇게 말해야 된다는 겁니다. 그러니까 최성환은 유교 윤리는 아주 강하게 강조하고 있어요. 최한기 역시 오륜, 인륜을 매우 강조해요. 어쨌든 윤리 강조는 최성환이든 최한기든 인도, 인륜, 효의 문제 이런 것들은 두 사람이 서로 공통되는 것이 아닌가 그런 생각을 합니다.

아까도 잠깐 지방관 문제에 대해 얘기가 나왔지만, 최성환은 자기 당대의 문제를 아주 심각하게 받아들이고 있었습니다. 예를 들면 정약용 같은 경우에는 「애절양」 작품으로 그 시대를 고발하고 있잖아요. 그 시를 읽으면 마음이 섬뜩할 정도인데, 최성환도 마찬가지거든요. 관동 지역에서 일어났던 사건을 통렬하게 알리고 있어요. 그런 사실을 『고문비략』에 담았다는 자체가 그 시대의 지식인으로서의 통절한 사회 고발이 아닌가 봐요. 남아가 태어나면 황구첨정이 되고 여아가 태어나도 군적에 올리니 아기가 태어날까봐 부부관계를 하기 싫어할 정도라는 겁니다. 다산의 「애절양」 시의 연장선상에서 저는 최성환의 『고문비략』도 현실에 바탕을 두고 있다는 사실을 우리가 깊이 인정해야 되지 않느냐 그렇게 봅니다. 그리고 『한사경』의 임술민란조를 한번 보시면 당시 민중의 분노가 어떠했는지 말로 표현하기 어려워요. 전라감사 김시연의 어머니를 잡아서 탕아를 낳았다고 그 어머니를 해치는 아주 노골적인 그런 기록이 있지만, 사실 최성환의 『고문비략』은 임술민란 이전의 기록이기 때문에, 정약용을 이어 최성환이란 인물에 의해 당시 사회의 문제가 진단이 되고, 그런 속에서 군정제라든지 이런 것들에 대한 개혁이 제시되고 있지 않나 하는 생각도 하게 됩니다.

권오영 전체적으로 노대환 선생님께서 조선 사상사에서 최성환의 사상사적 위상이랄까, 19세기 조선 사회에서 그를 어떻게 자리매김할 수 있을지 말씀해주시면 고맙겠습니다.

노대환 19세기에 대한 관심이 예전에 비해 요즘 그래도 많이 높아지고 있긴 하지만 아직도 연구가 부족한 것이 현실입니다. 세도정치기에 대한 선입견 때문인지 19세기를 부정적으로 보는 경향이 여전히 강한 편이죠. 19세기가 여러 가지 문제가 나타난 시대지만 그랬던

만큼 또 거기에 적극적으로 대응하려는 시도도 활발히 이루어지고 있었던 그런 측면도 주의 깊게 살펴야 한다고 봐요. 저는 그래서 그렇게 적극적으로 대응했던 사람들을 계속 관심을 갖고 들여다보고 있는데 그래도 여러 방면에서 나름의 논리를 가지고 대응책을 마련하려고 시도했던 사람들이 있었던 것 같아요. 중앙정계는 물론이고 가장 보수적이었던 유학자들 가운데도 무언가 새로운 생각을 하는 사람들이 등장합니다. 최성환의 경우는 처음에 말씀드렸던 것처럼 아직 우리가 충분히 주의를 기울이지 않았던 부류, 문신들에게 무시당하고 괄시를 받고 있던 무신의 일원입니다. 무신은 중앙정계의 일원이면서도 문신과는 처지가 확연히 달랐기 때문에 문신들과는 조금 다른 의식을 갖고 있었죠. 그런 점에서 보면 무신은 주변부에 속했던 중인과는 또 다른 의미에서의 주변부에 속했던 부류라고도 할 수 있을 것 같아요. 그래서 주변부를 아우를 수 있는 존재라고도 할 수 있을 것 같고. 무신은 중앙관료와 중인 사이에서 매개 고리 역할을 하면서 나름대로 자신의 존재감을 드러내려고 했던 것 같은데 최성환도 그런 역할을 했다고 봅니다. 저는 이런 무신의 역할이 굉장히 중요하다고 생각을 합니다. 중앙 관료에게 하층의 동향을 전달할 수도 있고 또 중앙계의 지원을 받아서 개혁사업을 또 추진할 수도 있고 여러 가지 점에서 상당히 중요한 역할을 할 수 있는 부류입니다. 그래서 바로 최성환에게 주목을 하는 것이죠. 무신으로서 최성환 정도의 개혁책을 제시한 인물은 찾기 쉽지 않아요. 최성환이 여러 가지 의미 있는 개혁책을 의욕적으로 개진했던 자체가 상당히 암울한 시기라고 했던 세도정치기의 또 다른 면모가 아닐까 그런 생각이 듭니다. 그리고 또 하나 계속 얘기가 나왔던 최성환의 도교 의식에 대해서도 주목해 보아야 한다고 봅니다. 이건 기존의 문신 관료들이 갖고 있던 유가적 의식과는 다른 것이기 때문이죠. 과연 도교가 개혁론의 사상적 근거가 될 수 있는지 상당히 궁금한데 아직까지 양자의 관계에 대해 명확하게 이야기할 수 없고 최성환에게서도 양자의 관련성을 찾지는 못했습니다. 만약에 연구 범위를 확장해서 이런 점을 좀 밝혀낼 수 있다면 19세기 사상사의 폭을 한층 더 넓힐 수 있지 않을까 그런 생각이 듭니다.

권오영 우리는 사실 19세기에 대해 얘기하면, 그냥 개화사상 동학사상 위정척사사상 이렇게 분류를 해서 주로 세 파가 있었고, 그전에 실학에서 개화를 거쳐 애국계몽운동으로 연결이 된다고 알고 있습니다. 천관우 선생님의 말씀에 의하면 1919년 3·1운동 때 동학 척사 개화가 다 하나로 통합이 돼서 우리 민족이 하나로 된다는 식으로 설명이 되는데, 사실은 최성환의 경우에 물론 실학의 마지막을 장식한 학자로 얘기는 되고 있지만, 그런데 좀 이 분류에서 어느 파에 위치를 하는지 그 위상 설정이 잘 되지 않는 인물이 아닌가, 그런 생각이 들었거든요. 그래서 교유했던 인물도 남병철 이유원, 이런 분들은 아마 안동김씨나 풍양조씨와 조금 관계가 있는지 모르겠습니다만 그런 분들과 좀 연계가 돼 있고, 또 중인 평민들과 교유가 있었을 텐데, 이번에 우리가 공동으로 최성환이라는 인물의 연구를 통해서 19세기 사상의 새로운 지형도랄까 그런 것을 그린 것이 아닌가 자평을 해봅니다. 이 점에 대해서 김선희 선생님은 어떻게 생각하세요?

김선희 저도 대체적으로 동의합니다. 제가 제목을 '분화의 시대, 경계의 지식인'이라고 붙였는데 제목이 거창한 느낌입니다만 실제로 이 시기에는 어쨌든 조선에 어떤 식으로든 목소리를 내려고 하는 사람들이 많아졌다는 것은 분명한 것 같아요. 그러니까 외곽에서 독립적으로 성장한 인물들이 드러나기 시작했다는 것이지요. 지금 우리 눈에 안 들어올 뿐이지 최한기처럼 독자적인 방식으로 자기 학문을 추구했던 사람들이 있었을 것이고 그렇게 본다면 기존의 흐름에서 축적된 것들을 확보한 다음에 자기 방향으로 재구성하는 학자들이 있었을 테지요. 더구나 최성환은 중인으로서 일종의 경계에 있었던 사람이라 더 특이하다고 생각됩니다. 그런데 이 경계는 상당히 독특하게도 경계를 뛰어넘는 교유관계에서 형성되지요. 국왕부터 중인, 하층민까지 다양합니다. 최성환의 활동의 폭이 곧 그 시대의 사회적 장의 폭이었다고 볼 수 있을지 의문이 듭니다만 적어도 최성환이 보여주는 독특한 경계가 있고 지금 그 경계를 포함시켜서 19세기를 이해해야 한다고 생각됩니다. 그러니까 19세기에 생각보다 다양한 경계들이, 그리고 그 사이의 인물들이 있었을 수 있다는 거지요. 위정척사니 개화니 동학이니 이런 것들도 나름 경계 속에서 돌파구가 나온 건데, 그런 경계들은 지금 선명하게 전거들이 확보된 경계지만, 이 시기에는 지금 우리 눈에 들어오지 않은 다양한 그 경계에서의 돌파들이 있었다는 가정이 필요할 것 같아요. 결과적으로는 이 시기 다른 사람들과 함께 조금 더 연구해 보면, 최성환 연구의 외연을 확장해서 연구했을 때 좀 더 의미 있는 19세기 그림을 그릴 수 있지 않을까, 그런 생각을 했습니다.

권오영 송양섭 선생님도 한 말씀해 주십시오.

송양섭 저는 최성환의 개혁안을 18세기 이래 제도론과 정책론의 흐름 속에서 보는 것이 일정한 효용이 있다고 생각합니다. 숙종 이래 영·정조 대 제기됐던 많은 논의들, 예컨대 서원철폐나 사창, 호포제, 조세금납화 등의 문제는 사실 18세기 집중적으로 논의되고 부분적으로 시행이 되는 모습을 보입니다. 서원문제는 영조가 일부 조치를 취하였고, 호포도 사실은 균역법의 감필론(減匹論)보다 더 유력한 방안으로 진지하게 제도화의 논의가 진행되었지요. 사창론도 끊임없이 제기되는데, 일부지역에서는 수령이나 재지사족이 독자적으로 시행하는 경우도 있었지요. 이러한 흐름을 따라가 보면 대개는 18세기 거의 대부분의 문제가 이미 제기되거나 부분적으로 실현되었고 여전히 해결되지 못한 정책과제가 19세기까지 넘어온다고 생각합니다. 제도적 미비와 실현의 부분성 이런 것들이 여전히 문제로 제기되는데 『고문비략』과 시기적으로 닿아 있는 1840년대라는 게 나름 중요한 시기인 것 같습니다. 어찌하다보니 19세기가 모조리 문란이고 망조가 든 것처럼 말하는 경향이 있지만 100년이나 되는 시기를 그러한 식으로 단순히 평가하는 것은 온당한 방법이 아닌 것 같습니다. 19세기만 놓고 보더라도 단기적인 변동이 있고 중기파동이 있고 장기추세가 있는데, 그 중에서도 당대인의 자료들에는 1840년대를 지목하는 경우가 많습니다. 시기구분의 내용성이 어떠한지는 앞으로 검증해봐야 하겠지만 이 시기에 잦은 흉년과 재해로 국가나 사회적으로 기억할만한 충격이 있었다는 언급이 19세기 중후반 자료에서 회고적으로 언급된 경우가 많습니다. 이 때의 여파가 지금까지 내려온다는 식이지요. 최성환이 『고문비략』을 저술한 시기가 19세기 안에서도 그다지 좋은 시기라고 볼 수는 없을 것 같아요. 다시 그 정책론으로 돌아가면 영조 때 미완의 과제로 남은 서원문제는 흥선대원군 집권기에 전국적인 서원 훼철로 나타나죠. 호포 같은 경우도 균역법 이후에 정조대를 거치면서 북부지역을 중심으로 시행되는 모습을 볼 수 있는데 1840년대에 접어들어 상황이 안 좋아지니까 급격히 확산됩니다. 국가의 군포압력을 견디기에 힘에 부치는 상황에서 사족을 포함해서 공동으로 고통분담하지 않으면 촌락이 보전되기 힘들기 때문이지요. 군역문제에 대한 최성환의 방안은 이러한 상황과 직접적으로 연관이 될 수도 있을 것 같습니다. 그리고 아까도 말씀드렸지만 사창이나 조세금납화의 경우도 반드시 이 시기가 아니더라도 홍선대원군 집권기를 거쳐 갑오개혁기에 이르면 대부분 실현이 되지요. 이렇게 18세기 이후로 끊임없이 논의되었던 정책과 제도의 과제가 최성환이라고 하는 독특한 인물의 눈을 통해 새롭게 읽히고 정리되는 것으로 생각됩니다. 이러한 흐름 속에서는 어떠한 것이 진보적 개혁 또는 근본적 방안인지 그 기준을 제시하기가 쉽지 않은 것 같아요. 대략 200년에 걸친 정책 과제들이 장기적으로 실현되어가는 추세에서 그것을 개별 사안을 따로 떼어놓고 그것이 근대적인지 여부의 잣대로 개혁성 여부를 재단하는 방식이 온당한지는 아까도 말씀드렸지만 판단을 내리기 매우 어려운 문제가 아닌가 생각합니다. 그러한 요소를 고려하면서 면밀히 검토해본다면 『고문비략』의 주장을 상당부분 객관화하여 볼 수 있는 여지가 생기지 않을까 생각해 봅니다. 최성환 개인만 놓고 본다면 독특한 신분적 배경에 정통 경화사족들은 물론 지방의 향유(鄕儒)하고도 다른 모습을 보이고, 자신이 교유하는 지식인층에서도 서로 다른 지향과 취향을 가진 그룹이 있었던 것 같습니다. 또 저술의 목적이나 인식의 층위에 따라 동일한 개인이 쓰더라도 다른 내용이 나올 수밖에 없는데 그런 여러 가지 요소들을 감안해서 『고문비략』을 들여다보면 그것이 가진 의미들을 좀 더 부각할 수 있는 여지가 있지 않을까 그런 생각이 듭니다. 이건 앞으로 제 개인적인 숙제로 남겨 놓은 셈입니다.

권오영 시간이 많이 지나서 이제 마무리를 해야 될 것 같습니다. 저도 사실 처음에 이 연구를 시작할 때 좀 걱정을 했던 것은 우선 최성환의 저술이 『고문비략』뿐이고 거의 남아 있는 자료가 없고, 다 편저들이고 해서 무슨 문집의 서문이나 『각세신편팔감상목』입니까, 거기에 나온 소인(小引) 정도뿐이라서 이 연구를 잘 수행할 수 있을까, 그런 걱정을 했습니다. 그렇지만 저를 포함해서 우리 공동연구자들이 성실하게 연구를 잘 마무리한 것이 아닌가, 그런 생각을 해봅니다. 저도 『성령집』 20책을 복사를 해서 일일이 훑어봤습니다. 그러면서 거기에 최성환이란 이름을 발견했어요. 최성환이 자기 조부와 아버지의 시 구절을 싣고 그 다음에 자기가 교외를 거닐면서 그 상황에 느낌이 있어서 쓴 시였습니다. 아마 자신의 성령을 표현한 것 같습니다. 워낙 최성환과 관련된 직접적인 자료가 없다보니까 그래서 더 기뻤어요.

어쨌든 이 최성환 연구에 있어 가장 힘든 부분이 많은 편저가 있지만 본인의 목소리가 없기 때문에 연구하기가 힘들면서도 한편으로는 최성환 자신이 『성령집』에 실린 모든 시가 자기의 시라고 얘기를 하기 때문에, 그 편저 자체가 어떻게 보면 자기와 하나 된 그런 작품들인 것입니다. 물론 그것이 연구자의 입장에서 상당히 받아들이기 어려울 수도 있지만, 그 시대의 학풍이 또 그런 것이었다고 보면, 그의 편저 자체에 최성환의 목소리가 담겨있다고 생각하고 우리가 연구를 했을 때, 좀 더 최성환의 학풍과 사상을 밝혀낼 수 있지 않겠나, 그런 생각을 해봅니다. 앞으로 최성환의 저서인 『고감』이라든지 『효경대의』라든지 이런 책들이 새로 발굴이 되면 최성환 연구에 새로운 하나의 지평이 열리지 않겠나, 그런 생각도 해보게 됩니다. 최성환의 학풍과 사상 경향에 대해서 벽사 선생님에 의해서 이미 탈성리학이다 또 탈중세적이다라는 평가도 있었고, 백현숙 씨도 최성환은 개방적이고 현실적인 그런 학풍을 갖고 있다고 했는데, 사실 이번 연구를 통해서도 아마 그런 점들이 실증적으로 구체적으로 밝혀지지 않았나, 그런 생각도 하게 됩니다. 그러면서 19세기라는 조선사회에서 최성환이 『고문비략』을 통한 경세론, 『성령집』을 통한 새로운 시문학론을 제시하고 있는 것도 중요하지만, 특히 선서류 책들의 간행을 통해서 민중교화적이고 경세론적인 그런 측면을 제시하고 있는 것에도 주목해 봐야 될 것 같습니다. 그리고 이 『고문비략』이 홍선대원군 이전에 조선사회 전반에 대한 개혁방안이 제시되어서 나름대로 조선사회의 문제를 개혁해보겠다는 아주 강한 의지를 나타냈던 것이고, 그 계기가 바로 헌종과의 만남에서 비롯되었다는 것이 중요하다고 봅니다. 헌종의 죽음으로 최성환의 꿈은 좌절되었지만 아마 『고문비략』은 최성환이 생의 마지막까지 자기가 개혁을 하고 싶었던 그 내용을 담았던 책이 아닌가 싶습니다. 이번 최성환에 대한 공동연구는 벽사 선생님 이후에 또 여러 분들이 연구를 해왔고, 최근에 실시학사에서 『어시재 최성환의 고문비략』이 김성재 선생에 의해서 번역이 되어서 저희들이 많은 도움을 받았다고 생각합니다. 그래서 앞으로 이번 연구를 계기로 해서 최성환에 대한 좀더 깊이 있는 연구가 이루어져서 19세기 학문과 사상계의 새로운 실상이 더욱 깊이 있게 탐구되기를 바랍니다. 이상으로 최성환 연구 집담회를 모두 마치도록 하겠습니다. 감사합니다.

가

나

사

아

자

타

파

집필진(원고 게재 순)

권오영 · 한국학중앙연구원 교수
김선희 · 이화여자대학교 인문과학원 HK 연구교수
이우성 · 전 대한민국학술원 회원
노대환 · 동국대학교 교수
송양섭 · 고려대학교 교수

실시학사 실학연구총서 13
어시재 최성환 연구

1판 1쇄 발행 2017년 10월 10일

기 획 : 재단법인 실시학사
집필진 : 권오영 · 김선희 · 이우성 · 노대환 · 송양섭
펴낸이 : 김병환
펴낸곳 : 학자원
주 소 : 서울시 강동구 천호대로 1121
전 화 : 02) 6403-1000
팩 스 : 02) 6338-1001
E-mail : hakjaone@daum.net
등 록 : 2011년 3월 24일 제2011-14호

ISBN 979-11-85395-77-6 94810
979-11-85395-76-9 (세트)

값 28,000원